Judith Pella

Traum der Freiheit

RUSSLAND-SAGA

Judith Pella

Traum der Freiheit

Schulte & Gerth

Die amerikanische Originalausgabe erschien im Verlag
Bethany House Publishers, Minneapolis,
unter dem Titel „The Dawning of Deliverance"

Aus dem Amerikanischen übersetzt von Eva Weyandt

Best.-Nr. 815 358
ISBN 3-89437-358-X
1. Auflage September 1995
2. Auflage Oktober 1995
Umschlaggestaltung: Bethany House/Olaf Johannson
Satz: Typostudio Rücker & Schmidt
Druck und Verarbeitung: Ebner Ulm
Printed in Germany

Inhalt

Personen

Graf Cyril Wlasenko – Verwandter der Fedortschenkos; rechte Hand des Innenministers
Prinzessin Sarah Fedortschenko – ehemalige Haushälterin, inzwischen zweite Gattin von Prinz Viktor
Prinz Viktor Michailowitsch Fedortschenko – Oberhaupt der Fedortschenkos
Nikolaus Alexandrowitsch Romanow II. (Niki) – Zar von Rußland
Alexandra Fedorowna Romanow (Alix oder Sunny) – Zariza von Rußland
Anna Jewnowna Fedortschenko (Christinin) – Frau von Sergei
Sergei Viktorowitsch Fedortschenko (Christinin) – Mann von Anna
Hauptmann Michail Igorowitsch Grigorow – Freund von Anna und Sergei
Paul Jewnowitsch Burenin (Pawlikow) – Sohn von Jewno
Mathilde Gennadiewna Burenin – Frau von Paul
Ilja – Bruder von Anna und Paul
Marfa – Frau von Ilja
Sophia Iljanowna Burenin – Frau von Jewno; Mutter von Anna, Paul und Ilja
Juri Sergeiowitsch Fedortschenko (Christinin) – ältester Sohn von Anna und Sergei
Andrei Sergeiowitsch Fedortschenko (Christinin) – jüngster Sohn von Anna und Sergei
Gräfin Mariana Dmitriewna Remisow – Tochter von Katrina und Dmitri; Adoptivtochter von Anna und Sergei
Daniel Trent – amerikanischer Reporter; Freund von Mariana
Graf Dmitri Gregorowitsch Remisow – Marianas Vater
Graf Karl Cyrilowitsch Wlasenko – Sohn von Cyril

George Cranston – Leiter des russischen Büros des *Register*
Wladimir Iljitsch Uljanow (Lenin) – Revolutionär;
Freund von Paul
Gräfin Eugenia Pawlowna Remisow – Dmitris Mutter;
Marianas Großmutter
Raisa und Talja Sorokin – Mutter und Tochter;
Freunde von Anna und Sergei

Prolog

WAS VORHER WAR

Die Jahre nach der Thronbesteigung Nikolaus II. verlaufen in Rußland relativ ruhig. Nikolaus und seine Frau Alexandra führen ein ruhiges Leben und erziehen ihre vier Töchter nach viktorianischem Muster, wie auch Alexandra selbst erzogen worden war. Jeder Tag bringt fröhliche Nachmittagstees, rauschende Empfänge und Theater- oder Opernbesuche. Im Sommer zieht sich die kaiserliche Familie auf die Krim zurück, wo sie die warmen Tage an der herrlichen Küste genießt.

Die politischen Unruhen scheinen unter Kontrolle zu sein, doch unter der Oberfläche brodelt die Unzufriedenheit.

Das Leben der Burenins und Fedortschenkos jedoch verläuft nicht so ruhig. Prinz Sergei Fedortschenko verärgert Zar Alexander II. mit seinen Schriften und wird nach Sibirien verbannt, weit entfernt von seinen Eltern und seiner Schwester Katrina. Er flieht und kommt nach Rußland zurück. Dort heiratet er unter falschem Namen Anna Burenin, die Zofe seiner Schwester Katrina. Viele Jahre leben Sergei und Anna Christinin (Fedortschenko) zufrieden als Bauern in dem kleinen Dorf Katyk. Sie nehmen Katrinas Tochter Mariana zu sich und bekommen selbst noch zwei Söhne. Mit dem unerwarteten Erscheinen von Dmitri, Marianas leiblichem Vater, ändert sich alles. Mariana verläßt ihr geliebtes Katyk, um mit Dmitri in St. Petersburg zu leben und ihre gesellschaftliche Stellung als Gräfin einzunehmen. Nicht immer fällt es dem sechzehnjährigen Mädchen leicht, sich in seine neue Situation hineinzufinden, vor allem da ihr Vater noch genauso unverantwortlich und unzuverlässig ist wie als junger Mann.

Ein junger amerikanischer Journalist mit Namen Daniel Trent wird der Mittelpunkt in Marianas Leben. Beide befinden sich in einem Lebensumfeld, in dem sie nicht zu Hause sind. Diese Gemeinsamkeit bringt sie zusammen. Mariana spricht mit Daniel über ihre tiefsten Empfindungen und ist sehr verletzt, als sie feststellt, daß Daniel für seine Zeitung einen Artikel über sie und ihre Familie schreibt. Seine Reue scheint zu spät zu kommen. Daniel wird unerwartet nach Amerika an das Krankenbett seines Vaters zurückgerufen. Mariana nimmt dies als Zeichen dafür, daß ihre Freundschaft und ihre wachsende Liebe nicht sein sollen.

Anna und Sergei machen sich Sorgen um Mariana und beschließen, Katyk zu verlassen, um bei ihr in St. Petersburg zu sein. Sergei ist immer noch ein entflohener Strafgefangener und darf seine Identität nicht preisgeben. Das Leben in der Stadt als Fabrikarbeiter ist hart und kostet Sergei fast das Leben. Gerettet wird er von Mischa, einem langjährigen Freund. Dieser bringt Anna und Sergei bei der Witwe Raisa Sorokin unter, die, allein auf sich gestellt, ihren Lebensunterhalt nicht bestreiten kann. Anna und Sergei ziehen bei ihr ein, und eine enge Freundschaft beginnt.

Sergei findet eine Anstellung als Hauslehrer, und gerade als das Leben sich zum Guten zu wenden scheint, versucht der machtgierige Cyril Wlasenko, ein Cousin von Viktor Fedortschenko, sich des Fedortschenko-Vermögens zu bemächtigen. Schon seit Jahren hegt Wlasenko Neidgefühle gegen die Familie seines Cousins, und nicht einmal als Sergei nach Sibirien geschickt wird und Viktor den Verstand verliert, gibt Wlasenko sich zufrieden. Er sieht nun die Gelegenheit gekommen, das Haus seines Cousins zu übernehmen. Als Viktor versucht, sein Anwesen mit dem Gewehr zu verteidigen, verläßt Sergei sein Versteck, kommt in der Kleidung eines treuen Dienstboten ins Haus und überredet Viktor aufzugeben. Viktor verliert zwar sein Anwesen, bekommt dafür aber seinen Sohn zurück und wird auch wieder gesund.

Auch die Burenins machen schwere Zeiten durch. Doch als Annas Bruder Paul erfährt, daß sein Vater Jewno krank ist, kehrt er nach Katyk zurück. Und er darf erleben, daß er, wie der verlorene Sohn in der Bibel, von seinem Vater mit offenen Armen aufgenommen wird.

In Jewnos letzter Unterhaltung mit seiner Tochter Anna überträgt er ihr die Verantwortung für seine Familie. „Ich weiß doch längst, daß diese schmalen, zarten Schultern die Kräfte eines Ochsen haben. In deiner Schwachheit, Anna, bist du gestärkt worden, weil du es mehr als alle meine anderen Kinder zugelassen hast, daß Gott mit seiner Fülle in dir wohnt. Ich zweifle nicht daran, daß du die Last dieser Familie tragen kannst. Doch du mußt dich immer daran erinnern, daß du keine Last allein zu tragen brauchst – sonst würde ich nicht eine solche Erwartung in dich setzen."

Und so beginnt für die Burenins und Fedortschenkos ein neues Jahrhundert. Sie wissen nicht, was es ihnen bringen wird. Doch sie beginnen es in der festen Überzeugung, daß sie mit Gottes Hilfe überleben werden.

Das Russische Reich
RUSSLAND
SIBIRIEN
MONGOLEI
KAUKASUS
URAL
Katyk
Akulin
Moskau
Kiew
Charkow
Krim
Wolga
Tobolsk
Ob
Jenissei
Trans-Sibirische-Eisenbahn
Krasnojarsk
Schuschenskoje
Irkutsk
Chabarowsk
Wladiwostok
Port Arthur

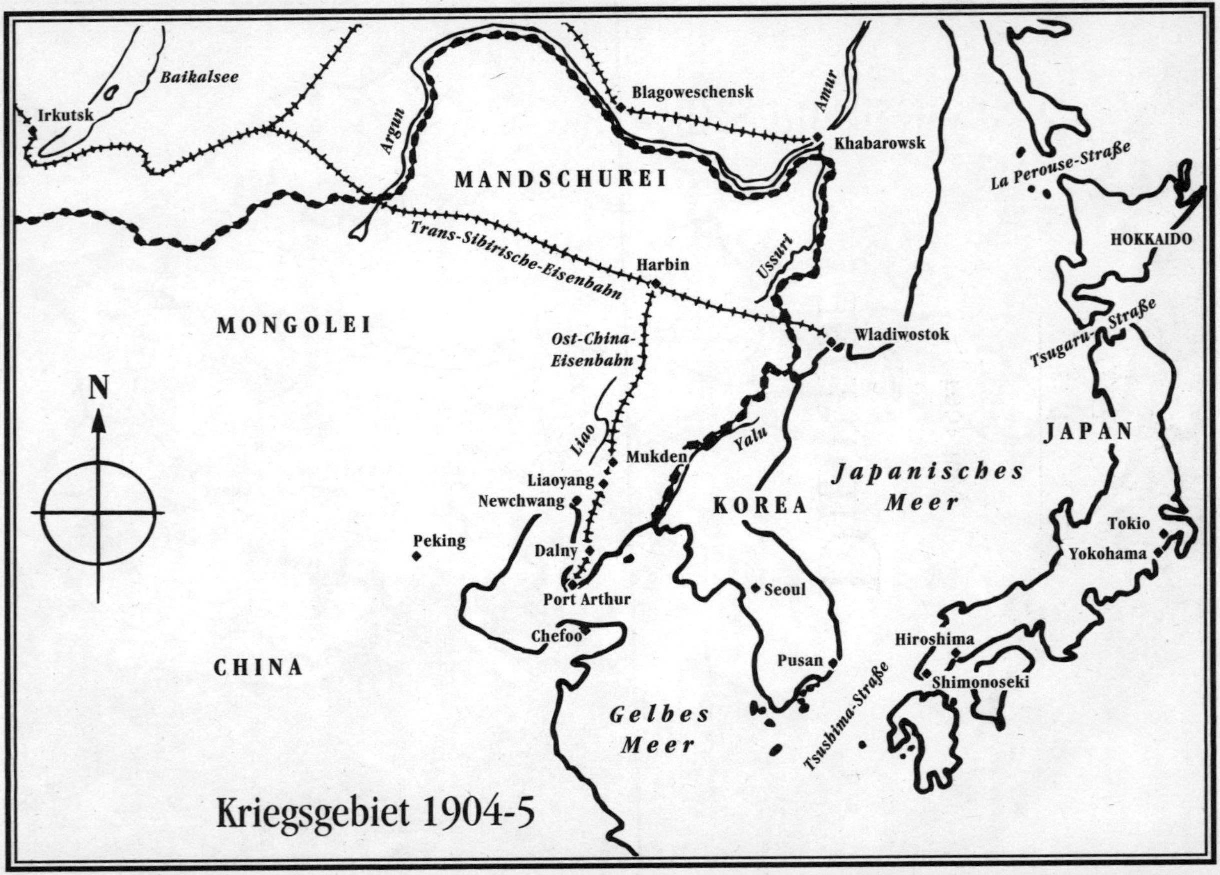
Kriegsgebiet 1904-5
Baikalsee
Irkutsk
Argun
Blagoweschensk
Amur
Khabarowsk
MANDSCHUREI
La Perouse-Straße
HOKKAIDO
Trans-Sibirische-Eisenbahn
Harbin
Ussuri
MONGOLEI
Ost-China-
Eisenbahn
Wladiwostok
Tsugaru-Straße
N
Liao
Mukden
Yalu
JAPAN
Japanisches
Meer
Liaoyang
Newchwang
KOREA
Tokio
Yokohama
Peking
Dalny
Seoul
Port Arthur
Chefoo
Hiroshima
Shimonoseki
Pusan
CHINA
Gelbes
Meer
Tsushima-Straße

Mai 1904

Die Reise

1

Schwarzer Rauch stieg aus dem Schornstein der Lokomotive auf und hinterließ ein häßliches Band am strahlend blauen Sommerhimmel. Der Zug rollte durch das Herz Sibiriens. Der Ural mit seinem wunderschönen grünen Vorgebirge und den mit Veilchen und Sumpfdotterblumen übersäten Wiesen lag schon längst hinter ihnen. Eine neue Welt hatte sich vor der mächtigen eisernen Lokomotive der Transsibirischen Eisenbahn geöffnet.

Wenigstens hatte Mariana Remisow diesen Eindruck. Sie war noch nie weiter als bis nach St. Petersburg gereist.

Nach den mit Blumen übersäten Steppen und der schwarzen Erde von Tiumen hatten sie die trostlose Stadt Omsk passiert, in der es bestimmt doppelt so viele Moskitos gab wie Einwohner. Danach waren sie durch die überflutete Barabinskaja-Steppe gefahren. Trotz der Insekten, die scharenweise über sie herfielen, war Mariana diese Steppe wie ein Wunderland erschienen. Bauernhöfe, umgeben von Seen und Sümpfen, wirkten wie treibende Inseln darin. Stundenlang hatte Mariana fasziniert aus dem Fenster gestarrt.

Ganz abrupt war die Steppe den Wäldern gewichen, dann der Taiga. Diese riesigen Urwälder, die so aussahen, als hätten sie noch nie eine Axt gesehen, machten Mariana bewußt, wie klein das Umfeld war, das sie bisher gekannt hatte, und wie vieles in ihrem geliebten Vaterland es noch zu entdecken gab. Wie im Traum war sie durch das Waldgebiet gefahren; sein sumpfiger Dunst umfing sie mit Dunkelheit und Kälte. Sie fragte sich, ob wohl jemals die Sonne durch dieses dichte Blätterdach drang.

Mehrere Pannen hatten sie stundenlang aufgehalten; doch diese Verzögerungen hatten Mariana Gelegenheit gegeben, sich die Landschaft anzuschauen. Die Reise durch Sibirien sollte eigentlich nur vierzehn Tage dauern, doch sie waren nun schon länger unterwegs, und immer noch lag mehr als ein Drittel des Weges vor ihnen.

Der Zug näherte sich Irkutsk, der „Perle Sibiriens", wie diese Stadt genannt wurde. Mariana wollte sich während des kurzen Aufenthalts am Bahnhof die Stadt ansehen. So vieles gab es zu entdecken, und sie hatte nur so wenig Zeit. Es würde Jahre dauern, um alles zu erkunden, was Rußland zu bieten hatte.

Mariana konnte kaum glauben, daß sie wirklich mehr als dreitausend Kilometer von zu Hause fort war. Doch nachdem sie ihre Entscheidung einmal getroffen hatte, gab es kein Zurück mehr. Nicht, daß sie nicht gern zurück *gewollt* hätte. Aber das hier war eines der größten Abenteuer in ihrem Leben, es war fast so lebensverändernd wie der Tag, an dem sie die Bauernizba ihrer Adoptiveltern in Katyk verlassen hatte, um nach St. Petersburg zu gehen.

Mariana konnte kaum fassen, welche Richtung ihr Leben genommen hatte. Sie war in Katyk als Tochter von Anna und Sergei Christinin aufgewachsen. Das Leben im Dorf war hart, doch Mariana war zufrieden gewesen und hatte sich nicht vorstellen können, irgendwo anders zu leben.

Mariana hatte immer gewußt, daß Anna und Sergei nicht ihre „richtigen" Eltern waren, sondern ihre Tante und ihr Onkel. Sie hatten ihr erzählt, daß sie die Tochter von Prinzessin Katrina Fedortschenko war, der Schwester von Sergei, die bei ihrer Geburt gestorben war. Als Marianas Vater, Graf Dmitri Remisow, schließlich zurückgekommen war, war die Zeit für sie gekommen, ihren rechtmäßigen Platz in der russischen Gesellschaft einzunehmen.

Dieser erste Schritt hatte so viele neue, aufregende, aber auch beängstigende Erfahrungen nach sich gezogen. Sie hatte sich nicht nur von einem Bauernmädchen zu einer Dame entwickelt; sie war auch von heute auf morgen eine Gräfin geworden. Und nachdem sie diesen Schritt einmal getan hatte, wurden alle nachfolgenden leichter. Nun hungerte sie nach Abenteuern – sie, die einmal mit der Aussicht zufrieden gewesen war, ihr ganzes Leben in dem verschlafenen Dorf Katyk zu verbringen!

Anna hatte gemeint, sie habe das vermutlich von ihrer richtigen Mutter Katrina geerbt. Katrina war so lebenshungrig gewesen. Sie hatte vor nichts Angst gehabt, hatte jede Situation gemeistert. Natürlich war auch Marianas richtiger Vater Dmitri nicht ganz unbeteiligt daran gewesen. Die Geschichten seiner Eskapaden brachten Mariana immer zum Staunen.

Doch Mariana war nicht so wagemutig. Sie hatte zugeben müssen, daß sie auch Angst hatte, wenn sich ihre Angst auch mit Freude auf das Neue mischte. Anna hatte ihr gesagt, daß Furcht ein positives Zeichen sei. *„Die Furcht ist ein Zeichen für deine Reife, Mariana; sie zeigt, daß du gesunden Menschenverstand hast. Doch du läßt dich von deiner Furcht nicht kontrollieren, du läßt dich von ihr nicht von einer neuen Herausforderung abhalten."*

Tränen hatten Anna in den Augen gestanden. Ganz bestimmt war ein großer Teil von Marianas Mut auch auf die Jahre zurückzuführen, in denen sie die liebevolle Fürsorge einer Frau erfahren hatte, die selbst mit Ängsten zu kämpfen gehabt und sie besiegt hatte. Mariana wußte, daß es Anna schwerfiel, ihre Adoptivtochter um die halbe Welt reisen zu lassen. Zweifellos würden ihr viele Gefahren begegnen. Doch Anna hatte immer gesagt, daß das Ziel der Erziehung die Selbständigkeit der Kinder sei.

Ja, Mariana war, seit sie Katyk verlassen hatte, sehr viel reifer geworden. Die Leute hielten sie für hübsch, bewunderten ihre glatte Haut, ihr dunkles Haar und ihre grünen Augen – *die Augen ihrer Mutter,* sagte man. Doch sie steckte ihr Haar zu einem Knoten zusammen, und die langen Stunden des Studierens hatten sie blaß werden lassen. Außerdem mußte sie die meiste Zeit eine Brille tragen.

Sie war jetzt dreiundzwanzig Jahre alt und noch immer unverheiratet, eine Tatsache, die andere in Erstaunen versetzte, vor allem die Leute aus ihrem Dorf, wo die Mädchen gewöhnlich mit fünfzehn oder sechzehn Jahren heirateten. Als Gräfin Mariana Remisow hatte sie zahlreiche Verehrer aus den besten Familien in St. Petersburg. Doch es gab zuviel zu sehen; sie wollte sich noch nicht binden. Daß sie alleinstehend war, beunruhigte Mariana nicht, denn es war ja ihre eigene Entscheidung.

Sergei lobte ihr Selbstbewußtsein, obwohl ihr richtiger Vater Dmitri außer sich war vor Furcht, daß seine einzige Tochter vielleicht eine alte Jungfer werden könnte. Ihre Großmutter Eugenia war wütend.

„Wie kannst du dein Leben wegwerfen, nach allem, was ich für dich getan habe!" hatte die Frau gewütet.

Dmitri war etwas zartfühlender. „Mein liebes Kind, du bist so schön, so lieblich ... es ist eine solche Verschwendung."

„Nur weil ich nicht verheiratet bin?" hatte Mariana provozierend geantwortet – vielleicht hatte sie wirklich zuviel Zeit mit den liberal eingestellten Frauen in der medizinischen Hochschule verbracht. „Das bedeutet doch nicht, daß ich mein Leben vergeude, Père. Ich tue etwas Wertvolles und Wichtiges – ich helfe anderen."

„Aber das könntest du doch auch, wenn du verheiratet wärst."

„Hätte ich dann die Freiheit, in den Osten zu gehen? Ich glaube nicht."

„Oh, sprich bitte nicht darüber, mein Liebes!"

Mariana wußte, daß ihr Vater sich wünschte, sie wäre verheiratet, damit sie diese „verflixte Reise" nicht antreten würde. Er wollte sie in Sicherheit wissen auf dem Anwesen irgendeines Grafen oder Fürsten, umgeben von Kindern und beschäftigt mit Festen, Konzerten und Nachmittagstees. Ein Leben, wie seine Mutter es führte – ein Leben, das, nachdem der oberflächliche Glanz des Neuen erst einmal verblaßt war, Mariana immer leerer und bedeutungsloser erschienen war.

Tatsächlich hatte sie in der vergangenen Zeit immer häufiger an eine Heirat gedacht. Sie sagte sich, daß sie, sobald dieser Krieg erst einmal vorüber sei, ernsthaft darüber nachdenken würde. Sie wollte einen Gatten haben, den sie lieben konnte, und nach diesem Abenteuer würde sie bereit sein, ihre Freiheit für ihn aufzugeben, wer immer er sein mochte.

Doch der Hunger nach Abenteuer war nicht der einzige Grund für ihr Zögern. Sie fragte sich, ob ihr Junggesellinnendasein nicht vielleicht auch darin begründet lag, daß sie keinen Verehrer gefunden hatte, der sie ernsthaft interessierte. Unglücklicherweise hatte sie begonnen, alle Männer mit einem besonders eingebildeten Amerikaner zu vergleichen. Seit fast vier Jahren hatte sie nichts mehr von Daniel Trent gehört, und doch schlich er sich immer wieder in ihr Leben ein, vor allem, wenn sie einem akzeptablen jungen Mann vorgestellt wurde. Sie hatte viele nette Männer kennengelernt, die weitaus besser aussahen als dieser Amerikaner mit seinem unablässigen Grinsen, seinen forschenden Augen, seinem ewig strubbeligen braunen Haar und diesem albernen Grübchen im Kinn. Doch keiner war interessanter, unterhaltsamer ... *egoistischer, arroganter und gefühlloser gewesen,* erinnerte sich Mariana. Hatte er sie nicht getäuscht und sich ihre Freundschaft erschlichen, um für seine Zeitung einen Artikel über sie zu schreiben?

Und doch schien er seinen Fehler zu bereuen. Als sie vor seiner Abreise aus Rußland miteinander gesprochen hatten, war er so zerknirscht gewesen. Doch damals war es zu spät gewesen. Er würde Tausende von Kilometern von ihr entfernt sein, und sie hatte sich an der medizinischen Hochschule für Frauen in St. Petersburg eingeschrieben. Keine gute Zeit, um eine Romanze zu beginnen.

Einmal hatte sie ihm nach Amerika geschrieben, jedoch keine Antwort erhalten. Vielleicht hätte sie beharrlicher sein sollen, doch sein Schweigen hatte sie verletzt, und es schien das beste zu sein, sich dem Schicksal zu ergeben. Zweifellos brauchte er sie nicht, und auch sie würde lernen müssen, ohne ihn auszukommen. Wahrscheinlich würde sie ihn ihr ganzes Leben lang sowieso nie wiedersehen.

Warum konnte sie ihn nur nicht vergessen? Hatte es wirklich etwas auf sich mit der sogenannten „Seelenverwandtschaft", von der sie irgendwann einmal gelesen hatte? Kam es wirklich vor, daß zwei Menschen einfach füreinander geschaffen waren? Bei Daniel hatte sie dieses Gefühl gehabt – das heißt, bevor dieser Zeitungsartikel alles zerstört hatte.

Nun, dieses Abenteuer würde sie von der hoffnungslosen Romanze ablenken, ein für allemal.

*

In diesem Augenblick kam die Lokomotive mit einem Ruck zum Stehen. Mariana wurde hart gegen die Rückenlehne des Vordersitzes geschleudert. Mehrere andere Passagiere flogen aus ihren Sitzen.

2

Obwohl es unterwegs unzählige Zwischenstopps und Verzögerungen gegeben hatte, war doch keiner wie dieser gewesen. Nachdem Mariana sich von dem Schreck erholt hatte, sprang sie auf, um den anderen Passagieren zu helfen. Eine Frau hatte sich den Arm gebrochen, und ein Offizier hatte eine schlimme Platzwunde an der Stirn.

Alle Passagiere waren neugierig zu erfahren, was der Grund für diesen unwillkommenen Zwischenfall war. Viele drängten sich zu den Fenstern.

„Was ist los?“

„Nichts zu sehen!“

„Verfluchte Eisenbahn. Ein Wunder, daß wir nicht alle umgekommen sind!“

Kurz darauf erschien ein Schaffner. „Beruhigen Sie sich bitte. Wir ... äh ... es wird eine ... äh ... kleine Verzögerung geben.“

Zwei Offiziere verließen den Zug, um sich selbst ein Bild zu machen. Einige andere Passagiere schlossen sich ihnen an. Aus Erfahrung wußten sie, daß es fast unmöglich war, eine klare Auskunft vom Zugpersonal zu bekommen.

Sobald Mariana die Verletzungen der Passagiere versorgt hatte, schloß sie sich dem Strom der Neugierigen an.

Es war etwa eine Stunde vor Sonnenuntergang, und ein kühler Wind wehte. Mariana hatte ihren Mantel im Zug gelassen, doch sie war zu neugierig, als daß sie hätte zurückkehren und ihn holen wollen. Zitternd vor Kälte gesellte sie sich zu einer Gruppe von Passagieren, die schockiert vor der Lokomotive standen.

Als Mariana entdeckte, was passiert war, stockte ihr der Atem.

Kaum zwanzig Meter vor ihnen erstreckte sich ein tiefes Tal. Die Eisenbahnbrücke, die sich sonst wohl etwa zwölf Meter hoch über den Abgrund spannte, war weg. Offenbar war sie in die Luft gesprengt worden. Wäre der Zug auch nur wenige Sekunden später zum Stehen gekommen, wären die Lokomotive und alle Waggons in die Tiefe gestürzt.

Eine Frau aus der Gruppe wurde bei dem schrecklichen Anblick ohnmächtig. Mariana zitterte ein wenig, doch sie zwang sich, wenigstens äußerlich ruhig zu bleiben. Sie waren dem Tode nahe gewesen.

„Sabotage“, sagte einer der Offiziere.

Niemand wollte es hören. Sie wußten, daß am Ende ihrer Reise Gefahr auf sie wartete; viele rechneten sogar damit zu sterben. Doch es war sehr beunruhigend zu denken, daß sie bereits so weit von der Mandschurei entfernt sterben könnten – plötzlich und unerwartet von unsichtbarer Hand.

Mariana wurde zum ersten Mal wirklich klar, auf was sie sich eingelassen hatte.

War sie dabei, in den Tod zu reisen?

Die Möglichkeit schien wirklicher zu sein als je zuvor.

Anna und Sergei hatten damals versucht, sie in ihrer Entscheidung, Medizin zu studieren, zu unterstützen; doch selbst sie waren verwirrt gewesen über den plötzlichen Sinneswandel ihrer Adoptivtochter. Vor vier Jahren war Mariana so sicher gewesen, daß sie nichts mehr wollte, als die medizinische Hochschule zu besuchen. Doch sie wurde sehr schnell entmutigt von dem umfangreichen Lernstoff, der bewältigt werden mußte. Auf dem Hof ihrer Eltern in Katyk hatte sie immer viel gearbeitet, doch das geistige Arbeiten in der Schule war schlimmer als Melken, Dreschen und Backen zusammen!

Sie hatte sich für die Medizin entschieden, weil sie Menschen helfen wollte. Doch um dahin zu kommen, mußte sie sich zuerst mit Mathematik und anderen naturwissenschaftlichen Fächern beschäftigen. Vor allem Mathematik fiel ihr schwer. Obwohl Sergei ihr Nachhilfestunden gab, schaffte sie die Prüfung nur mit großer Mühe. Mit den naturwissenschaftlichen Fächern war es kaum anders – doch wenigstens interessierte sie sich dafür, wenn sie vieles auch nicht verstehen konnte! Chemie war unmöglich. Sie fiel in der Abschlußprüfung ihres dritten Jahres durch, und sie mußte zugeben, daß dieses Studium ihre intellektuellen Fähigkeiten überstieg. Man gestattete ihr, dieses Examen zu wiederholen, aber zusätzlich zu den anderen Stunden des vierten Jahres. Um die Weihnachtszeit war sie ein nervliches Wrack gewesen. Ihr Sehvermögen hatte sich sehr verschlechtert, sie verlor immer mehr Gewicht und litt unter einer chronischen Erkältung. Sie konnte sich nicht vorstellen, noch über eineinhalb Jahre so weiterzumachen.

Der Ausbruch des Krieges mit Japan im Februar bot ihr einen willkommenen Grund, mit dem Studium aufzuhören. Verzweifelt wurden Schwestern gesucht, die bereit waren, an die Front zu gehen. Das russische Rote Kreuz bildete Frauen aus, die sich freiwillig für den Dienst an den Verwundeten meldeten.

Mariana wurde herzlich willkommen geheißen. Ihre Ausbildung war eine gute Voraussetzung für die Aufgabe, die es zu erfüllen galt, ihr fehlte es nur an praktischer Erfahrung. Die konnte sie im Rot-Kreuz-Krankenhaus in St. Petersburg sammeln. Im

Sommer dann war sie bereit für ihre Reise zum Kriegsschauplatz in der Mandschurei.

Die Proteste Dmitris und Eugenias blieben unbeachtet. Sie stöhnten über Marianas Eigensinn, und wieder einmal meinte Dmitri, wie ähnlich sie doch ihrer Mutter sei.

Mariana hatte sich für die medizinische Arbeit entschieden, weil sie dienen wollte. Sie liebte die Arbeit im Hospital. Hier brauchte sie keine Trigonometrie, keine Biologie oder Chemie. Und sie konnte auch noch ihrem Land dienen. Ihr Onkel Ilja war einberufen und an die Front geschickt worden. Für ihn und all die anderen Männer würde sie tun, was sie konnte. Das hieß, falls sie nicht vorher getötet werden würde.

*

Erschüttert, doch dankbar dafür, daß sie am Leben geblieben waren, kehrten die Passagiere in ihre Waggons zurück. Nachdem der erste Schreck überwunden war, verblaßte dieses Ereignis bald zu einer weiteren frustrierenden Verzögerung auf dieser langweiligen Reise.

Mariana stöhnte, als sie erfuhr, daß sie einige Tage Aufenthalt haben würden. Die Brücke mußte repariert werden. Wenigstens war es nicht Winter, und die Frauen konnten in einem nahegelegenen Dorf untergebracht werden. Die Soldaten und Offiziere würden im Zug bleiben. Sie schloß die Augen und wartete auf die Wagen, die die Frauen ins Dorf bringen würden. Doch der Sitz war hart und unbequem. Sie versuchte, nicht an die Verzögerung zu denken, die sehr wahrscheinlich länger sein würde als geschätzt. Aber es hätte ja auch schlimmer kommen können. Die armen Soldaten waren in den Güterwaggons zusammengepfercht. Die Schwestern hatten das Privileg, zusammen mit den Offizieren in den Passagierwaggons zu reisen.

Der Schaffner mußte gewußt haben, daß die Passagiere eine Abwechslung brauchten, denn es dauerte nicht lange, bis heißer Tee gebracht wurde. Wenigstens davon gab es ausreichend. Als Mariana einen Haferkuchen aß und ihren Tee trank, begann sie sich ein wenig besser zu fühlen.

Mariana gab auch Ludmilla, ihrer Nachbarin, einen ihrer Kuchen, und sie unterhielten sich ein wenig. Danach legte das Mädchen den Kopf zurück und war sofort eingeschlafen.

Die Wagen kamen einige Stunden später und brachten sie in ein Dorf, das genauso arm war wie Katyk, jedoch eine Schule besaß. Dort wurden die Schwestern untergebracht. Die Unterkunft war keineswegs bequem, doch wenigstens hatten sie ein Dach über dem Kopf.

Die Tage zogen sich endlos hin. Mariana nutzte das schöne Wetter, um Spaziergänge zu machen – manchmal allein, manchmal mit Ludmilla oder den anderen Schwestern zusammen. Die langen Stunden des Nichtstuns gaben ihr Zeit, ihren Gedanken nachzuhängen. Sie fragte sich, was ihre Familie wohl von dem Zwischenfall mit der Brücke halten würde. Jeder hatte sich eine Meinung zu dem Krieg gebildet. Dmitri war sehr nationalistisch eingestellt, und ihr kleiner Bruder Andrei zeigte Ansätze einer radikalen Einstellung. Nur zu gern zitierte er die Studenten, die ihr Vater unterrichtete.

Bei Ausbruch des Krieges waren alle entsetzt gewesen, auch sie. Ohne eine formelle Kriegserklärung hatten die Japaner die russische Flotte in Port Arthur angegriffen. Sie nannten das einen Überraschungsangriff.

Die einzige Überraschung jedoch war, daß dies nicht schon früher passiert war. Die Auseinandersetzung mit Japan dauerte schon einige Jahre.

*

Im Jahre 1894, nach dem Krieg mit China, hatte Japan die Halbinsel Liaodong zugesprochen bekommen, auf der sich der russische Hafen Port Arthur befand.

Japans wachsende militärische Macht war eine weit größere Bedrohung für Rußlands Interessen im Fernen Osten als Chinas zusammenstürzendes Weltreich. Rußland war entschlossen, seinen Stützpunkt im Osten zu behalten. Port Arthur war ein Süßwasserhafen, den die Russen dringend brauchten, und seit der Fertigstellung der Transsibirischen Eisenbahn konnte man den Pazifischen Ozean in nur wenigen Wochen erreichen. Früher war man für dieselbe Strecke eineinhalb Jahre unterwegs gewesen.

Rußland war nicht das einzige Land, das sich Sorgen über die immer größer werdende Macht Japans machte. Auch europäische Mächte, die ebenfalls politische Interessen im Fernen Osten hatten, waren gleichermaßen beunruhigt. Besonders angestachelt wurde Nikolaus von seinem deutschen Cousin, Kaiser Wilhelm II. Dieser nannte Nikolaus gern den „Admiral des Pazifiks", während er sich selbst als „Admiral des Atlantiks" bezeichnete. Nikolaus fühlte sich geschmeichelt, daß dem Zaren aller Reußen eine solche Macht im Pazifik zugeschrieben wurde. Doch im Grunde genommen wollte sein Cousin ihn nur von seinen eigenen Machenschaften in den europäischen Angelegenheiten ablenken.

Den europäischen Mächten gelang es, so viel Druck auszuüben, daß Japan die Kontrolle über Port Arthur an das schwächere China zurückgab. Als die ausländischen Mächte sich dann sammelten, um ihre Kolonialbestrebungen weiter auszudehnen und sich Teile von China einzuverleiben, nahm Rußland die Gelegenheit wahr und besetzte den Hafen, der ihm schließlich von China überlassen wurde. Um die Herrschaft in diesem Gebiet sicherzustellen, begann Rußland sofort, seine Stellung durch den Bau der Transsibirischen Eisenbahn von Harbin nach Port Arthur zu festigen. Diese Maßnahmen Rußlands und anderer ausländischer Kolonialmächte hatten schließlich den Boxeraufstand im Jahre 1900 zur Folge.

England war durch die ständige Anwesenheit Rußlands in Asien beunruhigt. Die Briten sahen in den Japanern den geeigneten Verbündeten gegen ihren ehemaligen Feind, die Russen, und sagten den Japanern zu, im Falle einer Auseinandersetzung mit Rußland neutral zu bleiben. Dadurch ermutigt begannen die Japaner, Druck auf die Russen auszuüben, damit diese sich aus Korea zurückzogen. Rußland ignorierte die Japaner und fuhr fort, seine Stellung in der Mandschurei und in Korea zu festigen.

Ende Januar 1904 erklärte Japan schließlich, die Mandschurei liege außerhalb des japanischen Einflußbereiches, und hoffte damit, eine ähnliche Versicherung von Seiten Rußlands in bezug auf Korea zu bekommen. Doch die Russen ignorierten auch dies, bis die Japaner schließlich die Geduld verloren. Der japanische Botschafter wurde in sein Heimatland zurückgerufen.

Nach Jahren des politischen Schattenboxens ergriffen die Japaner schließlich die Initiative. Russische Diplomaten hatten dem Zaren versichert, daß Japan niemals für die Halbinsel kämpfen würde. Wie sollte eine so winzige Inselnation, die noch wenige Jahre zuvor vollkommen von der Welt abgeschnitten gewesen sei, den Nerv haben können, sich auf eine Auseinandersetzung mit dem heiligen russischen Weltreich einzulassen?

Doch die Japaner stellten sich dieser Herausforderung. In der ersten Februarwoche lief die japanische Flotte nachts in den Hafen von Port Arthur ein und eröffnete das Feuer auf die vor Anker liegende russische Flotte. Angesichts der Tatsache, daß die Spannungen zwischen den beiden Nationen seit Wochen immer stärker geworden waren, waren die Russen beschämend unvorbereitet. Zwei russische Schlachtschiffe und einige kleinere Schiffe wurden vollkommen zerstört; die japanische Flotte blieb dagegen unversehrt. Dieser Angriff hatte eine Welle des Nationalismus in Rußland zur Folge. Der wahrscheinlich einzige Russe, der in jenen ersten Wochen keine Begeisterung für den Krieg zeigte, war Sergei.

*

„Ich habe einen russischen Krieg mitgemacht", sagte er kurz nach dem Angriff, „und nichts von dem, was ich in der letzten Zeit gesehen habe, zeigt mir, daß sich irgend etwas in den vergangenen siebenundzwanzig Jahren geändert hat. Wir haben die zähesten und tapfersten Soldaten auf der Welt. Unglücklicherweise stehen sie unter dem Kommando von inkompetenten Trotteln. Admiral Alekseew hat die Verteidigung von Port Arthur sträflich vernachlässigt."

„Aber war es denn nicht ein Überraschungsangriff, Papa?"

„Er ist Vizekönig des Fernen Ostens, um Himmels willen! Er muß doch gewußt haben, wie sehr sich die Beziehung zu Japan verschlechtert hatte. Die Flotte hätte schon Wochen vor dem Angriff in Alarmbereitschaft versetzt werden müssen."

„Ich muß dir recht geben, Sohn", bestätigte Viktor, als sie beim Abendessen zusammensaßen. „Doch als ehemaliger Militärführer muß ich Einspruch erheben gegen den Ausdruck ‚inkompetente Trottel'." Seine Worte waren ironisch gemeint, doch Mariana sah, daß Sergei sich trotzdem betroffen fühlte.

„Es tut mir leid, Vater. Ich nehme an, ich war etwas voreilig. Es gibt auch gute Kommandeure, und du hast ganz bestimmt dazugehört, doch leider sind es viel zu wenige."

„Das stimmt", klagte Viktor. „Ich werde nie verstehen, warum unsere Zaren sich mit unfähigen Narren umgeben."

„Nur so kann der Zar sich in besserem Licht zeigen."

Raisa Sorokin, die Freundin, bei der Anna und Sergei lebten, schnalzte mit der Zunge. „Bitte, meine Herren, die Wände haben Ohren."

„Verzeih, Raisa", entschuldigte sich Sergei. „Ich liebe Rußland, doch manchmal ..." Er zuckte die Achseln und lächelte entschuldigend. Mariana hatte jedoch den Blick der Enttäuschung in seinen Augen gesehen.

3

Mariana hatte längst aufgehört, die Tage zu zählen, als der Schaffner schließlich zum Schulhaus kam und verkündete: „Wir können weiterreisen." Mariana war das monotone Geräusch der Räder höchst willkommen, und schon bald war sie so tief eingeschlafen wie schon lange nicht mehr. Erst Stunden später wachte sie bei einem wundervollen Sonnenaufgang auf.

An diesem Tag erreichten sie den Baikalsee. Doch nur wenige Einwohner Sibiriens nannten ihn See – für sie war er ein Meer, und Mariana konnte sich dieser Meinung nur anschließen – ein atemberaubender Anblick. Der Baikalsee war der größte Süßwassersee in der ganzen Welt, etwa sechshundertfünzig Kilometer lang und bis zu vierundsiebzig Kilometer breit.

Trotz seiner Schönheit war der Baikalsee im Augenblick ein Dorn in Rußlands Fleisch. Er war eines der schwächsten Glieder in Rußlands Kriegsbemühungen. Um Geld zu sparen, hatten die Erbauer der Transsibirischen Eisenbahn beschlossen, einen Fährdienst einzurichten, anstatt die Schienen um den See herumzuführen, was mit erheblichen Kosten verbunden gewesen wäre. In Friedenszeiten war dies durchaus eine vernünftige Überlegung, in Kriegszeiten hingegen ein Alptraum. Sechs Monate im Jahr war der See zugefroren, und die Soldaten waren gezwungen, vierundsechzig Kilometer über den zugefrorenen, windgepeitschten See zu marschieren, eine weitere Mühsal auf ihrer beschwerlichen Reise zur Front.

Mariana war froh, daß der See im Augenblick nicht zugefroren war. Die Frauen würden zusammen mit der Verpflegung im Fährschiff über den See gebracht werden, während die Soldaten am Ufer entlang marschieren mußten.

Während der Überfahrt konnte Mariana sich an der Landschaft erfreuen. Sie war erstaunt, wie klar das Wasser des Sees war. Doch selbst jetzt noch, Ende Juni, war es kühl und windig.

Ihre Gedanken wanderten zurück zu den Ereignissen, die sie zu diesem weit entfernten Ort geführt hatten.

Trotz seiner negativen Einstellung zum Krieg war Sergei der einzige gewesen, der nicht versucht hatte, Mariana von ihrem Vorhaben abzubringen. Ihm gefiel die Vorstellung, Mariana an der Front zu wissen, zwar ganz und gar nicht, doch er schien ihre Motive zu verstehen und ihr zu vertrauen.

Manchmal fragte sich Mariana, ob sie sich selbst ganz im klaren darüber war, was sie dazu gebracht hatte, in die Mandschurei und an die Front zu reisen. Und während sie sich ihrem Ziel näherte, wurde ihre Unsicherheit immer größer.

Normalerweise ließ sich Mariana nicht dazu hinreißen, über ihre Motive nachzudenken. Dies war eher etwas für Männer wie Stephan Kaminski, ihren früheren Freund und Verehrer. Er hatte immer gewußt, wo er stand und warum er dort stand. Doch bisher war das einzige, was Mariana wußte, daß am Ende ihrer Reise eine Aufgabe auf sie wartete, die sie erfüllen mußte. Endlich würde ihr Leben einen Sinn bekommen. Mußte sie wirklich über die Hintergründe dieses Krieges Bescheid wissen? Mußte sie überhaupt damit einverstanden sein? Ihr Land führte einen Krieg, und es war egal, ob er durch Unfähigkeit, Gier oder Arroganz entstanden war. Männer würden verletzt werden, und sie würde ihnen helfen. Letztendlich war es doch allein das, was zählte.

Was sie tat, hatte wenig zu tun mit Nationalismus oder auch nur Altruismus. Von Anfang an hatte sie gewußt, daß dies der Weg war, den sie beschreiten mußte. Augenblicke der Furcht und des Zagens konnten dieses Gefühl, daß sie richtig handelte, nicht ändern. Sie gehörte hierher, auf diese Reise, und sie spürte sogar schon, daß das Ende der Reise sie an ihr körperliches und geistliches Ziel bringen würde.

Kriegsgebiet

4

Es war kaum zu übersehen, daß sie ein fremdes Land erreicht hatten. Seit sie die Grenze zur Mandschurei überschritten hatten, fuhr der Zug an seltsamen pagodenförmigen Gebäuden vorbei. Die Feldarbeiter trugen hochgeschlossene Jacken, die aussahen wie Schlafanzüge, und breitkrempige Hüte. Ein Offizier nannte sie „Kulihüte". Mariana hatte gedacht, die Dörfer hier wären viel verwahrloster als die in Rußland, doch sie mußte feststellen, daß dies Vorurteile gewesen waren. Jedes kleinste Stückchen Land war mit Bohnen oder Hirse bepflanzt, sogar die Berghänge.

Aber erst nachdem der Zug Mukden passiert hatte, hatte Mariana wirklich den Eindruck, in eine ihr vollkommen fremde Welt eingetreten zu sein. Hier waren die ersten Anzeichen des Krieges wahrzunehmen. Überall unterwegs hatte sie Soldaten gesehen, die die so wichtige Eisenbahnlinie bewachten, um Sabotageakte zu verhindern. Sie hatte gehört, daß mindestens fünfundfünfzigtausend Männer entlang der Eisenbahnlinie postiert waren. Doch erst hier, auf der Liaodong-Halbinsel, wurde wirklich deutlich, daß ein Krieg wütete. Die Soldatentrupps in den Feldern waren nicht frisch und sauber wie die, welche die Eisenbahnlinie in Sibirien bewachten. Diese Männer waren müde und schmutzig und schleppten sich dahin, als würden sie schon jahrelang ohne Pause marschieren. Zweifellos drückte sie die erbarmungslose Hitze genauso wie ihre Gewehre und ihr Marschgepäck.

Aber noch beunruhigender als der Anblick dieser kriegsmüden Soldaten war das ferne Geräusch von Artilleriefeuer und Explosionen. Mariana und ihre Mitreisenden befanden sich nicht in unmittelbarer Gefahr, trotzdem machten ihnen die Geräusche angst.

In Liaoyuan war die Reise für Mariana erst einmal zu Ende. Ihre Vorgesetzte informierte sie darüber, daß sie und fünf andere

Schwestern hierbleiben sollten, um die Verwundeten zu versorgen, die mit dem Zug nach Rußland gebracht werden sollten. Mariana sollte eigentlich in einem Krankenhaus in Port Arthur Dienst tun, und ihre Vorgesetzte versicherte ihr, daß sie später auch dorthin gebracht werden würde. Doch für den Augenblick wurde sie hier mehr gebraucht. Offensichtlich wurde eine größere Schlacht südlich von Liaoyuan ausgetragen; die Verletzten kamen schneller am Bahnhof an, als sie fortgebracht werden konnten.

*

Mit zitternden Fingern strich sich Mariana die weiße Schürze ihrer hellgrauen Schwesterntracht glatt. Sie hatte sie erst heute morgen angezogen, darum war sie noch einigermaßen weiß und frisch gestärkt. Sie warf einen flüchtigen Blick auf ihr Spiegelbild im Zugfenster, überprüfte, ob ihre Haube auch gerade saß, und nahm ihren Umhang – nicht, daß sie ihn in der Hitze gebraucht hätte, aber es sah einfach professioneller aus. Zaghaft lächelte sie Ludmilla an, die zusammen mit ihr hierbleiben würde, dann erhob sie sich und stieg aus.

„Hier herüber, Mädels!" rief ein Mann, während er eine Bahre in den Zug hob.

„Das hier wird nicht so sein wie in dem Hospital zu Hause", sagte Ludmilla.

Mariana schluckte und schüttelte den Kopf. „Das haben wir auch nicht erwartet, oder?" Ihre Frage war genauso an sich selbst wie an ihre Gefährtin gerichtet. In Wahrheit hatte sie herzlich wenig darüber nachgedacht, wie es sein würde, Kriegsverletzte zu pflegen. In der Theorie hatten sie gelernt, wie man eine Wunde behandelte, doch Erfahrung darin hatten sie keine.

Im nächsten Augenblick waren sie mitten in der Arbeit, und es blieb keine Zeit mehr zum Nachdenken.

„Kommt hier herein", rief ihnen eine Frau aus der offenen Tür eines der Güterwaggons zu.

Ludmilla und Mariana kletterten hinein. An den Wänden des Waggons befanden sich achtzehn Hängebetten, neun an jeder Seite. Die Betten waren mit Sprungfedern ausgestattet, um die Erschütterungen abzumildern, doch nachdem Mariana selbst wochenlang mit dem Zug unterwegs gewesen war, konnte sie sich vorstellen, wie aufreibend eine solche Reise für einen Verwundeten sein mußte.

Außer den Betten war nur wenig anderes im Waggon, ein kleiner Schrank für Vorräte und einige Eimer für den Abfall. Es roch sehr streng, und die Hitze war selbst bei geöffneten Türen unerträglich. Mariana legte schnell ihren Umhang ab.

In dem Waggon war es sehr eng, und das Pflegepersonal hatte nur wenig Platz, um sich zu bewegen. Die Patienten in die Betten zu legen war eine sehr schwierige Angelegenheit. Häufig schrien und stöhnten sie vor Schmerzen, und Mariana versuchte verzweifelt, sich auf ihre Aufgabe zu konzentrieren. Doch das fiel ihr unglaublich schwer. Sie konnte nicht anders, als diese armen Männer als Menschen zu sehen – verängstigt, vom Schmerz gepeinigt und dem Tode nahe. Viele würden an ihrem Ziel – dem Hospital in Irkutsk – nicht ankommen, und sie fühlte sich hilflos, weil sie nichts für sie tun konnte.

„Was tun Sie denn da?“ fragte die verantwortliche Schwester. Angesichts der langen Reihen von Bahren, die auf dem Bahnsteig standen, war ihre Geduld schnell erschöpft.

Mariana war bei einem der verwundeten Soldaten stehengeblieben und hatte begonnen, ihm einen Brief vorzulesen, den er ihr gegeben hatte.

„Er hat mich gebeten –“

„Nicht jetzt, Mädchen! Wir müssen noch drei weitere Waggons beladen, und es kommen immer mehr Verwundete.“

Mariana lächelte den Soldaten entschuldigend an.

„Das ist schon in Ordnung“, antwortete er schwach. „Dafür wird später noch Zeit sein.“

Doch Mariana war skeptisch. Die Haut des Mannes sah grau aus, und der frische Verband, den sie ihm angelegt hatte, war schon wieder blutdurchtränkt.

Sie arbeiteten bis nach Sonnenuntergang. Als der Zug belegt war, mußten sie die übrigen Verwundeten in das bereits überfüllte Hospital in Liaoyuan bringen. An das hastige Abendessen konnte sich Mariana kaum noch erinnern, und als sie schließlich für die Nacht entlassen wurden, war sie so erschöpft wie noch nie in ihrem Leben. Da sie und die anderen Schwestern eigentlich nicht erwartet worden waren, mußten erst noch Schlafgelegenheiten für sie besorgt werden.

Sie, Ludmilla und ein paar der anderen Schwestern ließen sich auf einigen Kisten nieder. Zwei der Sanitäter, mit denen Mariana an diesem Tag zusammengearbeitet hatte, ruhten sich auch auf den Kisten aus und hießen die Mädchen willkommen. Es schien in Ordnung zu sein, ohne Anstandsdame neben diesen Männern zu sitzen – sie wirkten genauso erschöpft wie die Frauen.

„Noch nie in meinem Leben habe ich so hart gearbeitet!" seufzte Ludmilla, als sie sich auf eine Kiste sinken ließ.

„Und das ist erst der Anfang", sagte der Sanitäter mit Namen Fedor. „Wartet nur, bis es richtig losgeht. In den vergangenen zwei Tagen haben wir Hunderte von Verletzten versorgt, das heißt, einschließlich der Toten. Im letzten und vorletzten Monat war es dasselbe."

„Sind Sie schon lange hier, Fedor?" fragte Mariana.

„Von Anfang an. Genau wie Boris hier. Boris, erzähle ihnen von Yalu –" Er wendete sich wieder an die Mädchen. „Das war die erste richtige Landschlacht des Krieges."

„Diese jungen Damen wollen das sicher nicht hören", sagte Boris finster. Er war sehr viel ernster und nachdenklicher als sein Gefährte und sehr viel weniger gesprächig.

„Ich war in Port Arthur, ich habe es also verpaßt", sagte Fedor. Er schien fast enttäuscht zu sein.

Mariana beschloß, ihm seinen Übereifer nachzusehen und so viele Informationen wie möglich von ihm zu bekommen. „Ich habe gehört, daß die Japaner die meisten der Eisenbahnstationen südlich von hier kontrollieren. Ludmilla und ich waren für Port Arthur vorgesehen. Werden wir dorthin kommen?"

„Eines müssen Sie wissen, meine Damen, Gerüchte gibt es in einem Kriegsgebiet mehr als Gewehrkugeln. Doch in diesem Fall kommt das Gerücht der Wahrheit sehr nahe. Wir haben keine Schlacht mehr gewonnen seit ... nun, wir haben eigentlich noch überhaupt keine Schlacht gewonnen."

„Wie kann das sein?" fragte Ludmilla erschrocken. „Wir sind doch Rußland, die mächtigste Nation auf der Welt. Japan ist nur eine kleine Insel."

„Wenn wir auch sonst nichts gelernt haben, so doch wenigstens, diese Japaner nicht mehr zu unterschätzen. Das sind zähe ‚kleine Affen', wie der Zar sie nennt, und sie sind ihrem Land und Kaiser treu ergeben –"

„Du redest zuviel", brummte Boris, der einen flüchtigen Blick über die Schulter warf.

„Können Sie uns sagen, wo die Kämpfe im Augenblick ausgetragen werden?" fragte Mariana, die hoffte, die Unterhaltung wieder auf das Anfangsthema zurückbringen zu können.

„Nun, kurz gesagt, die Japaner drängen nach Norden und versuchen, uns Russen von der Liaodong-Halbinsel zu vertreiben. Wir tun unser Möglichstes, um sie aufzuhalten –" Fedor blickte seinen Gefährten an. „Doch nicht allzu erfolgreich. Telissu, der letzte Kampfplatz, liegt etwa sechzig Kilometer südlich von hier. Sicherlich werden sie nach Liaoyuan kommen." Die beiden Mädchen wurden leichenblaß. „Aber bestimmt werden die Japaner Wochen, vielleicht sogar Monate brauchen, um sich bis hierher vorzukämpfen."

„Was ist mit unserer Aufgabe in Port Arthur?" fragte Ludmilla.

„Noch kommt ihr durch", sagte Fedor fröhlich. „Vielleicht könnt ihr nicht die ganze Strecke mit dem Zug fahren – es gibt Wagen und so etwas; aber meistens werden die Rot-Kreuz-Züge durchgelassen."

„Dann gehört der Hafen also immer noch uns?" fragte Ludmilla, die kaum etwas vom Kriegsgeschehen verstand.

„Natürlich", erwiderte Mariana. „Darum geht es doch überhaupt. Wenn die Japaner Port Arthur erobern, ist der Krieg so gut wie vorbei." Da ihr Vater, ihr Großvater und ihr Onkel beim Militär gedient hatten, verstand Mariana ein wenig mehr von diesen Dingen, vor allem da Dmitri und der Großvater ihr vor ihrer Abreise alle ihre Kriegserlebnisse erzählt hatten.

„Macht euch also keine Sorgen", sagte Fedor. „Ihr werdet schon an euer Ziel kommen."

Boris schüttelte grimmig den Kopf. „Glaubt nicht, ihr würdet verschont bleiben, wenn ihr dorthin fahrt. Die Japaner könnten ganz Liaodong und auch die Mandschurei nehmen, doch wenn sie Port Arthur nicht haben, haben sie gar nichts. Und glaubt mir, sie werden kämpfen wie der Teufel, um es zu bekommen."

„Es ist nur eine Frage der Zeit, bis die Japaner Port Arthur abriegeln – ihr wißt schon, belagern", fügte Fedor hinzu.

Mariana fühlte sich plötzlich sehr unbehaglich. Doch sie war kein Feigling – wenigstens wollte sie so nicht genannt werden. Nach dem Fiasko an der medizinischen Hochschule mußte sie sich selbst beweisen, daß sie durchhalten konnte. Es würde nicht leicht werden, doch das hatte sie ja auch nicht erwartet. Sergei hatte versucht, ihr das klarzumachen.

Und außerdem brauchte sie die Entscheidung, nach Port Arthur zu gehen oder hierzubleiben, auch nicht selbst zu treffen. Sie stand unter der Autorität des Roten Kreuzes, das wiederum der Armee unterstellt war. Wenn sie nicht beschloß, ganz aufzugeben, würde ihr schon gesagt werden, wo sie wann hinzugehen hatte.

Und schon am folgenden Tag wurde ihr eine neue Aufgabe zugewiesen. Sie sollte zum Feldlazarett des vierten Sibirischen Armeekorps etwa eine Tagereise südlich von Liaoyuan reisen. Die Entscheidung war getroffen worden, ohne sie vorher auch nur zu fragen. Sie würde gehen – egal was auf sie wartete.

5

Der Wagen holperte dahin. Er schien jedes Schlagloch in der Straße zu treffen, und Mariana lernte wieder einmal neu das Reisen mit der Eisenbahn zu schätzen.

Das Feldlazarett befand sich etwa dreißig Kilometer weiter südlich, doch wegen der gefährlich schlammigen Straßen – in der Mandschurei hatte die Regenzeit eingesetzt – brauchten sie zwei Tage, um zu ihrem Ziel zu gelangen. Sie fuhren hinter den feindlichen Linien entlang, doch auch dies war keine Garantie für ihre Sicherheit. Sie hoffte, daß das große rote Kreuz, das international anerkannte Emblem für Neutralität auf der Seite ihres Wagens, ihnen eine sichere Fahrt garantieren würde.

Marianas Reisegefährten in der überfüllten Kutsche waren Ludmilla, die auch in dem Feldlazarett arbeiten sollte, der Kutscher und zwei Soldaten als Eskorte. Am Morgen des zweiten Reisetages brach ein Unwetter los. Wolkenbruchartiger Regen prasselte auf sie hernieder. Da es in der Nähe keinen Ort gab, wo sie Schutz suchen konnten, beschloß der Kutscher, einfach weiterzufahren. Sie seien nur wenige Kilometer von einem Dorf entfernt, versicherte er ihnen. Doch schließlich mußte er anhalten, weil die Räder im Schlamm steckenblieben.

Alle Passagiere stiegen aus und versuchten, den Wagen durch

Schieben freizubekommen. Es war eine mühselige Arbeit, und als der Wagen schließlich weiterfahren konnte, fand die kleine Gruppe nur wenig Schutz unter der löchrigen Plane. Sie alle waren froh, als bald darauf die Sonne herauskam, und schlugen die Seitenklappe zurück, um sich von der Sonne trocknen zu lassen. Doch bald nachdem sie trocken waren, wurde die Hitze fast unerträglich.

Mariana hatte jegliches Zeitgefühl verloren; nur das Hungergefühl in ihrem Magen sagte ihr, daß es fast Mittag sein mußte. Der Kutscher hatte gesagt, sie würden um die Mittagszeit an ihrem Bestimmungsort ankommen, doch bisher war noch nichts in Sicht, was einem Feldlazarett ähnelte. Sie hoffte, bald dort einzutreffen, weil es nach einem zweiten Regenguß aussah. Auf einmal hörten sie lautes Artilleriefeuer – viel zu nah dafür, daß sie hinter den Linien waren. Und der Lärm kam immer näher.

„Wie weit liegt das Lazarett von der Front entfernt?" fragte Mariana einen der Soldaten, die den Wagen begleiteten. Sie mußte sich bemühen, das Zittern in der Stimme zu unterdrücken.

„Mindestens eine halbe Tagereise", sagte er in väterlichem Tonfall. Er und sein Gefährte hatten den Morgen damit verbracht, mit den beiden Schwestern zu flirten, doch Marianas Frage veranlaßte ihn nun, ihre Position zu überprüfen. Er wurde blaß und stieß seinen Kameraden in die Seite. „Was ist los?"

Sie riefen dem Kutscher zu, er solle stehenbleiben.

„Sie fahren den falschen Weg", schimpfte der Soldat. „Einen Kilometer von hier entfernt wird gekämpft."

Der Kutscher begann sich zu verteidigen. „Wir mußten unsere Route wegen des Regens etwas ändern –"

„Haben Sie eine Ahnung, wo wir uns befinden?"

„Na ja ... vielleicht haben wir das Lazarett ein wenig verfehlt." Der Kutscher zog die Zügel und blickte seine Passagiere entschuldigend an. „Aber wir werden bald wieder auf dem richtigen Weg sein, keine Angst."

Nach fünfzehn Minuten war offensichtlich, daß der Kutscher sich verirrt und keine Ahnung hatte, wie er fahren mußte. Das Mündungsfeuer hatte aufgehört, doch trotzdem war es beunruhigend, nicht zu wissen, ob sie in „Niemandsland" eingedrungen waren.

Einige Minuten später stießen sie auf eine Schwadron russischer Soldaten.

„Bei allen Heiligen!“ rief einer. „Das ist fast ein Wunder!“

„Was meinen Sie?“ fragte Ludmilla.

„Wir hatten gerade einen ernsten Zusammenstoß und haben viele Verwundete. Nie hätte ich gedacht, daß eine Ambulanz so schnell hierherfindet.“

„Wir sind eigentlich keine Ambulanz“, erklärte der Kutscher. „Ich transportiere nur Leute ins Feldlazarett.“

„Sie fahren aber in die falsche Richtung. Das Lazarett liegt neun oder zehn Kilometer in die andere Richtung. Im Augenblick befinden Sie sich mitten auf dem Schlachtfeld.“

„In welcher Richtung genau?“ fragte der Kutscher, der gerade wenden und sich so schnell wie möglich aus dem Staub machen wollte.

„Einen Augenblick!“ Der Soldat griff ins Zaumzeug. „Wir haben Verwundete, die versorgt werden müssen, und es gibt keinen Grund, warum Sie nicht einige mitnehmen sollten. Unser Verbandsplatz wurde übel zugerichtet, unser Chirurg ist tot, und zwei unserer Ärzte sind verletzt. Es gibt mehr Verwundete, als versorgt werden können.“

Der Kutscher war überhaupt nicht geneigt nachzugeben. Während des ganzen Krieges war er der Front noch nicht zu nahe gekommen. Doch Mariana und Ludmilla bestanden darauf zu helfen. Die beiden Begleitsoldaten unterstützten die Schwestern.

Dem Fahrer blieb nichts anderes übrig, als widerwillig zum Lagerhauptquartier der Schwadron zu fahren. Der befehlshabende Offizier hieß sie willkommen und brachte sie zu der schlimm zugerichteten Verbandsstation – sie war kaum mehr als ein zerrissenes Zelt. Dort fanden sie an die fünfzig Bahren, zwei Dutzend Schwerverletzte und zwanzig Männer, die nur verbunden werden mußten, um dann wieder auf ihren Posten zurückzukehren. Vier Sanitäter, gut ausgebildete Pfleger, die den Ärzten die leichteren Fälle abnahmen, versorgten die Verletzten. Schwestern waren fast genauso gut ausgebildet wie Sanitäter, hier jedoch waren keine anwesend. Außerdem arbeiteten noch sechs Hilfskräfte mit, die Handreichungen erledigten. Diese zehn Leute hatten alle Hände voll zu tun, vor allem da ihr Chirurg gefallen war. Vier der am schwersten verletzten Patienten legten sie auf den Wagen; es herrschte eine hektische Atmosphäre in dem Zelt.

Der Obersanitäter mit Namen Kask begrüßte die Frauen, als sie das Zelt betraten. „Endlich Hilfe! Und dazu noch Rot-Kreuz-Schwestern. Sehr gut!“ Er war ein stämmiger, rundgesichtiger Mann, und in einer anderen Umgebung hätte er vielleicht fröhlich gewirkt. Doch in diesem Augenblick lag ein so finsterer Ausdruck auf seinem Gesicht, daß es fast einschüchternd wirkte.

Sofort teilte er den Schwestern Arbeit zu. Als ihm klarwurde, daß sie gar nicht in offiziellem Auftrag zu ihm gekommen waren, zuckte er nur die Achseln und trug dem Kutscher auf, ihr Gepäck abzuladen und im Feldlazarett Bescheid zu geben, daß er sich die Schwestern für eine bestimmte Zeit „ausgeliehen“ habe.

„Bis die Einwände erheben, ist es zu spät“, sagte er leichthin.

Mariana fragte sich, ob sie Kask sagen könne, daß sie Neulinge waren. Doch er schien zu beschäftigt zu sein, um ihre Unerfahrenheit zu bemerken, und zu verzweifelt, als daß es ihm etwas ausgemacht hätte.

Ludmilla mußte helfen, einen Mann zu versorgen, dessen rechtes Bein zertrümmert war. An mehreren Stellen drückte sich der gebrochene Knochen durch die Haut. Seine Wunde zusammen mit der Sommerhitze und all dem Schrecklichen, das sie umgab, hätte sogar vielen erfahrenen Schwestern zugesetzt – ganz zu schweigen von einem Neuling. Ludmilla bemühte sich nach Kräften weiterzumachen, trotz ihrer zitternden Knie. Dann zog der Sanitäter, dem sie assistierte, ein Knochenstück aus der Hüfte des Patienten.

„Das ist aber kein Oberschenkelknochen“, sagte er, nachdem er den Knochen untersucht hatte. Dann, nachdem er dem Patienten einen raschen Blick zugeworfen hatte, rief er: „Gütiger Gott, das ist ja nicht einmal sein Knochen!“

Ludmilla sank zu Boden.

Trotz ihrer Sorge um ihre Freundin war Mariana zu beschäftigt, um ihr zu helfen. Sie assistierte Kask, der gerade eine ausgerenkte Schulter richtete. Auf der Bahre daneben schrie ein Mann mit einer Bauchverletzung vor Schmerzen.

„Können wir denn nichts für ihn tun?“ fragte Mariana, die entsetzt war, daß sich niemand um den Mann kümmerte.

Kask schüttelte den Kopf. „Er wird sterben. Wir können unsere Zeit nicht an ihn vergeuden, wo wir andere retten können.“

Als die Schulter wieder eingerenkt war, grinste Kask. „Das

war's, mein Freund! Morgen sind Sie wieder an der Front." Kask wendete sich Mariana zu, deutete auf den Mann auf der danebenstehenden Bahre und sagte: „Geben Sie ihm eine Morphiuminjektion." Darauf ging er zum nächsten Patienten.

Mariana stand eine Weile reglos da. Sie war schockiert über die gleichgültige Haltung des Sanitäters. Dann sah sie, wie zwei der Hilfskräfte Ludmilla aus dem Zelt brachten.

„Ludmilla!" rief sie und wollte hinter ihr herlaufen.

Kask hielt sie auf. „Sie wird wieder in Ordnung kommen – konnte den Anblick einfach nicht ertragen, das ist alles." Er blickte Mariana eindringlich an. „Sie werden doch nicht auch noch ohnmächtig werden, oder?"

Mariana hatte keine Antwort darauf. Ihre Knie waren weich, und die Schreie des Sterbenden dröhnten ihr in den Ohren. Ein riesiger Knoten in ihrem Hals verschlug ihr die Sprache. Sie schüttelte einfach nur den Kopf. Woher sie den Mut nahm, zum Medizintisch zu gehen, eine Morphiuminjektion aufzuziehen und sie dem Soldaten zu verabreichen, wußte sie nicht. Irgendwie hielt sie durch, verrichtete die nötigen Handgriffe wie ein Schlafwandler. Die Schreie des sterbenden Mannes verfolgten sie noch lange.

Endlich kamen Karren, die die Verwundeten ins Feldlazarett brachten, doch das ging nur schleppend vonstatten. Ambulanzwagen wurden in der Mandschurei nur selten eingesetzt. Statt dessen benutzte man einen von zwei Pferden gezogenen zweirädrigen Karren. Vier leicht verwundete Männer konnten sitzend darauf transportiert werden, aber nur zwei Bahren paßten hinein, und die Patienten mußten mit angezogenen Beinen auf der Seite liegen, weil sonst ihre Beine hinuntergehangen hätten. Es gab nicht einmal einen Sitz für den Kutscher – er ging neben dem Gefährt her. Auf diese Weise dauerte der Transport der Verwundeten sehr lange, und immer wieder kamen neue hinzu.

Kurz nach Einbruch der Dunkelheit nahm Kask Mariana beiseite, damit sie etwas essen und eine kurze Pause einlegen konnte, doch schon bald holte er sie wieder an die Arbeit. Für den Rest der Nacht gab es keine Pausen mehr.

Gegen Mitternacht kam ein Soldat mit einer stark blutenden Wunde in der Brust. Selbst wenn ein Chirurg dagewesen wäre, hätte dieser Mann in einem Feldlazarett versorgt werden müssen, das eine bessere Ausrüstung besaß. Kask, der nicht nur Obersanitäter, sondern auch der erfahrenste Mann im Zelt war, tat für den Mann, was er konnte, doch Mariana wußte, daß das nicht genug war.

„Er muß ins Feldlazarett", sagte er, „doch sicher wird er auf dem Weg dorthin sterben."

„Wenn wir die Blutung stoppen könnten, wäre er transportfähig, nicht wahr?" fragte Mariana.

„Das könnte Stunden dauern, und ich kann auf niemanden verzichten. Da sind andere, die bessere Überlebenschancen haben."

„Bitte, Kask, geben Sie mir eine Stunde. Wenn dann keine Besserung eingetreten ist, dann ... nun, dann weiß ich wenigstens, daß wir es versucht haben."

„Vielleicht lernen Sie es auf diese Weise."

„Vielen Dank. Sagen Sie mir nur, was ich tun muß."

Kask schnaubte verächtlich. „Konnten sie uns niemand anders als frisch ausgebildete Schwestern schicken?"

„Denken Sie daran, daß niemand mich *geschickt* hat", korrigierte Mariana ihn, nachdem sie all ihren Mut zusammengenommen hatte. „Ich sollte nicht einmal hier sein."

„Dann muß ich wohl noch dankbar sein", antwortete Kask. Mariana wußte nicht, ob dies eine Frage oder eine Feststellung war. Auf jeden Fall war er nicht gerade begeistert. „Dann versorgen Sie also Ihren Patienten. Wir haben keine Zeit zum Plaudern."

Mariana wußte diese eine Stunde zu nutzen. Sie legte verschiedene Druckverbände an, und es gelang ihr, die Blutung abzuschwächen, obwohl sie längst noch nicht zum Stillstand gekommen war. Der junge Mann mit Namen Jakow war bei Bewußtsein und litt unter großen Schmerzen, trotz des Morphiums, das man ihm gegeben hatte. Während Mariana die Wunde versorgte, sprach sie mit ihm, um ihn abzulenken. Es paßte ihr gar nicht, daß sie ihn nach der vereinbarten Stunde verlassen mußte, doch Kask hatte andere Aufgaben für sie. Sie legte einen weiteren Druckverband an und stellte fest, daß sie ihn nur noch zwei- oder dreimal in der Stunde zu wechseln brauchte. Kask untersuchte die Wunde und brummte vor sich hin, seine Art, Zustimmung zu zeigen, wie Mariana sehr bald herausfand.

Kurz vor Tagesanbruch kam ein Chirurg. Weitere Sanitäter, Schwestern oder Hilfskräfte konnten im Feldlazarett nicht entbehrt werden. Der Arzt lobte Marianas Arbeit, nachdem er sich Jakows Wunde angesehen hatte, und meinte, unter den gegebenen Umständen hätte auch er nicht mehr für ihn tun können. Der junge Soldat war transportfähig.

„Schwester", rief Jakow leise, als die Träger ihn hinausbringen wollten. Mariana beugte sich über ihn. „Danke ist nicht genug für das, was Sie für mich getan haben. Ich weiß nicht einmal Ihren Namen, daß ich für Sie beten kann."

„Es tut mir leid, daß ich mich nicht vorgestellt habe, Jakow. Ich heiße Mariana Dmitriewna."

„Gott segne Sie! Ich ... werde das nicht vergessen."

6

Mariana bekam kaum mit, daß das Gewehrfeuer verstummte. Es machte auch keinen Unterschied, denn es wurden nach wie vor Verwundete gebracht. Allmählich fühlte sie sich vollkommen hilflos. Sie konnten nicht mehr tun, als Blutungen zu stoppen und Wunden zu säubern. Viele dieser Männer brauchten sehr viel mehr Hilfe als das, und zwar schnell. Doch nicht einmal der Chirurg hatte Zeit für mehr. Sie versorgten die Patienten notdürftig und hofften, daß sie das Feldhospital lebend erreichten, wo ihnen ausreichende Versorgung zuteil werden konnte.

Das Personal hatte keine Zeit, sich auszuruhen, vor allem nicht, als die Schlacht wieder mit verstärkter Macht aufgenommen wurde. Ludmilla war ins Feldlazarett gegangen, und Mariana hoffte, daß dieses erste unglückliche Erlebnis ihr nicht den Mut raubte weiterzumachen. Mariana selbst konnte nicht begreifen, warum nicht auch sie ohnmächtig geworden war oder sich übergeben hatte; aber sie hatte keine Zeit, über ihre eigene Situation nachzudenken. Diese armen Männer waren viel größeren Schrecken ausgesetzt, als sie sich auch nur ausmalen konnte.

Mit nur zwölf Leuten zur Versorgung der Patienten war die Station beklagenswert unterbesetzt. Seit Marianas Ankunft waren bereits Hunderte von Patienten durch ihre Hände gegangen.

Hunderte!

Mariana wunderte sich nicht mehr über Kasks Gefühllosigkeit. Auch sie begann bereits, sich innerlich von der Realität zu entfernen – das war der einzige Weg zu überleben.

Nach dem Mittagessen kam Hilfe aus dem Feldlazarett – ein weiterer Arzt, ein Sanitäter und eine Schwester. Diejenigen, die am längsten gearbeitet hatten, machten als erste Pause. Die Männer wollten Mariana den Vortritt lassen, und sie war versucht nachzugeben. Nachdem sie rund um die Uhr gearbeitet hatte, war sie unglaublich müde. Sie sehnte sich nach einem Bad und danach, ihre Kleidung zu wechseln, die nicht nur zerknittert, sondern auch blutverschmiert war. An ihr schmutziges Gesicht und die fettigen Haare, die ihr ständig in die Augen fielen, wollte sie gar nicht denken. Doch sie bestand darauf, keine Sonderbehandlung zu bekommen. Kask war der einzige, der sich weigerte, Pause zu machen. Mariana beschloß, daß sie nicht vor ihm gehen würde.

Ihre körperliche Schwäche setzte ihren guten Absichten jedoch Grenzen. Als sie bei einem Patienten Fieber messen wollte, fiel ihr das Thermometer aus der Hand. Zum Glück ging es nicht kaputt.

„Ich will Sie nicht beleidigen, Fräulein“, sagte ihr Patient, „aber Sie sehen schlechter aus als ich. Warum machen Sie nicht einmal eine Pause? Ich habe kein Fieber, doch ich sage es Ihnen, wenn ich welches bekomme.“

Der neben ihm liegende Patient stimmte ihm zu.

„Was für ein Lazarett ist das“, erwiderte Mariana lächelnd, „daß die Patienten für die Schwestern sorgen müssen?“

Sie lachten, doch die Patienten beharrten darauf, daß sie sich eine Ruhepause gönnen solle.

„Nein ... nein, ich bin in Ordnung.“ Sie griff nach einem Desinfektionsmittel, um das Thermometer zu säubern. Den ganzen Tag hatte sie den Geruch in der Nase gehabt, doch diesmal war es zuviel für sie – so wenigstens erklärte sie es sich. Ihr wurde auf einmal schwindelig, sie schwankte, und das Thermometer fiel klirrend auf den Instrumententisch. Diesmal zerbrach es.

Mit wenigen Schritten war Kask bei ihr.

„Sie sind eine eigensinnige junge Frau“, brummte er, als er sie auffing, damit sie nicht zu Boden fiel. „Sie werden eine Pause machen – jetzt!“

„Sie arbeiten doch schon viel länger als ich“, protestierte sie schwach.

„Gehen Sie, oder ich werde Sie forttragen!“

„Nun, vielleicht für einige Minuten ... Ich werde ein wenig hinausgehen und frische Luft schnappen. Mehr brauche ich nicht.“

Mariana verließ das Zelt und fragte sich unterwegs, ob sie nicht vielleicht wirklich getragen werden müßte. Draußen ließ sie sich aufs Gras sinken. Sie brauchte nicht zu dem Zelt zu gehen, das als Quartier für die Frauen vorbereitet worden war; sie würde sich nur eine kleine Weile ausruhen. In wenigen Sekunden war sie fest eingeschlafen.

Eine Stunde später wachte Mariana auf. Eine Stimme, die aus ihren Träumen zu kommen schien, hatte sie aufgeweckt.

„Mariana!“

„Was?“ fragte Mariana verwirrt. Sie nahm ihre Brille ab und rieb sich die Augen in der Hoffnung, wach zu werden.

„Du bist es tatsächlich! Ich konnte es nicht glauben, als ich deinen Namen im Feldlazarett hörte –“ Der Neuankömmling brach abrupt ab. „Ich habe dich aufgeweckt, nicht wahr? Das tut mir wirklich leid. Ich schätze, ich bin immer noch derselbe gefühllose Trottel –“

Mariana riß die Augen weit auf und setzte sich hin.

„Daniel!“ Sie stand mühsam auf. „Ich ... ich – was für eine Überraschung!“

„Für mich nicht weniger. Wenn ich bedenke –“ Er brach ab, ging auf sie zu und nahm ihre Hände. „Du siehst wundervoll aus!“

Mariana lächelte. Es war ihr egal, daß sie wie eine Vagabundin aussah und roch, und sie wußte auch, daß er nur höflich sein wollte und sein Kompliment nicht ernstgemeint war. All ihre Müdigkeit schien auf einmal von ihr abzufallen, wurde ersetzt durch eine unerwartete Welle von Emotionen. Sie konnte ihre Gefühle nicht genau definieren, und vielleicht hatte sie auch ein wenig Angst davor, sie zu genau zu untersuchen. Das einzig Wichtige war, daß Daniel Trent wieder in ihr Leben getreten war.

7

Mariana strich sich eine Haarsträhne aus dem Gesicht, während Daniel ihre andere Hand festhielt. Um sie herum beluden die Sanitäter die Wagen, die gerade gekommen waren, mit Bahren. Doch in diesem Augenblick dachte Mariana nur an Daniels schelmisches Grinsen und ihre schönen Erinnerungen an die Picknicks im Sommergarten, die Spaziergänge in St. Petersburg und die Gespräche in Madame Durocqs Salon. Sie hatte das Gefühl, als seien nur Stunden vergangen, nicht Jahre, seit Daniel und sie sich das letzte Mal gesehen hatten.

Der laute Schmerzensschrei eines Patienten brachte sie in die Gegenwart zurück.

„Ich ... ich glaube, ich muß weitermachen", sagte Mariana.

„Oh, ja, natürlich", erwiderte Daniel mit offensichtlichem Widerstreben. Doch als sie sich umdrehen wollte, hielt er sie noch ein wenig fest. „Verflixt, ich habe das Gefühl, als sei es erst gestern gewesen." Dann ließ er verlegen ihre Hand los.

Mariana kehrte an die Arbeit zurück. Ihr wurde klar, daß sie beide dasselbe fühlten. Es waren vier Jahre vergangen, seit sie im Salon ihres Vaters Abschied voneinander genommen hatten. Sie befanden sich in einem fremden Land, mitten im Krieg, und doch hatte sie das Gefühl, sie könnten genausogut in St. Petersburg sein und durch einen Wald schlendern.

Sicher hatten sie sich in der vergangenen Zeit verändert. *Sie* hatte sich auf jeden Fall sehr verändert, und sie konnte nur annehmen – oder vielleicht hoffen –, daß dies auch bei Daniel der Fall war. Doch wie sie so dastand und ihm in die Augen blickte, empfand sie dieselbe Freundschaft und Zuneigung für ihn wie früher. Fast zwei Jahre lang hatten sie eine ganz besondere Beziehung zueinander gehabt, in der sie beide – ja, sogar Daniel! – sich einander geöffnet hatten. Er war ihr Freund und Vertrauter gewesen, als sie jemanden gebraucht hatte, auf den sie sich stützen konnte – jemanden, der ihr half, sich an diese neue Welt der Aristokratie in St. Petersburg zu gewöhnen. Sie hatte ihm vertraut. Doch er hatte ihr Vertrauen mißbraucht und ohne ihr Wissen diesen Artikel veröffentlicht. Er hatte ihr Leben zu einem öffentlichen Spektakel gemacht.

Später, als sie über diese ganze Angelegenheit nachgedacht hatte, hatte sie zugeben müssen, daß sie vielleicht ungerecht gewesen war in ihren Anschuldigungen. Seine Zuneigung zu ihr *konnte* nicht nur vorgetäuscht gewesen sein, eine Rolle, die er spielte, um sie auszuhorchen. Ihr gemeinsames Lachen, ihre Fröhlichkeit, die Augenblicke der Zärtlichkeit konnten einfach nicht unecht gewesen sein. Er hatte sie getäuscht, er war gefühllos gewesen, das stimmte – doch da war noch mehr an Daniel Trent, mehr an ihrer Beziehung als das.

Mariana fragte sich, warum er ihr wohl nie geschrieben hatte. Nun, da so viel Zeit vergangen war und die Wunden verheilt waren, wurde ihr klar, daß auch sie ihn verletzt hatte.

Doch er schien ihr nichts nachzutragen und ehrlich erfreut zu sein, sie wiederzusehen. Immerhin waren sie nun vier Jahre älter. Sie beide hatten Fehler gemacht und sich von ihrem Stolz bestimmen lassen, doch dies zerstörte nicht das Gute in ihrer Freundschaft.

Eigensinnig. Kask kannte Mariana kaum, und er hatte sie *eigensinnig* genannt. Auch ihr Vater hatte das gesagt. Vielleicht hatten sie recht. Aus lauter Eigensinn hatte sie zugelassen, daß ihr jemand entglitten war, der ihr so viel bedeutete. Daniel spielte eine größere Rolle in ihrem Leben, als sie zugeben wollte. In den vergangenen vier Jahren hatte sie ihn nie vergessen können.

War dieses plötzliche, unerwartete Wiedersehen eine zweite Chance für sie? War dies der Grund dafür, daß Gott sie daran gehindert hatte, eine Beziehung mit einem anderen Mann einzugehen? War Daniel der Mann, den sie schließlich heiraten würde? Dieser Gedanke verwirrte sie, und sie blickte sich nach Daniel um.

Er war fort.

Sie hielt kurz in ihrer Arbeit inne und sah sich auf dem Gelände um. Schließlich entdeckte sie Daniel, sein Notizbuch in der Hand, ins Gespräch mit einem Hauptmann vertieft. Mariana lächelte. Nun, er war Reporter, und er war in die Mandschurei gekommen, um über einen Krieg zu berichten, nicht um einer alten Flamme den Hof zu machen. Sie konnte nicht von ihm erwarten, daß er wie ein Hündchen darauf wartete, daß sie Zeit für ihn fand. Sie beide hatten zu tun, und falls es eine zweite Chance für sie geben sollte, so mußte ihre Beziehung hinter ihrem sehr eng gefaßten Zeitplan zurückstehen.

Mariana kehrte ins Zelt zurück. Da die Kämpfe verebbt waren, hatte sich die Lage etwas entspannt. Die Wagen, die die Verwundeten fortbrachten, konnten die Flut nun bewältigen, und bald wurde es etwas leerer im Zelt. Mariana stellte erfreut fest, daß Kask sich endlich eine Pause gönnte. Er blieb zwei Stunden fort. Als er zurückkam, sah er viel besser aus, doch immer noch zeigte sich keinerlei Fröhlichkeit auf seinem Gesicht.

„Nun, Mariana Remisow“, sagte er, „es hat den Anschein, als müßte ich Sie fortlassen.“

„Was meinen Sie damit?“

„Ich mußte natürlich das Hauptquartier über die verlorengegangenen Schwestern informieren. Sie gaben mir die Erlaubnis, Sie zu behalten, bis die Schlacht vorüber sei. Da unsere Truppen sich auf dem Rückzug befinden, darf man annehmen, daß die Schlacht von Telissu so gut wie vorüber ist.“

„Es tut mir leid, das zu hören – ich meine, das über den Rückzug.“

„Wir gewöhnen uns allmählich daran.“

„Vermutlich sollte ich meine Sachen zusammenpacken und mich auf den Weg machen, solange es noch hell ist.“

„Natürlich.“ Kask wandte sich zum Gehen, drehte sich aber noch einmal um. „Vielen Dank, Fräulein Remisow. Sie sind eine prächtige kleine Schwester.“

Dann eilte er davon, ehe Mariana die Gelegenheit hatte, ihm eine Antwort zu geben.

*

Das Problem war der Transport. Die Wagen wurden für die Verwundeten eingesetzt, und die Aussicht, die sieben Kilometer zum Feldlazarett zu Fuß zu gehen, war nicht gerade sehr verlokkend. Doch es blieb Mariana wohl nichts anderes übrig.

Als sie aus dem Zelt trat, kam Daniel zu ihr herüber. Sorgfältig steckte er sein Notizbuch und seinen Stift in die Tasche.

„Die Schlacht ist vorüber und verloren“, sagte er. „Das muß der Grund für deinen bekümmerten Gesichtsausdruck sein.“

„Es ist nicht gut gelaufen für uns.“

„Würdest du gerne erfahren, warum?“

Daniel nahm sie bei der Hand, und sie folgte ihm zu den Soldaten, die sich vor ihren Offizieren aufgestellt hatten. Einer der

Offiziere stand auf einem Podest. Seine prächtige, mit vielen Orden geschmückte Uniform ließ darauf schließen, daß er ein bedeutender Mann war.

„Das ist General Stössel", flüsterte Daniel Mariana zu. „Gouverneur der Kwangju-Halbinsel. Der Himmel allein weiß, was er hier tut, doch er sollte –"

Bevor Daniel zu Ende sprechen konnte, begann General Stössel vor den versammelten Truppen zu sprechen. „Nie in meinem Leben habe ich einen armseligeren Haufen von Soldaten gesehen!" Seine Stimme zitterte vor Wut, und seine Augen traten hervor.

„Was haben sie denn getan?" fragte Mariana flüsternd.

„Sie haben sich zurückgezogen, nachdem sie bis zum Letzten gekämpft hatten."

Der General fuhr fort, die Truppen zu beschimpfen. „Verräter seid ihr alle, hört ihr! Nun, ich werde jeden einzelnen von euch vor ein Kriegsgericht stellen lassen. Gott sei Dank liegt die Verteidigung von Port Arthur nicht in den Händen einer solchen Meute von armseligen Feiglingen!"

Mariana stieß Daniel in die Seite. „Laß uns gehen! Ich will nichts mehr hören."

Während sie sich entfernten, zog Daniel sein Notizbuch hervor und machte sich einige Notizen.

„Wirst du darüber schreiben?" fragte Mariana. Als er nickte, fügte sie hinzu: „Du wirst sie doch nicht schlechtmachen, oder? Die Truppen, meine ich. So viele haben gelitten und sind gefallen, Daniel. Sie sind keine Verräter."

„Jeder mit ein bißchen gesundem Menschenverstand weiß das", erwiderte Daniel. „Nein, Männer wie diesen Stössel würde ich gern an den Pranger stellen. Arrogante, unfähige Narren. Doch ich bezweifle, daß so etwas von der Zensur durchgelassen werden würde."

„Mir tun die Männer so leid", sagte Mariana.

„Kein Wunder, daß sie immer lauter von Revolution sprechen."

„Hier?"

„Sicher, sie sprechen viel darüber. Doch im Krieg ist das ziemlich gefährlich. In Rußland werden sie für solche Äußerungen nur ins Exil geschickt. Hier könnten sie leicht wegen Hochverrats erschossen werden."

„Wie sollen wir diesen Krieg nur gewinnen?"

„Das ist eine gute Frage. Wenn ich zu wetten hätte, würde ich mein Geld auf die Japaner setzen."

8

„Ich fürchte, ich habe einen Schatten auf unser Wiedersehen fallen lassen", sagte Daniel nach einer Weile.

„Dies ist nicht die beste Umgebung, um einen alten Freund wiederzusehen."

„Trotzdem, ich wünschte, ich könnte etwas tun, um dich aufzuheitern."

„Nun, wenn du mir einen Wagen besorgen könntest, damit ich nicht bis zum Feldlazarett zu laufen brauche, wäre das nicht schlecht."

„Du bittest mich um das Unmögliche! Ich würde dir anbieten, dich auf meinen Schultern zu tragen, wenn sie stark genug wären."

Bei dieser Vorstellung mußte sie lachen, dann neckte sie ihn: „Seit wann bist du so ritterlich?"

„Wie schnell du vergißt! Darf ich dich daran erinnern, daß ich schon einmal deine Ehre verteidigt habe, vor einem Bär von einem Gegner?"

„Ja, das hatte ich fast vergessen." Mariana lächelte bei der Erinnerung daran. Stephan, ihre erste Liebe und inoffizieller Verlobter, hatte sie und Daniel zusammen angetroffen. Daniel hatte versucht, ihr die Geschichte mit dem Artikel zu erklären. Stephan hatte eine falsche Schlußfolgerung gezogen und Mariana mit Vorwürfen überhäuft, und Daniel hatte sie in Schutz genommen. Wenn Stephan Daniels Herausforderung angenommen hätte ... nun, Mariana mochte gar nicht darüber nachdenken, was alles hätte passieren können. Stephan war in der Tat ein sehr starker Gegner.

„Unglücklicherweise", fuhr Daniel fort, „sind meine Schultern nicht so breit wie die dieses anderen Burschen, und ich fürchte, sie würden unter der Last deiner schlanken Figur zusammenbrechen. Jedoch biete ich dir gern meinen Arm und meine Gesellschaft an."

„Ich nehme an, das wird ausreichen müssen – deine Begleitung, meine ich." Dann fügte Mariana verlegen hinzu: „Ich wünsche mir nichts mehr als deine Gesellschaft; wenn ich nur nicht zu Fuß zu gehen brauchte! Seit gestern morgen habe ich nur eine Stunde geschlafen."

Er blickte sie mitleidig an und schien erneut die Möglichkeit zu überdenken, sie zu tragen, doch dann zuckte er entschuldigend die Achseln. „Wenigstens können wir uns unterwegs erzählen, was wir in der vergangenen Zeit erlebt haben. Vielleicht lenkt dich das von deiner Müdigkeit ab."

„Das wäre schön." Sie lächelte ihn an und nahm seinen Arm.

Er zögerte kurz. „Mariana, ich bin froh, daß du uns immer noch als Freunde betrachtest, und auch ein wenig erleichtert. Doch ich muß zugeben, daß ich uns schon aufgegeben hatte, weil du meine Briefe nicht beantwortet hast."

„Briefe?"

„Ich habe dir mehrmals geschrieben – du meinst, du hast keinen einzigen erhalten?"

„Ehrlich, Daniel, keinen einzigen."

„Kein Wunder, daß du nach dem ersten Brief nicht mehr geschrieben hast." Er runzelte die Stirn. „Das heißt also, daß wir nur wegen der Post auseinandergekommen sind? Das bringt einen zum Nachdenken, nicht wahr?"

„Was könnte denn ...?" Mariana seufzte, dann schüttelte sie lächelnd den Kopf. „Vielleicht können wir die Vergangenheit vergessen."

„Ich würde es gern versuchen."

Mariana holte ihre wenigen Gepäckstücke, und es gelang ihr, einen der Fahrer dazu zu bringen, sie in einer Ecke seines Wagens zu verstauen. Als sie und Daniel sich endlich auf den Weg machten, war es Spätnachmittag – die heißeste Zeit des Tages. Sie beeilten sich, weil sie die Ambulanzwagen einholen wollten. Sich allein auf den Weg zu machen war unklug, wenn auch die Schlacht vorüber war. Die Rot-Kreuz-Wagen boten doch wenigstens ein Minimum an Schutz.

Atemlos und schwitzend erreichten Daniel und Mariana schließlich die Wagen. Nachdem sie nun langsamer gingen, konnten sie auch ihre Unterhaltung wieder aufnehmen. Mariana konnte es kaum erwarten zu hören, was Daniel in der Zwischenzeit erlebt hatte, doch er bestand darauf, daß sie zuerst erzählte.

Sie dachte, sie hätte nicht viel zu berichten, doch nachdem sie einmal angefangen hatte, stellte sie fest, daß sie über Gefühle sprach, über die sie sonst nur nachgedacht hatte. Er hörte ihr so aufmerksam zu, daß sie sich einmal dabei ertappte, wie sie sich fragte, ob er nur versuchte, einen „Ansatzpunkt" zu finden, den er zu seinem Vorteil ausnutzen konnte. Sofort machte sie sich Vorwürfe wegen dieses unfreundlichen Gedankens. Bisher hatte er den Eindruck erweckt, als meinte er es vollkommen ernst. Aber war das nicht auch das letzte Mal so gewesen?

Sie seufzte, enttäuscht sowohl von sich als auch von der Situation, in die sie ihre Fehler gebracht hatten.

„Stimmt etwas nicht?" fragte Daniel.

„Oh nein, es ist nur die Hitze –" Mariana brach abrupt ab.

Täuschung und Mißverständnisse waren in erster Linie der Grund für ihre Probleme gewesen. War es nicht besser, alles offen auszusprechen? Einerseits wünschte sie sich nichts mehr, als die Vergangenheit einfach unter den Teppich kehren zu können, doch andererseits war sie nicht sicher, ob sich die Vergangenheit ihnen nicht wieder in den Weg stellen könnte. Sergei sagte gern: „Derjenige, der an der Vergangenheit hängt, wird ein Auge verlieren. Doch derjenige, der die Vergangenheit ignoriert, wird beide Augen verlieren." Sie mußte ehrlich zu Daniel sein, was immer es kosten würde.

„Ich wußte gar nicht, daß die Hitze einem Menschen so zusetzen kann", drängte Daniel sie, als sie etwas zu lange zögerte.

„Ich schätze, es ist nicht nur das", erwiderte Mariana entschlossen. „Ich weiß, wir sind übereingekommen, die Vergangenheit zu vergessen. Mehr als alles andere möchte ich mit dir neu anfangen, Daniel. Ich wünsche mir sehr, daß alles wieder so wird wie zu der Zeit, als wir uns kennenlernten. Du warst einer meiner besten Freunde."

„Doch du fragst dich, ob ich nicht wieder nur die Gelegenheit für einen hinterlistigen Artikel nutze. Ich mache dir keine Vorwürfe. Laß dir versichert sein, daß du jetzt vollkommen sicher vor mir bist. Im Augenblick sind menschliche Schicksale nicht von Interesse –"

„Sonst bestünde wieder die Gefahr?" Mariana konnte eine gewisse Schärfe in der Stimme nicht unterdrücken.

„Das meine ich nicht. Wie kannst du nur glauben –?" Er blieb stehen und schüttelte entrüstet den Kopf so heftig, daß seine Brille herunterrutschte und ihm eine Haarsträhne in die Augen fiel. Er rückte die Brille zurecht und versuchte, sein Haar zu ordnen, doch diese widerspenstige Strähne fiel immer wieder zurück. Er schien sich jedoch beruhigt zu haben und wieder klar denken zu können. „Ich schätze, ich habe dir wenig Grund gegeben, anders zu denken", sagte er schließlich.

„Ich möchte dir glauben, Daniel. Ich bin sicher, es hat dir wirklich leid getan, was passiert ist."

„Es fällt mir so unglaublich schwer, über meine Gefühle zu sprechen."

„Aber ich würde nichts lieber hören, Daniel."

„Und ich glaube dir." Er setzte sich wieder in Bewegung. Mariana blieb an seiner Seite. „Mariana, seit ich Rußland verlassen habe, mußte ich immer an dich denken. Mir ist klargeworden, wie wichtig du mir bist, und ich habe nie aufgehört zu bereuen, daß ich durch meine selbstsüchtige Handlungsweise alles verdorben habe." Er wendete sich ihr zu. „Willst du, daß ich vollkommen ehrlich zu dir bin?"

Sie nickte, sagte aber nichts, weil sie ihn nicht unterbrechen wollte, bis er zu Ende gesprochen hatte.

„Immer wieder habe ich darüber nachgedacht und gehofft, dich eines Tages wiederzusehen. Zuerst einmal muß ich dir sagen, daß ich immer noch fast alles für eine Story tun würde – und, um ehrlich zu sein, in den vergangenen vier Jahren habe ich ziemlich abscheuliche Dinge getan, noch schlimmere als das mit dir, um eine Story zu bekommen." Er blieb stehen, legte Mariana die Hände auf die Schultern und blickte sie eindringlich an. „Aber, Mariana, ich würde niemals, niemals wieder wissentlich irgend etwas tun, das dich verletzen oder täuschen würde. Für mich bist du geheiligtes Land. Ich weiß, du hast nur mein Wort darauf, doch nun, da ich diese zweite Chance mit dir habe, werde ich alles tun, was in meiner Macht steht, um dir meine Treue zu zeigen."

„Ich weiß nicht, was ich sagen soll, Daniel –"

„Sag einfach, daß du mir noch eine Chance gibst. Ich kann nicht sagen, was dabei herauskommt, doch ich glaube nicht, daß es nur ein Zufall war, daß wir uns hier begegnet sind."

„Da stimme ich dir zu. Und ich hatte von Anfang an die Absicht, unserer ... Freundschaft eine Chance zu geben." Ihr leichtes Zögern bei dem Wort Freundschaft fiel Daniel nicht auf, doch Mariana fragte sich, ob sie vielleicht mehr als Freunde sein würden.

Daniel grinste sie erleichtert an, und sie gingen in entspanntem Schweigen weiter.

Endlich ergriff Mariana das Wort.

„Also, Daniel, was hast du getrieben, seit wir uns das letzte Mal gesehen haben?"

„Ich habe gearbeitet. Du weißt ja, daß ich ein Sklave meiner Schreibmaschine bin." Er unterbrach sich. Offensichtlich fiel es ihm schwer, über sich zu sprechen. „Mein Vater ist gestorben."

„Oh, Daniel, das tut mir so leid. Vor kurzem?"

„Vor vier Jahren. Er starb, als ich noch auf dem Weg nach Amerika war."

„Dann hast du ihn also nicht mehr sprechen können?"

Er schüttelte den Kopf. „Ich habe das immer bedauert. Ich nehme an, ich bin jetzt ein ziemlich reicher Mann – obwohl mich das herzlich wenig interessiert."

„Das war schon immer so. Du wolltest immer nur Reporter sein."

„Meine Prioritäten haben sich seit jener Zeit ein wenig verschoben, doch ich muß sagen, daß mir meine Arbeit immer noch sehr wichtig ist. Nach dem Tod meines Vaters hätte ich sie fast aufgegeben. Er hat nie viel übrig gehabt für meine Ambitionen. Er wollte, daß ich bei ihm arbeite – oder wenigstens etwas Respektableres tue. Eine Weile hatte ich den Eindruck, ich wäre es ihm schuldig, daß ich in die Firma eintrete, die jetzt zur Hälfte mir gehört. Du weißt schon, als eine Art Wiedergutmachung für mein rebellisches Leben."

„Du mußt dich sehr elend gefühlt haben."

„Es war die reinste Quälerei. Ich werde nie verstehen, warum mein Bruder diese Arbeit so liebt. Nach einem Jahr war ich nahe dran, den Verstand zu verlieren."

„Und da hast du aufgehört?"

„Eigentlich noch nicht. Doch ich war bereit dazu, auch wenn

ich den Rest meines Lebens mit Schuldgefühlen hätte verbringen müssen. Aber das wurde mir erspart, als ich einen Brief von meinem Vater fand. Er hatte ihn geschrieben in der Absicht, ihn seinem Rechtsanwalt zu geben, damit er mir im Falle seines Todes übergeben würde. Doch dazu kam es nicht mehr, und er ging verloren. Ich fand ihn, als ich nach seinem Tod seine Papiere ordnete. In diesem Brief schrieb er mir, wie stolz er auf das sei, was ich bei der Zeitung erreicht habe, und daß er nicht mehr verstehen könne, wie er so grausam habe sein können, von mir zu erwarten, etwas aufzugeben, das ich doch offensichtlich so liebe und für das ich so begabt sei. Diesen Brief trage ich immer bei mir. Ich weiß, es klingt dumm, vor allem für jemanden wie mich, der nie vom Lob anderer abhängig war. Doch das Lob eines Vaters ist etwas ganz Besonderes, vor allem, weil man es so selten hört."

Er versuchte, die ernste Stimmung zu heben. „Darum braucht die Welt des Journalismus nun nicht mehr unter meinem Verlust zu leiden. Als die Feindseligkeiten hier ausbrachen, beauftragte mich der *Register,* hierher zu fahren und darüber zu berichten, da ich schon in Rußland gewesen war und in China den Boxeraufstand miterlebt habe. Seit einigen Monaten halte ich mich nun schon hier in der Mandschurei auf."

Trotz Marianas Müdigkeit verging die Zeit wie im Flug. Sie sprachen über ihr Leben; sie lachten gemeinsam über alte Erinnerungen. Sie konnten sogar miteinander schweigen, ohne daß es peinlich gewesen wäre. Mariana dachte, daß dies der angenehmste Spaziergang war, den sie je gemacht hatte.

Kurz nach Sonnenuntergang erreichten sie das Feldlazarett. Nur ungern verließ Mariana Daniel, doch sie war zu müde, um sich noch länger zu unterhalten. Nach dem Abendessen verabschiedeten sie sich, und Daniel versprach, am folgenden Morgen zusammen mit ihr in der Messe zu frühstücken.

Mariana ließ sich auf ihre Pritsche im Quartier der Schwestern sinken. Doch im Zelt war es schrecklich warm, und trotz ihrer Müdigkeit konnte sie nicht einschlafen. Sie warf sich eine Weile hin und her, dann gab sie auf und begann einen Brief nach Hause zu schreiben.

Der Mond schien durch die offene Zeltklappe, so daß sie genügend Licht hatte. Erst vor einigen Tagen hatte sie von Mukden aus einen Brief geschrieben, in der Zwischenzeit war jedoch so vieles passiert. Sie schrieb eine ganze Seite voll, doch als sie die zweite begann, fielen ihr die Augen zu. Der Stift fiel ihr aus der Hand, und den Rest der Nacht schlief sie fest und tief, träumte von ihren Eltern und der Izba in Katyk. Nur einmal tauchte Daniel in ihren Träumen auf. Er war dabei, ein Feld mit Weizen zu mähen, und schwang die Sichel; doch er war in seinen amerikanischen Anzug gekleidet und hatte einen Hut auf.

9

Daniel fühlte sich gut, als er Mariana verließ. Mit ihr zusammenzusein war wieder fast genauso gewesen wie diese wundervollen Tage in St. Petersburg. Wie leicht es war, ihr sein Herz auszuschütten! Noch nie hatte er mit jemandem über die Sache mit seinem Vater gesprochen.

Und doch hatte er ihr noch nicht alles sagen können.

Er hatte wirklich vollkommen ehrlich sein wollen, vor allem, wo er durch seine Unehrlichkeit ihre Beziehung einmal beinahe ganz zerstört hatte. Doch er hatte Angst, wenn er ihr alles von dieser schrecklichen Zeit nach dem Tod seines Vaters erzählen würde, könnte sie Schwächen in ihm entdecken – Dinge, die er selbst noch nicht ganz akzeptiert hatte.

Er hatte ihr so viel erzählt, daß sie erkennen konnte, welchen Einfluß dies auf ihn gehabt hatte. Von den wirklichen Gefühlen, die er damals empfunden hatte, oder wie er versucht hatte, damit fertig zu werden, sagte er nichts.

*

Was damals an jenem stürmischen Novembertag passiert war, als er die Gangway des Schiffes herunterkam, war zu persönlich, um darüber zu sprechen. Er hatte immer noch das verkniffene Gesicht seines Bruders vor sich, der ihn am Dock begrüßte. Ein Blick auf William, und er hatte gewußt, daß es zu spät war.

„Es tut mir leid, Daniel", sagte William. „Er hat versucht durchzuhalten, bis du nach Hause kommst."

„Wann?"

„Vor zwei Tagen."

Daniel konnte nicht sprechen. Noch nie zuvor hatte er jemanden verloren – tatsächlich war sein Leben immer ziemlich sorgenfrei verlaufen. Seine Mutter war kurz nach seiner Geburt gestorben, so daß ihm der Kummer, den er jetzt erlebte, erspart geblieben war. Der größte Verlust, den er erfahren hatte, war das Ende der Beziehung zu Mariana gewesen. Seltsam, daß dieser Verlust dem ersten so schnell nachfolgte.

In diesem Augenblick konnte er jedoch an nichts anderes als an die schreckliche Leere denken, die er empfand. Während seiner Heimreise hatte er viel darüber nachgedacht, was er seinem Vater sagen würde. Daniel wollte ihm sagen, wie sehr er ihn bewunderte und daß er immer so hatte sein wollen wie er und daß seine Liebe zum Schreiben nicht so sehr in seiner Rebellion gegen ihn begründet lag als vielmehr in seinem Bedürfnis, sich seinen eigenen Weg durchs Leben zu suchen – genau wie sein Vater es getan hatte. Er hatte viele Reden eingeübt und sich die ermutigenden Antworten seines Vaters vorgestellt.

Nun waren alle Worte überflüssig. Was sollte man einem Toten sagen? Er würde keine Vergebung und kein Gefühl des Angenommenseins bekommen.

„Hör zu", sagte Daniel zu seinem Bruder, „hast du etwas dagegen, wenn ich nach Hause laufe? Ich brauche das jetzt."

„Bist du auch wirklich in Ordnung?"

„Ja. Es ist nur der Schock, weißt du."

Daniel war den ganzen Tag durch New York gelaufen, doch das hatte die Leere in ihm nicht ausgefüllt. Sein Weg führte ihn zur Brooklyn-Brücke. *Irgendwie komisch,* dachte er, *auch am Tag vor meiner Abreise nach Rußland bin ich hierhergekommen.* Sein Vater hatte ihm diese Aufgabe in Rußland verschafft, um seinen Sohn zu einem verantwortungsbewußten Menschen zu erziehen. Hatte er Erfolg gehabt?

Archibald Trent wäre sicher nicht erfreut gewesen über das Fiasko mit Mariana. Er hätte seinen Sohn für einen unreifen Schurken gehalten, daß er sie so ausgenutzt hatte.

Aber vielleicht wärst du stolz gewesen, Papa, daß ich zu meinem Fehler gestanden habe. Das hätte ich früher vielleicht nicht getan.

Daniel würde das nun niemals erfahren. Das war das Schlimmste am Tod – er war so endgültig. Er wünschte sich so sehr, seinen Vater zurückholen zu können.

Wir haben uns doch noch nicht ausgesprochen, Papa!

Tränen stiegen Daniel in die Augen. Wie albern, hier mitten auf der Brücke zu stehen und wie ein Kind zu weinen. Er wünschte, er könnte seine Verzweiflung und Leere im Nebel verstecken wie am Tag vor seiner Abreise nach Rußland.

Und dann dachte er an Mariana. Er brauchte sie, ihre Freundschaft, wie er noch nie zuvor etwas gebraucht hatte. Er wünschte sich, ihre Stimme zu hören. Sie würde jetzt genau wissen, was sie sagen sollte, und irgendwie würden ihre sanften, verständnisvollen Worte seinen Schmerz lindern. Und in diesem Augenblick erkannte er, was er an Mariana verloren hatte – nicht eine Liebelei oder mögliche Frau, sondern eine *Freundin*. Sie war die einzige wirkliche Freundin, die er je gehabt hatte. Wahrscheinlich hätte er nicht ein einziges Wort zu sagen brauchen – sie hätte gewußt, was er durchmachte.

Mariana hätte ihm zweifellos ihren Glauben angepriesen. Doch sogar Daniel wußte, daß der Glaube eines anderen Menschen niemandem weiterhalf. Wenn er nur die Art von Frieden gehabt hätte, den sie hatte – *Heiterkeit* hatte er es in seinem vermaledeiten Artikel genannt. Wenn er nur irgend etwas aus jenem leeren Loch in seinem Herzen herausziehen könnte! Wenn er Mariana in Rußland doch nur besser zugehört hätte! Doch es ist schwer, sich mit solchen Dingen zu beschäftigen, wenn das Leben glatt verläuft – und es ist zu spät, wenn die Dornen anfangen, einen zu stechen.

Ist es wirklich zu spät? fragte er sich an jenem Tag. Vielleicht nicht. Doch was konnte ihm das nützen? Würde Gott etwa seinen Vater zurückbringen?

Daniel konnte diese Fragen nicht beantworten, doch er beschloß, es zu versuchen. Wenn es etwas gab, das Balsam für seine Wunden war und die Leere in seinem Herzen füllen konnte – nun, dann lohnte es sich sicher, danach zu suchen. Sein Redakteur im *Register* hatte ihn einmal mit einem bissigen kleinen Köter verglichen, der eine gute Story mit seinen Zähnen packte und nicht wieder losließ, bis sie ihm gehörte.

Dieser Tag auf der Brücke wurde zu einem wichtigen Meilenstein in Daniels Leben. Er wurde ein Suchender.

Da er ein sehr extrovertierter Mensch war, wurde sein Leben manchmal von seinen gesellschaftlichen Aktivitäten völlig ausgefüllt. Der Tod seines Vaters machte einige wichtige Entscheidungen notwendig. Zeitweise vergaß Daniel seinen Entschluß und fiel in alte Lebensgewohnheiten zurück. Doch er begann Fragen über Gott zu stellen, und er ging zur Kirche und sprach mit dem Pfarrer. Er las sogar in der Bibel. Er schrieb Mariana Briefe, aber als sie nicht antwortete, hätte er das Ganze fast aufgegeben.

Im Laufe der Zeit ging es ihm immer schlechter. Er dachte, Gott erwarte vielleicht von ihm, daß er die Zeitung aufgab und das tat, was sein Vater schon immer gewollt hatte. Darum verließ er den *Register.* Er richtete sich ein Büro im Trent-Gebäude ein und versuchte, sich an das Leben eines Managers zu gewöhnen. Papierkrieg, Vorstandssitzungen und Marktanalysen – wer konnte so etwas interessant oder befriedigend finden?

Der einzig positive Aspekt dieser Zeit war, daß er um so mehr die Gottesdienste besuchte, je elender er sich fühlte. Und eines Tages fragte er sich, ob Gott wollte, daß er sich so elend fühlte. Der Gott, von dem Mariana immer gesprochen hatte, schien solche Strafen nicht zuzumessen. Sie hatte ihr Glaubensleben mit Wörtern wie Freude, Freiheit und Zufriedenheit beschrieben.

Wenn er tat, was Gott wollte, warum ging es ihm dann nicht genauso?

*

Eines Morgens begrüßte ihn sein Bruder im Büro mit den Worten: „Daniel, hast du die Berichte für die Vorstandssitzung heute fertig?"

Daniel schlug sich mit der flachen Hand vor die Stirn. „Das habe ich vergessen. Ich werde mich gleich dransetzen. Wann ist die Sitzung?"

„Du wirst es nicht mehr rechtzeitig schaffen." William schüttelte den Kopf. „Daniel, ich war wirklich stolz, daß du in die Firma eingetreten bist. Doch manchmal denke ich, du bist nicht mit dem Herzen dabei. Vaters größter Wunsch war, uns Seite an Seite in der Firma arbeiten zu sehen, die er aufgebaut hat. Ist es dir egal, ob die Firma erfolgreich ist? Was würde er von dir halten? Schon als er noch am Leben war, hast du nicht so gelebt, wie es ihm gefiel. Du könntest es wenigstens jetzt versuchen."

Daniel schloß sich in seinem Büro ein. Er ließ den Kopf in die Hände sinken und war verzweifelt. Sein Vater hatte gewollt, daß er in die Firma eintrat; sein Bruder wollte es; Gott schien es zu wollen. Doch niemanden interessierte, was *er* wollte.

„Mir reicht es jetzt!“ rief er in den leeren Raum. „Morgen werde ich den Kram hinschmeißen. Mir ist es egal, ob ich dafür zur Hölle fahre; mir ist es egal, wenn mein Bruder mir vorhält, daß man die Toten respektieren soll. Ich habe genug davon, anderen zu gefallen. Und, Gott, wenn dir das nicht gefällt, dann zeige mir einen anderen Weg! Doch laß es etwas sein, mit dem ich leben kann.“

An jenem Abend benötigte der Buchhalter einige von Archibald Trents persönlichen Unterlagen – offensichtlich wurden von seiner Schwester einige Punkte im Testament angefochten. Daniel verbrachte den Abend damit, die Papiere seines Vaters durchzugehen, und dabei fiel ihm der besagte Brief in die Hände. Da so viele geschäftliche Angelegenheiten hatten geregelt werden müssen, war es nicht verwunderlich, daß dieser Brief in dem einfachen weißen Umschlag übersehen worden war. Doch Daniel konnte nicht umhin zu denken, daß sein Auftauchen vielleicht etwas mit seinem Gebet an diesem Morgen zu tun hatte.

Der Brief war an ihn adressiert.

Lieber Daniel,
ich hätte nie gedacht, daß ich einen Sohn dem anderen vorziehen könnte. Doch ich muß zugeben, daß Du immer einen besonderen Platz in meinem Herzen eingenommen hast. Vielleicht, weil Deine Mutter bei Deiner Geburt gestorben ist und Du das einzige warst, das mir von ihr noch geblieben war. Vielleicht auch, weil ich mit Dir mehr Schwierigkeiten hatte als mit Deinem Bruder. Er hat immer alles getan, was von ihm erwartet wurde, Du dagegen hast Dir jedes Stück des Weges erkämpft. Du hast an Deiner Unabhängigkeit festgehalten, als wäre sie ein Stück Gold. Kurz, Du bist so, wie ich früher gewesen bin, und das ist beängstigend – gleichzeitig gefällt es mir aber auch.

Unglücklicherweise ist mir dies alles erst kürzlich klargeworden. Doch nun, wie ich hier so in meinem Bett liege, spüre ich, daß ich nicht mehr lange zu leben habe. Ein Mensch freut sich, wenn er ein Stück von sich selbst hinterläßt. Ich bedaure die Jahre, in denen ich versucht habe, Dich in eine Form zu pressen. Wenn jemand das mit mir versucht hätte, hätte ich genauso reagiert wie Du. Ich hätte das getan, was ich wollte.

Nun, Sohn, man sagt, daß ich ein sehr kranker Mann bin. Vielleicht lebe ich nicht mehr so lange, daß ich Dich wiedersehen kann. Darum muß ich Dir auf diesem Stück Papier mein Herz ausschütten. Bitte vergib mir meine Fehler. Du sollst wissen, daß ich immer nur Dein Bestes gewollt habe. Aus Deinen Briefen entnehme ich, daß Dir die Zeit in Rußland gutgetan hat; wenigstens etwas habe ich richtig gemacht. Ich habe Deine Artikel gelesen und erkenne nun, daß Du ganz ohne Frage auf dem richtigen Platz bist – zumindest in beruflicher Hinsicht. Ich bin stolz auf Dich. Ich fürchte, ich habe Dir das nie gesagt, doch ich möchte Dich das jetzt wissen lassen. Und Du hast meinen Segen – nicht daß Du den je gebraucht hättest! – die Arbeit zu tun, die Dir so am Herzen liegt. Ich werde der Letzte sein, der diese Welt eines solchen Talentes beraubt. Mir ist nur wichtig, daß Du glücklich und zufrieden bist. Ich kann in Frieden sterben, wenn ich das weiß.

Daniel hatte in der Firma seines Vaters aufgehört und seinen Job beim *Register* zurückbekommen. Sein eben erwachter Glaube wurde sehr gestärkt. Er durchlebte eine Zeit der geistlichen Euphorie. Doch als sein Leben wieder in normalen Bahnen verlief, rutschte er schnell zurück in die alten Gewohnheiten. Eins führte zum anderen, und er dachte nicht mehr so viel über Gott nach. Seine Arbeit wurde wieder der Mittelpunkt seines Lebens. Gelegentlich erinnerte er sich daran, wie Gott ihn durch jene schwere Zeit hindurchgebracht hatte, und er sagte sich, er müsse wieder einmal die Bibel hervorholen oder zur Kirche gehen. Doch irgend etwas kam ihm immer wieder dazwischen. Es dauerte nicht lange, bis er zu beschämt war, um über Gott nachzudenken.

Und nun scheute sich Daniel davor, dies Mariana gegenüber einzugestehen. Am besten war es, das ganz zu ignorieren. Was Mariana nicht wußte, konnte ihr auch nicht wehtun. Er wollte sie nicht absichtlich täuschen; es war einfach nur besser, nichts über die geistlichen Angelegenheiten zu sagen. Immerhin war es ihm in den vergangenen zwei Jahren doch gutgegangen.

In der Heimat

10

Der Sommer in St. Petersburg war drückend heiß. Anna und Sergei hatten ernsthaft in Betracht gezogen, eine Einladung von Sergeis Vater anzunehmen, den Sommer mit ihm zusammen auf der Krim zu verbringen. Doch dann hatten sie beschlossen, Abstand von den Fedortschenkos zu halten. Ein gelegentlicher Besuch Viktors, wenn er in der Stadt war, war kein Problem, aber ein so ausgedehnter Aufenthalt könnte unliebsame Fragen aufwerfen. Sergei mußte immer auf der Hut sein, er durfte nie vergessen, daß er immer noch ein entflohener Strafgefangener war. Natürlich war das jetzt schwieriger, wo sein Verhältnis zu seinem Vater wiederhergestellt und Viktor von der Last seiner Schuldgefühle, die er so viele Jahre mit sich herumgetragen hatte, befreit war. Falls jemand entdeckte, daß Sergei Christinin in Wirklichkeit Sergei Fedortschenko war, würde er nach Sibirien zurückgeschickt werden – oder Schlimmeres.

Sergei empfand nun auch einen neuen Stolz auf seinen Familiennamen. Er sprach nicht sehr oft davon, aber Anna spürte in letzter Zeit häufiger sein Bedauern, daß er seinen Namen und das Ansehen seiner Familie nicht an seine Söhne weitergeben konnte. Juri und Andrei waren von Rechts wegen beide Prinzen von Rußland, und doch lebten sie in einer armseligen Wohnung, die nicht einmal ihnen gehörte, trugen geflickte Sachen und hatten häufig nicht mehr als dunkles Brot und Kascha zu essen. Sergei hatte sich einst nach einem solchen einfachen Leben gesehnt; seit jenen idyllischen Tagen in Katyk hatte sich jedoch vieles verändert.

Anna wußte, daß Sergei die Reichen nicht beneidete oder sich wünschte, an ihrer Stelle zu sein. Doch als seine Söhne größer wurden, entdeckte er, welches Potential in ihnen steckte, und ihm wurde bewußt, daß ihr Geist und Verstand, wie das bei so vielen Armen in Rußland der Fall war, unter der Last ihrer Armut erdrückt werden würde.

Anna verstand Sergeis Angst. Aber ihre Söhne waren wirklich anders als die Bauernjungen in Katyk und die Arbeiterkinder in der Stadt. Vielleicht konnten sie keinen Anspruch erheben auf ihren Prinzentitel, doch sie waren mit dem Stolz und der Unabhängigkeit aller Fedortschenko-Söhne vor ihnen erzogen worden. Sicher, sie und Sergei hatten versucht, ihnen auch christliche Demut vorzuleben; ihre Söhne würden bestimmt nicht so werden wie die unterdrückten, betrunkenen russischen Bauern, nur weil sie ihre aristokratische Herkunft leugneten.

Vielleicht war sie einfach nur eine stolze Mutter, aber sie wußte, ihre Söhne waren etwas Besonderes. Mit vierzehn und zwölf Jahren hatten sie schon alles gelernt, was Anna ihnen in Mathematik, Naturwissenschaften und Grammatik beibringen konnte. Die Kenntnisse ihrer Kinder in Geschichte und Geographie reichten fast an ihre eigenen heran. Jahrelang hatte Anna ihre Söhne selbst unterrichtet. Nun waren sie so weit, daß sie weitergehen konnten. Sergei arbeitete mit ihnen, wenn er Zeit fand, doch die finanzielle Situation machte es erforderlich, daß er sich auf die Studenten konzentrierte, die er gegen Bezahlung betreute.

Trotzdem litten die Kinder nicht unter Armut. Mischa, der Kosak, den Anna kennengelernt hatte, als sie noch Zofe bei Prinzessin Katrina gewesen war, war nun schon seit fast dreißig Jahren ihr treuer Freund. Er hatte Sergei vor dem elenden Leben eines Fabrikarbeiters gerettet und sie bei Raisa Sorokin und ihrer Tochter Talja untergebracht. Vor drei Jahren waren sie alle in eine billigere Wohnung umgezogen, doch sie lebten immer noch in einer guten Gegend. Ganz bestimmt ging es ihnen besser als vielen anderen in der Stadt – sie bewohnten eine Dreizimmerwohnung, und die Kinder waren unzertrennliche Freunde. Sich zu trennen wäre, als würde man eine Familie auseinanderreißen. Doch dazu bestand auch gar kein Anlaß; sie waren zufrieden und glücklich.

*

Das Abendessen war fast fertig. Talja deckte gerade den Tisch in der kleinen Küche. Raisa stampfte Kartoffeln, während Anna Brot schnitt. Kohlsuppe mit einigen Fleischstückchen dampfte auf dem Herd und erfüllte die Küche mit einem angenehmen

Geruch. Anna wunderte sich darüber, wie eine so einfache Mahlzeit so einladend sein konnte. Raisa war eine richtige Künstlerin. Sie hatte das besondere Talent, Kräuter und Gewürze richtig einzusetzen – ein wenig Knoblauch, Basilikum oder Fenchel, und schon wurde eine Kohlsuppe zur Delikatesse.

Andrei kam mit einem Arm voll Holz für den Ofen herein.

„Wir brauchen kein Holz mehr, Andrei", sagte Raisa. „Die Suppe ist fertig und die Küche warm genug."

Andrei ließ das Holz in die Kiste neben dem Ofen fallen. „Ratet, was ich unten auf der Straße gesehen habe." Als niemand antwortete, fuhr er fort: „Komm schon, Talja, rate."

„Ich weiß nicht; das kann alles mögliche sein."

„Gebrauche deine Phantasie."

Sie zuckte entschuldigend die Achseln. „Ich weiß es nicht – warte! Ich habe gerade an etwas gedacht."

„An was denn?"

„An eines dieser Automobile – an einen silbernen Wagen mit einem Chauffeur und einem Großherzog oder einer Großherzogin darin." Sie lächelte, offensichtlich angetan von ihrer Findigkeit.

„Ich habe nicht gesagt, daß du ein Märchen erfinden sollst. Wer hat denn schon von einem Automobil in unserer Gegend gehört?"

„Du hast gesagt, wir sollen raten", sagte Juri, der ihm in die Küche gefolgt war.

„Ach, macht nichts. Wenn ihr keine besseren Rater seid, muß ich es euch eben erzählen."

Ein Klopfen an der Tür unterbrach ihn.

„Wer kann das sein?" Raisa runzelte die Stirn. „Und zu einer solchen Zeit?" Sie trocknete sich die Hände an der Schürze ab und ging zur Tür. Neugierig folgten ihr die anderen.

Raisa öffnete die Tür. Ein Postbote stand davor. Andrei in der Küchentür brummte.

Anna erkannte, daß der Briefträger ihrem Sohn die Sensation verdorben hatte. Aber Briefe kamen so selten – wer hätte ahnen können, daß der Postbote, den er auf der Straße gesehen hatte, hierherkam?

„Ich habe Post für S. I. Christinin", sagte der Mann.

Anna trat vor. „Das ist mein Mann."

Anna nahm die Briefe und warf einen Blick auf den Absender.

Sie lächelte. „Sie sind von meiner Nichte", erklärte sie dem Mann, als ob eine Erklärung für dieses ungewöhnliche Ereignis nötig wäre. „Sie ist als Schwester an der Front tätig – im Krieg."

„Sie müssen sehr stolz auf sie sein."

„Ja, sehr."

„Guten Tag noch."

Sobald der Postbote gegangen war, scharten sich alle um Anna und forderten, die Briefe zu sehen und die Neuigkeiten von Mariana zu hören. Doch Anna mußte sie enttäuschen.

„Wir müssen warten, bis Papa nach Hause kommt."

Sergei kam fünfzehn Minuten später. Es fiel den Kindern schwer, die Neuigkeit für sich zu behalten, während er sich in der „schönen Ecke" bekreuzigte und ein kurzes Gebet sprach. Andrei, der immer sehr ungeduldig war, stieß ihn an, als er sich von den Knien erhob.

„Wir haben Post, Papa. Zwei Briefe von Mariana!"

„Wie schön!" Sergei legte die Hand auf die Schulter seines Sohnes. „Ich habe mich schon gefragt, wann wir wohl von ihr hören würden." Er streckte sich und stöhnte ein wenig dabei.

„Andrei", sagte Anna, „laß Papa sich erst waschen und zu Abend essen. Er hat einen schweren Tag gehabt."

„Auch ich kann es kaum abwarten", sagte Sergei. „Wir lesen die Briefe bei Tisch."

Marianas Bericht von den fernen Orten – den Wäldern Sibiriens und den exotischen Gegenden des Fernen Ostens – versetzte alle in ehrfürchtiges Staunen. Nur Sergei war schon einmal weiter als dreihundert Kilometer von St. Petersburg fort gewesen.

Auf einmal kam Anna der Gedanke, daß Mariana vielleicht über ihre Familie und ihr Heim in Rußland hinauswachsen könnte. Sie würde sie niemals verachten, aber konnte sie nach dem Krieg hier noch zufrieden sein? Andererseits wußte Anna auch, daß ein Vogel, der flügge wurde, seine Flügel ausprobieren mußte. Ihr Vater hatte ihr dies beigebracht, als er sie vor vielen Jahren aus dem kleinen Katyk „ausfliegen" ließ. Das war der Lauf der Dinge.

11

Später am Abend sprachen Sergei und Anna über Marianas Briefe. Seit sie zu Raisa gezogen waren, genossen sie den Luxus eines eigenen Zimmers ganz für sich. Noch nie waren sie allein gewesen. Von Anfang an war Mariana bei ihnen gewesen, und auf die eine oder andere Weise war immer jemand von der erweiterten Familie da. Arme Bauern kannten keine „Flitterwochen", und Anna und Sergei machten da keine Ausnahme. Doch dieses kleine Zimmerchen in ihrer Wohnung war wie ein Flitterwochenhafen für sie, wo sie ganz für sich sein konnten. Anna sagte oft, daß sie sich seither wie frisch verheiratet fühle. Sergei erwiderte darauf, daß er nie aufgehört habe, sich so zu fühlen.

„Sergei", begann Anna, nachdem sie sich zu Bett gelegt hatte. „Ich muß mit dir über meine Sorgen in bezug auf Mariana sprechen. Ich weiß, daß sie überflüssig sind und wir das alles schon einmal durchgesprochen haben, doch hin und wieder stehe ich in der Gefahr, mich von diesen mütterlichen Ängsten überwältigen zu lassen."

„Irgend etwas Besonderes? Es hört sich so an, als sei sie ziemlich dicht am Kampfgebiet."

„Darüber werde ich mir Sorgen machen, bis sie wieder heil zu uns zurückgekehrt ist." Anna seufzte und schüttelte den Kopf. „Doch was mich eigentlich beschäftigt, ist, daß wir sie vielleicht verloren haben, indem wir ihr gestattet haben, so weit fortzugehen. Ihr Leben hier wird ihr nach ihren Erlebnissen langweilig und abstoßend vorkommen. Und sie schreibt, daß ihr amerikanischer Freund in der Mandschurei ist. Wenn er sie nun heiraten und mit nach Amerika nehmen will?"

„Der Gedanke daran gefällt mir auch nicht, Anna. Aber wir wollen doch, daß sie glücklich wird."

„Ja."

„Ein altes Sprichwort lautet: *Laß dein Kind seinen eigenen Weg gehen, dann wird es immer wieder zu dir zurückfinden.*"

„Sergei", sagte Anna liebevoll, „mit deinen wundervollen Sprichworten klingst du immer mehr wie mein Papa."

„Ach, der gute Jewno! Vielen Dank für ein so großes Kompliment." Sergei stützte sich auf seinem Ellbogen ab und blickte seine Frau voller Bewunderung an. Sie schien niemals älter zu werden und besaß immer noch diese zerbrechliche Lieblichkeit, die ihn damals vor achtundzwanzig Jahren auf der zugefrorenen Newa in ihren Bann gezogen hatte. Sie war sechzehn gewesen, schüchtern wie ein Kind, das eine neue Welt erforscht, und zart wie eine Frühlingsknospe. Doch in den folgenden Jahren hatte er erkannt, daß Anna die stärkste Frau war, die er je gesehen hatte.

Anna errötete unter seiner offenen Bewunderung und wechselte schnell das Thema. „Schon den ganzen Abend habe ich das Gefühl, daß du etwas auf dem Herzen hast. Ich bin zwar nicht so weise wie Jewno, aber ich kann dir zuhören."

„Dies ist ein sehr ereignisreicher Tag für mich gewesen, Anna. Zuerst einmal habe ich mit Mr. Cranston gesprochen. Als Daniel Trent seinen Redakteur hier in Rußland erwähnte, hätte ich nie gedacht, daß dies einmal von Bedeutung für mich sein könnte. Und auf einmal ist der Mann zu einem wichtigen Teil meines Lebens geworden – wenigstens hat er die Kontrolle über einen wichtigen Teil meines Lebens."

Sergei hatte nie aufgehört zu schreiben, obwohl er das eigentlich nur für sich getan hatte. Er hätte sich nie träumen lassen, daß er jemals wieder etwas veröffentlichen könnte. Seit er nach St. Petersburg gekommen war, hatte er wieder mehr Kontakt zu Schriftstellern an der Universität, und Freunde hatten ihm Mut gemacht, einen weiteren Versuch zu unternehmen, seine Werke zu veröffentlichen. Sein erstes – und letztes – Buch hatte ihn in die Gefangenschaft nach Sibirien gebracht, doch seither waren seine Werke sehr viel weniger politisch geworden. Es war ihm gelungen, zwei Kurzgeschichten und mehrere Gedichte bei bekannten Zeitungen unterzubringen – natürlich unter einem Pseudonym. Dies brachte zwar nicht viel Geld ein, doch das Gefühl, etwas zustande gebracht zu haben, tat ihm gut.

Etwa zwei Jahre zuvor hatte Sergei begonnen, eine Sammlung von den Gedichten zusammenzustellen, die er im Laufe der Jahre geschrieben hatte. Viktor hatte vorgeschlagen, Sergei solle versuchen, sie einem ausländischen Verleger anzubieten. Obwohl seine Gedichte politisch nicht so brisant waren wie sein erstes Buch, waren sie doch noch eine Spur zu scharf, als daß sie von der russischen Zensur zugelassen werden könnten. Sergei erinnerte sich an Daniel Trents Redakteur George Cranston und entschloß sich, ihm einen Besuch abzustatten. Cranston selbst gestand ein, daß er von Poesie wenig Ahnung habe, doch er versprach, das Manuskript einigen ihm bekannten amerikanischen Verlegern zu geben. Das war vor fast sechs Monaten gewesen. Seither war Sergei häufig im Büro des Redakteurs vorbeigegangen, um nachzufragen, ob er eine Antwort habe. Sergei befürchtete schon, lästig zu werden, doch unter den gegebenen Umständen waren sie übereingekommen, daß die Verbindung nur über Cranston laufen sollte.

„Mr. Cranston hatte Post aus Amerika", sagte Sergei, und Anna sah an dem Leuchten in seinen Augen, daß es eine gute Nachricht war.

„Und?"

„Dem amerikanischen Verleger gefielen meine Gedichte."

„Sie ‚gefielen' ihm nur?"

„Nun, man hätte auch sagen können ‚er war begeistert', und er verglich meine Gedichte mit denen von Puschkin und Lermontow – was zeigt, daß ein solches Lob mit Vorsicht zu genießen ist."

„Deine Gedichte sind wundervoll, Sergei!"

„So gut wie Puschkins? Niemals! Wie Lermontows? Ausgeschlossen. Der Mann, ein gewisser James Duke, scheint etwas von Gedichten zu verstehen – mehr, ich muß es gestehen – als ich von einem Amerikaner erwartet hätte."

„Aber Sergei! Wenn du dich recht entsinnst, so warst du es doch, der mir die Welt der ausländischen Dichter eröffnet hat."

„Vor allem der englischen Dichter. Vermutlich rede ich wie ein Snob. Die Welt der amerikanischen Dichtung ist nicht gerade eine Wüste. Mir gefallen auch einige von Whitmans und Whittiers Gedichten."

„Und du hast mir diesen hübschen Band von Emily Dickenson geschenkt."

„Ich bin ja auch dankbar, überhaupt veröffentlicht zu werden", sagte Sergei.

„Bedeutet das, daß dieser Mr. Duke dein Buch herausbringen will?"

Sergei nickte und grinste. Anna warf ihm die Arme um den Hals und küßte ihn.

„Das ist noch nicht alles", sagte Sergei, der seine Frau immer noch in den Armen hielt. „Sie wollen mir zweihundert amerikanische Dollar als Vorschuß schicken, sobald sie den unterschriebenen Vertrag in Händen halten."

„Das ist viel Geld, nicht wahr?"

„Vierhundert Rubel, Anna! So viel, wie ich mit meinem Unterricht in zwei Jahren verdiene."

„Du meine Güte", staunte Anna. „Sergei, könnten wir das Geld nicht dazu verwenden, Juri und Andrei aufs Gymnasium zu schicken? Sie sind bereit für die höhere Schule."

„Das ist genau das, was ich im Sinn hatte, Anna."

Anna konnte ihr Glück kaum fassen. Sie würde neues Geschirr für Raisa kaufen, da das alte im Laufe der Jahre zerbrochen und angeschlagen war. Sergei sagte, er würde mit Anna eine Reise machen – eine richtige Hochzeitsreise, vielleicht nach Paris. Sie lachten wie die Kinder.

Dann wurde Sergei wieder ernst. „Natürlich wäre es klüger, das Geld für schlechte Zeiten zu sparen."

„Das denke ich auch", erwiderte Anna. „Doch es hat Spaß gemacht, einmal zu träumen."

„Nun, Raisa soll ihr neues Geschirr haben", verkündete Sergei, „und du wirst ein schönes neues Kleid und einen Wintermantel mit einem Pelzhut und einem passenden Muff bekommen. Und auch die Kinder werden neue Wintermäntel bekommen."

„Die Leute werden sich über unseren Reichtum wundern."

„Sollen sie sich wundern! Wir können nicht immer in Furcht vor meiner Vergangenheit leben, Anna." Er dachte kurz nach und fuhr fort: „Nicht daß das hier irgend etwas mit meiner Vergangenheit zu tun hat, doch es ist angebracht, dir die zweite Neuigkeit zu erzählen. Ich habe Oleg Chawkin getroffen."

Chawkin, ein Freund aus Katyk, lebte nun gleichfalls in St. Petersburg. Als sie in die Stadt gekommen waren, hatte er Anna und Sergei aufgenommen und Sergei die Arbeit in der Fabrik verschafft.

„Wie geht es ihm? Wir sehen die Chawkins so selten, seit wir hier auf der Wassili-Insel wohnen."

Anna schauderte zusammen, wenn sie an das Leben dachte, das sie und ihre Familie geführt hatten, als Sergei noch in der Textilfabrik arbeitete. Chawkin wohnte immer noch in dieser rattenverseuchten Wohnung ohne Heizung und fließendes Wasser zusammen mit fünfundzwanzig anderen Leuten in zwei kleinen Räumen. Wie für die Mehrheit der Arbeiter schien es für Chawkin keinen Weg zu geben, der Armut zu entrinnen. Die Fabrikbesitzer sorgten dafür, daß ihre Arbeiter Sklaven blieben.

„Wenn es nach Oleg geht", sagte Sergei, „werde ich ihn von nun an sehr viel häufiger sehen. Er bat mich, den Männern in der Fabrik Lesen und Rechnen beizubringen. Etwa ein Dutzend Männer sind daran interessiert. Doch das ist nicht so einfach, wie es sich anhört. Die Besitzer achten streng darauf, daß ihre Arbeiter sich nicht weiterbilden. Ich würde nicht nur freiwillig ohne Bezahlung arbeiten, ich müßte es auch im Geheimen tun."

„Sergei, wagst du das?"

„Anna, ich habe den ganzen Nachmittag darüber nachgedacht. Gott hat uns so reich gesegnet, vor allem während dieser letzten Jahre. Ich kann nicht vergessen, wo wir jetzt wären, wenn er nicht Mischa geschickt hätte, der mich aus dieser schrecklichen Fabrik herausgeholt hat. Gott hat unablässig in unser Leben eingegriffen, und nun bietet sich mir die Gelegenheit, etwas von seiner Liebe an andere weiterzugeben."

„Aber du dienst Gott doch Tag für Tag, wenn du deinen Studenten von ihm erzählst."

„Das ist nicht genug, Anna." Sergei blickte sie entschlossen an, und Anna war klar, daß es keinen Sinn hatte, ihm zu widersprechen. „Ich kann der Not, die Oleg mir vor Augen gestellt hat, nicht einfach den Rücken kehren."

Anna hätte stolz auf ihn sein sollen ... und auf vielerlei Weise war sie es auch. Und doch fiel es ihr schwer, etwas zu akzeptieren, das ihn in Gefahr bringen konnte. Doch er hatte sie nicht um ihre Zustimmung gefragt. Er würde auf Olegs Vorschlag eingehen – vermutlich hatte er ihm bereits zugesagt.

„Du bist böse auf mich, Anna, nicht wahr?"

Anna zuckte die Achseln und schwieg.

„Ich dachte, du würdest es verstehen", meinte er.

„Ich habe nur Angst vor dem, was passieren kann."

Sergei legte den Arm um Anna und zog sie zu sich heran. Sie seufzte und versuchte zu lächeln. Es hatte keinen Zweck, gegen Gott und ihren Mann anzukämpfen. Wenn es Gottes Wille war, dann würde sie auch die Kraft finden, alles anzunehmen, was daraus entstand.

12

Die Veränderungen kamen nicht von heute auf morgen. Der Sommer verging wie gewöhnlich – es war heiß und drückend, die Leute vergaßen fast, daß ein Krieg in einem weit entfernten Land wütete. Vor allem die Kinder ließen sich durch die nationalen Ereignisse nicht beeindrucken.

An einem Samstag im August hatten Juri und Andrei frei, sie brauchten keine Aufgaben zu machen, die ihre Mutter ihnen stellte.

An diesem betreffenden Samstag hatte jedes der Kinder einige Kopeken in der Hand, die sie sich im Laufe des Monats verdient hatten. Anna und Raisa erlaubten ihnen, in die Stadt zu gehen, unter der Bedingung, daß sie zusammenblieben und um fünf Uhr nachmittags wieder zu Hause waren. Das einzige Problem der Kinder war nun noch, sich auf ein Ziel zu einigen.

Juri wollte zum Newski Prospekt gehen und in den Bücherläden stöbern. In St. Petersburg gab es keine Büchereien, und ein Buch konnte sich die Familie nur selten leisten. Juri schien nie genug von Büchern bekommen zu können; er las sie schneller, als seine Eltern sie besorgen konnten. Jedes Buch wurde sogar mehrmals durchgelesen, bevor er ein neues zur Hand nahm.

Doch es war ein langer Weg von der Wassili-Insel über die Nikolausbrücke in die Innenstadt hinein. Andrei und Talja hatten dazu wenig Lust, sie interessierten sich nicht so für Bücher wie Juri. Andrei hatte ein Plakat gesehen, auf dem die Vorstellung eines Zirkus in der Stadt angekündigt wurde; dorthin wollte er gehen.

Als sie das Plakat in der Nähe ihrer Wohnung entdeckten, stellten sie fest, daß sie ihr gesamtes Geld für den Eintritt würden ausgeben müssen. Andrei war aber der einzige, der den Zirkus gern sehen wollte. Schließlich einigte man sich auf Taljas Vorschlag, mit dem Schiff die Newa hinunterzufahren bis zum Sommergarten und dort ein Picknick zu veranstalten. Andrei fuhr gern mit dem Schiff, und Juri gefiel der Gedanke, noch etwas Geld übrigzubehalten – Geld, das er dann bei den Buchhändlern auf dem St.-Andreas-Markt ausgeben konnte.

Raisa packte einen Picknickkorb für die Ausflügler zusammen, und um zehn Uhr morgens machten sie sich auf den Weg. Der Tag versprach sehr heiß zu werden, daher brachte die leichte Brise auf dem Wasser eine willkommene Erfrischung.

„Wir tun so, als würden wir auf dem Meer fahren", schlug Talja vor.

„In der Südsee", ergänzte Juri, „wo es Palmen gibt und das Wasser so warm ist, daß man den ganzen Tag schwimmen und sich auf einem Sandstrand in der Sonne aalen kann."

„Und wo braunhäutige Eingeborene uns ganze Arme voll wunderschöner Blumen pflücken – Orchideen und Hibiskus in allen möglichen Farben." Träumerisch schloß Talja die Augen.

„Und vergiß nicht den vergrabenen Schatz, den wir suchen", sagte Andrei.

„Natürlich nicht", entgegnete Juri. „Und die Piraten."

Talja öffnete die Augen. „Müssen denn Piraten dabei sein? Unsere Insel war so schön und friedlich."

„Immer nur Blumen und tanzende Eingeborene werden auf die Dauer langweilig", erklärte Andrei.

Juri hatte eine Lösung für dieses Problem. „Talja, du bist in Gefahr, und wir retten dich."

„Aber bevor ihr die Piraten aufgebracht habt, brauchte ich nicht gerettet zu werden."

Andrei brummte ungeduldig. „Mädchen! Müßt ihr alles immer so kompliziert machen?"

„Immerhin war es meine Idee", gab Talja ruhig zurück, fast so, als wäre sie traurig, das überhaupt erwähnen zu müssen.

„Wer will denn schon auf eine so langweilige Insel?" fragte Andrei. „Ich wäre gern auf einem richtigen Ozeandampfer und würde nach Westen fahren, nach Amerika – in ein wirkliches, aufregendes Land. Ich würde all die großen Gebäude besichtigen, von denen man sagt, daß sie bis hinauf in den Himmel reichen, und ich würde mir die Freiheitsstatue ansehen. Papa sagt, sie sei so groß, daß ein Erwachsener in einem der Finger aufrecht stehen könnte! Das würde ich gern sehen!"

Talja lächelte. Wie konnte sie auf ihren Freund böse sein, wo seine Augen vor Aufregung so leuchteten? Die Südsee war sowieso nicht ihre Idee gewesen, obwohl sie daran gedacht hatte, als sie davon sprach, zu einem weit entlegenen Ort zu fahren. Sie blickte Juri an, dann Andrei, ihre zwei besten Freunde auf der

Welt, und fragte sich, ob es wohl drei Menschen gab, die unterschiedlicher waren als sie. Waren sie nur befreundet, weil sie zufällig in derselben Wohnung lebten? Ihr gefiel der Gedanke besser, daß Gott sie zusammengeführt hatte, weil er im voraus wußte, daß sie sich gut verstehen würden. Und ihr war es egal, welche Abenteuer sie in ihrer Phantasie erlebten, solange sie es nur gemeinsam taten.

„Nun“, sagte Juri, „wir haben gerade fünf Kopeken ausgegeben für das wirkliche Abenteuer, mit einem Dampfer zu fahren. Warum genießen wir es nicht?“

Niemand konnte leugnen, daß dieser kleine blaue Dampfer wirklich eine faszinierende Welt für sich war mit seinen Stewards in den weißen Jacketts und dem eleganten Restaurant, in dem die Leute vornehm speisten. Mutig setzten sich die Kinder an einen Tisch und bestellten Himbeereis, doch sie verspeisten es schnell, weil sie sich wie Eindringlinge fühlten. Sie hielten sich lieber draußen auf, beobachteten, wie das Wasser hochspritzte, und winkten den vielen Schiffen zu, die vorbeifuhren. Nur zu bald war die Reise zu Ende.

„Seht nur!“ rief Juri und deutete nach rechts. „Wir sind gleich da. Wir gehen besser zur Gangway.“

Das Schiff legte in der Nähe des Sommergartens an, und sie brauchten nicht weit zu gehen, um an ihr Ziel zu gelangen. Sie erforschten den Park von einem Ende zum anderen. Ihnen gefielen vor allem die Statuen und die Schwäne auf dem Teich.

Schon oft waren sie hier gewesen, doch nie wurde es ihnen langweilig. Zu jeder Jahreszeit sah es anders hier aus, und jedesmal konnten sie etwas Neues entdecken.

An diesem heißen Sommertag zog sie vor allem das Wasser in dem Teich an. Schwimmen war zwar nicht erlaubt, doch die Kinder fanden ein verlassenes Plätzchen, wo sie ihre Schuhe auszogen und es wagten, ihre Füße in das kühle Wasser hängen zu lassen. Es war Andrei, der anfing, die anderen naßzuspritzen, und obwohl Juri und Talja zuerst protestierten und ihn zur Ordnung rufen wollten, machte er weiter, bis sie nicht anders konnten, als mitzumachen. Es dauerte jedoch nicht lange, bis ihr Gelächter und ihre Schreie auffielen.

„So, ihr Kinder!“ ertönte eine strenge, tiefe Stimme. „Das reicht für heute.“ Ein Polizist stand vor ihnen, groß und recht beeindruckend in seiner Uniform, doch ein Zwinkern in seinen

Augen zeigte, daß er sie verstand und nicht vorhatte, sie für ihr kleines Vergnügen ins Exil zu schicken.

Die Kinder sprangen auf und zogen sich vom Wasser zurück. Juri als Ältester übernahm die Verantwortung und sagte: „Es tut mir leid, Herr. Aber es war so heiß."

„Das stimmt, doch Verbot ist Verbot."

„Wir gehen schon."

„Das braucht ihr nicht, denkt nur daran, euch so zu benehmen, wie es eure Mutter euch sicher beigebracht hat."

„Ja."

Als der Polizist fort war, zogen die Kinder ihre Strümpfe und Schuhe wieder an und gingen davon. Sie hatten Hunger und waren auf der Suche nach einem schönen Baum, in dessen Schatten sie das gute Essen verzehren konnten, das Raisa ihnen eingepackt hatte – Äpfel, dicke Scheiben Schwarzbrot und Käsestücke.

„Ich weiß gar nicht, warum wir uns so schnell zurückgezogen haben", sagte Andrei zu Juri, während sie aßen. „Dies ist ein öffentlicher Park. Wir haben genauso das Recht hierzusein wie die Kinderfrauen mit ihren verwöhnten Gören."

„Und niemand hat etwas dagegen, solange man sich an die Regeln hält."

„Ich bin sicher, niemand hätte etwas gesagt, wenn wir den oberen Schichten angehört hätten."

Sergei und Anna hatten den Kindern nur wenig von ihrem gesellschaftlichen Hintergrund erzählt. Nur daß die Familie früher Geld gehabt und es im Laufe der Jahre verloren hatte. Dies erklärte die offensichtliche adelige Abstammung Viktors und die plötzliche Veränderung in Marianas gesellschaftlicher Stellung. Warum sollte man die Kinder zusätzlich belasten? Dies war ein Leben, das sie nie würden führen können. Außerdem hatte Sergei dieses Leben verachtet.

Juri lachte seinen Bruder aus. „Warst du wieder einmal in der Universität?"

„Und wenn schon?" gab Andrei herausfordernd zurück.

Die bevorstehende Auseinandersetzung der beiden Brüder wurde durch plötzliches Kanonenfeuer unterbrochen.

„Der Krieg!" rief Talja und brach beinahe in Tränen aus.

„Nein, nein", beruhigte sie Juri. „Der Krieg ist zu weit von St. Petersburg entfernt. Es muß etwas anderes sein."

„Revolution", schlug Andrei begeistert vor.

Immer wurde von Revolution gesprochen, und gelegentlich gab es Demonstrationen an der Universität und Streiks in den Fabriken, doch niemals waren solche Ereignisse von Kanonenfeuer begleitet. Nach ihrer anfänglichen Überraschung stellten die Kinder fest, daß die Schüsse gleichmäßig und offenbar bewußt abgegeben wurden.

„Das sind Kanonenschüsse, die irgend etwas ankündigen", meinte Andrei schließlich. „Vielleicht das Ende des Krieges."

Doch Juri hatte versucht, die Schüsse zu zählen, und er hielt seine Hand hoch, damit die anderen ihn nicht unterbrachen.

Nach einigen Minuten verkündete er: „Wenigstens neunzig Schüsse."

Ein Spaziergänger korrigierte ihn. „Einhundert, mein Junge."

„Einhundertundeins!" sagten alle einstimmig, als ein weiterer Schuß ertönte. Die Kinder wußten aber immer noch nicht, warum die Kanonenschüsse abgegeben wurden.

Dann: „Einhundertundzwei!"

„Die Heiligen seien gepriesen!" sagte der Fremde. „Ein glorreicher Tag für Rußland!"

„Was ist denn los?"

„Ein Thronfolger wurde geboren!"

13

Für Seine Kaiserliche Hoheit, Nikolaus II. von Rußland, war es kein angenehmer Sommer gewesen. Die katastrophalen Entwicklungen in dem Krieg mit dem Fernen Osten lasteten schwer auf ihm. Er haßte Krieg und war davon überzeugt, alles ihm Mögliche getan zu haben, um diesen Krieg mit Japan zu verhindern. Doch mit ihrem Überraschungsangriff auf Port Arthur waren die Japaner einfach zu weit gegangen. Nikolaus war davon überzeugt gewesen, daß seine Armee die „kleinen gelben Affen" innerhalb kürzester Zeit besiegen könnte. Nach sechs Monaten hatte die russische Armee jedoch immer noch keine größeren

Siege errungen. Das war nicht nur sehr ärgerlich und entmutigend; es war auch ausgesprochen demütigend für den „Zar aller Reußen".

Im Land selbst hatte es in diesem Sommer zwei Attentate auf hohe Regierungsbeamte gegeben – auf den Generalgouverneur von Finnland und den Innenminister. Solche Zwischenfälle machten deutlich, daß die Welle nationalistischer Euphorie, die das Land zu Beginn des Krieges erfaßt hatte, nicht ausreichte, den auf wackeligen Füßen stehenden inneren Frieden zu erhalten. Nikolaus wußte nur zu gut, was ein Krieg, und schon gar ein verlorener Krieg, für die politische Stabilität des Landes bedeuten konnte.

Seit kurzem spürte der Zar von Rußland sehr deutlich, daß er am Tag Hiobs, des Leidenden, geboren worden war.

Während er die Stufen zum Speisesaal der Familie in Peterhof hochstieg, dem Sommerpalast am Golf von Finnland etwa fünfunddreißig Kilometer von St. Petersburg, drehten sich seine Gedanken nicht um das Mittagessen, das er zusammen mit seiner Frau einnehmen wollte. Er hatte gerade ein Gespräch mit Graf Kokowtsow und einem Offizier geführt, der in der Mandschurei verwundet worden war. Wie er alles haßte, was mit dem Krieg zusammenhing!

Darum war seine Freude um so größer, als man ihn davon in Kenntnis setzte, daß seine Frau sich zurückgezogen habe, um ihr fünftes Kind zur Welt zu bringen. Weniger als eine Stunde später hatte sie einem Sohn das Leben geschenkt!

An diesem Abend schrieb Nikolaus in sein Tagebuch: „Ein unvergeßlicher Tag, an dem Gott uns ganz deutlich sein Wohlwollen gezeigt hat."

Mutter und Kind waren wohlauf. Das Baby war gesund, hatte blaue Augen und blonden Haarflaum auf dem wohlgeformten Kopf.

Nikolaus nannte seinen Sohn Alexei, nach seinem Lieblingszaren, Alexei I. Leise vor sich hinlachend, sagte Nikolaus: „Ich muß die Kette der Alexander und Nikolause unterbrechen, die Rußland seit fast einhundert Jahren regieren."

Alexei I. war der Sohn des ersten Zaren von Rußland, Michael I. gewesen. Nikolaus hielt ihn für einen großen Herrscher, weil er ohne großes Aufsehen der immer größer werdenden Nation Reformen gebracht hatte. Peter den Großen verachtete Nikolaus, nicht nur wegen seiner Politik des starken Arms, sondern auch, weil er Rußland die Lebensweise des Westens aufgezwungen hatte. Und Peter war schuld daran gewesen, daß der Name Alexei bei den Romanows in Ungnade fiel, weil er seinen Sohn und Erben Alexei ermorden ließ.

Darum wurde die Wahl des Namens nicht von allen gutgeheißen. Doch der Wille des Zaren wurde geachtet, und so taufte man das Kind eine Woche später auf den Namen Alexei Nikolaewitsch Romanow. Der Kaiser und die Kaiserin träumten davon, ihren Sohn eines Tages als Alexei II. auf dem Thron sitzen zu sehen. Vielleicht würde er Alexei der Weise genannt werden. Alles schien ihnen möglich während jener frohen Tage nach seiner Geburt.

*

Alexandra, Zariza von Rußland, blickte auf die Ikone des heiligen Seraphim. Sie war dankbar, daß es ihr gelungen war, die Kirche dazu zu bringen, den heiligen Mann, der Anfang des neunzehnten Jahrhunderts gelebt hatte, heiligzusprechen. Ganz bestimmt war ihre Hingabe an Seraphim der Grund dafür, daß sie endlich einen Sohn und Erben geboren hatte.

Alexandra hatte jemanden gesucht, auf den sie ihre Hoffnung setzen konnte, seit Phillipe, der Wunderheiler und Mystiker aus Frankreich, gezwungen worden war, den kaiserlichen Hof zu verlassen. Er war in Ungnade gefallen, nachdem er vor der Geburt von Anastasia, der vierten Tochter von Nikolaus und Alexandra, einen Sohn vorausgesagt hatte. Die Freundinnen der Kaiserin, die beiden Fürstinnen Montenegrin, hatten das Abgleiten der Kaiserin ins Mystische unterstützt, indem sie sie mit Phillipe bekanntmachten. Séancen und Hexerei wurden zu einem wichtigen Element am Hof der Kaiserin. Die Montenegrins sagten, sie brauchten jemanden, der dem Mystischen noch mehr verbunden sei als der Franzose. Sie meinten, je exzentrischer der Charakter, je weltverachtender er sei, desto näher sei er Gott. Darauf wurde eine ganze Reihe solcher seltsamer „Vögel“ an den Hof geholt, bis sie sogar Alexandra zu langweilen begannen.

Seraphim war mehr nach ihrem Geschmack. Ein heiliger Mann, der 1833 gestorben war. Sein Leben war gekennzeichnet gewesen von Heilungen, Prophezeiungen und geistlichen Visionen. Die Gerüchte, er habe sich mit den Nonnen eingelassen, entbehrten jeglicher Grundlage. In seiner Zeit war er vollkommen mißverstanden worden, und diese Tatsache machte ihn für Alexandra um so attraktiver.

Die Geburt eines Erben vertiefte den heiligen Wert dieses Mannes noch.

Ein Jahr zuvor war sie zur Heiligsprechung Seraphims in seinen Heimatort Sarow gereist. Dort hatte sie in einer heilenden Quelle gebadet, und nun hielt sie ihren Sohn in den Armen. Sogar Nikolaus' Glaube an Seraphim war nun unerschütterlich.

Als sich die Tür zu ihrem Boudoir öffnete, blickte Alexandra auf und lächelte ihren Mann an. Er kniete sich neben sie, damit er das Kind in ihren Armen besser sehen konnte.

„Ich glaube, ich habe noch nie ein so schönes Baby gesehen“, sagte er so stolz, als wäre er zum ersten Mal Vater geworden.

„Und warum nicht?“ lächelte Alexandra. „Er trägt den Segen Seraphims.“

„Oh, Sunny, ich kann dir gar nicht genug danken, daß du mir diese Freude gemacht hast. Ich weiß nicht, wie ich sonst dieses schreckliche Jahr überstanden hätte.“

„Wir brauchen nicht darüber nachzudenken. Von jetzt an wird alles anders werden.“

„Ja, das muß es auch. Es kann gar nicht schlimmer werden. Die Geburt unseres Alexei ist ein Wendepunkt.“

Vielleicht war es nicht richtig, so viel Hoffnung auf ein so kleines Kind zu setzen. Doch der Erbe war das Lebensblut einer Monarchie, und Alexandra wußte, wie wichtig es Nikolaus war, daß der Romanow-Erbe sein eigener Sohn war, nicht ein Neffe. Unter allen Umständen wollte er, daß der Thron in direkter Linie weitergegeben wurde. Viele Gegner des Zaren hatten sich gefreut, daß im Zarenhaus nur Töchter geboren wurden, und sie konnten es kaum erwarten, daß die direkte Linie, die mit Nikolaus I. begonnen hatte, unterbrochen wurde. Wenn Nikolaus II. ohne Erben gestorben wäre, hätte sein Bruder Michael den Thron bestiegen. Da viele der Meinung waren, der jüngere Bruder des Zaren sei der schwächste Romanow, hofften sie, den Romanows die Herrschaft entreißen zu können.

Alexandra war außer sich vor Freude, weil die Geburt von

Alexei die Pläne jener Anarchisten und Rebellen zunichte machen würde. Niemand würde ihrem Mann oder ihrem Sohn die Krone stehlen. Sie hatte zu sehr gelitten, gebetet und darum gekämpft, die Linie der Romanows fortzuführen. Selbst die Mächte der Hölle würden nicht gegen sie ankommen.

14

Graf Cyril Wlasenko betupfte seine wulstigen Lippen mit einer Serviette. Wie immer die politische Situation auch sein mochte, er sah keine Veranlassung, das vorzügliche Mahl, das ihm an diesem Abend serviert worden war, deswegen nicht zu genießen. Sein Küchenchef, ein begabter Franzose, brachte jeden Tag eine neue Delikatesse auf den Tisch – das *Chateaubriand*, die *Poulet roti* im Knoblauchmantel und das Kartoffelgratin waren ausgezeichnet, ganz zu schweigen von dem Cabernet Sauvignon und dem mit Sahne gefüllten Gebäck zum Nachtisch. Wenn er nur daran dachte, lief Wlasenko schon das Wasser im Mund zusammen.

„Ach, das war ein gutes Essen", sagte er zu seiner Frau. Er lehnte sich auf seinem Stuhl zurück und betrachtete nachdenklich das letzte Gebäckstück, das noch auf dem silbernen Teller lag.

„Ich wußte, daß es dir schmecken würde", erwiderte Poznia. „Aber du weißt, der Arzt hat dir erst in der vergangenen Woche geraten, zu üppiges Essen zu meiden."

„Pah! Er hat mir auch gesagt, daß ich die Gesundheit in Person bin."

„Was ist mit deiner Gicht? Unser Sohn war bei seinem letzten Besuch sehr besorgt –"

„Und du meinst, ich würde sein Wort über das eines richtigen Arztes stellen?"

„Karl *ist* ein richtiger Arzt."

„Ich habe ihm das Examen praktisch gekauft!" Seine Diät und sein Taugenichts von einem Sohn waren zwei ihm äußerst unangenehme Themen. „Ich hoffe nur, daß der Dienst als Militärarzt ihm einige Erfahrung verschafft, bevor er auf richtige Menschen losgelassen wird. Solange sie ihn von den Offizieren fernhalten, wird es gehen."

„Oh, Cyril! Ich mache mir solche Sorgen um ihn dort an der Front, wo Gott weiß was für Gefahren auf ihn lauern."

„Wir können nur hoffen, daß ihn das zu einem Mann macht."

Nach einer Weile des Schweigens sagte seine Frau: „Wir sind zu einem Besuch bei Ihren Kaiserlichen Hoheiten anläßlich der Taufe des neuen Zarewitsch eingeladen."

„Ausgezeichnet! Das sind gute Neuigkeiten." Mit einem Seitenblick auf seine Frau griff Cyril nach dem letzten Gebäckstück auf dem Tablett. Warum sollte man es verkommen lassen – oder schlimmer noch, im Mund irgendeines Dienstboten verschwinden sehen, der es nicht zu würdigen wußte. In den Palast eingeladen zu werden, vor allem zu einem so glücklichen Anlaß, war eine große Ehre, und er verdiente eine kleine Belohnung – zum Teufel mit seiner Diät! Er hatte die Geburt des Erben noch nicht gefeiert, und er hatte allen Grund, dies nachzuholen. Die Fortsetzung der Romanow-Dynastie bedeutete auch für ihn die Fortsetzung seiner Macht und seines Reichtums in Rußland.

Ungeachtet der hochgezogenen Augenbrauen seiner Frau steckte er sich das ganze Stück auf einmal in den Mund, kaute es genüßlich und spülte es mit einer Tasse Tee hinunter.

Sie erhob sich und blickte ihn an. „Wenn du mich bitte entschuldigen willst, ich muß mich für den Abend umziehen."

„Haben wir Pläne?"

„Hast du die Einladung zu Prinzessin Gudosnikows Geburtstagsfest vergessen?"

„Das habe ich tatsächlich."

„Wir müssen in einer Stunde dort sein."

„Ich werde veranlassen, daß die Kutsche vorfährt."

Der Abend ließ sich gut an. Ein ausgezeichnetes Essen, die Nachricht von der Einladung zur Taufe an den kaiserlichen Hof – das war ein Leben, das einem Fürsten von Rußland gebührte. Er war nun Herr des Fedortschenko-Anwesens in St. Petersburg, das einst dem hochmütigen Viktor Fedortschenko gehört hatte. Auch die meisten Einrichtungsgegenstände hatte er mitgekauft, und das war gut so. Nach dem Kauf des Hauses war kaum genug Geld übriggeblieben, um auch nur eine Fußmatte zu erstehen. Nur einige kluge – und glückliche – Investitionen im Ausland brachten Cyril so viel Geld ein, daß er sich einen gewissen Luxus erlauben konnte – zum Beispiel seinen französischen Koch.

Die vergangenen drei oder vier Jahre waren nicht gänzlich ohne Schwierigkeiten verlaufen, doch es war Cyril gelungen, seine Position in der so instabilen politischen Welt Rußlands zu festigen. Das allein war schon eine Heldentat. Doch er wurde immer geübter in der Kunst, seinen Charme einzusetzen, zu schmeicheln und die richtigen Hände zu schütteln, Gelegenheiten wahrzunehmen und vor allem zur richtigen Zeit am richtigen Ort zu sein. Das Wichtigste überhaupt war seine Anwesenheit bei der Heiligsprechung dieses Scharlatans Seraphim im vergangenen Sommer gewesen. Es hatte seiner Karriere bestimmt nicht geschadet, daß er dem Zar gerahmte Fotos von der Zeremonie überreicht hatte.

Und nun wurde er für das Amt des verstorbenen Innenministers in Betracht gezogen. Eine solche Berufung würde die Krönung seiner Laufbahn sein. Nicht einmal Viktor Fedortschenko hatte soviel politische Macht gehabt. Jeden Tag erwartete Wlasenko einen Boten mit seiner Berufung. Warum der Zar allerdings so lange für seine Entscheidung brauchte, konnte Cyril nicht verstehen. Der Posten war nun schon seit einem Monat unbesetzt.

Angesichts des Todes von Plehwe fragte sich Cyril, warum er diesen Posten unbedingt anstrebte. Zweifellos war die Gefahr für den Innenminister in Rußland besonders groß. Sipiagin und Plehwe waren beide ermordet worden, und auf ihre Vorgänger waren unzählige Anschläge verübt worden, die jedoch alle fehlgeschlagen waren. Der Innenminister war einfach nicht populär, vor allem, wenn seine Politik den Forderungen der Radikalen keine Beachtung schenkte. Wlasenko hatte die Absicht, die Politik Plehwes weiterzuverfolgen; darum hatte er auch gute Aussichten auf den Posten.

Gerüchten zufolge erhoben die Führer der Zemstwo Einwände gegen seine Berufung. Alle wußten, daß die Zemstwo praktisch keinen Einfluß besaß, doch die Gerüchte besagten, daß diese aufgeblasenen Führer sich der Unterstützung der Zarenwitwe Maria Fedorowna versichert hätten. Sie sollte ihrem Sohn, dem Zaren, einen anderen Kandidaten vorschlagen. Das fehlte Wlasenko gerade noch, daß sich diese alte Hexe in Regierungsangelegenheiten einmischte. Sie war gefährlich gemäßigt – vielleicht sogar liberal – in ihren politischen Ansichten, und sie schätzte Wlasenko überhaupt nicht. Unglücklicherweise hörte Nikolaus noch sehr auf seine Mutter. Ihre Empfehlung war Fürst Swyatopolk-Mirski, Generalgouverneur von Wilna, der sich gegen die Politik von Sipiagin und Plehwe gestellt hatte. Der Fürst ähnelte in seinen Ansichten Loris-Melikow, einem anderen Liberalen, der die Zensur aufheben, den religiösen Minderheiten mehr Freiheit geben und schließlich eine konstitutionelle Monarchie einführen wollte. Leute seiner Sorte würden nicht eher ruhen, bis Rußland so sein würde wie England – oder schlimmer noch, wie Amerika!

Wlasenko war entschlossen, sich zu wehren, indem er sich die Einladung im Palast zunutze machte. Er würde sich dem Zar schamlos anbiedern und der Zariza schmeicheln. Alle wußten, daß der Zar auf sie noch mehr hörte als auf seine Mutter. Ja, so würde er es machen. Er mußte die Zariza für sich gewinnen, und er hatte den Posten so gut wie in der Tasche. Vorher würde er einige Male zur Messe gehen. Die Zariza hatte eine Schwäche für geistliche Dinge.

Seine Frau Poznia konnte ihm hierbei behilflich sein. Sie verkehrte mit den Montenegrin-Schwestern, die dem Spiritismus und solcher Narretei sehr zugetan waren. Erst vor kurzem hatten sie zusammen eine Séance besucht. Wie Poznia erzählte, scharten die Fürstinnen ständig heilige Männer um sich. Auch die Zariza war den Montenegrins freundlich gesonnen und sehr an Mystik interessiert. Cyril überlegte, ob er vielleicht entscheidend daran mitwirken könnte, die Kaiserin mit einem Mönch mit magischen Kräften bekanntzumachen. Man erzählte sich, daß im vergangenen Jahr bei den Montenegrins ein *Staret* gewesen war, der den Hund des Großherzogs Nikolascha von einer Kolik geheilt habe.

Pah! Sogar Karl könnte das zustande bringen.

Trotzdem, solche Dinge beeindruckten das Herrscherpaar, und es war sicherlich nicht unter Cyrils Würde, dies zu seinem eigenen Vorteil zu nutzen.

Er war also bester Laune angesichts des Festes zu Ehren von Prinzessin Gudosnikow. Er konnte diese Frau mit ihren liberalen Ansichten zwar nicht ausstehen, doch sie und Poznia waren alte Freundinnen. Cyril stöhnte im geheimen oft über die Beziehungen, die seine Frau unterhielt, andererseits konnte er nicht leugnen, daß sie ihm hin und wieder in seinen politischen und persönlichen Intrigen dienlich gewesen waren. Das Fest an diesem Abend war wichtig, und wenn auch nur, um ihm Gelegenheit zu geben, die liberalen Ansichten einzuschätzen.

Alle Leute von Stand würden da sein; sie waren sowieso in der Stadt, um dem neuen Erben ihre Huldigung zu bringen. *Wie angenehm für Marja Gudosnikow, daß sie so kurz nach dem neuen Zarewitsch Geburtstag hat,* dachte Cyril. Wenn nur auch er ein solches Glück hätte.

„Nun, ich werde mir einfach mein Glück selbst schaffen müssen." Er hatte es schon früher getan und würde es auch weiterhin tun.

15

Etwa fünfzig Leute hatten sich im Haus von Prinzessin Marja Gudosnikow zusammengefunden. Darunter befanden sich viele Vertreter des St. Petersburger Adels, von bedeutenden Regierungsbeamten bis hin zu ausführenden Organen wie Tschaikowski und Anton Tschekow. Doch es gab auch viele unbedeutende Adelige und solche, deren Stern früher einmal hoch am Himmel gestanden hatte, die jedoch längst in die Bedeutungslosigkeit versunken waren.

Viktor Fedortschenko wußte sehr gut, daß er zur letzteren Kategorie gehörte. Und es machte ihm auch nichts aus, außer insofern, daß er sein Land immer noch liebte und traurig war über die Ungerechtigkeiten, die in der russischen Gesellschaft herrschten. Früher hatte er eine Schlüsselposition innegehabt und war in der Lage gewesen, etwas Gutes zu tun, Rußland zum Besseren hin zu verändern; früher hatte er die Gunst des Zaren gehabt; früher hatte er Einfluß gehabt. Doch jetzt ...

Er wurde in der Gesellschaft kaum beachtet. Er war eigentlich nur wegen seiner langjährigen Freundschaft mit der Prinzessin gekommen. Diejenigen, die ihn noch von früher her kannten, mieden ihn; sie erinnerten sich nur daran, daß Prinz Viktor Fedortschenko den Verstand verloren hatte und in Ungnade gefallen war. Es war politisch einfach unklug, mit jemandem wie ihm zu verkehren. Vermutlich hätte Viktor früher auch nicht anders reagiert.

Nun begnügte er sich damit, neben seiner Frau zu stehen und sich mit ihr zu unterhalten. Immerhin war Sarah Remington, die jetzige Prinzessin Sarah Fedortschenko, die Frau, die ihm in den Jahren seiner Krankheit Gesellschaft geleistet und ihm einen Halt gegeben hatte, als er ihn am meisten brauchte. Sie war sehr viel interessanter als die meisten dieser Intriganten, die sich nun in Marjas Salon befanden.

In diesem Augenblick trafen Cyril Wlasenko und seine Frau ein. Der König der Intriganten! Viktor würde ihm nie vergeben, daß er ihm sein Anwesen in St. Petersburg gestohlen hatte. Es kam ihm immer noch seltsam vor, daß Cyril sofort zur Stelle gewesen war, um das Anwesen zu übernehmen. Doch einem einflußlosen Adeligen ohne Geld war es unmöglich, die Machenschaften des ehemaligen Polizeichefs zu untersuchen. Cyrils Verbindungen zur Geheimpolizei hatten ihm Einfluß verschafft, den er sich noch Jahre nach seinem Ausscheiden aus dieser Position zunutze machen konnte. Man munkelte, daß Cyril für das Amt des Innenministers in Betracht kam. Für Viktor war es unvorstellbar, daß ein Mann wie Cyril in eine solche Position aufsteigen konnte. Vielleicht sollte er noch dankbarer dafür sein, daß er mit der Regierung nichts mehr zu tun hatte – vielleicht würde er nur wieder seine geistige Gesundheit verlieren.

„Viktor", sagte Sarah und lenkte damit die Aufmerksamkeit ihres Mannes wieder auf ihre Unterhaltung, „ich bin erstaunt, daß so viele Leute der Gesellschaft in diesem Sommer in St. Petersburg sind."

„Marja ist hoch angesehen, und ihre Feste sind berühmt", erwiderte er. Er wendete den Blick von Cyril ab, doch Sarah hatte bemerkt, wohin er geblickt hatte.

„Vermutlich kann sie nicht wählerisch sein mit ihren Gästen."

Viktor lächelte. „Ich bin doch hier, oder nicht? Der aus der Gesellschaft von St. Petersburg Ausgestoßene."

Wie um die Bemerkung Viktors zu widerlegen, kam die Gastgeberin auf sie zugeeilt. „Oh, Viktor, ich bin so froh, daß du kommen konntest. Es passiert nicht jeden Tag, daß eine Frau fünfundsechzig wird, und sie möchte bei diesem Fest ihre besten Freunde an ihrer Seite haben." Sie wendete sich Sarah zu. „Und auch ihre neuen Freunde, Prinzessin Fedortschenko."

„Bitte nennen Sie mich Sarah, wenn wir Freunde sein wollen. Die ‚Prinzessin' ist noch recht ungewohnt", sagte Sarah.

„Natürlich", meinte Marja. „Doch ich wollte damit nur sagen, daß ich Sie voll als neue Prinzessin akzeptiere. Viktors erste Frau Natalja und ich waren eng befreundet, wie Sie wissen, und ich bin sicher, sie würde froh sein darüber, wie die Dinge sich entwickelt haben." Marja nahm Sarahs Hände und blickte sie eindringlich an. „Genau wie ich", sagte sie ernst. Dann fügte sie etwas fröhlicher hinzu: „Doch Sie müssen noch etwas Champagner trinken. Und mischt euch doch unter die anderen – nicht alle meine Gäste sind so abstoßend wie Graf Wlasenko." Diese letzte Bemerkung flüsterte sie ihnen zu, dann sagte sie etwas lauter: „Tschaikowski wird gleich hier sein. Ich werde euch vorstellen."

Marja eilte davon, um weitere Gäste zu begrüßen. Kurz darauf erschien ein Kellner mit einem Tablett. Viktor nahm sich ein Glas mit Champagner, und während er trank, fragte er sich, ob Natalja wirklich erfreut darüber wäre, wie sich sein Leben entwickelt hatte. Natürlich wäre sie schockiert, daß er ihre frühere Haushälterin geheiratet hatte. Noch mehr erstaunte Viktor, mit welch tiefer Liebe er ihr zugetan war. Nicht einmal Natalja hatte er so geliebt – damals war er solcher Gefühle einfach nicht fähig gewesen.

Seine Gedankengänge wurden unterbrochen, als sich ihnen ein großer, elegant gekleideter Mann näherte, dessen grobes Benehmen ihn jedoch von den anderen Adeligen mit ihren feinen Manieren abhob. Viktor hatte Sergei Witte nie kennengelernt, doch es gab nur wenige, die den Mann, der zwei Zaren ein einflußreicher Minister gewesen war, nicht erkannten.

„Ich glaube nicht, daß wir uns schon kennengelernt haben", sagte Witte mit seiner tiefen Stimme.

„Nein, das stimmt", erwiderte Viktor. „Doch ich habe viel von Ihnen gehört, und ich freue mich, Ihre Bekanntschaft zu machen."

„Sie haben von mir gehört und freuen sich trotzdem, mich kennenzulernen?" Er lachte.

„In der Tat", erwiderte Viktor. „Sie haben einen sehr positiven

Einfluß auf das Land ausgeübt. Ich bin Viktor Fedortschenko, und das ist meine Frau Sarah."

„Prinz Fedortschenko, nicht wahr?" Viktor nickte, und Witte fuhr fort: „Als einige Übereifrige mich an diesem Abend über *Ihren* Ruf in Kenntnis setzten, dachte ich bei mir: ‚Diesen Burschen mußt du kennenlernen; er scheint ein Mann nach deinem Herzen zu sein.' Doch auch schon vor diesem Abend hatte ich von Ihnen gehört. Und ich muß sagen, wenn wir mehr Männer wie Sie in dieser Regierung hätten, Prinz Fedortschenko, stünden wir besser da. Ach, aber die Launen unserer Herrscher."

Witte, der zweifellos brillanteste Mann in der russischen Regierung, spielte damit auf seine eigene unsichere Position am kaiserlichen Hof an. Seine Laufbahn hatte er beim Bau der Eisenbahn begonnen und schon damals sein Genie bewiesen. Alexander III. hatte in Witte einen Mann mit einer Vision und großem administrativem Talent gesehen. 1893 wurde er Finanzminister, und danach gewann er politisch immer mehr an Einfluß.

Als Nikolaus II. den Thron bestieg, blieb Witte im Amt, wenn der neue Zar ihn und seine grobe, arrogante Art auch nicht besonders mochte. Witte hatte sich viele Feinde geschaffen, vor allem bei den Ultrakonservativen, die er unablässig brüskierte in seinem Versuch, Rußland vor dem Untergang zu retten. Auch stieß er häufig beim Zaren auf Widerstand, und dies beschleunigte schließlich seinen Abstieg. Nikolaus befürchtete, der Finanzminister könnte zu mächtig werden, darum machte er Witte zum Vorsitzenden des Ministerrates. Durch seine offene Ablehnung des Krieges mit Japan verschlechterte Witte seine Lage nur noch.

Viktor bewunderte diesen Mann, und er hatte Mitgefühl mit ihm, weil er selbst ähnliche Erfahrungen gemacht hatte. Es erstaunte ihn, daß Witte über seinen Hintergrund Bescheid zu wissen schien, und er fühlte sich geschmeichelt, daß ein Mann wie Witte überhaupt Interesse an ihm zeigte.

„Nur ein Dummkopf könnte annehmen, seinem Land zu dienen sei einfach", meinte Viktor.

„Unter anderem nennt man mich einen Zyniker, doch ich muß sagen, daß ich gehofft hatte, Einfluß auf Rußlands Zukunft nehmen zu können."

„Das haben Sie ganz bestimmt, Sergei Witte. Die meisten

haben mich bereits vergessen, ich bezweifle jedoch, daß dasselbe auch Ihnen passieren wird."

„In fünfundzwanzig Jahren sprechen wir noch einmal darüber, ja? In der Zwischenzeit hätte ich nichts dagegen, wenn ein Mann wie Sie mit mir zusammenarbeiten würde – falls ich eine Stelle zu vergeben hätte! Doch falls das jemals wieder der Fall sein sollte –"

Viktor hob die Hand, um Witte Einhalt zu gebieten. „Ich habe mich schon zu lange aus der Politik zurückgezogen und wäre in der heutigen Regierung nur ein Fremdkörper."

„Dann haben Sie nicht den Wunsch, zurückzukehren?"

Viktor zögerte zu lange und strafte so die Einwände, die er erheben könnte, Lügen. „Ich muß gestehen, daß ich gelegentlich von solchen verrückten Ambitionen heimgesucht werde, wir wollen jedoch realistisch bleiben. Ich bin siebenundsechzig Jahre alt und bezweifle, daß ich für eine solche Aufgabe noch das Durchhaltevermögen hätte."

„Und doch wäre es mir eine Ehre", meinte Witte, als er sich zum Gehen wandte.

Später am Abend stand Viktor bei einer Gruppe von Männern, die über die bevorstehende Wahl eines Innenministers sprachen. Unglücklicherweise befand sich auch Cyril unter ihnen. Viktor bemerkte, daß Cyril Wlasenko in der vergangenen Zeit sehr viel raffinierter geworden war. Seine Bemerkungen zu seiner Kandidatur klangen fast glaubhaft.

„Ich werde mich geehrt fühlen zu dienen, wo immer der Zar mich hinstellt", sagte Cyril. „Das Wohl Rußlands liegt mir vor allem anderen am Herzen."

Viktor zuckte immer noch zusammen bei dem Gedanken, daß Cyril vielleicht eine solche Schlüsselposition einnehmen könnte. Sicher war Nikolaus doch kein Hohlkopf!

Viktor konnte nicht umhin, sich vorzustellen, wie er selbst eine solche Gelegenheit nutzen würde. Doch diese Gedanken verscheuchte er sofort wieder, denn sie waren unrealistisch.

Sarah kam zu Viktor und hakte sich bei ihm unter.

„Ich könnte etwas frische Luft gebrauchen, Viktor."

Er lächelte sie erleichtert an, entschuldigte sich bei den Männern und führte sie hinaus auf die Veranda. „Ach, meine liebe Sarah, du bist wirklich meine Lebensretterin."

„Sollen wir ins Hotel zurückkehren?"

„Nein, um Marjas willen müssen wir wenigstens bleiben, bis der Kuchen serviert und ein Toast auf unsere Gastgeberin ausgebracht worden ist. Ich denke, für mein erstes Erscheinen bei einem großen gesellschaftlichen Ereignis seit meiner ... äh, Krankheit halte ich mich recht gut."

„Ganz bestimmt."

„Mir haben solche Feste eigentlich nie Spaß gemacht, auch nicht in meinen besten Jahren."

„Viktor", schalt Sarah ihn sanft, „meiner Meinung nach bist du gerade jetzt in deinen besten Jahren."

„Nur weil ich Unterstützung und Ermutigung einer so bemerkenswerten Frau habe, wie du es bist."

Viktor atmete tief den süßen Duft ein, der aus dem Garten über sie hinwegwehte. Duftete es hier nach Rosen? Viktor erinnerte sich, daß Marja einen wunderschönen Rosengarten besaß, der den ganzen Sommer hindurch blühte. Er fragte sich, ob sie wohl etwas dagegen hätte, wenn er morgen wiederkäme und ihn malte.

Er würde sie fragen, wenn er in den Saal zurückkehrte. Und seltsamerweise begeisterte ihn dieser Gedanke genauso, wenn nicht sogar mehr als der Gedanke daran, seine Stellung am kaiserlichen Hof wieder einzunehmen.

Genf

16

Tolstoi erzählte einmal, wie er auf einer Landstraße ging, als er bemerkte, wie in der Ferne ein Mann mitten auf der Straße hockte und wild mit den Armen fuchtelte. Tolstoi dachte bei sich, daß es bestimmt ein Verrückter sei. Doch als er näher kam, sah er, daß der Mann in Wirklichkeit ein Messer an einem Stein wetzte.

Die Situation Paul Jewnowitsch Burenins zeigte eine gewisse Ähnlichkeit zur Geschichte Tolstois – sogar an diesem warmen Sommertag, an dem Mathilde darauf bestanden hatte, daß sie eine Pause machten und ein Picknick veranstalteten. Er lag auf einer Decke im Gras und beobachtete, wie seine Frau einen Strauß Gänseblümchen pflückte. Doch selbst in seiner Freizeit kamen Pauls Gedanken nicht zur Ruhe, und er dachte über Dinge nach, die vielleicht am besten ignoriert würden.

Kein Wunder, daß ihm Tolstois kleine Anekdote in den Sinn kam. Sie schien nicht nur sein persönliches Leben widerzuspiegeln, sondern auch die ganze revolutionäre Bewegung. Manchmal schien alles durcheinander, unorganisiert und ohne festes Ziel zu sein. Hundert verschiedene Revolutionäre hatten hundert verschiedene Konzepte. Unablässig debattierten und argumentierten sie, stolperten über Trivialitäten. Und Paul hatte nur allzuoft das Gefühl, mittendrin zu stecken, hin- und hergerissen zu sein und verzweifelt mit den Armen zu rudern.

Nur Wladimir Iljitsch Lenin hatte ein klares Ziel vor Augen. Er schärfte sein Messer mit unfehlbarer Präzision. Aus diesem Grund fühlte sich Paul zu Lenin hingezogen und war bei ihm geblieben, wenn auch ihre Meinungen oft sehr weit auseinandergingen. Lenin war zielstrebig, fast schon besessen, und es war unvorstellbar, daß er irgend etwas nicht erreichte, das er sich vorgenommen hatte. Paul erinnerte sich daran, daß Lenins Frau Krupskaja einmal erzählte, Lenin sei als Student so gerne eislaufen gegangen; doch als er merkte, daß es ihn zu sehr ermüdete und er nicht mehr richtig studieren konnte, hätte er es gelassen. Mit Schach sei es dasselbe gewesen – und sogar mit Latein, das Lenin so liebte. Er hätte alles aufgegeben, weil es sich mit seinem so wichtigen Studium nicht vereinbaren ließ.

Paul war Lenin in sein europäisches Exil gefolgt. Er arbeitete mit ihm zusammen für die *Iskra*, die radikale Zeitung, die er herausbrachte und nach Rußland einschmuggelte. Paul und Mathilde hatten einige Monate mit ihm in London verbracht. Wenn er an ihre Versuche dachte, die englische Sprache zu lernen, mußte Paul lachen. Keiner von ihnen hatte jemals irgend jemanden Englisch sprechen hören, obwohl alle außer Mathilde sich selbst das Lesen in Englisch beigebracht hatten. Wie komisch hatte das geklungen, als sie versuchten, die seltsamen Worte auszusprechen! Stunden hatten sie im Hydepark verbracht und den Rednern an der Speakers' Corner zugehört, bis es ihnen schließlich gelungen war, die Sprache einigermaßen gut zu sprechen.

Paul fragte sich, was sein Papa Jewno wohl von der sozialistischen Kirche gehalten hätte, die er in London besucht hatte. Der Prediger sprach davon, daß der Auszug der Juden aus Ägypten symbolisch auf die Befreiung des Proletariats von der Herrschaft des Kapitalismus für das Reich des Sozialismus hinweise. Sie sangen ein Lied, das hieß: „Allmächtiger Gott, mach ein Ende mit allen Königen und Reichen."

In London lernten sie Lew Bronstein kennen, auch bekannt als Trotzki. Der dreiundzwanzigjährige jüdische Revolutionär mit seinen blauen Augen und seinem dichten schwarzen Haar, der direkt aus dem sibirischen Exil kam, machte einen großen Eindruck auf Paul. Er wurde „junger Adler" genannt, und Paul, einer der älteren der Gruppe, fand, daß dieser Name gut zu Trotzki paßte. Sie machten sich sein schriftstellerisches Talent für die *Iskra* zunutze, die die Stimme der Sozialdemokratischen Partei geworden war.

Im vergangenen Frühling waren sie von Genf nach London gereist, um den zweiten Kongreß der Sozialdemokratischen Partei vorzubereiten. Lenin war damit nicht einverstanden, vielleicht auch deshalb, weil er die *Iskra* ohne Einmischung Plekhanows herausgeben wollte, der von vielen als der Führer der Partei angesehen wurde. Im Laufe der Jahre hatte Lenin viele Auseinandersetzungen mit Plekhanow gehabt – Zusammenstöße über so fundamentale Themen wie die Frage, ob eine Reform in

Rußland auch ohne eine Revolution durchgeführt werden könne. Lenins Alles-oder-nichts-Haltung mußte überall auf Widerstand stoßen.

Die Anspannung dieser Auseinandersetzungen hatten ihre Auswirkungen auf Lenin. Er bekam Gürtelrose und mußte die ersten beiden Wochen in Genf im Bett verbringen. Doch mit seiner Gesundung kehrte auch sein Optimismus und seine Begeisterung für den Kongreß zurück, der in Brüssel abgehalten werden sollte.

Der Kongreß im Sommer 1903 ließ sich gut an. Plekhanow wurde als Vorsitzender gewählt, und Lenin als einer der Vizevorsitzenden. Etwa sechzig Teilnehmer kamen, eine ziemlich große Zahl verglichen mit dem ersten Kongreß, an dem nur acht Leute teilgenommen hatten. Doch als einige Delegierte von der Polizei aus Belgien ausgewiesen wurden, befürchtete man, auch andere könnten in Gefahr sein, und man verlegte den Kongreß nach London. Als die Veranstaltungen eine Woche später wiederaufgenommen wurden, herrschten große Spannungen.

Wenn nur Lenin in der Lage gewesen wäre, sich ein wenig anzupassen, Kompromisse zu schließen. Doch das war einfach gegen seine Natur. Martow, Lenins Hauptgegner, wollte eine Partei, die die Massen ansprach, eine, die die Beteiligung des russischen Volkes forderte. Lenin bestand auf einer Partei, die von einem „Zentralkomitee" geführt wurde, einer sehr kleinen, ausgewählten Gruppe von Führern.

Trotzki sagte während einer der Pausen zu Lenin: „Was du vorschlägst, kommt einer Diktatur gleich."

„Das ist der einzige Weg", hatte Lenin erwidert.

Nach vielem Hin und Her gaben einige von der Opposition nach, und Martows Anhänger, die *Menschewiken* oder „Minderheit", fanden keine Unterstützung. Es war Lenin eine große Hilfe, daß Plekhanow trotz ihrer persönlichen Auseinandersetzungen zu ihm stand.

„Ich werde an Napoleon erinnert", sagte Plekhanow, „der darauf bestand, daß seine Marschälle sich von ihren Frauen scheiden ließen. Einige von ihnen kamen seinem Wunsch auch tatsächlich nach, obwohl sie ihre Frauen liebten. Nun, ich habe nicht die Absicht, mich von Lenin scheiden zu lassen, und ich hoffe, er hat auch nicht die Absicht, sich von mir scheiden zu lassen."

Lachend hatte Lenin Plekhanow seiner Treue versichert.

Paul erinnerte sich lebhaft an diese kleine Unterhaltung, weil er selbst sich mit dem Gefühl seiner eigenen Untreue auseinandersetzen mußte. Er hatte zwar für Lenin gestimmt, doch sein Herz war geteilt. Er wußte, daß Lenin plante, in der Regierung des neuen Rußland als Diktator zu herrschen – natürlich war es keine Frage, daß Lenin nach der Revolution der Führer Rußlands sein würde. Doch Paul hatte vielleicht zu viel von Jefferson und Paine gelesen, um sich an den Gedanken einer diktatorisch geführten Regierung gewöhnen zu können. Allerdings mußte er zugeben, daß Rußland mit seinen Millionen von ungebildeten und armen Bauern vielleicht noch nicht zu der Art von Demokratie fähig war, wie sie in Amerika herrschte. Wenigstens noch nicht zu dem Zeitpunkt, wenn die Revolution stattfinden würde. War ein Mann wie Lenin nicht am besten geeignet als Führer? Nur ein Mann mit einer solchen Vision, solchem Elan und solchem Charisma konnte die tiefgreifenden, ja sogar radikalen Veränderungen durchführen, die Rußland brauchte.

Ironischerweise war Lenin selbst Demokrat. Er schrieb einmal: „Wer versucht, den Sozialismus von einem anderen Standpunkt als dem der politischen Demokratie aus anzugehen, wird unweigerlich zu den absurdesten und reaktionärsten Schlußfolgerungen kommen." Bestenfalls sah er eine Diktatur als eine Übergangslösung an, bis das Proletariat ökonomische und gesellschaftliche Eigenständigkeit erreichte. Schlimmstenfalls würde es in Rußland eine Art demokratische Diktatur geben.

Paul war bereit, Zugeständnisse zu machen, um ein bestimmtes Ziel zu erreichen. Doch er gehörte einfach nicht zu den zähen marxistischen Sozialdemokraten, mit denen Lenin sich gewöhnlich umgab.

Paul war in der vergangenen Zeit auch nur selten in Lenins Nähe gewesen. Seit dem Kongreß hatte er seine Aktivitäten in der Organisation eingeschränkt. Seine Gesundheit war angegriffen, doch dies wäre ihm kein Hinderungsgrund gewesen, wenn er in der geistigen Verfassung gewesen wäre, so zu arbeiten, wie es von ihm erwartet wurde.

Wenn nur –

„Paul, in deinen Augen ist wieder dieser abwesende Blick."

Pauls Kopf ruckte hoch. Mathilde hatte ihn aus seinen Gedankengängen gerissen, und er grinste sie verlegen an.

„Ich habe nichts versprochen“, sagte er.

„Ja, aber ich hatte gehofft, dieser kleine Ausflug würde dir helfen, deine Besorgnis und deinen inneren Zwiespalt eine Weile zur Ruhe zu bringen.“

„Glaub mir, es gibt nichts, das ich lieber täte. Meine Gedanken drehen sich sowieso nur immer im Kreis.“

„Komm mit – wir werden diese Gedanken schon vertreiben.“

„Mit einem Spaziergang oder mit einem Gespräch?“

„Wir werden sehen.“

Eine halbe Stunde lang wanderten sie an dem kleinen Fluß entlang. Sein sanftes Rauschen und das Rascheln der Blätter schufen eine idyllische Atmosphäre für einen Nachmittagsspaziergang. Paul wünschte sich nichts sehnlicher, als daß die Natur ihren beruhigenden Zauber auf ihn ausüben könnte. Doch er spürte, daß die Spannungen in ihm ihren Sinn hatten, und das mußte er respektieren.

Eine Entscheidung stand bevor. Jahrelang hatte er sie schon aufgeschoben. Entweder er würde sich voll und ganz auf die Seite Lenins stellen, oder ...

Nun, wenn er wüßte, was er sonst täte, würde ihm die Entscheidung vielleicht sehr viel leichter fallen.

17

Paul hielt eine Tasse heißen Tee in der Hand, während Lenin den Artikel las, den Paul gerade für die *Iskra* geschrieben hatte. Sie saßen in der Küche von Lenins kleiner Wohnung in Genf. Die Küche war der größte Raum in der Wohnung, und dort wurden auch die Gäste empfangen. Gewöhnlich gingen sehr viele Leute dort ein und aus, und Kisten dienten als Stühle. Ein großer Emaillekessel mit kochendem Wasser stand auf dem Herd, bereit für den unaufhörlichen Strom von Besuchern, die häufig unangemeldet erschienen.

Paul war froh gewesen, daß Lenin und seine Frau Krupskaja bei seinem Eintreffen allein waren.

Lenin blickte von dem Artikel auf und zeigte mit dem Stift auf eine bestimmte Stelle. „Diese Äußerung hier klingt sehr versöhnlich."

Paul beugte sich über den niedrigen „Tisch" aus Kisten und las die bezeichnete Stelle. Lenin war an diesem Tag besonders spitzfindig.

„Das ist beabsichtigt", sagte Paul. „Ich bin immer noch der Meinung, daß es im Interesse der Partei liegt, eine gemeinsame Basis zu finden."

„Ich bezweifle, daß das noch möglich ist, nachdem Martow und seine Menschewiken in einen solchen Abgrund gesunken sind. Ich habe es versucht – du kannst alle fragen! Niemand weiß besser als ich, was diese Kluft für uns bedeutet. Viele der Leute, die uns unterstützen, geben uns kein Geld mehr. Andere stellen uns ihre Häuser als Treffpunkt nicht mehr zur Verfügung. Sogar noch nach meinem Sieg auf dem Kongreß ließ ich den Menschewiken einen Platz im Direktorium der *Iskra*. Ich habe angeboten zurückzutreten. Stimmt das nicht, Krupskaja? Macht mir das Ganze nicht sehr zu schaffen? Habe ich nicht alles versucht?"

Lenin sprach noch weitere zehn Minuten über den Bruch und seine Auswirkungen. Er nahm jede Gelegenheit wahr, um über dieses Thema zu sprechen, gewöhnlich sehr leidenschaftlich. Paul fragte sich, ob die Tatsache, daß Martow früher Lenins bester Freund gewesen war, die Angelegenheit so schwierig machte.

Lenin war so besessen von seiner Sache, daß er kaum Notiz nahm von den neuesten Entwicklungen in Rußland. Den Krieg hatte er zwei- oder dreimal nur kurz erwähnt, und das auch nur, um darauf hinzuweisen, daß er der Revolution Vorschub leisten würde, denn er würde den Massen die Unfähigkeit der kaiserlichen Regierung klar vor Augen stellen.

Doch der Bruch in der Partei war etwas anderes. Alle Emigranten – wenigstens die Sozialdemokraten – waren traurig darüber. Er schien alle zu lähmen und hatte sogar Auswirkungen auf die Parteimitglieder in Rußland. Im Vergleich dazu war der Krieg nur ein unbedeutender Punkt am Horizont.

Auf einmal richtete Lenin seine schmalen, stechenden Augen auf Paul. „Gehörst du zu den Versöhnern, Pawlikow? Dann habe ich für dich keine Verwendung. Ich möchte lieber einen kleinen Fisch an meiner Seite haben, der der Sache treu ergeben ist, als einen großen Wal, auf den ich mich nicht verlassen kann."

Paul wußte nicht, was er antworten sollte und ob Lenin überhaupt eine Antwort erwartete. Es klang so, als wüßte Lenin es bereits. Durch das Klopfen an der Tür wurde Paul von einer Reaktion entbunden.

Drei junge Männer kamen herein. In dem einen erkannte Paul Stephan Kaminski aus Katyk, die anderen beiden hießen Chicherin und Lunacharski. Sofort kam eine angeregte Unterhaltung in Gang, und Krupskaja drückte ihnen ein Glas mit heißem Tee in die Hand. Sie suchten sich einen Platz auf einer der Kisten. Die Unterhaltung wendete sich schon bald Parteiangelegenheiten zu. Diese Männer waren Lenin treu ergeben.

Wieder einmal ließ sich Paul von ihrem Eifer anstecken. Sicher, es gab gewisse Differenzen, aber war dies nicht das Wesen der Freiheit, ihres Zieles?

Sie diskutierten mehr als eine Stunde lang. Lenin machte Pläne, eine weitere Zeitung zu beginnen als eine Alternative zur *Iskra*, die pro-menschewikisch geworden war. Sie sollte *Vperyod* genannt werden oder ‚Vorwärts'. Geld mußte beschafft werden, und man plante eine Vortragsreise, um die Sache voranzutreiben.

„Wir müssen ein Sprachrohr für die Partei haben, ein Organ, das unsere Botschaft verbreitet!" rief Lenin.

Paul dachte über den Namen der Zeitung nach – *Vorwärts*! Es ging darum, voranzugehen. Das war es, was Lenin tat. Und was Paul tun wollte. Seit fast dreißig Jahren arbeitete er auf dieses Ziel hin. Er hatte viel geopfert und gelitten, um seinen Traum von Freiheit für Rußland eines Tages erfüllt zu sehen. Tatsächlich hatte er oft das Gefühl gehabt, einen Schritt vorwärts und zwei Schritte zurück zu machen, doch der Weg, den er sich gewählt hatte, war noch niemals leicht gewesen. Wieso erwartete er, daß es jetzt anders war?

Er und seine kleine Gruppe von Revolutionären versuchten, eine ganze Nation radikal zu verändern, die größte Nation der Welt. Mehr noch, sie versuchten ein System zu stürzen, das seit fast dreihundert Jahren an der Macht war! Es war eine Selbsttäuschung zu denken, dies könnte vonstatten gehen, ohne einige Ideale zu opfern. Sogar Lenin ging gelegentlich Kompromisse ein, vor allem, wenn er wußte, daß es der Erreichung größerer Ziele diente. Allein die Tatsache, daß er diese ganzen Jahre mit Paul zusammengearbeitet hatte, war ein Kompromiß. Immerhin hatte Paul den Marxismus kritisiert und seinen Zweifeln an einer

„Volksdiktatur“ Ausdruck verliehen. Doch Lenin wußte, daß Paul der Sache treu ergeben war, was immer er auch über „Fische“ und „Wale“ gesagt hatte. Und solche Männer waren schwer zu finden, zumal Paul ein talentierter Schriftsteller war.

Als die lebhafte Unterhaltung ein wenig verebbte, erhob sich Paul, um sich zu verabschieden. Mathilde hatte ihn schon vor einer Stunde zurückerwartet.

Lenin streckte Paul den Artikel entgegen. „Bist du bereit, das zu überarbeiten, Paul?“

„Ja, Iljitsch, das bin ich.“

„Ich würde das gern in der ersten Ausgabe der *Vperyod* bringen.“

„Ich werde mitmachen.“

„Keine Versöhnung?“

„Du weißt, Iljitsch, daß ich von ganzem Herzen der Revolution ergeben bin. Wenn dir das nicht genug ist, dann erwartest du das Unmögliche.“

Lenin lachte leise. „Ich wußte schon immer, daß du ein guter Mann bist, mein Freund. Ich werde versuchen, von dir nicht das Unmögliche zu erwarten.“

„Dann auf Wiedersehen“, sagte Paul und nahm seinen Hut und Mantel.

„Grüße an Mathilde“, rief Lenin noch, als Paul ging.

Paul fühlte sich gut, als er sich auf den Weg nach Hause machte. Er hatte diesen Artikel fertiggestellt und ihn an diesem Tag zu Lenin gebracht mit dem Ziel, zu einem Entschluß zu kommen. Er hatte befürchtet, dies würde zu einem Bruch mit Lenin führen. Doch nun konnte er weitermachen, die Arbeit tun, die er tun wollte – tun mußte – und brauchte sich über kleinere Widersprüche keine Gedanken mehr zu machen. Das konnte Martow und den anderen überlassen bleiben. Paul hatte Wichtigeres zu tun.

Als er heimkam, nahm er seine Frau stürmisch in die Arme. Nachdem sie wieder zu Atem gekommen war, blickte sie ihn prüfend an.

„Iljitsch und Krupskaja lassen dich grüßen“, sagte Paul beiläufig.

„Ist das alles? Ich dachte, die Revolution habe vielleicht schon stattgefunden.“

Paul lachte. „Nein, ohne mich wird das nie geschehen!“

„Du bist der einzige, der je einen Zweifel daran gehabt hat, mein Lieber."

„Hast du etwas dagegen, wenn ich dich für eine Weile allein lasse? Ich habe Arbeit zu erledigen – eine Menge Arbeit."

*

Mathilde beobachtete ihren Mann, der an seinem Schreibtisch saß. Wie froh war sie, daß die Leute, die diese Wohnung vorher bewohnten, den Tisch zurückgelassen hatten! Andere Möbelstücke besaßen sie nur wenige, und der Schreibtisch verlieh dem Raum, der gleichzeitig Wohn- und Arbeitszimmer war, eine gewisse Wärme. Paul schob die Bücher beiseite, mit denen er sich gerade beschäftigt hatte. Er nahm einige Blätter und seinen Stift und begann mit einer unglaublichen Geschwindigkeit zu schreiben.

Mathilde lächelte. Sie freute sich über das Funkeln in seinen Augen. Konnte es sein, daß ihr Mann endlich seine Bestimmung gefunden hatte?

Der Reporter und der Kriegsheld

18

Mukden, eine Stadt, in der sich eine Million Einwohner auf einer Fläche von sechs Quadratkilometern drängten, war etwas zu weit vom Schauplatz des Geschehens entfernt, um für Daniel von Interesse zu sein. Diese düstere Stadt hatte nur eine Sehenswürdigkeit – den Friedhof mit den kaiserlichen Gräbern der Manchu-Dynastie, und darüber gab es nicht viel zu schreiben. Alle Korrespondenten waren nach Mukden evakuiert worden, und hier mußte er nun auf eine neue Aufgabe waren.

Daniel und einige andere Berichterstatter waren in einem buddhistischen Tempel untergebracht worden. Wenn er an einige zweitklassige Hotels dachte, in denen er während seines Aufenthalts in der Mandschurei schon übernachtet hatte, so hätte er den Frieden und die Sauberkeit dieses Tempels eigentlich zu schätzen wissen müssen. Doch es gab immer weniger zu berichten, und er wartete ungeduldig auf eine richtig aufregende Story. Tagsüber streifte er durch die Stadt, unterhielt sich mit den Offizieren, vor allem mit denen, die neu gekommen waren, und versuchte ihnen einige Neuigkeiten von der Front zu entlocken. Die Korrespondenten begannen, sich wie die Aasgeier zu benehmen.

Eines Tages Anfang August zog Daniel wieder einmal durch die Stadt. Ein Regenguß am Morgen hatte ihn gezwungen, im Tempel zu bleiben, doch sobald der Regen aufgehört hatte, war er losgezogen und hatte mit einigen russischen Soldaten auf der Straße gesprochen. Dann betrat er den „Grünen Drachen" in der Nähe des Osttores, wo sich die Reporter häufig trafen, um miteinander zu plaudern, und wo sie die letzten Kriegsneuigkeiten zu hören hofften.

Daniel gesellte sich zu einigen anderen Reportern. Er kannte sie alle, und sie begrüßten ihn herzlich. Er bestellte ein Bier und ließ sich auf einen leeren Stuhl sinken.

„Dieser Regen hat an der Hitze nichts geändert", sagte Daniel und wischte sich den Schweiß von der Stirn.

„Wenigstens ist der Staub ein wenig feucht geworden", meinte William Greener, ein britischer Korrespondent für die *Times*.

„Warte nur, in einer Stunde ist alles wieder trocken", beschwerte sich Dick Little vom *Chicago Tribune*.

Die Männer plauderten weiter, und Daniels Bier wurde gebracht. Es standen keine größeren Schlachten an, nur einige kleinere Scharmützel. Der japanische Vormarsch war bei Telissu aufgrund der mangelhaften Versorgungslage zum Stillstand gekommen. Die größte Neuigkeit war vor einigen Tagen hereingekommen, als die Japaner den wichtigen Motienling-Paß erobert hatten. Bisher hatten sich die Berge als eine gute Barriere gegen die japanische Invasion der Liaodong-Halbinsel erwiesen. Die Russen hatten alle Pässe gehalten, doch die japanische Armee war sehr stark. Und Kuropatkin, der russische Befehlshaber, hatte seine Armee beträchtlich geschwächt, indem er ein Fünftel seiner Truppen zur Verteidigung Port Arthurs abkommandierte, was ihm einige Kritik einbrachte.

Daniel hatte das alles schon gehört, und seine Gedanken wendeten sich angenehmeren Themen zu. *Mariana Remisow.* Er konnte immer noch kaum glauben, daß er ihr hier über den Weg gelaufen war. Wie oft hatte er sich im Laufe der Jahre vorgestellt, sie wiederzusehen!? Er gab es nur ungern zu, doch im Grunde seines Herzens war er ein Romantiker. Und sie hatte etwas getan, das noch keiner Frau vor ihr gelungen war; sie hatte sein Herz angerührt.

Alle anderen Mädchen, die er seit Mariana kennengelernt hatte, waren oberflächliche Beziehungen gewesen – Mädchen, mit denen er ausgegangen war, die er zu Festen mitgenommen und geküßt hatte, wenn er mit ihnen allein war, und die er umworben hatte. All das hatte er natürlich auch mit Mariana versucht, doch bei ihr war es anders gewesen. Mariana hatte sich mit ihm *unterhalten* – richtig unterhalten, nicht nur das banale Geplauder, das er bei anderen erlebt hatte. Sie hatte ihm ihr Herz ausgeschüttet, und irgendwie hatte er nie verstehen können, wie sie ihn dazu gebracht hatte, dasselbe zu tun. Er war kein Mann, der sein Herz auf der Zunge trug, doch Mariana hatte er mehr über sich erzählt als irgendeinem anderen Menschen. Verschiedentlich hatte er versucht sie zu küssen, doch sie war mit diesem Kaminski verlobt gewesen und hatte ihn immer zurückgewiesen. Die Freundschaft, die zwischen ihnen entstanden war, war viel besser als eine Romanze. Noch nie hatte er einen wirklichen Freund gehabt.

Zu spät hatte er erkannt, daß eine Freundschaft auch zerstört werden konnte. Erst nach seiner Ankunft in Amerika begann er zu begreifen, was ihm diese Beziehung zu Mariana bedeutet hatte. Der Tod seines Vaters machte ihm nur allzu deutlich, daß es auch verpaßte Gelegenheiten gab. Er hätte seinem Vater gern noch so vieles gesagt, doch das würde immer ungesagt bleiben.

Wenigstens mit Mariana konnte alles wieder in Ordnung kommen. Die unbeantworteten Briefe hatten diese Hoffnung damals zunichte gemacht. Ihre Zurückweisung war ein harter Schlag für ihn gewesen.

Und nun war sie auf einmal wieder da.

Sie hier draußen zu finden war wie ein Wunder für ihn. Warum Gott ein solches Wunder für einen Menschen wie ihn vollbrachte, konnte er nicht sagen. Es brachte ihn zum Nachdenken. Sicherlich war er kein Heide, wenn er sich auch für geistliche Dinge in den vergangenen Jahren wenig Zeit genommen hatte. Nach seiner Begegnung mit Mariana hatte er sogar ein kurzes Dankgebet gesprochen. Er war vielleicht kein Fanatiker, doch er wußte, wo Anerkennung angebracht war.

Und an jenem Abend, als er von Mariana fortgegangen war, hatte Daniel versprochen – sich selbst oder Gott, das wußte er nicht so genau –, daß er diese Beziehung diesmal besser behüten würde. Ob aus ihrer Freundschaft Liebe werden würde, mußte sich zeigen; er war jedenfalls fest entschlossen, nicht wieder alles zu verderben.

Natürlich durfte nichts überstürzt werden. Sie mußte lernen, ihm wieder zu vertrauen. Daniel hatte seine Lektion gelernt, und er wollte mit Mariana keine Fehler mehr machen.

Was sie brauchten, waren mehr Tage wie jene, die sie zusammen im Feldlazarett verbracht hatten. Mariana hatte sehr viel gearbeitet, trotzdem hatten sie auch Zeit zusammen verbringen können. Vielleicht nicht so wie in St. Petersburg – in einem Kriegsgebiet konnte man schlecht ein Picknick veranstalten. Aber sie hatten das Beste daraus gemacht. Er lächelte, wenn er an einen bestimmten Abend dachte. Mariana war spät vom Dienst gekommen, so gegen zehn. Daniel hatte sie in der Messe getroffen. Sie hatte so wunderschön ausgesehen – ihre Uniform war fleckig und zerknittert, ihr Haar unordentlich zurückgesteckt, und feuchte Strähnen fielen ihr ins Gesicht. Doch in Daniels Augen war sie eine Schönheit. Dies war kein verwöhntes Mädchen der Gesellschaft. Sie nahm aktiv am Leben teil, und für Daniel war das ungeheuer attraktiv.

Im Speisezelt hatte es nur noch kalten Fleischkuchen, Brot und heißen Tee gegeben. Doch wenigstens waren sie fast allein gewesen. Nur noch drei andere waren so hungrig, daß sie zu dieser Stunde etwas aßen.

Mariana legte sich ein fettiges Fleischstück auf den Teller und rümpfte die Nase. „Vielleicht kann ich mir, wenn ich die Augen schließe, vorstellen, daß wir unter einem Baum in einem Garten sitzen und das köstliche Essen meines Vaters genießen."

„In Ordnung, meine Dame", sagte Daniel, „schließen Sie Ihre Augen und sehen Sie, was passiert."

Während Marianas Augen geschlossen waren, machte sich Daniel schnell an die Arbeit. Er nahm sich eine Küchenschürze, die an einem Haken hing, breitete sie auf dem Tisch aus, nahm das größte Glas, das er finden konnte, stellte einige Holzlöffel und einen Spachtel hinein und stellte es in die Mitte der Schürze.

„Bitte sehr, Madame! Kommen Sie mit mir zum Ufer der Newa!" Mariana öffnete die Augen und kicherte. „Sehen Sie sich die lieblichen Blumen an", er deutete auf das Glas, „und hören Sie auf das Plätschern des Wassers!"

„Das ist einfach wundervoll, Daniel! Genau was ich brauchte." Mariana stellte ihren Teller ab und setzte sich auf die Bank. Daniel holte ihnen beiden ein Glas Tee.

Die Unterhaltung wurde etwas ernster, als Mariana von ihrer Arbeit, ihren Patienten und den Dingen erzählte, die sie noch zu lernen hatte. Daniel hörte zu.

„Manchmal ist es sehr hart", sagte sie. „Es gibt Augenblicke, wo ich mich frage, ob ich es überhaupt schaffen kann."

„Wenn jemand das kann, dann bist du es, Mariana."

„Ich muß mich immer wieder daran erinnern, wie sicher ich gewesen bin, daß es Gottes Weg für mich ist."

Sie sprach so ungezwungen von Gott wie von ihren Eltern. Fast hätte er sie danach gefragt, doch dann hielt er sich zurück, weil er daran dachte, wohin eine solche Frage führen könnte. Er war noch nicht bereit, über seine Unzulänglichkeiten in diesem Bereich zu sprechen. Und doch war er frustriert, daß er geschwiegen hatte.

Damals in den Staaten, als er Gott ernstlich gesucht hatte, hatte er so viele Fragen gehabt, die er Mariana gern gestellt hätte. Nun war sie da, und er hatte Angst. Würde es immer so sein, daß er ihr Dinge verheimlichte? Er wollte es nicht, aber es gab so vieles, weswegen er sich schämte. Und doch fragte er sich, wie es möglich sein sollte, eine tiefere Beziehung aufzubauen, wenn er so vieles zurückhielt. Vielleicht war es das gewesen, nicht seine Abenteuerlust, was ihn von einer Heirat abgehalten hatte.

Darum war Daniel vielleicht sogar ein wenig erleichtert gewesen, als er nach Mukden abberufen wurde. Aber er verachtete sich auch gleichzeitig für seine Gefühle.

*

Als Daniel sein Bier getrunken hatte, verabschiedete er sich von seinen Freunden und verließ das Gasthaus. Dort gab es sowieso keine Neuigkeiten. Er ging zur Kommandantur, um zu sehen, ob sein Antrag, sich einer Militäreinheit anschließen zu dürfen, auch wirklich eingegangen war und bearbeitet wurde. Wie gewöhnlich brauchte alles in Rußland seine Zeit. Er hätte bei Mariana im Feldlazarett bleiben sollen. Die Gespräche mit einigen Verwundeten dort hatten ihn zu einem ausgezeichneten Artikel über das medizinische Personal inspiriert mit dem Titel „Helden in Weiß“. Doch nachdem er dieses Thema ausgeschöpft hatte, hatte er den Eindruck, daß er eine Veränderung brauchte. Das war ein guter Grund – und es hielt ihn davon ab, sich mit sich selbst zu beschäftigen.

Und dann waren die Korrespondenten nach Mukden abberufen worden. Vor seiner Abreise konnte er noch kurz mit Mariana sprechen, und seither hatte er sie nicht mehr gesehen.

Daniel kehrte zum Tempel zurück. Die heiße mandschurische Sonne versank langsam am Horizont. Er hoffte, daß er noch rechtzeitig zum Abendessen kam – die Priester waren sehr diszipliniert, und alles lief nach einem genauen Zeitplan ab.

Der Tempelhof war ein sehr angenehmer Ort mit hohen, schattenspendenden Bäumen und vielen Büschen. Langsamen und gemessenen Schrittes gingen die Priester in ihren langen rot-gelben Gewändern umher, als wäre Eile eine unverzeihliche Sünde. Sie nickten Daniel zu, als er an ihnen vorüberging. Sie sprachen mongolisch, und Daniel konnte sich ihnen nicht einmal mit dem bißchen Chinesisch, das er sprach, verständlich machen. Seltsamerweise waren sie in diesem Land genauso fremd wie er.

Er betrat die geräumige, jedoch spärlich ausgestattete Halle und ging direkt zum Speisesaal. Essensdüfte durchzogen den Raum. Einfache, vegetarische Kost wurde im Tempel serviert – zusammen mit Reis, Obst, Käse und dem besten Brot, das Daniel je gegessen hatte.

Einige andere Priester waren ebenfalls auf dem Weg zum Speisesaal. Er verlangsamte seinen Schritt, allerdings fiel es ihm schwer, so langsam zu gehen wie sie.

„Ehrenwerter Herr Trent", rief eine Stimme hinter ihm.

Daniel blieb stehen und drehte sich um. Es war der Dalai Lama Hui K'o, das Oberhaupt des Klosters. Er war sehr alt, sein kahler Kopf und seine Arme waren übersät von Narben, die von einigen besonderen Riten stammten. Er war der einzige in diesem Kloster, der Englisch sprach, und er war sehr froh darüber, die Korrespondenten bei sich aufzunehmen und dabei seine Sprachkenntnisse ein wenig verbessern zu können.

„Guten Abend, Vater", sagte Daniel respektvoll. Dieser Mann gehörte vielleicht einer fremdartigen Glaubensgemeinschaft an, doch allein schon sein Alter, ganz zu schweigen von der Freundlichkeit, mit der er sie aufgenommen hatte, forderte Respekt.

„Sie werden heute abend mit uns speisen?"

„Wenn ich nicht zu spät bin."

„Selbst am bescheidensten Tisch ist immer Platz für einen Gast." Der Dalai Lama lächelte wohlwollend und ging neben Daniel zum Speisesaal. „Ich hatte gehofft, Sie heute zu treffen, und als ich Sie eintreten sah, kam ich so schnell ich konnte."

„Es ist doch hoffentlich alles in Ordnung?"

„Ich denke schon; aber jede Nachricht, die wir erhalten, wird mit größter Umsicht behandelt."

„Eine Nachricht?"

„Ja, ich habe sie hier. Sie ist vor einigen Stunden angekommen. Ich habe einen Jungen in die Stadt geschickt, der Sie suchen sollte, doch er hatte kein Glück." Der Dalai Lama griff in die Tasche seines Gewandes und zog einen Umschlag heraus.

Daniel erkannte die Handschrift nicht sofort, aber er wußte, daß der Brief nicht von seinem Büro war. Ganz offensichtlich war es die Handschrift einer Frau. Ahnungsvoll riß er den Umschlag auf. Der Brief war nur kurz.

„Ich hoffe, es sind keine schlechten Nachrichten?" fragte der Dalai Lama.

„Ich weiß es nicht", antwortete Daniel. „Eine Freundin, die im Feldlazarett des Roten Kreuzes in der Nähe von Liaoyuan gearbeitet hat, ist nach Port Arthur versetzt worden. Ich hatte gehofft, sie während meines Aufenthaltes hier noch häufiger zu sehen. Doch jetzt ..." Er ließ den Satz unvollendet. Er wußte wirklich nicht, was Marianas Verlegung für ihre Beziehung bedeuten würde.

„Port Arthur ist kein guter Platz für ein Wiedersehen mit alten Freunden", meinte der Priester. „Die meisten Zivilisten sind aus der Stadt evakuiert worden, da die Gefahr einer Belagerung immer größer wird; nur wenige reisen dorthin, es sei denn, die Pflicht ruft sie."

„Ich weiß. Und ihre Nachricht ist schon mehr als eine Woche alt. Mit jedem Tag wird der japanische Ring um die Stadt enger."

Sie kamen zum Speisesaal und gingen hinein. Ein halbes Dutzend langer Tische und Holzbänke waren darin aufgestellt. Sie füllten sich allmählich mit Priestern, doch im Saal selbst war es so still wie bei einem Gottesdienst. Daniels erste Mahlzeit mit den Priestern war ein ziemlicher Schock für ihn gewesen, nachdem er es gewohnt war, zusammen mit den Soldaten zu essen. Hier herrschten Ruhe und Ordnung.

Ein Tisch ganz vorne im Raum war für die Korrespondenten reserviert. Eine Handvoll Männer saß dort, und obwohl sie sich unterhielten, waren sie doch sehr viel leiser, als sie zum Beispiel im „Grünen Drachen" gewesen wären. Daniel setzte sich zu seinen Kollegen, doch während der Mahlzeit war er abwesend und still. Er konnte nicht einmal das Brot genießen. Seine Gedanken drehten sich um Marianas Brief und die Tatsache, daß sie wieder einmal von ihm fortging.

Natürlich war Daniel klar, daß ihre Pflichten den größten Teil ihrer Zeit in Anspruch nahmen, doch er hatte gehofft, daß sie Zeit finden würden, um zusammenzusein. Er erwartete, bald aus Mukden herauszukommen – mit oder ohne Erlaubnis des Kommandanten. Er war kein Gefangener hier, doch im Augenblick lag es nicht in seinem Interesse, die Behörden zu verärgern. Schon einige Male hatte er in bezug auf die Zensur ihren Zorn auf sich gezogen, und er hoffte, die Erlaubnis zu erhalten, sich General Kuropatkins Armee anschließen zu dürfen.

Marianas Brief änderte alles. Abgesehen von der Gefahr, in der sie durch ihre neue Aufgabe schwebte, würde sie durch ihren Aufenthalt in Port Arthur – vor allem, wenn die Stadt belagert würde – für ihn unerreichbar sein. Er fragte sich, ob er sich einige Kontakte zunutze machen konnte, die er zu einem der obersten Befehlshaber hatte, um zu erreichen, daß sie aus Port Arthur abgezogen würde. Dann fiel ihm ein, daß dieser Hauptmann kürzlich bei Nanshan getötet worden war.

„Ich sage dir, alter Junge, du bist heute nicht ganz bei dir." Die Stimme drang von weit her in Daniels Bewußtsein. Er blickte auf und sah Bill Carmichael an, einen britischen Korrespondenten von der *Manchester Gazette*, der ihm gegenübersaß.

Daniel blickte sich um und bemerkte, daß der Speisesaal halb leer war. Die Mahlzeit war vorüber, und er hatte sein Essen kaum angerührt.

„Schlechte Nachrichten von zu Hause?" fragte Carmichael weiter.

„Eigentlich nicht." Daniel kannte Bill Carmichael besser als die meisten anderen Reporter, und er hatte Mariana ihm gegenüber erwähnt. „Es ist das russische Mädchen, von dem ich erzählt habe."

„Die Krankenschwester?"

„Ja. Sieht so aus, als wäre sie auf dem Weg nach Port Arthur. Ich weiß nicht, ob ich sie so bald wiedersehen werde."

„Das ist übel. Warum gehst du nicht auch dorthin?"

„Einfach so, ja?"

„Seit wann nimmst du den leichten Weg, Daniel? Aber ich würde so etwas doch nicht nur um der Liebe willen vorschlagen. Wenn du in die Stadt kommen könntest – was für Berichte könntest du dann über die Belagerung schreiben!"

„Falls ich sie herausschmuggeln könnte."

„Wo ein Wille ist, ist auch ein Weg, alter Junge."

„Bill, deine Sentimentalität rührt mein Herz an. Sind Sensationen alles, woran du denken kannst?"

„Was sonst?" Carmichael grinste ihn an. „Oder hattest du sowieso vor, deinem russischen Mädchen nachzureisen?"

„So weit war ich mit meinen Überlegungen noch gar nicht gekommen." Daniel hatte auf einmal den Eindruck, sich verteidigen zu müssen. Warum hatte Carmichael den Aspekt der Berichterstattung in Port Arthur überhaupt erwähnt? Er brauchte seine Motive nicht zu verschleiern. Mariana würde ihn sowieso durchschauen. Wahrscheinlich wäre er ihr wirklich hinterhergereist. Und wenn er schon mal da war, konnte sie nichts dagegen haben, wenn er die Gelegenheit nutzte, seine Arbeit zu tun.

Schmidt, der andere Reporter am Tisch, schüttelte den Kopf. „Ihr seid verrückt, eine solche Möglichkeit auch nur in Betracht zu ziehen", meinte er. „Etzel wurde vor einigen Monaten bei dem Versuch getötet."

„Wir kennen das traurige Ende von Etzel", sagte Carmichael. „Doch wenn man ein guter Reporter sein will, muß man eben Risiken eingehen."

„Aber um der Liebe willen?" fragte Daniel. Mit dieser Frage rechtfertigte er seine Motive. „Das ist etwas ganz anderes."

„Ich wußte gar nicht, daß du ein solcher Romantiker bist", erwiderte Schmidt.

Daniel zuckte die Achseln und erhob sich. „Ich bin eben immer für eine Überraschung gut."

19

Ganz offensichtlich hatte die russische Regierung einige Überraschungen für Daniel parat, denn er erhielt die Erlaubnis, nach Yingkou an der Nordwestküste der Liaodong-Halbinsel zu reisen. In der Anfangsphase des Krieges war das Hauptquartier der Kriegsberichterstatter in Yingkou gewesen, darum kannte Daniel viele der Leute dort, und er hatte auch einige Kontakte. Dies war der beste – und vielleicht der einzige – Ort, von dem aus er nach Port Arthur gelangen konnte.

Im März, als Daniel das letzte Mal hier gewesen war, war die Stadt wegen des Krieges in Alarmbereitschaft gewesen. Doch nun, da die Japaner immer näher rückten, war noch mehr Grund zur Angst vorhanden. Die Stadt stand natürlich unter Kriegsrecht, und der Hafen wurde streng bewacht. Ein russischer Zerstörer kreuzte ständig zwischen Port Arthur und Yingkou. Jeglicher Zivilverkehr war streng verboten.

Von Anfang an wußte Daniel, daß es unmöglich sein würde, legal eine Überfahrt zu bekommen. Die Einwohner, überwiegend Fischer, fuhren auf eigene Gefahr hinaus. Sowohl die Russen als auch die Japaner würden sofort schießen und sich nicht die Mühe machen, Fragen zu stellen.

Daniel kam am Abend kurz vor der Sperrstunde in der Stadt an. Er meldete sich bei den russischen Administratoren, wie es von ihm verlangt wurde, dann suchte er das „Lotus Inn" auf, wo die Berichterstatter während ihres vorigen Aufenthaltes gewohnt hatten. Die Stadt war sehr still, und er erfuhr, daß die Zivilbevölkerung nach Mukden evakuiert worden war – zumindest die, die es sich leisten konnten. Viele der ärmeren Einwohner und jene, die sich weigerten, ihre Häuser und Geschäfte zu verlassen, waren geblieben.

Der Barkeeper im „Lotus", ein Russe aus Sibirien mit Namen Abegjan, gehörte zu den Eigensinnigen, die sich von den Soldaten einen Profit versprachen. Seine sibirische Herkunft gab ihm ein asiatisches Aussehen, darum konnte er sich unter den chinesischen Einheimischen bewegen, ohne aufzufallen – sogar unter den Japanern, wenn er das wollte. So war er zu einer wertvollen Informationsquelle für die Reporter geworden.

„Ich bin überrascht, Sie noch hier zu finden", sagte Daniel, als Abegjan ihm ein Glas Bier vorsetzte.

„Solange es russische Soldaten mit Durst und Geld in der Tasche in Yingkou gibt", erwiderte er, „wäre ich dumm, wenn ich die Stadt verlassen würde. Im Augenblick ist es ruhig, doch bald wird sich das Lokal mit Soldaten füllen, und meine Kasse wird singen wie ein fröhlicher Vogel." Er beugte sich über den Tresen. „Ich glaube, ich könnte sogar hierbleiben, wenn die Japaner übernehmen. Yen sind genauso gut wie Rubel, nicht wahr?"

„Ich wüßte nicht, warum Sie nicht als Einheimischer durchgehen sollten. Sie haben es doch schon einmal geschafft."

Abegjan lachte. „Und was führt Sie in diese gottverlassene Stadt?"

„Ich suche nach einer Möglichkeit, nach Port Arthur zu kommen", erwiderte Daniel beiläufig.

„Ich dachte, Ihr Leben wäre Ihnen lieb und teuer."

„Das ist es auch. Darum komme ich zu Ihnen. Ich zweifle nicht daran, daß Sie einen Seemann kennen, der für so ein Unternehmen geeignet ist."

„Natürlich kenne ich viele – aber Sie werden sich mit jedem alten Fischer begnügen müssen, der bereit ist, ein solches Risiko einzugehen."

„Es soll sein Schaden nicht sein."

„Das ist selbstverständlich."

Abegjan kritzelte etwas auf ein Stück Papier und schob es Daniel zu. „Ich verlange nur zehn Prozent seines Preises", sagte Abegjan. „Er wird vermutlich einhundert Rubel verlangen."

Daniel nahm den Zettel und gab Abegjan zehn Rubel. Dieser nahm das Geld mit hochgezogenen Augenbrauen, offensichtlich erstaunt, daß Daniel den Preis akzeptiert hatte, ohne zu handeln.

„Sie müssen es sehr eilig haben, nach Port Arthur zu kommen", sagte der Barkeeper.

„Sehr."

„Ich hoffe, Sie schaffen es."

*

Der Bootsmann, Yin Chu, wollte eine Stunde nach dem Höchststand der Flut auslaufen, um sich die zurückfließenden Strömungen zunutze zu machen. Daniel hätte lieber noch gewartet, bis der Mond untergegangen war, doch dann wäre es vom Wasserstand her unmöglich gewesen, auszulaufen. Nervös blickte er über seine Schulter, als Yin Chu das kleine Boot aus der mondbeschienenen Bucht manövrierte.

Sie ruderten etwa einen Kilometer weit, bevor sie das Segel hißten, und blieben ständig im Schatten der Küstenfelsen. Der leichte Wind trieb sie mit etwa drei Knoten Geschwindigkeit voran. Auf jeden Fall würden sie drei Tage oder mehr brauchen, um den Hafen an der Südspitze der Liaodong-Halbinsel zu erreichen. Yin Chu behauptete, er sei sein ganzes Leben lang diese Küste hinauf und hinunter gefahren und würde einige kleine Buchten kennen, wo sie sich verstecken könnten. Da Vollmond war, konnten sie nachts segeln und hatten somit eine bessere Chance, von den Patrouillenbooten nicht entdeckt zu werden.

Doch in jedem Fall war es eine gefährliche Reise. Auf den britischen Korrespondenten Etzel war geschossen worden, bevor er die chinesischen Gewässer noch verlassen hatte. Die Japaner standen in dem Ruf, weit treffsicherer zu sein als die Chinesen oder Russen, darum paßte Daniel besonders gut auf, als sie in von Japanern kontrollierte Gewässer kamen. Ihr Leben zu verlieren war bestimmt das Schlimmste, was ihnen passieren konnte, doch fast genauso schlimm wäre es, als Spione verhaftet zu werden.

Zweimal entdeckten sie Patrouillenboote, sie wurden jedoch im Schutz der Dunkelheit nicht gesehen. Am dritten Tag hatten sie weniger Glück. Es hatte die ganze Nacht geregnet, und es wehte ein stürmischer Wind. Sie waren gezwungen gewesen, in einer felsigen Bucht Schutz zu suchen. Als der Regen kurz vor Anbruch der Dämmerung aufhörte, war Daniels Geduld am Ende. Er meinte, der wolkenverhangene Himmel würde genügend Schutz bieten und überredete Yin Chu weiterzusegeln. Weitere fünfundzwanzig Dollar zusätzlich zu dem sowieso schon sehr hohen Fahrpreis ermutigten den Chinesen, wider besseres Wissen nachzugeben.

Nachdem sie nach dem Regen endlich trocken geworden waren, ließen sie sich ins hüfthohe Wasser gleiten und zogen das Boot hinaus aufs offene Meer. Beim Anblick der Felsen im Wasser konnten sie kaum glauben, daß sie in der Nacht zuvor sicher den Weg hindurch gefunden hatten. Als sie ins Boot kletterten, naß und elend, war ihre Stimmung sehr gedrückt. Wegen des Regens hatten sie nur wenig geschlafen, und der Wind machte ihnen zu schaffen. Yin Chu sagte, es gebe eine kleine Bucht etwas weiter unten; sie sollten dorthin fahren und sich ein wenig ausruhen. Daniel stimmte zu.

Zwei Stunden später hatten sie die Bucht immer noch nicht erreicht. Wieder hatte es geregnet, ein Wolkenbruch, doch das war längst nicht so beunruhigend wie das, was Daniel sah, als der Regen nachließ: auf den Klippen an der Küste waren überall Kanonen aufgestellt. Es schien nur eine Frage der Zeit zu sein, bis die Japaner das kleine Boot im Wasser entdeckten.

„Hätten wir die Bucht nicht bereits erreichen müssen, Yin Chu?" fragte Daniel, während er aufmerksam die Berge beobachtete.

„Eigentlich schon", antwortete der Chinese.

„*Eigentlich*?"

„Ja, ich war sicher, daß ich sie auf meiner Fahrt nach Port Arthur gesehen habe."

Daniels Hand ballte sich zur Faust. „Bitte sag mir, daß du *Fahrten* nach Port Arthur meinst."

Yin Chu mied Daniels Blick, als er antwortete. „Nur einmal bin ich weiter als einhundertundfünfzig Kilometer von Yingkou fort gewesen."

„Du meinst, während der letzten vierundzwanzig Stunden bist du auf Verdacht gesegelt?"

„Ich habe ein gutes Erinnerungsvermögen, und ich höre auch vieles von anderen", verteidigte sich Yin Chu.

„Du hast gesagt, daß du diese Küste wie deine Westentasche kennst", schimpfte Daniel.

Yin Chu grinste verlegen. „Ich habe keine Westentasche, ehrenwerter Herr."

„Du Nichtsnutz –" Daniel wollte sich auf den Skipper stürzen, doch das Boot wackelte gefährlich. Daniel ließ sich wieder auf seinen Sitz gleiten.

In diesem Augenblick gingen die Schüsse los.

Yin Chu schrie auf und fiel zu Boden. Die Ruderpinne schlug nach backbord, so daß der Wind am Segel riß. Beide Männer wären davon beinahe über Bord geschleudert worden. Die plötzliche Bewegung des Baums und der starke Wind ließen das Boot gefährlich ins Schwanken geraten.

„Wir werden kentern", schrie Daniel. Das Dollbord des Bootes lag schon fast im Wasser.

Yin Chu, der nur in seinem Stolz verletzt war, packte die Ruderpinne und befahl Daniel, sich vorne ins Boot zu stellen. Schon nach kurzer Zeit waren sie außer Gefahr, wenigstens standen sie nicht mehr in der Gefahr zu kentern. Nach wie vor wurde jedoch auf sie geschossen.

Die Kugeln peitschten das Wasser um sie herum auf. Yin Chu jedoch gelang es, das Boot aus der Schußlinie zu steuern. Der Wind stand günstig für sie, und zum ersten Mal waren sie dankbar für die starke Brise.

„Wir haben es geschafft!" lachte Daniel. „Ich dachte schon, es wäre vorbei mit uns –"

Er brach ab, als Yin Chu aufgeregt auf den Horizont deutete.

„Oh nein!" stöhnte Daniel.

Ein Kanonenboot kam hinter ihnen her, und nach der Fahne zu urteilen, die es gesetzt hatte, war dies keine Routinefahrt.

Yin Chu zog das Großsegel ein, damit sie etwas mehr Fahrt machten. Sie fuhren bestimmt sechs Knoten schnell, doch dem Kanonenboot konnten sie mit dieser Geschwindigkeit nicht entkommen. Ein ohrenbetäubendes Krachen ließ beide Männer zusammenfahren. Zuerst dachten sie, das Kanonenboot hätte das Feuer auf sie eröffnet. Der Wind hatte sich verstärkt, und das Boot schoß vorwärts.

Das Kanonenboot war in Sichtweite, und Daniel wunderte sich, warum ihr Boot nicht getroffen wurde. Doch als es zu regnen begann, wurde Daniel klar, daß das Krachen keine Schüsse, sondern ein Donner gewesen war. Und dieser neue Sturm war schlimmer als der, den sie gerade hinter sich hatten.

Yin Chu setzte das Großsegel wieder – denn das Boot fuhr schon so schnell es konnte. Das Kanonenboot beunruhigte sie nun nicht mehr so stark. Die Sicht war schlecht, und das Kanonenboot würde die Verfolgung bald aufgeben.

„Dies ist kein gewöhnlicher Sturm!" Yin Chu schrie, um das Heulen des Sturmes zu übertönen. „Das ist der Monsun."

„Was sollen wir tun?"

„Die Segel reffen. Sie müssen das tun – ich muß steuern."

„Vermutlich können wir nicht einfach anhalten?"

„Noch nicht. Noch komme ich zurecht. Wir werden anhalten, wenn der Sturm noch schlimmer wird."

„*Noch* schlimmer?" Daniel konnte sich nicht vorstellen, daß es noch etwas Schlimmeres geben konnte.

Eine halbe Stunde später hatte Yin Chu beigedreht, und sie warteten das Ende des Sturmes ab. Das Boot wurde hin- und hergeworfen, während der Monsun über sie hinwegfegte. Zum ersten Mal begann sich Daniel ernsthaft zu fragen, ob er wirklich noch normal war. Was hatte er sich nur gedacht? Schalteten seine Gefühle für Mariana wirklich seinen gesunden Menschenverstand aus? Sicher würde sie ihn für einen Dummkopf halten, wenn sie hörte, daß er eine so gefährliche Reise unternommen hatte.

Das hieß, falls er überlebte.

Und das schien ihm unwahrscheinlicher, da der Sturm das Boot wie eine Nußschale herumwarf. Und selbst wenn sie den Sturm überstanden, dann wartete vielleicht immer noch das japanische Kanonenboot auf sie.

War die Liebe das wirklich wert?

Liebe.

Liebte er Mariana denn? Ging es darum? Der Gedanke war fast so erschreckend wie der Sturm und die ganze japanische

Flotte zusammengenommen. Mit solchen quälenden Gedanken schlief Daniel ein. Als er erwachte, war es dunkel und kalt. Er hatte keine Ahnung, wieviel Zeit vergangen war, und einen Augenblick lang fragte er sich, ob er vielleicht träumte oder sogar tot war. Doch als er Yin Chu im Boot liegen sah, die Hand immer noch an der Ruderpinne, wußte Daniel, daß sie wie durch ein Wunder den Sturm überlebt hatten.

20

Während Mariana am frühen Morgen durch die Altstadt von Port Arthur zu ihrem Hospital ging, fragte sie sich, warum die ausländischen Bewohner diese heruntergekommene, schmutzige Stadt so in den Himmel hoben. Die Wege, die als Straßen dienten, verwandelten sich in der Regenzeit in Schlammlöcher. Wenn die Sonne herauskam, trockneten sie aus, und dann war der Staub unerträglich. Die verkommenen Gebäude waren fast so primitiv wie die Bauernizbas in Rußland. Ausländische Bewohner hatten natürlich bessere Wohnungen, doch Mariana hätte diese Stadt kaum als eine der großen Weltstädte bezeichnet, wie die Einheimischen immer wieder prahlten.

Port Arthur befand sich an der Spitze der schmalen Liaodong-Halbinsel, umgeben von hohen Bergen. Von seinen russischen Einwohnern wurde es als Symbol des russischen Geistes und der Vorherrschaft der Russen über den Pazifik betrachtet. Vor dem Krieg hatte man begonnen, die Neustadt zu bauen, auf einem Plateau westlich der Eisenbahnlinie. Eine große Stadt war geplant worden, Hunderte von Gebäuden waren im Bau, doch bisher war weniger als ein Fünftel der Neustadt vollendet. Immer noch war die Altstadt das Zentrum.

Die Bevölkerungszahl hatte sich seit Ausbruch des Krieges drastisch verringert. Viele Einwohner waren nach Chefu, Wladiwostock oder ins europäische Rußland evakuiert worden. Nur wenige tausend Zivilisten blieben, vorwiegend Geschäftsleute, die ihre Interessen schützen und den Krieg zu ihrem Vorteil nutzen wollten. Darunter waren etwa fünfhundert Frauen und Kinder. Eine Garnison von zweiundvierzigtausend Soldaten verteidigte die Stadt; die militärische Anwesenheit war unvermeidlich.

Die militante Atmosphäre wurde verschlimmert durch die Tatsache, daß der Kommandeur der Garnison niemand anderer als General Stössel war, derselbe Mann, der seinen Truppen Feigheit vorgeworfen hatte. Niemand mochte ihn. Er war aufgeblasen, arrogant und, wie Mariana von vielen gehört hatte, vollkommen unfähig. Man erzählte sich, daß Stössel einige Schiffe mit Versorgungsgütern fortgeschickt habe. Eines mit einer wertvollen Fracht Dosenmilch durfte erst entladen werden, nachdem seine Offiziere Druck auf ihn ausgeübt hatten, doch Stössel wies den Kapitän an, nicht zurückzukehren. Seiner Meinung nach hatte die Stadt genügend Vorräte – auch angesichts einer drohenden Belagerung. Andere Offiziere protestierten. Die Stadt brauche dringend Vorräte, sie könne im Falle einer Belagerung nur etwa drei Monate überleben.

Mariana hatte auch gehört, daß Kuropatkin, der Oberbefehlshaber über alle Truppen in der Mandschurei, Stössel zurückbeordert und gefordert habe, daß dem Festungskommandanten, General Smirnoff, die volle Verantwortung übertragen werde. Doch Stössel hatte den Befehl ignoriert, bis es zu spät war und er nicht mehr sicher herauskommen konnte. Neben den anderen Problemen gab es also auch noch Spannungen in der oberen Führungsebene.

Glücklicherweise hatte Mariana wenig Gelegenheit, Stössel über den Weg zu laufen. Neben der Arbeit im Hospital blieb ihr wenig Freizeit, und selbst wenn sie keinen Dienst hatte, so gab es wenig gesellschaftliche Ereignisse in Port Arthur. Ihre Freizeit verbrachte sie mit Schlafen, Briefeschreiben und Lesen. Sie arbeitete zwölf bis fünfzehn Stunden am Tag, manchmal auch noch mehr. Obwohl die Stadt selbst bisher noch nicht angegriffen worden war, gab es doch häufig kleinere Scharmützel in der näheren Umgebung. Täglich wurden Verwundete in die Stadt gebracht. Es gab mehrere Hospitäler – zwei richtige und einige Gebäude, die zu diesem Zwecke genutzt wurden, einschließlich eines Luxushotels in der Neustadt, das gerade erst fertiggestellt worden war.

Mariana arbeitete im St.-Stephans-Hospital in der Altstadt. Es war ein schmutziges, altes Gebäude, von dessen Wänden die Farbe abblätterte und in dem es ekelhaft nach Desinfektionsmitteln roch – ein Geruch, der die anderen, noch schlimmeren Gerüche nur ungenügend überdecken konnte. Das Krankenhaus war voll belegt, und natürlich fehlte es an Personal.

Mariana gefiel ihre Arbeit. Sie fühlte sich gebraucht, und sie hatte nichts dagegen, den größten Teil ihrer Zeit dort zu verbringen. Sie war verantwortlich für eine chirurgische Abteilung mit fünfzig Betten – fast alle mit Soldaten belegt.

Mariana beriet sich mit ihrer Oberschwester und bereitete sich darauf vor, zusammen mit der Hilfsschwester, die zufällig Ludmilla Tolsikow war, ihre Runde zu machen. Sie freute sich, daß Ludmilla beschlossen hatte durchzuhalten, denn sie entpuppte sich als fähige Schwester.

Zusammen besuchten sie jeden Patienten und sprachen kurz mit denen, die wach waren. Die Männer waren immer froh, die jungen Schwestern zu sehen, vor allem da die Schwester der Nachtschicht sehr hart und abweisend war. Sie vermittelte den Eindruck, als hasse sie ihren Beruf und nehme es den Patienten übel, daß sie sich mit ihnen abgeben mußte.

Mariana blieb am Bett eines Patienten stehen, der in der Nacht eingeliefert worden war. Sie nahm das Krankenblatt vom Fußende zur Hand und warf einen Blick darauf. Er hieß Hauptmann Philip Barsukow. Sein Bein war zertrümmert. Sobald einer der Chirurgen Zeit hatte, würde er es vermutlich amputieren. Im Augenblick bekam er Morphium, doch er war wach, als Mariana und Ludmilla an seinem Bett stehenblieben. Er öffnete die Augen und lächelte sie schwach an.

„Ich muß im Himmel sein“, sagte er. „Ich bin von Engeln umgeben!“

„Ich hoffe, im Himmel wird es schöner sein als hier“, antwortete Mariana. „Und Sie werden anders von uns denken, wenn wir anfangen, Sie zu untersuchen.“

„Untersuchen Sie nur, so viel Sie wollen – im Augenblick spüre ich gar nichts.“

„Das ist gut. Kann ich etwas für Sie tun?“

Hauptmann Barsukow lächelte, und ein schelmisches Glitzern trat in seine Augen. Dann schüttelte er den Kopf. „Nein, nichts, im Augenblick. Doch wenn ich wieder gesund bin, würde ich gern mit Ihnen durch einen Rosengarten spazieren.“ Er brach ab und wurde ernst. „Das heißt, falls ich jemals wieder laufen kann. Meinen Sie, das wäre möglich?"

„Wir werden alles versuchen, um es möglich zu machen."

Zweifelnd runzelte er die Stirn. „Ich habe gehört, wie bereitwillig unsere russischen Ärzte Arme und Beine amputieren."

Leider hatte der Hauptmann nur zu recht. Mariana zögerte einen Augenblick zu lange, bevor sie antwortete.

„Es ist schon in Ordnung", sagte Barsukow. „Sie brauchen gar nichts zu sagen. Ich muß das, was kommt, auf mich nehmen wie ein Mann."

„Wenn ich meine Runde beendet habe, werde ich Ihren Verband wechseln – dann kann ich mir eher eine Vorstellung davon machen, was auf Sie zukommen wird."

Eine halbe Stunde später kam Mariana mit einem Verbandstablett zurück. Sie gab dem Hauptmann eine Morphiuminjektion. Bis die Spritze ihre Wirkung tat, fragte sie ihn ein wenig aus. Er stammte aus Moskau, aus einer angesehenen Bankiersfamilie. Als Mariana fragte, wie er sich seine Wunde zugezogen habe, schien er nur widerwillig antworten zu wollen. Er sagte, er habe mit einer Gruppe von Leuten die Gegend erkundet.

Mariana wußte mehr, als der Hauptmann ihr erzählte – tatsächlich wußten alle im Hospital über seine Heldentat Bescheid.

Seine Gruppe war abgeschnitten und von einer Schwadron Japaner eingeschlossen worden. Bei ihrem Rückzug tötete er den japanischen Major. Die anderen Japaner ergriffen die Flucht, und die Russen konnten die feindlichen Linien durchbrechen. Barsukow hätte diesen Zwischenfall unversehrt überstanden, wenn er nicht zurückgekehrt wäre, um seinen Sergeanten zu retten, der einen Schuß in die Brust erhalten hatte. Er fing das Pferd des toten japanischen Majors ein und legte den verwundeten Sergeanten darauf. Doch gerade als der Hauptmann aufsitzen wollte, wurde er von einer Kugel getroffen. Für seine Verdienste würde Barsukow den St.-Andreas-Orden verliehen bekommen.

Mariana schob die Decke beiseite und begann den blutdurchtränkten Verband abzunehmen. Das Bein war verdreht und zertrümmert, doch aufgrund ihrer inzwischen gewonnenen Erfahrung konnte sie sagen, daß es nicht so schlimm war, wie es aussah. Das Schienbein war gebrochen, doch nicht so, daß es nicht gerichtet werden konnte; das Wadenbein war in Ordnung.

Noch wichtiger war die Tatsache, daß die Zehen des Hauptmanns noch gut durchblutet waren. Natürlich hatte er viel Blut verloren, und die Möglichkeit einer Infektion oder eines Wundbrandes war sehr groß, doch Mariana war der Meinung, daß das Bein gerettet werden konnte.

Sie gestand es nur ungern ein, doch was passieren würde, hing mehr von anderen Faktoren als dem Zustand des Beines ab. Wenn die Ärzte zu viele Patienten hatten, würden sie sich nicht die nötige Zeit nehmen können, um die Arterien, Muskeln und Sehnen zusammenzuflicken. Häufig mußten sie sich damit zufriedengeben, einfach nur das Leben eines Patienten zu retten und konnten sich den Luxus schwieriger Operationen nicht leisten.

Unglücklicherweise war die Zeit nicht der einzige Feind Hauptmann Barsukows. Er konnte auch das Pech haben, von einem schlechten Chirurgen betreut zu werden. Mariana kritisierte nicht gern; immerhin arbeiteten die Ärzte unter sehr großem Druck in spärlich ausgerüsteten Hospitälern. Doch es gab auch Ärzte, die diese Berufsbezeichnung eigentlich nicht verdient hatten, und einige der schlimmsten arbeiteten hier im St.-Stephans-Hospital. Da es insgesamt sieben Chirurgen gab, bestand die Möglichkeit, daß Hauptmann Barsukow einen der anderen bekam. Doch sie wollte dem Patienten keine falschen Hoffnungen machen, und als Schwester durfte sie keine Diagnose stellen. Sie bemühte sich, unverbindlich zu bleiben, den Mann aber gleichzeitig auch zu beruhigen. „Nun, Hauptmann, es könnte schlimmer sein. Ich bin zwar nur Schwester und kann für nichts garantieren, aber –“

Mitten im Satz wurde sie unterbrochen. „Ich bin sicher, der Patient verspürt nicht den Wunsch, Ihre unqualifizierte Meinung zu hören, Fräulein Remisow.“

Mariana blickte auf und sah ihre schlimmsten Befürchtungen bestätigt. Der Arzt, den sie am wenigsten hier zu sehen wünschte, stand vor ihr. Sie konnte nicht hoffen, daß seine Anwesenheit hier nur zufällig war. Dr. Karl Wlasenko war der Chirurg, der den unglücklichen Hauptmann operieren sollte.

„Dr. Wlasenko“, sagte Mariana, seine Bemerkung ignorierend, „ich bin froh, daß Sie vorbeigekommen sind. Vielleicht können Sie die Befürchtungen Hauptmann Barsukows in bezug auf sein Bein zerstreuen.“

Karl warf einen raschen Blick auf das Bein und sagte: „Wir werden uns seiner entledigen, und Sie können froh sein weiterzuleben, Hauptmann."

„Sie ... Sie meinen Amputation?" fragte Barsukow mit zitternder Stimme.

„Natürlich. Es gibt keine andere Möglichkeit."

„Aber, Herr Doktor –" begann Mariana, doch er schnitt ihr das Wort ab.

„Schwester Remisow, gibt es irgendein Problem? Ich möchte Sie daran erinnern, daß ich der Arzt bin und Sie nichts weiter als eine Schwester."

In den vergangenen fünf Jahren war Karl Wlasenko sehr viel selbstbewußter geworden – ob zu seinem Vor- oder Nachteil, das mochte dahingestellt bleiben. Früher hatte er auf Geheiß seines dominanten Vaters versucht, Mariana zu verführen. Tatsächlich hatte es den Anschein, als stehe sein aufgeblasenes Ego in direktem Zusammenhang mit seiner offensichtlichen Unfähigkeit.

Dies war nicht Marianas erster Zusammenstoß mit ihm, seit sie im selben Krankenhaus arbeiteten. Ihr war beigebracht worden, niemals die Anordnungen eines Arztes in Frage zu stellen, doch es war unmöglich, angesichts seiner offensichtlichen Fehlentscheidungen zu schweigen. Und einige Male hätte Mariana schwören können, daß er im Dienst betrunken gewesen war. In einigen Fällen hätten die Anweisungen Dr. Wlasenkos, wenn sie befolgt worden wären, zum sicheren Tod des Patienten geführt. Sie hatte ihn einmal in einer falschen Dosierung eines Medikaments korrigiert, und als er seinen Fehler erkannte, hatte er nur gebrummt: „Das habe ich natürlich gemeint. Für wie dumm halten Sie mich denn?" Er hatte sogar angedeutet, daß sie, falls sie seinen Fehler nicht entdeckt hätte, für die Folgen verantwortlich gemacht worden wäre.

„Schwester Remisow", sagte Wlasenko, „ich werde diesen Mann sofort operieren. Bitte bereiten Sie ihn für die Operation vor." Er drehte sich um und ging davon.

Mariana blickte ihm wie betäubt nach. Hauptmann Barsukow war bemerkenswert blaß geworden.

„Vermutlich sollte ich nichts anderes erwarten", sagte er. „Wenigstens werde ich besser dran sein als einige dieser armen Bauernburschen, die ich befehlige. Mit einer solchen Verkrüppelung sind sie zur Armut verurteilt. Doch meine Familie kann es sich leisten, für mich zu sorgen, und ..." Auf einmal brach er in Schluchzen aus. Der Gedanke, niemals wieder laufen zu können, immer Gegenstand des Mitleids zu sein, war mehr als ein Mann, sogar ein Held, ertragen konnte.

Mariana nahm seine Hand und drückte sie. Doch sie wußte, daß dies nur ein kleiner Trost war. Sie blickte Dr. Wlasenko nach. Wie konnte er dem Hauptmann nur so unbarmherzig seine Diagnose stellen und dann davongehen, ohne auch nur ein Wort des Mitleids zu haben? Gerade Wlasenko hätte Anteil zeigen können. Er hatte selber einen Klumpfuß, der ihn leicht hinken ließ.

Der Gedanke an die Gefühllosigkeit des Mannes ließ die Wut in ihr hochsteigen. Wenn sie nur die medizinische Hochschule beendet hätte und Ärztin geworden wäre ... Doch selbst das hätte nicht geholfen; die russische Ärzteschaft würde niemals eine Ärztin akzeptieren. Sie hätte vermutlich im Ausland praktizieren müssen.

Aber dies war nicht die Zeit, um über die Rechte der Frauen nachzudenken. Die Zukunft eines Mannes stand auf dem Spiel. Es gab keinen Grund dafür, daß dieser Mann sein Leben als Krüppel verbringen sollte – nicht, wenn er medizinisch richtig versorgt würde. Mariana wußte nicht, was sie tun konnte, doch ihr war klar, daß sie etwas tun mußte.

„Hauptmann Barsukow, würden Sie mich bitte einen Augenblick entschuldigen?" Ohne eine Antwort abzuwarten, nahm sie Barsukows Krankenblatt und eilte davon.

An der Tür der Station holte sie Wlasenko ein. „Dr. Wlasenko", sagte sie. Er drehte sich um mit einem Ausdruck auf dem Gesicht, der ganz klar zeigte, daß er es überhaupt nicht schätzte, von einer Schwester bei seiner wichtigen Arbeit gestört zu werden.

„Was ist los, Schwester Remisow?"

„Doktor, ich dachte, Sie würden sich vielleicht gern das Krankenblatt von Hauptmann Barsukow ansehen, bevor Sie operieren."

„Wenn ich sein Krankenblatt hätte ansehen wollen, hätte ich es getan."

„Aber das gehört doch zur Routineuntersuchung."

„Wollen Sie mir sagen, wie ich zu arbeiten habe?"

„Natürlich nicht, es ist nur, daß Sie vielleicht nicht gesehen haben, daß –"

„Das reicht, Schwester Remisow! Ich werde Sie wegen Insubordination melden. Sie sind sehr anmaßend und haben wenig Achtung für Ihre Vorgesetzten. Doch eine solche Haltung ist hier nicht erwünscht."

Sie hatte versucht, ruhig und vernünftig zu sein und ihre Wut hinunterzuschlucken, doch als sie sah, daß sie damit nicht weiterkam, ließ sie ihrem Ärger freien Lauf.

„Sie können einen Mann doch nicht aufgrund eines oberflächlichen Blickes zur Amputation verurteilen!" gab sie zurück.

„Und woher wissen Sie, daß ich ihn nicht schon während der Nacht untersucht habe?"

Mariana wußte genau, welche Ärzte Nachtdienst gehabt hatten, doch darüber wollte sie sich jetzt mit ihm nicht auseinandersetzen.

„Wenn Sie sein Bein untersucht und sich die Röntgenbilder angesehen hätten, dann hätten Sie gesehen, daß die Möglichkeit besteht, es zu retten. Die Knochen sind gesund, die Durchblutung in Ordnung. Die Muskeln und Sehnen müssen genäht werden, aber –"

„Das reicht, Schwester! Rechnen Sie damit, daß ich Sie melden werde!"

Mariana zuckte nur die Achseln. Was konnte ihr das schon ausmachen? Höchstens würde es sie einige Wochen von ihrem aufreibenden Krankenhausdienst befreien.

„Tun Sie, was Sie für richtig halten, Doktor", sagte sie, „ich werde tun, was ich tun muß."

„Was meinen Sie damit?"

„Ich werde mich an Ihren Vorgesetzten wenden."

„Das würden Sie nicht wagen!"

Wortlos drehte sie sich um und ging. Wlasenko blieb mit offenem Mund zurück.

Der Personalchef war Dr. Wassili Itkinson, ein sehr fähiger Arzt, der schon seit dreißig Jahren praktizierte. Vor dem Krieg hatte er an der medizinischen Hochschule in St. Petersburg gelehrt. Mariana kannte ihn etwas persönlicher, weil er zu den wenigen Ärzten gehörte, die die medizinische Hochschule für Frauen befürworteten, und er hatte Mariana unterrichtet, als sie dort studierte. Er hatte sie auch ermutigt durchzuhalten, als ihr alles zuviel wurde.

Itkinson befand sich in seinem Büro und versuchte, die Papierberge zu bewältigen, die Tag für Tag über seinen Schreibtisch wanderten. Als sie an seine Tür klopfte, schien er sich über die Unterbrechung fast zu freuen.

„Waren das gute Zeiten, Fräulein Remisow, als ich mir die Ärmel aufrollen und mit den Kranken arbeiten konnte! Sogar das Unterrichten von eifrigen Studenten hatte etwas für sich. Doch das hier –", er deutete auf die Papierstapel vor sich. „Das ist schlimmer als alles, was man sich vorstellen kann."

„Sie brauchen jemanden, der die Büroarbeit für Sie erledigt, Doktor", sagte sie und versuchte trotz der Dringlichkeit ihres Anliegens auf ihn einzugehen. „Es ist eine Schande, daß Sie hier festgehalten werden, wo Sie doch so viel Gutes tun könnten."

„Im letzten Monat habe ich bestimmt ein halbes dutzendmal jemanden angefordert. Man sagte mir, ein weiterer Angestellter würde einen Mann weniger bei der Verteidigung der Stadt bedeuten. Dagegen kann ich nichts sagen, oder?" Er lächelte sie an. Er war ein freundlicher Mann mit dichtem weißem Haar, einem Schnurrbart und einem schmalen Gesicht.

„Doch ich bin sicher", fuhr er fort, „daß Sie etwas anderes auf dem Herzen haben."

„Das stimmt, Dr. Itkinson, und es fällt mir nicht leicht, damit zu Ihnen zu kommen. Doch es ist sehr dringend."

„Dann kommen Sie doch gleich zur Sache."

„Ich habe einen Patienten, der in der vergangenen Nacht mit einem verwundeten Unterschenkel eingeliefert worden ist. Die Operation wurde verschoben, bis sein Zustand sich stabilisiert hat, und vor einigen Minuten sagte Dr. Wlasenko, er könne Hauptmann Barsukows Bein nun amputieren."

„Das ist doch gut, oder?"

„Dr. Wlasenko hat nicht einen Blick auf das Krankenblatt des Mannes geworfen und sich sein Bein nur flüchtig angesehen. Doch mir scheint, daß eine Amputation nicht unbedingt erforderlich ist. Die Röntgenbilder zeigen, daß die Knochen gesund sind, und die Durchblutung ist gut. Ich versuchte, Dr. Wlasenko darauf hinzuweisen –"

Dr. Itkinson lachte. „Mein liebes Mädchen, wissen Sie denn nicht, daß es der Gipfel der Anmaßung ist, die Diagnose eines Arztes in Frage zu stellen?"

„Auch wenn es sich um eine Diagnose von Dr. Wlasenko handelt?" gab sie mutig zurück.

Dies brachte den Arzt nur noch mehr zum Lachen. „Eines Tages, denke ich, werden auch die Schwestern den ihnen zustehenden Respekt der Ärzte erhalten. Sie werden in der Lage sein, sich zu behaupten – wenn nicht als ebenbürtige, so doch wenigstens als unverzichtbare Helferinnen. Unglücklicherweise ist dies noch nicht so, meine Liebe. In den Augen vieler Ärzte sind sie kaum mehr als Handlanger."

„Herr Doktor, ich bitte Sie ja nicht darum, meine Meinung in diesem Fall als Diagnose zu nehmen, denn ich weiß, daß ich nicht dazu qualifiziert bin, ein solches Urteil abzugeben. Ich bitte Sie nur, sich den Patienten anzusehen und vielleicht Dr. Wlasenko als erfahrener Kollege zur Seite zu stehen. Er hat gerade erst sein Examen abgelegt und würde die Meinung eines erfahrenen Kollegen sicherlich zu schätzen wissen."

„Sie müssen verstehen, Mariana, daß ich mich nicht jedesmal einmischen kann, wenn die Diagnose eines Arztes in Frage gestellt wird."

„Ich bitte Sie ja nicht darum, das *jedesmal* zu tun. Nur in diesem Fall. Denken Sie doch an den armen Patienten, der für den Rest seines Lebens ein Krüppel sein wird. Er ist ein Held Rußlands und hat einen Orden bekommen."

„Sie wissen doch, wie verzweifelt wir hier Ärzte brauchen, oder? Wlasenko ist nicht vollkommen unfähig. Er hat schon Menschenleben gerettet."

„Natürlich", erwiderte Mariana respektvoll, obwohl sie nicht seiner Meinung war.

„Ich möchte nur, daß Sie wissen –" Er brach ab und schüttelte den Kopf. „Was sage ich da? Ich mußte mich *selbst* daran erinnern. Wenn es nur ein wenig anders wäre."

„Was ist mit Hauptmann Barsukow?" fragte Mariana ruhig.

„Zeigen Sie mir sein Krankenblatt."

Fünf Minuten später gingen Mariana und Dr. Itkinson zusammen zur Station zurück. Schon von der Tür aus bemerkte Mariana, daß Barsukows Bett leer war.

21

Philip Barsukow konnte sein Glück kaum fassen. Noch wenige Stunden zuvor hatte er gedacht, das Leben, so wie er es kannte, würde für ihn zu Ende sein, und er müßte den Rest seines Lebens als Krüppel, als Gegenstand des Mitleids anderer verbringen.

Als dieser flegelhafte junge Arzt ihn so plötzlich von der Station holen ließ, war ihm jegliche Hoffnung geschwunden. Schwester Remisow hatte ihm den Eindruck vermittelt, sein Bein könnte vielleicht doch noch gerettet werden, aber dann war sie verschwunden. Philips Proteste, als die Pfleger ihn fortgeholt hatten, waren ignoriert worden. Seine vollkommene Hilflosigkeit verstärkte in ihm das Gefühl der Niedergeschlagenheit.

Als er nach seiner Operation wieder zu sich kam, brauchte er eine Weile, bis er es wagte, zum Fußende des Bettes zu sehen. Jemand hatte ihm etwas von „Phantomschmerzen" nach einer Amputation erzählt. Er konnte dem Schmerz, den er in seinem verwundeten Bein spürte, also nicht trauen, und zuerst war er zu schwach, um den Kopf zu heben und selbst nachzusehen. Er versuchte, einen der Pfleger zu fragen, doch sie waren alle zu beschäftigt. Draußen vor der Stadt hatte es einen Zusammenstoß gegeben, und eine große Zahl von Verwundeten wurde gebracht. Er döste wieder ein, ohne die Wahrheit zu wissen.

Als er eine Stunde später erwachte, lag er wieder auf seiner Station. Mariana Remisow lächelte ihn an. Sie blickte hinunter zum Fußende seines Bettes, und das Strahlen in ihren Augen sagte ihm, daß er sich glücklich schätzen konnte. Durch irgendein Wunder war sein Bein verschont worden.

„Das letzte, was eine Frau an mir sehen sollte", murmelte er, „sind meine häßlichen Füße."

„In meinen Augen sind sie *beide* wunderschön! Ich freue mich so für Sie, Herr Hauptmann."

Mariana verschwieg ihm, welche Rolle sie in der ganzen Angelegenheit gespielt hatte, und wenn es nach ihr gegangen wäre, hätte er es auch nie erfahren. Doch eine solche Geschichte konnte nicht geheimgehalten werden. Ludmilla erzählte Barsukow schließlich, was sich zugetragen hatte.

Wlasenko, außer sich vor Wut über Marianas Anmaßung, hatte Ludmilla befohlen, den Patienten sofort zur Operation vorzubereiten. Da Ludmilla von dem Zwischenfall nichts wußte, befolgte sie seine Anweisungen – sie war nicht der Typ, der sich mit einem Arzt anlegte. Der Patient wurde fortgebracht, während Mariana noch mit Itkinson sprach.

Zum Glück für Barsukow wurde der Operationssaal für einen Notfall gebraucht. Wlasenko versuchte darauf zu bestehen, seine Operation zuerst durchzuführen, doch selbst er mußte zugeben, daß eine blutende Brustverletzung Vorrang hatte. Wlasenko schäumte vor Wut, als Itkinson kam. Mariana blieb auf der Station. Sie sagte Ludmilla, sie habe getan, was sie konnte, und könne nun alles getrost dem Personalchef überlassen.

Darum führte Itkinson bei Barsukows Operation das Skalpell. Er hatte Wlasenko erklärt, es gebe einige neue Techniken, die er seinem jungen Kollegen zeigen wolle. Karl wurde von dem Fall entbunden, und obwohl er sein Gesicht wahren konnte, war er doch nicht glücklich mit der Situation. Es ärgerte ihn immens, daß eine einfache Schwester – noch dazu dieses Remisow-Mädchen – sich seiner Autorität widersetzt hatte. Das würde er so leicht nicht vergessen.

Nachdem Philip von der Geschichte erfahren hatte, versuchte er, Mariana zu danken.

„Davon will ich nichts hören“, sagte sie fröhlich. „Jede Schwester hätte dasselbe für Sie und für jeden anderen Patienten getan.“

„Aber es waren eben nicht andere, sondern Sie.“

„Trotzdem, ich möchte lieber nicht hervorgehoben werden.“

„Dann werde ich auch nichts mehr sagen“, erwiderte Philip, „doch Sie sollen wissen, daß ich Ihnen immer treu ergeben sein werde.“

Sie errötete, weil er so ernsthaft sprach, und versuchte, die Situation mit einem Lachen zu entspannen. „Wenn ich für jedes Mal, das ich das schon gehört habe, einen Rubel bekäme, wäre ich am Ende des Krieges eine reiche Frau.“

Er lächelte und versuchte, ihre Einstellung zu verstehen. Doch er war nun einmal dankbar. Wenn sie nicht gewesen wäre, wäre er jetzt ein Krüppel. Nun konnte er weiterleben wie ein normaler Mensch, konnte eine Frau umwerben, sie lieben, für sie sorgen. Noch einige Stunden zuvor hatte er jegliche Hoffnung auf eine mögliche Heirat und Familie aufgegeben – er war nicht der Mann, der sich einer Frau aufbürden würde. Doch wegen Mariana war dies nun anders.

Vielleicht hielt er seine wachsende Zuneigung für Dankbarkeit – solche Gefühle waren sicherlich nicht ungewöhnlich zwischen Schwester und Patient. Und doch war es nur zu verständlich, daß er sich zu ihr hingezogen fühlte. Sie war eine liebenswerte junge Frau, sanft und gleichzeitig sehr lebendig. Sie besaß alles, was er sich bei einem Mädchen wünschte. Und als er erfuhr, daß sie auch noch adelig war, wurde er in seinem Gefühl bestärkt, daß sie füreinander bestimmt waren.

*

Mariana jedoch verglich Philip Barsukow immer mit einem gewissen unverschämten Amerikaner.

Philip besaß alles, was sich eine junge Frau an einem Mann wünschen konnte. Er hatte dichtes braunes Haar und braune Augen, in denen seine Gefühle zu lesen waren. Er hatte breite, starke Schultern und eine sanfte Stimme, einen angenehmen Sinn für Humor, doch er spürte auch, wann es angebracht war, ernst zu bleiben. Marianas Großmutter wäre begeistert gewesen, wenn ihre Enkelin einen solchen Mann heiraten würde. Und die Tatsache, daß er in Moskau geboren und aufgewachsen war, würde ihm viele Pluspunkte bei ihr einbringen. Doch seine gesellschaftliche Stellung beeindruckte Mariana nicht halb so sehr wie die Tatsache, daß er einfach *nett* war und nicht arrogant und überheblich wie die meisten Angehörigen der Aristokratie. Mariana genoß seine Gesellschaft,und während der folgenden Tage blieb sie häufig an seinem Bett stehen, um mit ihm zu plaudern.

Daniel und Philip waren so verschieden, wie zwei Menschen nur sein konnten. Es war unfair, sie miteinander zu vergleichen, doch sie konnte nicht anders. Ihre anfängliche Freude darüber, Daniel in der Mandschurei begegnet zu sein, hatte nicht nachgelassen. Sie dachte viel an ihn, träumte sogar von ihm. Aber ihre Beziehung zu Daniel war nicht unproblematisch. Sie befürchtete, daß er seine Arbeit immer über seine Beziehungen zu anderen Menschen stellen würde. Und falls sie heirateten, wo würden sie leben? Würde er bereit sein, sein Heim in Amerika aufzugeben, um in ihrem Heimatland zu leben? Dieselbe Frage hatte sie sich schon einmal gestellt, als sie sich mit Stephan Kaminski verlobte, damals in Katyk. Doch einige hundert Kilometer von seinem Heimatdorf fortzuziehen war nicht dasselbe, wie um die halbe Welt zu ziehen und in einer vollkommen anderen Kultur zu leben, eine fremde Sprache zu sprechen. War sie dazu bereit? Oder konnte sie Daniel das zumuten?

Und etwas noch Wichtigeres beschäftigte sie. Da war vor allem die Frage des Glaubens. Daniel war Protestant, und sie gehörte dem russisch-orthodoxen Glauben an; doch das war nicht das eigentliche Problem. Von ihren Eltern hatte sie gelernt, daß nicht der Name über der Kirchentür entscheidend war. Aber Mariana war nicht einmal sicher, ob Daniel wirklich an Gott glaubte. Er mied dieses Thema und machte auch, wenn sie darüber sprach, nur oberflächliche Bemerkungen. Manchmal sagte er, er glaube an Gott, manchmal meinte er, er wüßte es nicht so genau. Sie fragte sich, ob er sie nicht vielleicht einfach hinhielt.

Philip Barsukow dagegen nahm den Glauben sehr ernst. Nachdem er auf so wundervolle Weise vor einer Amputation bewahrt worden war, bat er darum, in die Krankenhauskapelle gebracht zu werden, wo er Gott Dank sagte.

„Ich weiß, ich hätte das genausogut von meinem Bett aus tun können", hatte er Mariana erklärt, „doch ich hatte das Gefühl, daß mein Dank Gott wohlgefälliger wäre, wenn auch ein Opfer damit verbunden ist." Denn ein Opfer war es für ihn; von seinem Bett in einen Rollstuhl zu steigen war mit unglaublichen Schmerzen verbunden.

Obwohl Mariana Philip sehr mochte, war ihr doch klar, daß irgend etwas fehlte. Andererseits kannte sie den Mann erst seit einigen Tagen. Vielleicht würden die Gefühle, die sie vermißte, sich noch entwickeln. Sie war kein Kind mehr und wußte, daß es nicht ausreichte, sich in einen Mann „zu verlieben". Eine Beziehung zwischen Mann und Frau erforderte sehr viel mehr als nur körperliche Anziehung. Und doch waren Gefühle wie Leidenschaft ein wichtiger Bestandteil einer solchen Beziehung.

Die meisten Ehen wurden geschlossen, ohne daß diese Gefühle vorhanden waren. Diese Ehen waren dann meistens auch nur mittelmäßig. Doch Mariana wollte sich nicht mit einer *mittelmäßigen* Beziehung zufriedengeben. Sie sehnte sich nach einer Ehe, wie Anna und Sergei sie führten. Die war etwas ganz Besonderes. Die beiden schienen zu wissen, was der andere dachte und fühlte; sie sprachen wie Freunde miteinander, und einige Male hatte Mariana zufällig gesehen, wie sie sich wie Jungverliebte geküßt hatten. Doch vielleicht war ihre Liebe auch etwas Außergewöhnliches. Vielleicht konnte eine normale Frau wirklich nur das Mittelmäßige erwarten.

Und Daniel Trents Auftauchen steigerte ihre Verwirrung. Sie hatte beschlossen, Daniel eine zweite Chance zu geben – er schien sich geändert zu haben. Doch eine Beziehung zu einem Menschen wie Philip schien viel sicherer zu sein. Oder würde sie einfach nur langweilig sein?

Mariana seufzte. Vielleicht war es doch gar nicht so schlecht, alleinstehend zu bleiben. Dann brauchte sie sich nicht mit diesen ganzen Fragen auseinanderzusetzen. Wie einfach wäre ihr Leben dann. Wie ... einsam.

Eine Woche nach Philips Operation rief er sie zu sich ans Bett. „Heute werde ich auf eine andere Station verlegt."

Mariana nickte. Einerseits war dies eine gute Nachricht, andererseits war sie auch traurig darüber.

„Wahrscheinlich werden wir uns dann nicht mehr so häufig sehen, Mariana, doch ich hoffe, daß Sie mich nicht vergessen werden."

„Bestimmt nicht, Philip."

„Würden Sie das annehmen? Als Zeichen meiner Dankbarkeit – und gleichzeitig auch als Zeichen der Hoffnung, daß unsere Freundschaft mit diesem Krieg nicht beendet sein wird, sondern ... sehr lange andauern wird."

Er nahm eine Kette von seinem Hals und streckte sie Mariana entgegen. An ihr hing ein feines silbernes Kreuz mit einem wunderschönen Opal in der Mitte.

„Meine Schwester hat es mir geschenkt, als ich in den Krieg gezogen bin. Es ist alles, was ich an Wertsachen bei mir habe, außer meinem Säbel. Wie ich schon sagte, es ist nicht viel, nur ein Zeichen –"

„Philip, so etwas Schönes kann ich nicht annehmen. Was würde Ihre Schwester denken?"

Er lächelte sie an. „Sie gab es mir, damit ich es einer wunderschönen Schwester schenken kann, die zufällig mein Leben gerettet hat."

„So naiv bin ich nicht, Philip."

„Nun, vielleicht hat sie das so nicht *gesagt*, doch ich kenne meine Schwester. Sie ist eine Romantikerin; wenn sie wüßte, für wen ihr Kreuz bestimmt ist, wäre sie außer sich vor Freude."

„Ich weiß nicht, Philip ..."

„Bitte!" Sein Gesicht wurde ernst. Er nahm ihre Hand, legte das Kreuz hinein und hielt sie fest. „Ich kenne Sie noch nicht lange, Mariana, doch Sie haben bereits einen ganz besonderen Platz in meinem Herzen. Ich möchte nicht, daß Sie mich vergessen."

„Das würde ich ganz bestimmt nicht", versprach sie.

„Nehmen Sie es trotzdem. Wer weiß – vielleicht kommt es ja eines Tages wieder in meine Familie zurück." Er zwinkerte und grinste wieder.

Sie beschloß, über seine Bemerkung hinwegzugehen. „Passen Sie nur auf, was Sie sagen, Fürst Barsukow. Vielleicht stecken Sie eines Tages tiefer drin, als Ihnen lieb ist!"

Er legte theatralisch seine Hände an die Brust und blickte an die Decke. „Oh, bei den Heiligen, wenn das doch nur wahr werden könnte!"

Mariana lachte, und er stimmte in ihr Gelächter mit ein. Mehr wurde darüber nicht mehr gesagt. Sie nahm die Kette und legte sie sich um den Hals. Dieser schöne Augenblick wurde nur durch einen flüchtigen Gedanken an Daniel getrübt.

22

Daniel und Yin Chu schafften es bis zur Louisa Bay nördlich von Port Arthur. Dort schlossen sie sich einem Blockadebrecher mit Namen Shen Kuo-hwa an, der nur widerstrebend bereit war, sie zum Hafen zu bringen. Sieben Kilometer waren es bis dorthin, doch bei jedem Schritt mußten sie Angst haben, von japanischen Patrouillen entdeckt zu werden. Shen verstand sein Geschäft, und es gelang ihm, sie zusammen mit seiner Schwarzmarktware sicher in den Hafen zu bringen.

Die Japaner waren durch eine wichtige Schlacht etwa fünfzehn Kilometer nördlich von Port Arthur abgelenkt, darum blieben Daniel und seine Begleiter unbehelligt. Was sie nicht wußten, war, daß der japanische General Nogi, noch während sie sich der Stadt näherten, die erste Verteidigungslinie der Russen um Port Arthur durchbrochen und die russischen Truppen in einen Umkreis von neun Kilometern um die Stadt herum zurückgedrängt hatte. Die Russen hatten ihr Letztes gegeben, um diese Linie zu halten.

Während sie sich der Stadt näherten, dachte Daniel, daß das Artilleriefeuer sehr nah zu sein schien. Als er sich mit Yin Chu und Shen in die Stadt schmuggelte, bemerkte er nicht, daß Focks Truppen in die Stadt zurückbefohlen worden waren. Er hatte keine Ahnung, daß die Belagerung Port Arthurs nun ernsthaft begonnen hatte.

Daniels größte Sorge im Augenblick war, den russischen Posten zu entgehen, die überall in der Stadt aufgestellt waren. Shen hatte einen Soldaten bestochen – immerhin lag es in jedermanns Interesse, daß auch weiterhin Waren in die Stadt gebracht wurden. Doch ganz bestimmt wären die Russen nicht begeistert von einem Zeitungskorrespondenten, der ohne Erlaubnis die Stadt betrat. Außerdem mußte er nun auch noch mit durchgefüttert werden.

Es blieb ihnen noch etwa eine Stunde Tageslicht. Daniel schickte Yin Chu los, um ihnen eine Unterkunft zu besorgen, und auch er machte sich auf die Suche. Er ging in den fast verlassenen japanischen Teil der Stadt.

Es war recht unheimlich hier, und er beschleunigte seinen Schritt. Auf einmal hatte er das Gefühl, daß er auffallen würde. Er bog um eine Ecke und stieß fast mit einem kosakischen Wachposten zusammen.

„Was haben Sie hier zu suchen?“ fuhr ihn der Soldat an.

Daniel schluckte seine Furcht hinunter und verließ sich auf sein Reaktionsvermögen. „Ich wollte mich rasieren lassen.“ Er fuhr sich über seine Bartstoppeln.

„Wieso haben Sie einen solchen Bart?“

„Das letzte Mal habe ich mich von einem chinesischen Barbier rasieren lassen, doch er hat mir fast die Kehle durchgeschnitten. Danach wollte ich versuchen, mir einen Bart stehenzulassen, doch das macht mich verrückt."

„Was haben Sie in Port Arthur zu suchen?"

„Ich bin Angestellter der Colfax Bank and Trust Company."

„Läuft der Betrieb denn immer noch?"

„Wir haben vor einem Monat dichtgemacht, und der größte Teil des Personals wurde nach Mukden evakuiert, doch ich wurde gebeten zu bleiben, um ein wenig aufzupassen. Wir konnten nicht alle unsere wichtigen Papiere mitnehmen, wissen Sie. Man hat meinen Lohn verdoppelt; wie konnte ich da ablehnen?"

„Nun, dies ist auf jeden Fall Sperrgebiet."

Daniel seufzte, als sei er tief enttäuscht. „Diese Japaner haben wundervolle Barbiere."

Der Kosak fuhr sich über seinen dichten, schwarzen Bart. Er forderte Daniel auf, ihm zu folgen. Daniel kam seiner Aufforderung nach, da es nicht sinnvoll gewesen wäre, sich ihm zu widersetzen. Er hatte keine Ahnung, ob er nun unter Arrest stand oder nicht.

Der Kosak schob ihn in einen der Läden. Daniel riß vor Verwirrung den Mund auf, als der Mann sein Gewehr gegen die Wand lehnte und seine Uniformjacke auszog. Dann ließ er Daniel auf einem der Barbierstühle Platz nehmen und bereitete ihn zur Rasur vor.

Nach seiner Rasur gab Daniel dem Kosak einen Rubel für seine Dienste. Dies war die beste Rasur, die er je bekommen hatte, und Daniel hatte dem früheren Barbier wertvolle Informationen entlocken können. Sehr zu seinem Kummer erfuhr er, daß die Stadt noch immer unter Stössels Kommando stand. Er hörte auch von den Erfolgen der Japaner und daß die Russen schließlich gezwungen waren, sich in die Verteidigungslinien der Festung zurückzuziehen. Einzelheiten erfuhr Daniel zwar nicht, wie zum Beispiel die Position der russischen Flotte, weil er sonst zugegeben hätte, daß er illegal in die Stadt gekommen war. Doch dem, was der Kosak erzählte, entnahm Daniel, daß der Zeitpunkt seiner Ankunft in der Stadt äußerst schlecht gewählt war.

Yin Chu hatte für sie eine Unterkunft in einem chinesischen Gasthaus gefunden – in einem äußerst verkommenen Teil der Stadt. Daniel war überhaupt nicht begeistert. Doch was blieb ihm übrig? Noch einmal machte er sich auf den Weg zu dem

Ziel, das er wegen seiner Begegnung mit dem Kosaken nicht erreicht hatte.

Ein einziges Licht brannte im Bürogebäude der Zeitung von Port Arthur, der *Novy Krai.* Er kannte einige Reporter, und mit einem, Eduard Nojine, verstand er sich besonders gut. Natürlich wollte er seinen Freund nicht in Gefahr bringen, indem er ihn bat, ihn bei sich aufzunehmen, doch Daniel sah keinen Grund, ihn nicht um einige Auskünfte zu bitten. Vielleicht wußte Nojine, wie Daniel Mariana ausfindig machen konnte. Sie zu finden war sein Hauptziel, aber möglicherweise würde Nojine Daniels Dienste auch für die Zeitung in Anspruch nehmen, wenn er diskret arbeiten könnte. Auf jeden Fall kam Daniel gerade erst von „draußen" und verfügte sicherlich über viele Informationen, die den Behörden nützlich sein konnten. Er zog sogar die Möglichkeit in Betracht, seine Informationen zu nutzen, um die Behörden zu veranlassen, ihm eine Aufenthaltsgenehmigung zu erteilen. Zuerst wollte er jedoch einmal mit Nojine sprechen.

Nojine war noch bei der Arbeit, wie Daniel gehofft hatte. Sein anfänglicher Schreck über den unerwarteten Anblick des Amerikaners war schnell überwunden. Herzlich umarmte er den guten alten Bekannten.

„Du meine Güte! Du stehst leibhaftig vor mir! Ich kann es nicht fassen!" Der Reporter zog Daniel ins Büro und schloß schnell die Tür hinter ihnen. „Was um alles in der Welt tust du denn hier?"

„Eine *Liebesangelegenheit*", antwortete Daniel verlegen.

„Was? Doch nicht du, Trent, der starrsinnige, hartherzige amerikanische Korrespondent!"

„Ich denke, ich habe es verdient, ein wenig ernster genommen zu werden", gab Daniel mit gespielter Entrüstung zurück. „Ich habe meinen Hals riskiert, um hierherzukommen." Während der folgenden zwanzig Minuten berichtete Daniel von seiner Reise.

„Ich würde es nicht wagen, deine Liebe in Frage zu stellen, mein Freund", sagte Nojine, als Daniel geendet hatte. „Das war der reine Wahnsinn – ein Beweis dafür, daß es wirklich Liebe sein muß. Und warum bist du dann hier und nicht in den Armen deiner wunderschönen Geliebten – wenigstens nehme ich an, daß sie schön ist, wenn du einen solchen Wahnsinn unternimmst."

„Ich hoffte, du könntest mir helfen, sie zu finden. Das dürfte eigentlich nicht so schwierig sein, da sie Rot-Kreuz-Schwester ist."

„Nun, hier gibt es ein Dutzend Hospitäler – aber ich will sehen, ob ich die Namen der Rot-Kreuz-Hospitäler herausfinden kann." Er wendete sich einem Aktenschrank zu und suchte in einer der Schubladen herum. „Brauchst du einen Ort, wo du übernachten kannst?"

„Ich habe eine Unterkunft im chinesischen Viertel der Stadt –"

„Oh nein, Trent, sicherlich finden wir etwas Besseres für dich."

„Stehst du auf so gutem Fuß mit den Behörden, daß du ein solches Risiko eingehen kannst?"

Nojine lachte dröhnend. „Stössel hat gerade von einer Nachricht erfahren, die ich einem Freund in Chefu habe zukommen lassen. Darin bat ich ihn, den Zaren von der absoluten Notwendigkeit in Kenntnis zu setzen, Stössel von seinem Kommando hier zu entbinden. Du hättest Stössel hören sollen – er wütete wie ein Irrer und nannte mich und alle Reporter alles mögliche von Lügnern bis zu Spionen des Feindes. Ich bezweifle nicht, daß er höchst erfreut wäre, einen Grund zu finden, mich ins Gefängnis zu werfen."

„Um so wichtiger ist es, daß wir uns aus dem Weg gehen."

„Trent, du wirst doch nicht die Story deines Lebens verpassen wollen, nur wegen einer Liebesgeschichte? Wir müssen der Welt da draußen die Wahrheit mitteilen. Wir können noch nicht –" Er brach ab und zog eine Akte aus der Schublade. „Aha, da ist es!" Er blätterte die Akte durch und zog ein Blatt heraus. „Hier ist eine Liste aller Hospitäler. Es gibt nur vier vom Roten Kreuz, das erleichtert die Suche. Morgen früh kannst du als erstes –"

„Machst du Witze? Die Nacht ist noch jung. Ich bin doch nicht Hunderte von Kilometern durch die feindlichen Linien und durch Monsune gereist, um noch länger zu warten, wenn es nicht sein muß."

„In Ordnung. Dann mal los. Für eine Liebesgeschichte bin ich immer zu haben."

„Bist du sicher, daß du mich begleiten willst? Ich meine, wenn Stössel dich kriegt?"

„Das würde ich um nichts in der Welt verpassen wollen."

Daniel versuchte, nicht zuviel über Dinge wie Liebe und

Romantik nachzudenken. Er mied den Gedanken an die Gefahr und die Risiken, die mit seinem Besuch verbunden waren. Niemals kam ihm in den Sinn, daß Mariana vielleicht zu viel hineininterpretieren könnte. Er stellte sich vor, daß sie sich freute, ihn zu sehen, daß sie viel Spaß miteinander haben würden ... nun, was konnte schon dabei sein?

Er dachte weder an die Gefühle einer jungen Frau noch an die Gefahren des Krieges und der Belagerung.

23

Noch in derselben Nacht fand Daniel die Pension, in der Mariana übernachtete, doch alles war bereits verschlossen und verriegelt. Eine Schwester der Nachtschicht im Hospital hatte ihm die Adresse gegeben und ihn darüber informiert, daß Mariana am folgenden Morgen um sieben Uhr Dienst hätte.

Er kehrte zu seinem Zimmer im Gasthaus zurück und schlief unruhig in einem Bett, das sicherlich voller Ungeziefer war. Ernsthaft zog er in Betracht, das Angebot Nojines anzunehmen, ihm eine bessere Unterkunft zu besorgen. Bei Tagesanbruch erhob er sich. Vielleicht konnte er Mariana auf dem Weg zur Arbeit abpassen.

*

Als die Sonne über Port Arthur aufging, nahm General Nogi noch eine letzte Inspektion seiner sechs auf dem Land postierten Kanonen vor. Diese Kanonen waren die schwersten der vierhundert Kanonen in seinem Arsenal, und sie konnten aus großer Entfernung feuern.

Seine Armee war in den vergangenen Tagen gut vorangekommen. Er würde Port Arthur zwar nicht innerhalb eines Tages einnehmen können, wie das einige Jahre zuvor möglich gewesen war, als die Stadt noch von den Chinesen besetzt war. Doch er hatte Vertrauen zu seiner Armee. Seine Truppen hatten sich gegen den großen russischen Bären bereits als sehr erfolgreich erwiesen.

Die drei Verteidigungslinien des Hafens durften jedoch nicht unterschätzt werden. Die Altstadt wurde von einer alten chinesischen Mauer etwa eintausend Meter vom Stadtzentrum entfernt geschützt, und sie wurde verstärkt durch eine Reihe von ansehnlichen Festungen. In den nordöstlichen und nordwestlichen Bergen hatten die Russen ihre Positionen mit schweren Kanonen gefestigt, vor allem den Berg, der als der 203-Meter-Berg bekannt war und der Port Arthur überragte.

Die Russen konnten es sich nicht leisten, diesen wichtigen Berg zu verlieren – sein Verlust würde nicht nur Gefahr für die Stadt bedeuten, sondern auch für die lebenswichtige russische Flotte, die noch im Hafen vor Anker lag.

Nogi war Kriegsveteran und ein Held Japans. Er stand unter großem Druck, dieses Hindernis schnell zu beseitigen. Der japanische Erfolg war bisher nur unter großem Verlust an Soldaten zu erringen gewesen, und für die Invasion von Liaoyuan brauchte die Armee Verstärkung von Nogis Truppen. Er hatte einfach nicht die Zeit für eine lange Belagerung. Doch mehr noch, Nogis Vorgesetzte in Tokio forderten einen Sieg, allein schon, um das Gesicht zu wahren. Die Russen hatten die Liaodong-Halbinsel besetzt, als ob die Japaner gar nicht existierten. Nun mußten sie beweisen, daß das nicht stimmte.

Darum gab Nogi bei Tagesanbruch den langersehnten Befehl. Die Bombardierung Port Arthurs hatte begonnen.

*

Als Daniel die Kirchenglocken in der Ferne hörte, wurde ihm bewußt, daß Sonntag war. Über dem 203-Meter-Berg zeigte sich der erste Lichtstreifen, und zusammen mit dem Glockengeläut wirkte die Szene richtig malerisch.

Mehrere Schwestern verließen gerade die Pension, als er kam.

„Ist Mariana Remisow schon fort?" fragte er.

„Ich weiß es nicht –"

„Oh ja", antwortete eine andere. „Ich sah sie vor einigen Minuten gehen. Sie kann noch nicht weit sein."

Daniel hörte nicht mehr weiter zu, sondern machte sich sofort auf den Weg zum Hospital. Es wäre nicht passend gewesen, wenn er sie bei ihrer Arbeit störte, darum begann er die Straße hinunterzulaufen in der Hoffnung, sie noch vor dem Krankenhaus einzuholen.

In diesem Augenblick ging der erste Kanonenschuß los. Daniel hatte sich schon oft in Kriegsgebieten aufgehalten und erkannte daher, daß dies keine Schlacht irgendwo in der Ferne war. Die Stadt selbst wurde bombardiert!

Der Boden unter seinen Füßen erzitterte von der Explosion. Hinter ihm hörte er die Schreie der Schwestern, und er blickte zurück. Sie waren unverletzt; die Explosion hatte einige Straßen weiter stattgefunden.

„Sie gehen besser in Deckung", rief er den Schwestern zu. „Gibt es einen Keller in dem Haus?"

„Ja, aber wir werden doch im Hospital erwartet."

Ein weiterer Schuß zerriß die Luft, dann noch einer und noch einer. Daniel sah hier und da Rauchwolken aufsteigen.

„Ich denke, man wird es schon verstehen. Niemand kann von Ihnen erwarten, daß Sie in diesem –"

Auf einmal wurde ihm klar, daß Mariana im Augenblick vielleicht auf offener Straße stand! Würde sie Schutz finden können?

Daniel begann zu laufen. Von der Pension bis zum Hospital war es ein Fußweg von gut fünfzehn Minuten. Mariana könnte es schaffen, aber war sie im Hospital in Sicherheit? Die japanischen Kanonen würden vermutlich vor der Rot-Kreuz-Flagge auf dem Dach keinen Halt machen.

Die Schüsse wurden in rascher Abfolge abgegeben. Auf den Straßen eilten Soldaten auf ihre Posten, und Zivilisten rannten durcheinander – einige in Panik, andere, um Schutz zu suchen. Unglücklicherweise hatte der unfähige Stössel das Bauen von Schutzbunkern verboten, vermutlich um die Einwohner in der irrigen Vorstellung zu halten, daß sie nicht in Gefahr seien. In diesem Punkt hatte er Erfolg gehabt. Die Leute hatten im Laufe der Zeit begonnen, sich in Sicherheit zu wiegen. Sie waren überzeugt, daß die Japaner, lange bevor sie die Stadt angreifen konnten, von der Halbinsel vertrieben sein würden.

Die entsetzten Schreie der Leute auf der Straße mischten sich mit Flüchen auf die Regierung im allgemeinen und General Stössel im besonderen. Doch Daniel war das im Augenblick egal. Später würde er alles an den Pranger stellen; jetzt machte er sich nur Sorgen um Mariana.

Dann entdeckte er sie – wenigstens sah er, wie eine Schwester in eine schmale Gasse einbog und wie eine Granate kaum hundert Meter vor ihr explodierte. Ungeachtet der Tatsache, daß die Erde unter ihm erbebte und seine Ohren dröhnten, rannte er in die Gasse und blieb neben der Schwester stehen.

Sie drehte sich mit aufgerissenen Augen zu ihm um. Seine Suche war erfolgreich gewesen.

Er grinste Mariana schelmisch an. „Und so treffen wir uns wieder, Fräulein Remisow. Welch ein Vergnügen!"

„Daniel?" Dann lachte sie. „Ich war nicht sicher, bis ich deine Stimme gehört habe. Ich sehe dich nur ganz verschwommen – ich habe meine Brille verloren. Was in aller Welt tust du hier?"

„Ich bin gekommen, um dich zu sehen."

„Mich?"

Eine weitere Granate explodierte, diesmal noch näher. Mariana brachte kaum einen Schrei heraus und hielt sich die Ohren zu. Sogar Daniel mußte einen angstvollen Schrei unterdrükken.

„Daniel, du hättest niemals kommen sollen." Marianas Stimme zitterte. „Aber ... aber ich bin froh, dich zu sehen. Das heißt, ich wäre es, wenn ich dich sehen könnte."

„Wann hast du deine Brille verloren?"

„Gerade eben, als ich in diese Straße rannte."

„Bleib hier. Ich werde sie suchen."

Daniel suchte zuerst in der Gasse, dann ging er vorsichtig hinaus auf die Straße. Das Sonnenlicht spiegelte sich in den Gläsern, und so entdeckte er sie schließlich nur wenige Meter vom Anfang der Gasse entfernt. Er hatte sie gerade in die Hand genommen, als eine weitere Granate kaum zwanzig Meter entfernt explodierte. Der Druck warf ihn zu Boden, und er verlor fast noch seine eigene Brille.

„Daniel!"

Er rappelte sich hoch, taumelte in die Gasse zurück und überreichte Mariana triumphierend die Brille.

„Oh, Daniel! Ich habe solche Angst." Tränen stiegen ihr in die Augen.

Ihre Hände zitterten, und Daniel setzte ihr die Brille auf. Dann legte er beruhigend den Arm um sie.

„Ist ja gut, Mariana." Auch er hatte Angst, doch das hätte er ihr und sich nie eingestanden.

Mariana schniefte und wischte sich die Tränen aus den Augen.

Eine Granate riß ein Loch mitten in die Straße, und die Mauer des Gebäudes, an dem sie lehnten, erbebte. Steinbrocken und Splitter flogen umher. Nur weil sie sich gegen die Mauer des Gebäudes preßten, blieben sie vor ernsthaften Verletzungen verschont. Trotzdem wurde Daniel von einem Splitter getroffen. Auf der anderen Straßenseite ging ein Gebäude in Flammen auf.

„Wir sollten machen, daß wir fortkommen", meinte Daniel mit erzwungener Ruhe. „Wie weit ist es bis zum Hospital?"

„Zwei Straßen."

„Vielleicht ist ein Keller in der Nähe –"

„Bestimmt werde ich im Krankenhaus gebraucht."

„Du wirst schon noch früh genug dorthin kommen. Besser du kommst heil da an als auf einer Bahre."

„Aber –"

„Und ich dachte, nur ich sei verrückt." Er rollte mit den Augen, doch der Staub auf seinen Brillengläsern verdeckte es. „Komm. Das Gebäude neben uns scheint noch in Ordnung zu sein. Vielleicht hat es einen Keller."

Ohne auf Antwort zu warten, packte er sie beim Arm und begann zur Straße zurückzugehen. Mariana folgte widerspruchslos.

Sie bogen gerade um die Ecke, als das Dach des Hauses von einer Granate getroffen wurde. Die ganze Hauswand erbebte, und Glas, Holz, Mörtel und zerbrochene Steine flogen umher. Mariana und Daniel wurden zwei Meter weit in die Gasse hineingeschleudert. Teile des Daches prasselten auf sie herunter; Daniel wurde am Kopf und Mariana an der Schulter getroffen. Die Mauer auf der anderen Seite der Gasse hielt stand und bot Daniel und Mariana ein wenig Schutz – sonst wären beide getötet worden, erdrückt von dem Gewicht der Mauer oder durchbohrt von herumfliegenden Splittern.

Mehrere Minuten lang blieben sie so an die Wand gedrückt auf dem Boden liegen. Mariana klammerte sich an Daniel, sie zitterte und weinte. Auch Daniel zitterte. Es war ihm unmöglich, die Fassade des mutigen Mannes aufrechtzuerhalten, und innerlich verfluchte er die Tränen, die sich mit seinem Schweiß mischten.

Unablässig ging die Bombardierung weiter. Daniel hatte schon früher gefährliche Situationen erlebt, doch das war schlimmer als alles, was er bisher durchgemacht hatte. Überall um sie herum fielen die Granaten. Wenn er allein gewesen wäre, hätte ihm das vielleicht nicht so viel ausgemacht. Doch die Last der Verantwortung, die er für Mariana empfand, machte die Angst unerträglich. Er fühlte sich so hilflos. Was konnte er tun? Er hatte schon immer gut reden können, doch das brachte ihn hier auch nicht weiter. Durch Reden würde er die japanischen Geschosse nicht aufhalten können.

Eine weitere Granate explodierte. Obwohl der Einschlag mehrere Meter von ihnen entfernt stattgefunden hatte, wackelte die Mauer hinter ihnen, und lose Steine regneten auf sie herab.

„Wir müssen hier weg!" Daniel packte Marianas Hand und wollte losrennen.

Eine Granate explodierte in der Straße direkt vor ihnen, eine weitere schlug hinter ihnen ein. Sie waren gefangen, und die Mauer wurde durch jede Explosion mehr erschüttert. Es gab keinen Ort, wo sie sich verstecken konnten.

Mariana hielt sich die Ohren zu und barg ihren Kopf an Daniels Schulter. „Warum hört es nur nicht auf?"

Daniel wurde von der Last der Verantwortung und von seiner Furcht fast erdrückt. Wild blickte er um sich auf der Suche nach einem Fluchtweg. „Oh Gott, hilf uns!" rief er. Ihm war kaum bewußt, daß er betete.

Als eine kurze Pause in der Bombardierung eintrat, zog Daniel Mariana mit sich zur Straße, doch eine weitere Explosion hielt ihn auf. Er drehte sich um. Vielleicht konnten sie durch die Gasse entkommen.

Und dann entdeckte er die Seitentür des Hauses.

Er lief darauf zu. Mariana folgte ihm wie in Trance. Daniel versuchte, die Tür zu öffnen. Sie war verschlossen, doch das Schloß war alt, und das Holz schien morsch zu sein. Einige Tritte, und die Tür war offen. Sie standen einer abwärtsführenden Treppe gegenüber.

„Ein Keller!" rief Daniel.

Der Keller war dunkel, und dicke Spinnweben deuteten darauf hin, daß er lange Zeit nicht mehr betreten worden war. Doch für Daniel und Mariana bedeutete er Schutz. Sie kauerten sich in der Dunkelheit zusammen und versuchten sich zu beruhigen. Draußen ging die Bombardierung weiter.

Nach einigen Minuten wurde es still. Vollkommene Stille, wie in einem Grab.

24

Marianas Stimme, wenn sie auch zittrig und dünn klang, war wie ein Licht in der vollkommenen Dunkelheit, die sie umgab.

„Ist ... ist es vorbei?"

„Für den Augenblick."

„Du meinst, das wird so weitergehen?"

Daniel konnte Marianas Gesicht nicht sehen, doch er hörte die Angst in ihrer Stimme.

„Du stellst dich besser darauf ein." Daniel versuchte vorsichtig zu sein in seiner Vorhersage. „Es könnte so lange weitergehen, wie die Belagerung dauert."

„Noch nie in meinem Leben habe ich solche Angst gehabt." Sie brach ab. Daniel gefiel die Dunkelheit gar nicht, die sie umgab, und er war erleichtert, als Mariana weitersprach. „Daniel, ich war so froh, daß du für uns gebetet hast."

„Ich? Gebetet?"

„Ja, dort in der Gasse."

„Oh ... das hatte ich ganz vergessen."

„Ich bin froh, daß du so geistesgegenwärtig warst, es zu tun. Ich muß gestehen, ich hatte so große Angst, daß ich das Beten vollkommen vergessen hatte."

„Ich weiß nicht, was schlimmer ist; es zu vergessen, wenn man in Schwierigkeiten steckt, oder sich nur daran zu erinnern, wenn man Angst hat", sagte er, ohne zu überlegen, welche Äußerung er da tat.

„Was meinst du damit?"

Auf einmal wurde Daniel klar, daß er zuviel gesagt hatte. Aber was sollte es? War es nicht besser, sie erfuhr alles, erfuhr, was für ein armseliges Mannsbild er war? Warum sollte er sie noch länger täuschen? Sie hatte gesehen, wie auch er während des Bombardements gezittert und geweint hatte. Wenn er sie verlor ... nun, vielleicht hatte er einen Menschen wie Mariana auch gar nicht verdient.

„Mariana, daß du mich hast beten hören, besagt gar nichts. Ich habe nicht alles gesagt, als ich dir vom Tod meines Vaters erzählte. Ich habe mich zu sehr geschämt. Aber was nützt das? Du wirst es sowieso früher oder später herausfinden – ich brauche nur noch einmal in ein solches Bombardement kommen, und mein wirkliches Ich wird sich zeigen."

„Willst du mir jetzt davon erzählen? Ich verspreche dir, daß ich dich nicht verurteilen werde."

„Nein, das würdest du nicht – und das macht alles noch schlimmer. Ich verdiene jemanden wie dich überhaupt nicht."

„Daniel, was ist in Amerika passiert?"

„Ich war völlig am Ende, als mein Vater starb. Ich war verwirrt und so leer, weil ich nicht die Gelegenheit gehabt hatte, die Dinge, die zwischen uns standen, zu bereinigen. Ich konnte ihm nicht Lebewohl sagen. Dann dachte ich an dich und das, was du über den Glauben gesagt hast. Glaube es oder nicht, ich habe damals wirklich zugehört, auch wenn es so schien, als würde ich es überhören."

„Ich wußte, daß es so war." Er spürte, daß sie lächelte. „Ich hoffte, es würde dir wieder einfallen, wenn die Zeit reif dazu ist."

„Ich habe angefangen zur Kirche zu gehen und in der Bibel zu lesen. Es machte auf einmal Sinn." Daniel war aufgewühlt, als er an jene Zeit zurückdachte.

„Die Leere in mir begann sich zu füllen. Dann machte ich den Fehler, daß ich – nun, ich dachte, es sei Gottes Wille, die Zeitung zu verlassen und in der Firma meines Vaters zu arbeiten, wie er es immer gewollt hatte. Ich habe dir ja erzählt, wie schlecht es mir ging. Ich begann Gott wieder in Frage zu stellen. Ich wollte wirklich wissen, was es mit dem ‚Glauben' auf sich hat. Ich kam an den Punkt, wo ich es nicht mehr ertragen konnte, noch länger in der Trent-Company zu arbeiten. Ich sagte Gott, er solle etwas tun – das war vermutlich ziemlich anmaßend von mir, nicht wahr?"

Mariana lachte leise, dann sagte sie ohne Groll: „Das paßt zu dir."

„Mariana, Gott hat tatsächlich etwas getan!" Seine Augen funkelten bei der Erinnerung an den schrecklichen Tag in seinem Büro. „An diesem Tag fand ich den Brief von meinem Vater. Ich glaube, es war wirklich ein Wunder. Vielleicht nicht so wie bei Mose und dem brennenden Dornbusch, doch der Zeitpunkt war einfach zu genau gewählt."

„Das scheint mir auch so. Aber, Daniel, ich verstehe immer

noch nicht, wo das Problem liegt – was dir passiert ist, ist so aufregend. Warum wolltest du mir das nicht erzählen?"

In diesem Augenblick freute er sich über die Dunkelheit. Das machte es ihm leichter.

„Danach ging es mir wieder gut."

„Ich verstehe immer noch nicht."

„Endlich hatte ich die Zustimmung meines Vaters, und ich habe wieder beim *Register* angefangen. Es war so wundervoll, wieder arbeiten zu können – Streiks, Skandale, getürkte Wahlen – mir ging es unglaublich gut. So gut, daß ich alles vergaß, was ich durchgemacht hatte, um dahin zu kommen." Er wendete sich ab, als reiche die Dunkelheit nicht aus, um seine Scham zu verstecken. „Verstehst du nicht, Mariana? Gott half mir durch eine schwierige Zeit hindurch, und als sie vorbei war, kehrte ich zur Tagesordnung zurück. Dachte kaum noch an Gott, bis vor wenigen Minuten, wo ich wieder einmal Hilfe brauchte. So, nun weißt du alles. Und ich würde es dir nicht übelnehmen, wenn du mir sagen würdest, ich solle verschwinden."

„Armer, lieber Daniel!" Mariana faßte seine Hand. „Warum sollte ich nun weniger von dir halten? Weil du menschlich reagierst? Ich sehe, daß du in deinem Herzen Gott suchst –"

„Wenigstens, wenn es schwierig wird."

„Welche bessere Zeit gibt es, ihn zu suchen?"

„Sollte ich denn nicht immer fromm sein? Du bist es – das heißt, du sprichst so natürlich von Gott, und ich wette, du denkst immer an ihn, auch wenn es dir gutgeht."

„Nicht *immer*. Ich glaube nicht, daß das überhaupt bei einem Menschen so ist. Aber, Daniel, Gott sieht nicht darauf, wie oft wir an ihn denken, zur Kirche gehen oder in der Bibel lesen. Er sieht unser Herz an."

„Aber ich weiß nicht, wie mein Herz ist, Mariana. Vielleicht sieht es düster dort aus."

„Warum meinst du das? Weil du nicht zur Kirche gegangen bist oder gebetet hast?"

Daniel antwortete nicht.

„Ich könnte nicht so für dich empfinden, wenn du so durch und durch schlecht wärst", sagte sie leise. „Daniel, du wolltest mir das nicht erzählen, weil du dich geschämt hast; du hast das als etwas Schreckliches angesehen. Doch ich denke, es ist wundervoll. Du suchst Gott – das ist, was er mehr als alles andere von uns erwartet. Du bist ein wenig gestolpert oder vom Weg abgekommen. Schlimm wäre es, wenn du dich dadurch abhalten ließest, weiterzumachen. Der Weg Christus nach ist nicht immer leicht. Gott weiß das, und er versperrt dir nicht den Weg, nur weil du gelegentlich etwas falsch machst, solange du wirklich weitermachen willst."

„Das ist wirklich eine gute Nachricht, weil ich nämlich vieles verderbe."

„Auch ich mache Fehler, aber wir können einander helfen."

Sie schwiegen. Daniel konnte nicht glauben, daß er Mariana wirklich sein Herz geöffnet hatte und daß sie ihn immer noch akzeptierte. Das machte ihm Mut, ihr zu sagen, was ihn sonst noch beschäftigte.

„Mariana, was du sagst, ist gut und schön. Und von dem, was ich über Gott gelernt habe, glaube ich auch, daß er so ist. Doch ich habe immer noch Angst, mich ihm ganz auszuliefern. Ich würde den Respekt vor mir verlieren, wenn ich dann wieder alles hinschmeißen würde."

„Das verstehe ich, Daniel – wenigstens glaube ich es."

„Nun, ich bin auf jeden Fall froh, daß ich dir alles erzählt habe. Ich möchte nicht, daß es Geheimnisse zwischen uns gibt. Was sollen wir jetzt machen?"

„Vielleicht sollten wir sehen, was draußen los ist."

Er lachte. So wörtlich hatte er es eigentlich nicht gemeint, doch er war erleichtert, daß nun alles gesagt war.

Sich an den Händen haltend, stiegen sie die Kellertreppe hoch und traten in den hellen Sonnenschein hinaus. Draußen waren die Leute damit beschäftigt aufzuräumen. Ein Feuerwehrwagen raste die Straße entlang auf das brennende Gebäude zu. Soldaten hatten sich des Feuers bereits angenommen und versuchten, es mit alten Decken oder was sie sonst zur Hand hatten, zu bekämpfen. Andere Soldaten und Zivilisten suchten unter den Trümmern nach Verletzten.

Rauch und Staub hingen in der Luft, doch Daniel hatte das Gefühl, seit Jahren endlich wieder einmal frei atmen zu können. Über seine Unzulänglichkeit zu sprechen half ihm, sie besser ertragen zu können. Und er wußte nun auch, daß er etwas dagegen tun konnte. Immer noch war ihm nicht genau klar, was.

Doch was immer es war, es war ein großer Schritt, und er wollte sicher sein, egal was Mariana über Gottes Bereitschaft zur Vergebung sagte.

25

Die Bombardierung Port Arthurs wurde fortgesetzt. Nicht ein Tag verging ohne das beharrliche Kanonenfeuer. Es verursachte Mariana Kopfschmerzen, und selbst im Schlaf – wenn sie schlafen konnte – hörte sie das gleichmäßige Artilleriefeuer.

Obwohl das Feuer nachts eingestellt wurde, waren immer noch die Alpträume da. Im Traum rannte sie die Straße entlang, genau wie an jenem ersten Tag der Bombardierung. Die Granaten schlugen immer dicht hinter ihr ein, und wenn sie stehenblieb, passierte das Unausweichliche. Oder schlimmer noch, Daniel wurde von einer Granate getroffen.

In der Stadt herrschte höchste Anspannung. Sie konnte es in den Augen der Menschen lesen, die ihr auf dem Weg zur Arbeit begegneten. Auch sie wurden von Alpträumen verfolgt. Wenn General Nogi sie aufgefordert hätte aufzugeben, sie hätten es vermutlich sofort getan. Am zehnten August wurde die russische Flotte auf Befehl des Vizekönigs nach Wladiwostock abgezogen. Unterwegs wurde sie angegriffen und verlor fünf Schlachtschiffe, einen Kreuzer und drei Zerstörer. Nun war auch von der russischen Flotte keine Rettung mehr zu erwarten.

Nach dem, was die Soldaten erzählten, die ins Hospital eingeliefert wurden, hatte Nogi Stössel aufgefordert, sich zu ergeben. Stössel fühlte sich beleidigt und weigerte sich, ihm eine Antwort zu geben. Smirnoff beharrte darauf, daß eine Antwort gegeben werde müsse, wenn auch nur um der militärischen Etikette willen. Wieder einmal herrschte Uneinigkeit in der oberen Führungsebene. Als die Russen nicht reagierten, verstärkten die Japaner ihr Feuer auf die Stadt.

Der August ging in den September über, und der Strom der Verwundeten, die ins Hospital kamen, riß nicht ab. Das Personal gab sein Äußerstes. Zwar war die Versorgung mit Lebensmitteln noch gesichert, doch die Qualität der Nahrungsmittel hatte sich drastisch verschlechtert. Während Pferdefleisch zu Beginn der Belagerung noch strikt zurückgewiesen wurde, war es nun an der Tagesordnung, jedes Pferd zu schlachten, das durch den Beschuß verletzt worden war. Frische Nahrungsmittel wie Milch, Butter, Eier gab es kaum noch, und die Zahl der Skorbut- und Ruhrerkrankungen stieg beträchtlich. Als die Japaner die Kontrolle über die Hauptwasserversorgung erlangten und die Einwohner gezwungen waren, aus Furcht vor einer Vergiftung ihr Wasser aus den Brunnen innerhalb der Stadt zu beziehen, wurde Baden und Waschen zu einem Luxus. Die Arbeit im Hospital wurde dadurch natürlich zusätzlich erschwert. Der Wasserverbrauch wurde eingeschränkt, auch in den Hospitälern. Die Frauen der Offiziere mußten aus Unterröcken und anderen entbehrlichen Kleidungsstücken Verbände machen, weil auch die medizinische Versorgung nicht mehr gesichert war.

Mariana hatte gehört, was eine Belagerung bedeutete. Viele Menschen würden an Hunger und Krankheit sterben, genauso viele wie auf dem Schlachtfeld selbst. Manchmal verloren Belagerte den Verstand; es hatte bereits Selbstmorde gegeben. Jeden Tag fragte sie sich, ob sie die Entbehrung, die Furcht und Hoffnungslosigkeit würde ertragen können. Als sie Philip auf seiner neuen Station besuchte, versuchte er ihr Mut zu machen.

„Sie müssen sich auf Ihren Glauben stützen, Mariana."

„Ich bin an einem Punkt angekommen, wo ich mich frage, ob ich das noch kann." Sie seufzte laut. „Manchmal fällt es mir schwer, mich inmitten dieses Chaos an Gott zu erinnern. Sicherlich haben auch Sie das oft auf dem Schlachtfeld empfunden."

Er schüttelte den Kopf, verwirrt über das, was sie sagte.

„Haben Sie niemals Fragen über Gott, Philip? Sind Sie niemals verwirrt?"

„Gott in Frage zu stellen, Mariana? Das würde ich mir nicht träumen lassen."

„Ich wünschte, ich könnte so standhaft sein. Aber ..." Sie zuckte die Achseln. Sie wußte nicht, was sie sagen sollte. Philips Sicherheit war irgendwie beunruhigend. Vielleicht brachte ihr dies ihre Schwachheit noch mehr zu Bewußtsein. Doch selbst Sergei war manchmal verwirrt und stellte Gott in Frage.

„Mariana, ich freue mich, daß Sie sich auf mich stützen", meinte er. „Wenigstens haben Sie Ihre Arbeit – das hält Sie auf Trab. Ich kann nur hoffen, daß ich bald aufs Schlachtfeld zurückkehren kann. Hier zu liegen macht mich verrückt; ich schaudere bei dem Gedanken daran, was ein weiterer Monat Belagerung für uns bedeuten kann."

„Mir gefällt die Vorstellung überhaupt nicht, daß Sie zurückkehren." Das war das Schlimmste an ihrer Arbeit als Schwester. Wenn die Patienten gesund waren, mußten sie sich neuen Gefahren stellen. Und besonders schlimm war es, wenn sie einen bestimmten Patienten ins Herz geschlossen hatte. „Aber Ihr Bein heilt sehr gut." Ihrer Stimme fehlte die übliche Begeisterung.

„Ich möchte zurück, Mariana. Das müssen Sie verstehen. Ich muß meine Pflicht tun."

Sie nickte, doch sie verstand es überhaupt nicht. Wenn es möglich gewesen wäre, hätte sie einen Arzt veranlaßt, die Empfehlung auszusprechen, Philip nach Hause zu schicken. Doch das war hoffnungslos, vor allem da Karl Wlasenko sein Arzt war. Karl würde ihr *niemals* einen Gefallen tun. Er schien Freude daran zu haben, seine Patienten zu ihrer Einheit zurückzuschicken – wahrscheinlich weil so wenige überlebten.

Während Mariana sich noch mit Philip unterhielt, kam Daniel auf die Station. Sie hatte ihre Pause genutzt, um Philip zu besuchen, daher hatte es einige Zeit gedauert, bis Daniel sie gefunden hatte. Seit dem ersten Tag der Bombardierung hatten sie sich ein halbes dutzendmal gesehen, doch immer in ihrer Pension, weil sie dort in der Nähe des Kellers waren, falls die Japaner wieder anfingen, die Stadt zu beschießen. Diese Besuche waren in der Regel kurz gewesen, weil Mariana so wenig Zeit hatte. Seit drei Tagen hatten sie sich überhaupt nicht gesehen.

„Stimmt etwas nicht?" Sie befürchtete das Schlimmste.

„Nein, ich dachte nur, hierherzukommen sei der einzige Weg, dich zu sehen. Hörst du denn niemals auf zu arbeiten?"

„Ich mache doch gerade eine kurze Pause und unterhalte mich –" Sie brach ab, wurde verlegen und hoffte, keiner der Männer würde es bemerken. Dann fiel ihr ein, daß sie die beiden Männer noch nicht vorgestellt hatte.

„Ach, ein Amerikaner", sagte Philip, als er und Daniel sich die Hände schüttelten. „Sie sind der erste Amerikaner, den ich kennenlerne."

„Wirklich? Ich hätte gedacht, bei einem Mann Ihrer gesellschaftlichen Stellung wäre das anders, Fürst Barsukow."

„Ich komme aus Moskau. Wir sehen nicht so auf den Rest der Welt wie die Leute in St. Petersburg. Und durch meine Zugehörigkeit zur Armee bin ich recht isoliert."

„Nun, Moskau ist eine große Stadt", sagte Daniel. „Bei meinem ersten Aufenthalt in Rußland vor einigen Jahren habe ich einige Tage dort verbracht. Ich habe noch nie etwas so Beeindruckendes gesehen wie den Kreml oder den Roten Platz."

Sie plauderten höflich miteinander, und Mariana war erstaunt, wie zwanglos die beiden miteinander umgingen. Mariana fühlte sich töricht, daß sie so verlegen gewesen war, als Daniel unerwartet aufgetaucht war. Vielleicht dachte sie sich zu viel dabei. Philip und Daniel waren beide ihre Freunde, und ganz sicher würde sie das nicht stören. Sie hatte keinem von beiden irgend etwas versprochen. Es war eine andere Situation als damals bei der Begegnung zwischen Stephan und Daniel. Man konnte Stephan seine Reaktion wohl kaum vorhalten. Sie hatten von Heirat gesprochen und waren inoffiziell verlobt gewesen. Doch weder mit Daniel noch mit Philip hatte sie über ein so ernstes Thema wie Ehe gesprochen.

Sie waren nur Freunde.

Vermutlich kam ihre Verlegenheit daher, daß sie sehr wohl über eine mögliche Eheschließung mit Daniel oder Philip nachgedacht hatte. Doch warum wurde sie schon wieder vor die Wahl gestellt? Vor vier Jahren war das nicht gut ausgegangen. Konnte sie nicht einfach nur Philip und Daniel als Freund haben? Mußte sie wirklich eine Entscheidung treffen?

Mariana warf verstohlen einen Blick auf die beiden Männer. Auf einmal wurde ihr klar, daß Freundschaft nicht das war, was sie wollte. Ein seltsamer Gedanke kam ihr in den Sinn: *Einen dieser beiden Männer werde ich heiraten.* Sie errötete, als ob sie ihre Gedanken lesen könnten.

„Sehen Sie, was ich meine?" sagte Philip gerade. „Sie wird jedesmal verlegen, wenn ich das Thema anschneide."

„Was?" rief Mariana, und die Röte auf ihren Wangen vertiefte sich. Sie wünschte, sie hätte sich mehr auf die Unterhaltung konzentriert.

„Mariana", sagte Daniel, „ich wußte gar nicht, daß du eine

solche Heldin bist. Du hast mir gar nicht erzählt, daß du sein Bein gerettet hast."

„Das überrascht mich nicht", meinte Philip.

„Ach das." Mariana zuckte die Achseln. „Das war doch meine Pflicht. Ich versuche immer wieder, ihm das klarzumachen."

„Hast du etwas dagegen, wenn ich einen Artikel über diesen Zwischenfall schreibe?"

„Oh, Daniel", stöhnte Mariana.

„Wenigstens frage ich dich zuerst." Daniel lächelte sie entwaffnend an.

„Ich bin einverstanden, wenn Philip einverstanden ist. Nur darfst du meinen Namen nicht erwähnen – es ist nicht richtig, medizinisches Personal so hervorzuheben."

„In Ordnung. Wie ist es, Philip?"

„Vermutlich gefällt mir das genausowenig wie Mariana. Alle Männer draußen an der Front sind Helden."

„Ich kann nicht alle ihre Geschichten schreiben. Doch glauben Sie mir, ich versuche es. Nur eine oder zwei Geschichten werden jedoch einen langen Weg zurücklegen, um Ihrer Nation die westliche Unterstützung zu sichern. Sie schulden es Ihrem Land, Philip. Wirklich."

„Wenn Sie es so sehen, wie kann ich da ablehnen? Doch Sie müssen klarmachen, daß ein solches Handeln kein Einzelfall ist. Der russische Soldat ist so mutig wie ein Löwe."

„Haben Sie keine Angst, ich werde das schon ins rechte Licht zu setzen wissen."

„Ins rechte Licht?"

„Sie wissen schon, die Perspektive. Wie auch immer, es wird perfekt sein."

„Machen Sie sich nichts aus seiner mangelnden Bescheidenheit, Philip", sagte Mariana schelmisch. „Was immer er sagt, er ist ein guter Reporter."

„Vielen Dank, mein Fräulein, es ist mir ein Vergnügen, dies endlich aus Ihrem Munde zu hören", erwiderte Daniel mit einer Verbeugung. Daniel und Mariana blickten sich an. „Und jetzt sollte ich dich nicht länger von deiner Arbeit abhalten", sagte Daniel zu Mariana.

„Wie ich schon sagte, habe ich gerade eine Pause. Aber ich bringe dich noch hinaus."

Die beiden Männer verabschiedeten sich voneinander, und Daniel versprach, am folgenden Tag wiederzukommen, um Philips Geschichte ausführlicher zu hören. Dann verließen Daniel und Mariana gemeinsam die Station.

„Mariana, werde ich denn jemals ein wenig mehr von dir haben?" fragte Daniel.

„Es tut mir leid, daß du so viel durchgemacht hast, um hierherzukommen", erwiderte Mariana, während sie durch die überfüllten Korridore des Hospitals gingen. „In manchen Nächten mache ich mir nicht einmal die Mühe, zum Schlafen in meine Pension zu gehen. In einem kleinen Raum hat man Feldbetten für uns aufgestellt. Seit die Japaner begonnen haben, die Stadt zu bombardieren, sind wir überfüllt. Einige weitere Hospitäler wurden eröffnet – Hotels, große Häuser und so etwas. Vielleicht wird sogar meine Pension noch in ein Hospital umgewandelt; die meisten Bewohner sind Schwestern, und die Hälfte der Zeit sind unsere Betten leer, weil wir arbeiten."

„Ist es gut, so viel zu arbeiten?"

Mariana zuckte die Achseln. „Haben wir denn eine Wahl?"

„Wie kannst du das durchhalten?"

Mariana war gerührt von der Besorgnis, die aus Daniels Stimme herauszuhören war.

„Es ist lieb, daß du dir Gedanken darum machst, Daniel."

„Natürlich mache ich mir Sorgen um dich, Mariana. Darum habe ich doch auch meinen Hals riskiert, um hierherzukommen."

„Und ich kümmere mich so wenig um dich."

„Ich wünschte fast, ich würde verwundet und würde die Aufmerksamkeit bekommen, die Hauptmann Barsukow anscheinend zuteil wird."

„Daran darfst du nicht einmal denken, Daniel! Auf diese Weise bekommt man keine Aufmerksamkeit." Mariana gestand es sich nur ungern ein, doch ihr gefiel der Anflug von Eifersucht in Daniels Stimme.

„Barsukow scheint ein netter Bursche zu sein. Zu schade, das mit seinem Bein."

„Er ist ein netter Mann. Und sein Bein ist fast verheilt. Ich denke, er wird bald entlassen werden."

„Gut."

„Was?"

„Ich meine, gut, daß es ihm besser geht", gab Daniel zurück. „Vermutlich werden sie ihn wieder an die Front schicken."

„Ich darf nicht einmal daran denken." Mariana wechselte schnell das Thema. „Was hast du getrieben, seit wir uns das letzte Mal gesehen haben, Daniel? Ich weiß, daß du immer etwas zu tun haben mußt, auch wenn du dich verstecken mußt."

„Es macht dir nichts aus, daß ich meine Zeit hier nutze, um zu arbeiten, wenn wir uns nicht treffen können?"

„Natürlich nicht. Ich kann doch nicht selbst so in meine eigene Arbeit vertieft sein und von dir erwarten, daß du nur auf mich wartest. Außerdem weiß ich, daß das zuviel von dir verlangt wäre – eine solche Gelegenheit zur Berichterstattung zu verpassen."

„Hier sind tatsächlich gute Stories zu schreiben", erwiderte Daniel begeistert. „Das Problem ist, sie hinauszubekommen. Stössel hat allen Korrespondenten den Krieg erklärt, von dieser Seite besteht also wenig Hoffnung auf Hilfe. Ich habe Gerüchte gehört, daß die *Novy Krai* geschlossen werden soll, weil der Feind so leicht an die Zeitungsausgaben kommen kann und auf diese Weise erfährt, was in Port Arthur vorgeht. In gewisser Weise stimmt das, doch es ist nicht der Zeitung, sondern den mangelhaften Sicherheitsvorkehrungen Stössels zuzuschreiben. Die Bürger von Port Arthur haben das Recht zu erfahren, was vorgeht."

„Aber wenn es doch die Leute und unsere Männer in Gefahr bringt –"

„Das hat darauf kaum Auswirkungen."

„Aber wenn nur *ein* Mensch verletzt wird, weil Informationen durchgesickert sind ...?"

„He, auf welcher Seite stehst du eigentlich?"

„Ich stehe auf der Seite der verwundeten und leidenden Männer, Daniel", erwiderte Mariana kurz. „Es sind so viele, und manchmal denke ich, daß ich es nicht mehr ertragen kann."

„Ich schätze, das ist eine andere Sichtweise", gab Daniel zu.

Sie blieben stehen, und Mariana versuchte sich zu fassen. Einen Augenblick dachte sie, daß er sie in den Arm nehmen würde, doch dann zog er sich zurück. Mariana stellte fest, daß sie enttäuscht war – sie brauchte so dringend Trost und eine zärtliche Umarmung. Sie gingen weiter und erreichten die Eingangstür des Hospitals.

Daniel blieb im Türrahmen stehen. „Mariana, nimm dir heute

abend frei und verbringe einige Zeit mit mir. Du mußt einmal hier herauskommen."

Einen kurzen Augenblick war Mariana versucht, auf seinen Vorschlag einzugehen. Das Elend, dem sie Tag für Tag begegnete, das Blut, der Gestank, der Tod – es zehrte an ihr, laugte sie aus, raubte ihr die Kraft. Selbst ihr Glaube gab ihr nicht mehr genügend Kraft, sich jedem neuen Tag zu stellen. Doch Mariana brachte ein halbherziges Lächeln zustande – warum sollte sie Daniel beunruhigen?

„So geht es allen hier", antwortete sie. „Aber ich bin sicher, daß wir bald ein wenig Freizeit bekommen. Wenn das so ist, wirst du der erste sein, den ich benachrichtige."

„Mariana –" Doch er brach ab, und sie würde nie erfahren, was er gerade hatte sagen wollen. Er nahm einfach nur ihre Hand, drückte sie und lächelte sie ganz besonders herzlich an.

26

Daniel war sehr beschäftigt, wenn er nicht mit Mariana zusammensein konnte, was die meiste Zeit so zu sein schien. Durch seine Anwesenheit in Port Arthur hatte die Stadt zwar wirklich einen Mund mehr zu füttern, doch gleichzeitig konnte er auch sehr von Nutzen sein. Viele der männlichen Zivilisten wurden zu Diensten herangezogen, die den Soldaten den Rücken freimachten für die Schlacht. Daniel mußte Verwundete transportieren, Gräben ausheben, Vorräte verteilen und andere notwendige Arbeiten verrichten. Niemand stellte Fragen, wieso er dort war, solange er hart arbeitete. Und trotz Stössels Verbot von Kameras in der Stadt trug er seine neue Kleinbildkamera immer bei sich, verborgen in seinem Rucksack. Er war in erster Linie Reporter, und er war entschlossen, auf jede Situation vorbereitet zu sein.

Eines Tages teilte Daniel den Soldaten in den vordersten Linien ihre Rationen aus. Nach einiger Zeit blieb er stehen, um die Kämpfe etwas genauer zu beobachten und mit den Soldaten zu sprechen. Die Japaner versuchten wieder einmal, den strategisch so wichtigen 203-Meter-Berg zu erobern. Seit Tagen schon dauerte der Kampf an. Zweimal hatten die Japaner verschiedene Bereiche erobert, doch immer wieder waren sie von den Russen zurückgedrängt worden.

Die japanischen Verluste waren unglaublich hoch. Am Fuß des Berges lagen die Toten hoch aufgehäuft und schränkten die Japaner in ihrer Bewegungsfreiheit ein. Schließlich wurde über den japanischen Gräben eine Rot-Kreuz-Flagge zusammen mit der weißen Waffenstillstandsflagge gehißt.

Als das Schießen nachließ, kamen zwei japanische Offiziere vorsichtig aus ihrer Deckung hervor. Zwei russische Offiziere taten es ihnen gleich. Daniel schloß sich schnell den Russen an. Andere Soldaten kamen ebenfalls aus den Gräben hervor. Wie vorsichtige, doch neugierige Hasen verließen Russen wie Japaner ihre Deckung.

Mit Hilfe eines Übersetzers bat der japanische Offizier um einen zeitweiligen Waffenstillstand, damit sie ihre mehr als fünfzehnhundert Toten begraben konnten. Er war sehr höflich – tatsächlich war Daniel beeindruckt von der Freundlichkeit, mit der sich beide Seiten begegneten.

Das war seine große Chance – wenn er es wagte, das Risiko einzugehen. Er holte seine Kamera aus seinem Rucksack und hielt sie dem japanischen Offizier fragend entgegen. Der Mann verbeugte sich höflich vor ihm, und Daniel machte Fotos von der historischen Begegnung der beiden Gegner.

Nachdem eine zweistündige Waffenruhe vereinbart worden war, holte einer der Japaner eine Flasche *Sake* hervor, als wolle er das Abkommen besiegeln.

„Bitte, trinken Sie mit uns", sagte der Japaner durch seinen Übersetzer.

Als die Russen zögerten, verbeugte sich der feindliche Offizier höflich und trank zuerst ein Glas *Sake*. „Sehen Sie, es ist nicht vergiftet."

Die Russen akzeptierten den Wein, und es dauerte nicht lange, bis sie Wodka hervorholten – eine Handelsware, die es im belagerten Port Arthur erstaunlicherweise in Massen zu geben schien.

Danach mußten die Toten beseitigt werden. Wegen der unglaublich hohen Zahl halfen die Russen den Japanern bei dieser Aufgabe. Daniel schoß ein Foto, von dem er wußte, daß es auf der Titelseite des *Register* erscheinen würde – ein Russe hielt den Körper eines japanischen Leutnants, während ein japanischer Soldat die Beine gepackt hatte. Was das Foto nicht zeigte, war, daß die Männer versuchten, sich in zwei verschiedenen Sprachen zu unterhalten!

Nach genau zwei Stunden verkrochen sich die Soldaten beider Seiten wieder in ihren Gräben, und die Schlacht wurde wieder aufgenommen.

Während die Kugeln über seinen Kopf hinwegflogen und die Granaten um ihn herum einschlugen, hockte Daniel in einem der Gräben und schrieb seinen Artikel. Solche Geschichten brauchte eine Zeitung, wenn sie die Auflage steigern wollte. Sein Redakteur im *Register* würde für eine solche Story töten. Und Daniel hatte nicht nur die Story, er hatte sogar noch Fotos dazu. Nun brauchte er seine Artikel nur noch aus Port Arthur herauszuschmuggeln.

Im Schutz der Dunkelheit kehrte er in die Stadt zurück. Er ging ins „Saratow", eines der wenigen Restaurants, die in Port Arthur noch geöffnet hatten. Dort konnte man Kontakte schließen, und Daniel war häufig dort zu Gast, in der Hoffnung, einen Schmuggler zu treffen, der bereit war, seine Artikel hinauszuschleusen.

Während er auf sein Essen wartete, dachte er über Mariana nach. Er machte sich Sorgen um sie. Jedesmal wenn er sie sah, schien sie ausgelaugter zu sein. Ihre Nerven waren bis zum Äußersten angespannt; sie zuckte beim kleinsten Geräusch zusammen und brach bei der kleinsten Kleinigkeit in Tränen aus. Sie sah schrecklich aus; vermutlich aß sie auch nichts, damit ihre Patienten mehr bekamen. Sie wollte nicht darüber sprechen, wie sich die Belagerung auf sie auswirkte. Einmal entschlüpfte ihr die Bemerkung, daß sie sich große Sorgen um Hauptmann Barsukow mache. Er war entlassen worden, und obwohl er seinen Dienst am Schreibtisch versah, fürchtete sie, er würde beantragen, wieder an die Front versetzt zu werden.

Kein Wunder, daß sie so ausgezehrt war, wenn sie sich um alle ihre Patienten solche Gedanken machte. Oder bedeutete ihr Barsukow mehr als die anderen?

Daniel hatte das Gefühl, daß es so war, und das machte ihn krank. Er hatte Barsukow interviewt, wie er es versprochen hatte, und obwohl dieser nur sehr wenig über sich selbst erzählt hatte, war er doch voll des Lobes über Mariana gewesen. Er sprach von ihr mit offener Bewunderung – nein, eher mit offener *Zuneigung*.

Warum sollte Mariana sich nicht hingezogen fühlen zu diesem Mann, einem gutaussehenden Aristokraten, einem Kriegshelden? Selbst Daniels sonst so unerschütterliches Selbstbewußtsein geriet angesichts der offensichtlichen Verdienste Philip Barsukows ins Wanken. Wenn Barsukow im Hospital und somit in Marianas unmittelbarer Nähe geblieben wäre, hätte sich Daniel wirklich Sorgen gemacht. Er fragte sich, ob er sich wohl immer mit einem anderen Mann im Wettstreit um Marianas Gunst befinden würde.

Das sollte ihn eigentlich nicht überraschen. Sie war eine sehr schöne Frau, bezaubernd, freundlich und sanft. Es war ein Wunder, daß sie sich in all den Jahren nicht gebunden hatte. Daniel wußte, daß es nicht mehr lange so bleiben würde, vor allem jetzt, da Philip Barsukow um sie warb.

Wieder fragte sich Daniel, wie schon so oft, was er sich eigentlich von einer Beziehung zu Mariana erhoffte. Eine Ehe? Sicherlich war nichts Geringeres das Ziel einer Frau wie Mariana.

Doch selbst das Vergnügen und die Freude des Zusammenseins mit einer wunderbaren Frau wie Mariana erforderte Opfer. Daniel mochte sein Leben, so wie es war. Er reiste von einem Krieg zum anderen, von einer internationalen Krise zur nächsten. Und wie sollte er seinen interessanten Beruf mit einem normalen Familienleben vereinbaren? Neuigkeiten gab es nicht nur von acht bis fünf Uhr. Selbst wenn er ausschließlich Schreibtischarbeit erledigen würde, müßte er oft achtzehn bis zwanzig Stunden an einem Stück arbeiten.

Keine Frau würde sich ein solches Leben wünschen. Wie oft hatte er eine Verabredung absagen müssen, wie viele Frauen hatte er wegen seiner Arbeit versetzen müssen. Keine Verbindung hatte länger als einige Wochen gedauert.

Daniel mochte Mariana zu sehr, um sie so zu verletzen, wie er andere Mädchen verletzt hatte. Und was sollte werden, wenn sie Kinder hätten? Was für ein gräßlicher Vater würde er sein!

War es nicht besser, Mariana jemandem wie Barsukow zu überlassen? Er war beständig, und ein Heim und Familie waren ihm sicher sehr wichtig.

Doch er konnte sie sich nicht so leicht entgehen lassen.

„Du bist eine selbstsüchtige, miese Ratte", sagte sich Daniel. Er starrte das Essen vor sich an – ein dünnes Stück gebratenes Pferdefleisch und Reis mit einem Löffel voll ranziger Butter an der Seite. Das einzige, wovon es genügend gab, war Tee.

„Na, führst du schon Selbstgespräche, alter Junge?"

Daniel blickte auf. Sein Freund Nojine stand vor ihm.

„Ich glaube nicht, daß ich der einzige bemitleidenswerte Mensch in dieser Stadt bin, der unter dieser Krankheit leidet", erwiderte Daniel finster.

Nojine lachte, dann ließ er sich auf einen Stuhl fallen. „Ich dachte, du würdest gern erfahren, daß Stössel es getan hat."

„Hat er sich selbst erschossen?"

„Das wäre zu schön. Nein, er hat die *Novy Krai* dichtgemacht. Ich bin nun offiziell arbeitslos."

„Das ist schlimm, Nojine. Aber vor Langeweile brauchst du keine Angst zu haben – es gibt genügend Gräben, die gegraben werden müssen."

„Im Augenblick bin ich vollauf damit beschäftigt, Nachrichten nach draußen zu schmuggeln. Und dich interessiert vielleicht zu erfahren, daß ich einen Blockadebrecher gefunden habe, der heute nacht ausläuft."

Daniel fuhr auf. „Er nimmt unsere Artikel mit? Du bist ein Zauberer!"

„Das wird einiges kosten."

„Ist das nicht bei allem Wichtigen so? Laß uns gehen. Ich brauche nur ein paar Minuten, um alles zusammenzusuchen."

Eine halbe Stunde später trafen sie sich mit einem chinesischen Schmuggler in einem kleinen Lokal am anderen Ende der Stadt, das eher einer Spelunke glich. Der Mann nahm ihre kostbaren Artikel entgegen, für die stolze Summe von zweihundert Dollar. Trotz seines beständig schwindenden Vorrates an Bargeld hielt Daniel es für ein gutes Geschäft.

„Dies ist meine letzte Fahrt", informierte sie der Mann. „Ein deutscher Blockadebrecher und ein chinesisches Boot sind in den vergangenen drei Tagen versenkt worden, und ein weiteres deutsches Boot ist von den Japanern festgehalten worden. Dieses Geschäft wird mir zu brenzlig."

Daniel dankte dem Mann so überschwenglich, daß der Bursche vermutlich dachte, er hätte ruhig noch mehr verlangen können. Daniels Laune hatte sich erheblich gebessert, und er konnte sogar fast seine Verwirrung in bezug auf Mariana vergessen. Fast, aber nicht ganz.

Während der chinesische Schmuggler in der Ferne verschwand, fiel Daniel ein, daß auch der Bericht über den russischen Kriegshelden unter den Artikeln war, die er mitnahm. Diese Story würde Barsukow für Mariana noch attraktiver erscheinen lassen.

„Gute Arbeit, Trent", murmelte er vor sich hin. „Huch, und schon wieder führe ich Selbstgespräche."

Familiengeheimnis

27

Zar Nikolaus ging vor der Tür zum Kinderzimmer auf und ab. Einerseits konnte er die schreckliche Ungewißheit nicht mehr ertragen, andererseits tat es ihm auch weh zuzusehen, wie Dr. Fedorow seinen winzigen Sohn untersuchte.

Das Kind war nun fast zwei Monate alt. Er war ein so pausbäckiges, rotwangiges und zufriedenes Baby. Warum auch nicht, wo er vier große Schwestern hatte, die ständig um ihn waren, und Eltern, die ihn fast anbeteten? Sie waren eine so glückliche Familie. Sie liebten sich und standen sich sehr nahe. Nikolaus versuchte, seine Töchter zu trösten, weil sie so traurig waren über das, was vorgefallen war. Aber niemand konnte sagen, ob es ihr Fehler war, weil sie vielleicht ein bißchen zu grob mit Alexei umgegangen waren; vielleicht hatten auch er oder Alix den Jungen irgendwie gestoßen –

„Oh Gott, alles was zählt, ist Alexei. Bitte, Gott, gib, daß er in Ordnung kommt."

Zwei Tage zuvor hatte der Junge angefangen, vom Nabel her zu bluten. Seither hatte die Blutung praktisch noch nicht wieder aufgehört. Welch ein erbarmenswerter Anblick war es gewesen, vor allem, wo Alexei trotzdem immer noch gelächelt hatte. Mehrmals hatten sie den kleinen Verband wechseln müssen. Wieviel Blutverlust konnte ein so kleines Kind verkraften? Nikolaus hatte Angst, dem Arzt diese Frage zu stellen.

Die Tür zum Kinderzimmer öffnete sich, und Alix kam heraus. Sie hatte die ganzen zwei Tage am Bett des Kindes gesessen. Sie sah schrecklich aus – schlimmer noch als das kranke Kind.

„Wie geht es ihm?"

„Wenn die Blutung nicht zum Stillstand kommt, wird der Arzt morgen versuchen, den ganzen Bereich auszubrennen."

„Alix, wie schrecklich!"

„Wir können nur beten, daß von selbst alles in Ordnung kommt."

„Was kann nur der Grund dafür gewesen sein?"

Alix schüttelte den Kopf. Die Ärzte hielten sich mit einer Diagnose zurück.

Am folgenden Tag hörte die Blutung tatsächlich auf. Die Familie war natürlich erleichtert, doch die beiden besorgten Eltern konnten nicht vergessen, daß der Grund für die Blutung nie festgestellt worden war. Es konnte wieder passieren, ohne Vorwarnung.

Ihnen blieb nichts weiter übrig, als das Kind in Gottes Hände zu legen.

*

Alexandra betete jeden Abend zum heiligen Seraphim. Sicherlich würde dieser heilige Mann, der bekannt war für seine Heilungen und Prophezeiungen, ihren Sohn beschützen. Hatte sie das Kind nicht nach dem Bad in Seraphims heilender Quelle empfangen? Alexei stand unter dem Segen des Heiligen.

Doch Alexandra mußte immer an ihren Onkel Leopold denken, den jüngsten Sohn der Königin Viktoria. Er war an einer Gehirnblutung gestorben, als Alexandra zwölf Jahre alt war. Sie erinnerte sich auch an ihren Bruder, der im Alter von drei Jahren fiel, sich den Kopf stieß und innerhalb weniger Stunden an einer Gehirnblutung starb. Die Kinder ihrer Schwester Irene schienen ebenfalls unter dieser schrecklichen Blutkrankheit zu leiden. Der Jüngste, Henry, war im Alter von vier Jahren verblutet, kurz bevor Alexei geboren wurde.

Aber warum wurde ausgerechnet Alexandras Familie von einer solchen Tragödie heimgesucht? Sicherlich würde doch ihr eigenes Kind dieser Krankheit nicht zum Opfer fallen! Alexei war so gesund. Das hier war sicher nur ein Zufall. Vielleicht hatte der Arzt die Nabelschnur bei der Geburt nicht richtig durchgeschnitten.

Doch in den folgenden Monaten, als Alexei immer aktiver wurde und sich häufiger Blutergüsse und Schrammen einstellten, wurde es immer schwerer für den Zar und die Zariza, ihre Ängste beiseite zu schieben. Außer der unmittelbaren Familie wußte niemand davon. Niemand durfte jemals erfahren, daß mit dem Thronfolger etwas nicht stimmte.

28

Ein neuer Halbgott stieg in St. Petersburg auf, und Cyril Wlasenko konnte nichts dagegen tun.

Vor einigen Jahren war Pater George Gapon auf der Bildfläche erschienen. Als religiöser Zelot, als Idealist, der unter den Ärmsten der Armen in St. Petersburg missionierte, wäre er zweifellos im Hintergrund geblieben. Doch dann war Zubatow, ein ehemaliger Polizeioffizier, der in die Führungsspitze der politischen Abteilung der Okhrana aufgestiegen war, auf die blödsinnige Idee gekommen, von der Regierung sanktionierte Gewerkschaften zuzulassen. Die Absicht des Plans war, die Arbeiter zu besänftigen, indem man ihnen vorgaukelte, die Regierung würde ihnen eine große Vergünstigung zugestehen. In Wirklichkeit hatte die Regierung jedoch die vollkommene Kontrolle, und sie ließ keine Reformen ohne offizielle Genehmigung zu. Gapon, ein Liebling der Arbeiter und glühender Bewunderer des Zaren, schien Zubatow der geeignete Mann zu sein, an der Spitze der Gewerkschaften in St. Petersburg zu stehen.

Von Anfang an war Cyril gegen diese Idee gewesen, doch Innenminister Plehwe sah die Gewerkschaften als ein Mittel, den revolutionären Bestrebungen unter der Arbeiterschaft entgegenzuwirken, darum war er nicht nur mit dem Plan einverstanden, sondern unterstützte Zubatow sogar noch.

In den vergangenen zwei Jahren hatte Gapon unermüdlich gearbeitet, um die Gewerkschaften aufzubauen und funktionsfähig zu machen. Vor kurzem hatte er beschlossen, ähnliche Gewerkschaften in anderen Teilen Rußlands einzuführen, und deshalb begonnen, durch das Land zu reisen. In Moskau war ihm jedoch von dem Generalgouverneur, dem Großherzog Sergei, einem Lieblingsonkel des Zaren, Einhalt geboten worden. Der hatte einen Beschwerdebrief an Plehwe geschrieben. Keinesfalls wollte Plehwe sich mit dem Onkel des Zaren anlegen, darum zog er seine Unterstützung der Gewerkschaften zurück.

Cyril hatte die Gelegenheit genutzt, um einige Freunde in der Okhrana zu bitten, Gapons Aktivitäten zu überwachen und geeignete Maßnahmen zu ergreifen, falls er aus der Spur lief. Wlasenko war sicher, daß es nicht lange dauern würde, bis die Karriere des frömmelnden Gewerkschaftsführers beendet sein würde.

Doch als die Bombe eines Attentäters Plehwes Leben ein Ende setzte, wurde damit gleichzeitig Gapon verschont. In der steigenden politischen Unruhe, die dem Tod des Innenministers nachfolgte – und ihn zweifellos auch verursacht hatte –, war Cyril gezwungen, sich zurückzuhalten. Der Tod des Mannes konnte nur zu leicht zum Katalysator für Demonstrationen und sogar Aufstände werden.

Und zu allem Übel kam auch noch die Ernennung von Fürst Swyatopolk-Mirski zum Innenminister. Diese Niederlage hatte Cyril tief getroffen, und noch Tage danach war er verzweifelt gewesen. Er war so dicht dran gewesen! Einen flüchtigen Moment lang hatte er sogar in Erwägung gezogen, sich ganz aus dem Regierungsdienst zurückzuziehen. Sein ganzes Leben lang hatte er an seiner Karriere gearbeitet, um sich dann von einem Einfaltspinsel alles kaputtmachen zu lassen, der nicht einmal eine Bande von Schuljungen führen konnte, geschweige denn eine so mächtige Nation. Dieser vernichtende Schlag hätte den eingeschworenen Reaktionär Cyril beinahe zu einem Revolutionär gemacht.

Doch es gab mehr zu bedenken als sein angeschlagenes Image. Seine finanzielle Zwangslage machte es notwendig, daß er seine Position und seine Kontakte zur Regierung behielt. In der Regierung war Geld zu machen, und er mußte sich den Weg offenhalten. Außerdem war Cyril im Herzen eine Kämpfernatur. Gier war zwar seine größte Triebfeder, doch auch seine politische Stellung war ihm sehr wichtig, und er war nicht bereit, den Gemäßigten und Revolutionären in Rußland freie Hand zu lassen.

Jemand mußte ein Gegengewicht setzen zu Leuten wie Swyatopolk-Mirski und dafür sorgen, daß die Leine von Halbgöttern wie Gapon so lang war, daß sie sich selbst daran aufhängen konnten.

Aus diesem Grund war Cyril nun auf dem Weg zu einem Geheimtreffen mit seinem treuesten Gefolgsmann. Dieser Bursche behielt die Arbeiterbewegung in der Hauptstadt und Gapon sehr genau im Auge. In wenigen Tagen sollte eine Generalversammlung der Gewerkschaft stattfinden. Unter Swyatopolk-Mirskis Vorsitz sollte unter anderem der Beschluß gefaßt werden, die Gewerkschaften auch in anderen Städten des Landes einzuführen. Cyril wollte sicherstellen, daß es bei diesem Treffen keine Überraschungen für ihn gab. Wenn er schon nichts gegen ihre Aktivitäten unternehmen konnte, so wollte er doch wenigstens über alles genau unterrichtet sein.

Cyril traf sich mit seinem Assistenten Cerkower auf der Isaaksbrücke, nicht weit von der Statue Peters des Großen entfernt. Bewußt hatte er die Tageszeit gewählt, wo am meisten Betrieb herrschte, damit sie nicht auffielen. Der Himmel war wolkenverhangen und die Luft recht kühl. Immerhin stand der Herbst vor der Tür. Cyril hatte seine Kutsche einige Straßen weiter warten lassen. Den Rest des Weges ging er zu Fuß. Als er an der Brücke ankam, keuchte er wie eine Dampflokomotive.

Eines Tages würde er den Mächtigen diese Unbequemlichkeiten heimzahlen!

„Guten Tag, Graf Wlasenko", sagte Cerkower, als Cyril sich neben ihn an die Brüstung stellte.

„Ich freue mich, daß Sie pünktlich sind", erwiderte Wlasenko und holte ein Taschentuch heraus, um sich den Schweiß von der Stirn zu wischen.

„Ich weiß doch, wie knapp Ihre Zeit bemessen ist", begann Cerkower schmeichlerisch. Er war stämmig, doch längst nicht so imposant wie Wlasenko. Mit Anfang vierzig war sein Haar schon leicht ergraut; sein rundes Gesicht, das seine mongolische Herkunft verriet, war glatt, bartlos und hatte erstaunlich wenig Falten. Seine grauen Augen waren sehr wachsam. Nach Jahren des Trainings unter Wlasenko in der Dritten Sektion und der Okhrana entging ihm nur wenig. Wlasenko schätzte ihn als eine nie versiegende Quelle von Informationen und als Mann, der nichts vergaß. Seinen Freunden gegenüber war er loyal, doch wenn ihm ein Unrecht getan wurde, vergaß er es niemals.

„Dann lassen Sie uns gleich zur Sache kommen", sagte Cyril. „Gibt es irgend etwas Neues?"

„Das Treffen der Gewerkschaft wird eine große Sache. Sie haben eine stattliche Halle gemietet, und ich habe gehört, daß sogar der Gouverneur von St. Petersburg erscheinen wird."

„Wie viele Teilnehmer werden erwartet?“

„Zweitausend, vielleicht auch mehr.“

„Swyatopolk-Mirski muß verrückt sein, daß er eine solche Versammlung gestattet.“

„Vielleicht sollte man Radikale einschleusen und eine Demonstration oder sogar einen Aufruhr inszenieren?“ Cerkower zog fragend die Augenbrauen in die Höhe.

„Es wäre zu riskant, einen Aufruhr anzuzetteln“, erwiderte Cyril, der sehr gut verstand, was Cerkower meinte. „So etwas könnte zu mir zurückverfolgt werden. Außerdem, ein Aufstand zu diesem Zeitpunkt würde Gapon nur die Sympathie der Arbeiter einbringen – und vielleicht sogar die des Innenministers. Ich möchte, daß Gapon seinen eigenen Niedergang auslöst, und das ist nur eine Frage der Zeit. Der Mann ist kein Heiliger, was immer die Arbeiter im Augenblick auch von ihm denken mögen. Er ist nie ganz von dem Verdacht der Unterschlagung bei dem Waisenfonds, den er verwaltete, freigesprochen worden. Und dann soll er noch mit einer der Waisen durchgebrannt sein ... Wir könnten ihn ruinieren, wenn wir wollten.“

„Warum tun wir es dann nicht?“

„Der Zeitpunkt, Cerkower. Der Zeitpunkt ist alles.“

„Und in der Bestimmung des richtigen Zeitpunktes sind Sie wirklich ein Meister, mein guter Graf.“

„Vielen Dank, mein Freund. Das liegt mir tatsächlich.“ Im stillen wünschte sich Wlasenko, er hätte mit einigen seiner Investitionen auch einen besseren Zeitpunkt abgewartet, doch das ging seinen Begleiter nichts an.

„Ich bin bereit, meine Spione –“ begann Cerkower.

„*Spione* – was für ein schreckliches Wort“, meinte Cyril. „Mir gefällt *Agenten* sehr viel besser.“

„Natürlich, verzeihen Sie meine Nachlässigkeit. Wie ich schon sagte, meine *Agenten* stehen bereit; sie warten nur auf Ihr Zeichen.“

„Sind Sie sicher, daß keine Verbindung zu mir hergestellt werden kann?“

„Ganz sicher. Einer unserer Männer ist ein Amerikaner.“

„Das könnte sich als schwierig erweisen. Vielleicht ist das zu auffällig.“

„Dieser Mann, Jack Caine heißt er, hat einen guten Ruf in

Gewerkschaftskreisen. Er hat sich in der Arbeiterbewegung der Vereinigten Staaten sehr stark engagiert."

„Sind Sie sicher, daß wir ihm trauen können?"

„Ich werde Ihnen etwas über seinen Partner erzählen, dann können Sie selbst urteilen. Caine ist erst kürzlich in Begleitung eines russischen Emigranten hier angekommen – nun, *Emigrant* ist vielleicht nicht das richtige Wort. *Flüchtling* trifft eher zu. Dieser Mann ist ein ehemaliger Revolutionär, dessen Aktivitäten Ihnen vielleicht bekannt sind. Er ist der Sohn eines bereits verstorbenen Arztes und vor mehr als zwanzig Jahren aus dem Land geflohen. Man verdächtigte ihn, einen Anschlag auf die Tochter eines früher sehr bekannten St. Petersburger Bürgers verübt zu haben – des Prinzen Fedortschenko. Zwar konnte ihm in dieser Angelegenheit nichts nachgewiesen werden, doch es ist ziemlich sicher, daß er eine Prostituierte in der Grafski-Straße tötete."

„Sie wollen doch nicht sagen, daß Sie Basil Anickin gefunden haben! Das ist absolut unglaublich – und gefährlich! Wie haben Sie den Burschen geschnappt?"

„Er wurde bei einer Routine-Durchsuchung in einem der Bordelle in der Grafski-Straße festgenommen. Einer der Polizisten, der schon einige Male mit Anickin zu tun gehabt hatte, erkannte ihn – natürlich nicht sofort, denn er hatte sich in den zwanzig Jahren sehr verändert, doch der Polizist forschte ein wenig nach und fand die Wahrheit heraus. Da er ein alter Freund von mir ist, erzählte er mir von Anickins Verhaftung."

„Hat er es sonst noch jemandem gesagt?"

„Nein, und ich glaube auch nicht, daß sonst jemand diese Verbindung hergestellt hat."

„Das ist gut. Und Sie setzen Anickin unter Druck?"

„Im Augenblick noch nicht. Anickin braucht Geld und ist bereit, für uns zu arbeiten. Dasselbe gilt für seinen Freund Caine. Mein Eindruck von den beiden ist, daß sie für den arbeiten, der ihnen am meisten bietet. Politische Motivation steht bei ihnen an zweiter Stelle."

„Das sind Männer nach meinem Herzen!" lachte Wlasenko.

„Anickins Polizeiakte ist unser Druckmittel gegen ihn. Dasselbe gilt für Caine, dessen Verbindung zur sozialistischen Arbeiterbewegung in Amerika ein guter Grund zur Deportation ist."

„So wie ich Anickin kenne, ist es sehr gefährlich, ihn für unsere Zwecke einzusetzen. Das ist fast so, als würde man einen Tiger beim Schwanz packen." Wlasenko machte eine Pause und rieb sich das Kinn. „Aber es könnte ein sehr vielversprechender Schachzug sein, wenn man es klug angeht. Cerkower, Sie müssen alles genau im Auge behalten. Wenn etwas schiefgeht, ziehen Sie Anickin und den Amerikaner sofort aus dem Verkehr."

„Ich verstehe."

„Und was immer Sie tun, lassen Sie nicht zu, daß sich unsere Gegner Anickin schnappen."

Während Cyril zu seiner Kutsche zurückging, dachte er an die turbulenten Tage vor zwanzig Jahren zurück. Es war eine sehr traurige Zeit für die Nation gewesen, Zar Alexander II. war gerade ermordet worden. Und auch die Fedortschenkos hatten viel Leid erfahren. Cyril hatte sich über den Sturz des mächtigen Viktor Fedortschenko gefreut, obwohl der Tod von dessen Frau, Tochter und Enkelin sehr tragisch war. Später – vor vier oder fünf Jahren – war herausgekommen, daß seine Enkelin noch am Leben war. Weil Cyril keinen Weg gefunden hatte, diese Information zu seinen Gunsten zu nutzen, hatte er sie fallenlassen, obwohl ihm einmal kurz in den Sinn gekommen war, das Mädchen zu zwingen, seinen Sohn Karl zu heiraten, um auf diese Weise an das Vermögen der Fedortschenkos zu gelangen.

Nun, Cyril hatte auch so alles bekommen, was er wollte, und diese Fedortschenko-Enkelin, Remisow hieß sie wohl, vergessen. Doch alle diese Informationen waren in seinem Gehirn gespeichert. Wer wußte schon, wann sie ihm von Nutzen sein konnten?

Und nun war ein weiterer Geist aus der Vergangenheit aufgetaucht. Basil Anickin mußte wirklich im Auge behalten werden, doch ganz bestimmt konnte sich ein Mann wie er als sehr nützlich erweisen.

29

Gewöhnlich mieden Sergei und Anna große Menschenansammlungen. Doch diese erste Versammlung der Arbeitergewerkschaft war ein Ereignis von solcher Wichtigkeit, daß sie an diesem Abend eine Ausnahme machten. Wichtig war es vor allem für Sergei. Er wußte, daß Anna nur ihm zuliebe mitgekommen war.

Wenigstens brauchte Anna nur an der Abendveranstaltung teilzunehmen – dort gab es hervorragende Musiker, Jongleure und eine Folkloretanzgruppe. Den geschäftlichen Teil der Veranstaltung hatte sie sich geschenkt. Vier Stunden Reden, Berichte, Darstellungen der Finanzen und jede Menge Zeit für Diskussionen. Sergei war schon den ganzen Tag dabei.

Als Sergei eingewilligt hatte, eine Gruppe von Arbeitern zu unterrichten, war ihm klargewesen, daß er mit in die Arbeiterbewegung hineingezogen werden würde. Ihm gefiel, was sie zu erreichen versuchte, doch noch wichtiger war, daß er Pater Gapon mochte.

Der zweiunddreißigjährige Priester, Sohn eines Kosaken, war in einem streng religiösen Elternhaus in der Ukraine aufgewachsen. Seine Eltern legten sehr großen Wert auf äußere religiöse Formen. Er, der einfühlsame und ein wenig romantische Idealist, suchte jedoch eher die geistlichen Tiefen des Glaubens. Das war es, was Sergei vor allem an ihm schätzte. Wenn Gapon manchmal auch ein wenig zu sehr zur Askese neigte, war er doch ein Mann, der es sehr ernst meinte, und seine Zuneigung zu den armen Arbeitern war echt.

Gapons Erscheinung war eher durchschnittlich; er hatte dichtes schwarzes Haar, einen Bart und dunkle Augen, mit denen er die Menschen sehr eindringlich ansah. Er sang ausgezeichnet und mit einer Inbrunst, die vielen der hartgesottenen Arbeiter die Tränen in die Augen trieb. Für seine Größe war er sehr kräftig, und obwohl er sich gewöhnlich sanft gab, war er bekannt für seine Zornesausbrüche und seinen eisernen Willen. Gapon handelte leidenschaftlich und mit großem Eifer.

Erst kürzlich hatte er die Führer der Gewerkschaft für sich gewonnen, auch Sergei, indem er ihnen sein „geheimes" Programm für die Gewerkschaft gezeigt hatte. Im wesentlichen glaubte er an Reformen, die jedem Revolutionär gefallen hätten. Er vertraute dieser ausgewählten Gruppe an, daß die Regierung zwar der Meinung sei, sie benutze ihn, in Wirklichkeit mache er sich aber die Regierung zunutze, bis die Arbeiterbewegung zu einer selbständigen Macht herangewachsen sei. Diejenigen, die Gapon bisher noch wegen seiner Verbindung zu den Behörden reserviert gegenübergestanden hatten, sprachen ihm nun ihr volles Vertrauen aus und schworen, über sein Programm absolutes Stillschweigen zu bewahren.

Und an diesem Tag hatte Gapon die Arbeiter mit seinem Eifer und seiner Vision angesteckt.

„Keiner der hier Anwesenden“, hatte der Priester ermahnt, „kann sich auch nur im entferntesten vorstellen, welche Zukunft unserer Arbeitergewerkschaft bevorsteht. Innerhalb von drei Jahren werden ihr alle zweihunderttausend Arbeiter in St. Petersburg angehören. Und unsere Organisation wird sich bis in die Provinzen hinein ausbreiten. Sie wird zu einer so großen Organisation werden, wie die Welt sie noch nie gesehen hat! Und dadurch wird den Männern und Frauen, die ihren Lebensunterhalt durch ihren Schweiß verdienen, eine solche Macht gegeben werden, daß alle anderen ihnen gehorchen müssen.“

Sogar Sergei hatte sich vom Geist dieses Tages mitreißen lassen. Pater Gapon war es gelungen, sie davon zu überzeugen, daß ein solches Wunder möglich war. Sergei war der Meinung, daß diese Bewegung vielleicht die Antwort auf die dringende Notwendigkeit von Reformen im Land war. Im Gegensatz zur revolutionären Bewegung, mit der Sergei ernste Probleme hatte, betonte die Arbeitergewerkschaft die Reform im praktischen Sinne und führte nicht die politische und theoretische Fachsprache im Munde, wie die Revolutionäre es taten. Gapon selbst war kein Revolutionär. Er liebte den Zaren und hatte sich einer Veränderung innerhalb des existierenden Systems verschrieben. Auch verlieh er der Bewegung einen stark christlichen Charakter, was Sergei besonders schätzte.

Als der Tag in den Abend überging und die Menge auf etwa zweitausend Leute anschwoll, herrschte eine Atmosphäre der Einheit und des guten Willens. Der Besitzer der Halle, in der die Veranstaltung abgehalten wurde, meinte, er hätte noch nie eine so disziplinierte Menge erlebt.

Sergei genoß die Musik, und er freute sich, das Lächeln in Annas Gesicht zu sehen. Sie klatschten den Takt zur Musik, als Oleg Chawkin sich zu ihnen gesellte.

„Sergei, ich würde dich gern einigen Freunden vorstellen“, sagte er.

Sergei entschuldigte sich und folgte Oleg zum hinteren Teil der Halle, wo er zwei sehr beunruhigenden Burschen begegnete. Wie in aller Welt konnte sich der liebenswürdige Oleg nur mit so finsteren Typen einlassen? Der jüngere der beiden war etwas kleiner als Sergei, stämmig, mit langen, muskulösen Armen, die ihn wie ein Gorilla aussehen ließen. Dieser Eindruck wurde verstärkt durch sein dichtes, lockiges schwarzes Haar und seinen dunklen Zweitagebart. Alles in allem war er eine recht furchteinflößende Erscheinung.

Der größere der beiden wirkte noch beängstigender. Er war hager und sehnig wie ein Geier, sein Kopf saß etwas vorgestreckt auf dem langen Hals. Sein blondes, von grauen Strähnen durchzogenes Haar war sehr dicht, und er trug einen schmalen Oberlippenbart. Unwillkürlich schauderte Sergei zusammen, als er dem Mann in die Augen blickte.

Sergei blickte Oleg an, um sicherzugehen, daß dieser einfache Bauer die beiden tatsächlich als „Freunde“ bezeichnete. Den Hageren stellte Oleg als Jack Caine, einen Amerikaner, den Dunklen als Rolf Nagurski vor.

„Sie haben aktiv in der Arbeiterbewegung in Amerika mitgearbeitet“, erklärte er mit unschuldiger Begeisterung.

„Wirklich?“ Sergei versuchte seine Vorbehalte zu verbergen. „Habt ihr schon Pater Gapon kennengelernt?“ Sergei wußte, daß Gapon etwas gegen Ausländer in seiner Gewerkschaft hatte.

„Wir hatten noch nicht das Vergnügen“, erwiderte Nagurski kurz.

„Wie lange seid ihr schon in Rußland?“

„Einige Wochen.“

Oleg fügte hinzu: „Sie haben mit mir zusammen in der Mühle gearbeitet. Ich glaube, wir können viel von ihrer Erfahrung profitieren.“

„Ich würde mich gern einmal mit euch über die Ereignisse in Amerika unterhalten“, sagte Sergei zu den Fremden. „Rolf, du sprichst sehr gut Russisch. Kommst du aus Rußland?“

„Ja, doch ich bin viele Jahre fort gewesen.“

„Was hat dich veranlaßt zurückzukommen?"

„Du stellst eine Menge Fragen, Sergei Iwanowitsch."

„Es tut mir leid; ich bin schon immer etwas neugierig gewesen. Bitte verzeih mir."

Nagurski lachte leise. „Ich fürchte, im Laufe der Jahre habe ich eine Abneigung gegen neugierige Fragen entwickelt."

„Du kannst uns vertrauen", sagte Oleg.

Aber können wir auch ihnen vertrauen? fragte sich Sergei.

„Sicher", erwiderte Rolf. „Ich bin besonders beeindruckt von der Atmosphäre der Brüderlichkeit und Solidarität, die hier zu spüren ist. Das ist ganz wichtig für den Erfolg von Reformorganisationen."

„Ich freue mich, euch kennengelernt zu haben", sagte Sergei, „doch ich muß zu meiner Frau zurückkehren."

„Ach, Sergei", hielt Oleg ihn zurück. „Ich habe fast vergessen, warum ich dich geholt habe. Wie du sicher gemerkt hast, spricht Rolfs Freund kein Russisch. Er würde es aber gern lernen."

Nagurski fügte hinzu: „Ich habe versucht, es ihm beizubringen, doch anscheinend eigne ich mich nicht zum Lehrer. Oleg erzählte, daß du recht geschickt bist auf diesem Gebiet."

„Ich verdiene mir damit meinen Lebensunterhalt."

„Bist du bereit, meinem Freund zu helfen?"

„Natürlich. Bring ihn ins Haus der Gewerkschaft. Es ist in der Nähe der Mühle; Oleg kann es dir zeigen. Kommt am Sonntagnachmittag, wenn ich mit einer Gruppe Fabrikarbeiter arbeite."

„Das ist sehr freundlich von dir."

Als Sergei zu Anna zurückkehrte und sie ihn anlächelte, empfand er ein seltsames Gefühl der Erleichterung. Sie vermittelte ihm die Art von Wärme und Sicherheit, die er bei den Fremden vermißt hatte. Vielleicht war er aber auch nur überempfindlich. Diese Männer konnten schließlich nichts für ihr Aussehen. Und Nagurski war recht verbindlich gewesen. Trotzdem, Sergei freute sich nicht darauf, die beiden wiederzusehen.

30

Basil Anickin erkannte in Sergei Iwanowitsch keinesfalls den Sohn der Fedortschenkos; sie waren Heranwachsende gewesen, als sie sich das letzte Mal begegnet waren, und in der Zwischenzeit hatten sich beide stark verändert. Doch beim Anblick von Sergeis Frau schlug eine Alarmglocke in Basils Erinnerung an.

Als Anna sich umdrehte und ihren Mann anlächelte, entdeckte Basil etwas Vertrautes in diesem feingeschnittenen Gesicht. Zuerst konnte Basil sie nicht einordnen. Das ließ ihn den ganzen Abend über nicht mehr los. Wer war sie? Eine Bekannte aus der Vergangenheit? Wenn es nur das war, warum war er dann so beunruhigt?

Und auf einmal fiel es ihm wieder ein. Eine dunkle Nacht im Schlafzimmer einer Prinzessin ...

„Wissen Sie, was die mir angetan haben, Prinzessin? Können Sie sich vorstellen, wie es ist, jeden Tag durch die Schreie und das Stöhnen von menschlichen Tieren aufgeweckt zu werden? Verpestete Luft einzuatmen, zu essen, was man nicht einmal Ratten vorsetzen würde? Und dann ständig unter Drogen zu leben. Sie haben mir meine menschliche Würde genommen! Und nur, damit die schöne kleine Prinzessin ihr Spielchen treiben kann!"

„Basil ... es tut mir leid. Ich wollte nicht –"

„Auf die Knie, Prinzessin! Du bist eine tote Frau. Dein schmutziger Ehemann ist ein toter Mann. Deine ungeborene Brut wird niemals auch nur einen einzigen Atemzug in dieser Welt tun!"

Oh, wie dicht hatte er in jener Nacht vor dreiundzwanzig Jahren vor der Erfüllung all seiner Racheträume gestanden. Sein Messer war gewetzt gewesen, bereit, Blut fließen zu lassen. Oh, das süße Blut!

Dann war sie gekommen, diese Zofe, wie eine Furie stürmte sie ins Zimmer, bekam ein Schwert in die Hand, das beinahe so viel wog wie sie selbst, und schwang es mit solcher Kraft, daß Basil gezwungen gewesen war, um sein Leben zu rennen.

Ja, die vergangenen Jahre hatten Spuren auf ihrem Gesicht hinterlassen, doch sie war es, zweifellos. Diese Frau hatte ihn damals daran gehindert, Genugtuung zu bekommen – sie war die Zofe von Katrina Viktorowna Remisow gewesen.

Basil war außer sich vor Freude über diese Entdeckung. Katrinas Zurückweisung hatte er nie vergessen können. Vor weniger als einem Monat war er nach Rußland zurückgekehrt in der festen Absicht, die Brut von Prinzessin Katrina zu finden ... und sie zu töten. Es war nun drei Jahre her, seit ihm die Zeitung in die Hände gefallen war und er erfahren hatte, daß Katrinas Mann und ihr Kind am Leben waren. Wenn seine Finanzlage es zugelassen hätte, hätte er sich sofort auf den Weg nach Rußland gemacht. Um sich Geld zu beschaffen, hatte er es übernommen, unter den amerikanischen Kohlenarbeitern Unruhe zu stiften, und leider war er festgenommen worden. Er hatte keine Ahnung gehabt, daß der Junge, mit dem er in einer Bar Streit angefangen hatte, der Sohn des Minenbetreibers war. Dieser Fehler hatte ihm eine zweijährige Gefängnisstrafe eingebracht. Nach seiner Entlassung hatte er sich mit seinem alten amerikanischen Freund Jack Caine zusammengetan, der aus persönlichen Gründen nach Rußland reisen wollte. Sie beschafften sich das Reisegeld für die Überfahrt auf einem Frachter – eine schreckliche Reise, die drei Monate dauerte.

Doch Basil hatte schon früher bewiesen, daß er sehr viel Geduld hatte. Dies zeigte sich wieder einmal bei seiner Ankunft in Rußland. Es war leicht gewesen, Dmitri Remisow ausfindig zu machen. Doch Basil hob sich die Erfüllung seiner Rachebestrebungen für eine günstige Gelegenheit auf. Ihn einfach zu töten, würde ihm nicht die richtige Befriedigung verschaffen. Da hätte er sich ja gleich mit dem Tod von Prinzessin Katrina zufriedengeben können. Doch das war ihm nicht genug gewesen. Er selbst hätte sie töten müssen, wie er es in jener Nacht in ihrem Schlafzimmer geplant hatte. Und er hatte davon geträumt, Dmitri über ihren Verlust trauern zu sehen, genau wie er, Basil, über den Verlust von Katrinas Liebe getrauert hatte.

Nun bot sich Basil eine zweite Chance. Diese Mariana war zwar nur die Tochter, doch ihr Verlust würde dem Vater trotzdem wehtun – vor allem wo sie, wie man sich erzählte, ihrer Mutter so ähnlich sah. Diese Tatsache würde ihm ihre Ermordung noch angenehmer machen.

Von den Dienstboten der Remisows hatte er erfahren, daß Mariana als Krankenschwester in der Mandschurei arbeitete. Sie konnte monatelang fort sein, vielleicht sogar Jahre. Es war unmöglich für Basil, in den Fernen Osten zu reisen. Er würde warten und hoffen müssen, daß sie in dem Krieg nicht getötet wurde. Seine Geduld wurde auf eine harte Probe gestellt, doch er konnte es ertragen.

Daß er jetzt diese Zofe gefunden hatte, war ihm eine kleine Entschädigung. Er würde auch sie töten. Doch zuerst würde er auf Mariana warten. Er durfte sich nicht verraten, bis er die ganze Brut beisammen hatte. In der Zwischenzeit würde er versuchen, so viel wie möglich über ihr Leben und ihre Gewohnheiten in Erfahrung zu bringen, und diesmal würde er sich einen Plan ausdenken, der nicht mißlingen konnte. Vielleicht hatte er ja Glück, und Mariana kam auf Urlaub nach Hause, dann könnte er alles viel schneller hinter sich bringen. Wenn nicht ... nun, er konnte warten.

Daß er von der Polizei angeworben worden war, paßte gut in seine Pläne. Solange er ihnen nützlich war, konnte er sich frei bewegen. Sie wußten zwar über seine Verbrechen Bescheid, doch solange sie ihn brauchten, bestand nicht die Gefahr einer Verhaftung. Wie lange er dieses gefährliche Katz-und-Maus-Spiel durchhalten konnte, wußte er nicht – er hoffte, es würde wenigstens so lange dauern, bis er Mariana in seinen Fängen hatte. Wenn nicht, würde er wieder untertauchen. Dies war zwar nicht das Leben, das er sich wünschte, doch er hatte es früher schon mitgemacht, und er konnte es auch ein zweites Mal ertragen.

So begann Basil am Ende dieses Abends seine Odyssee von Haß, Rache und Tod ...

Im Schutz der Dunkelheit folgte er Sergei und Anna nach Hause, zu einer Wohnung in einer ruhigen Gegend auf der Wassili-Insel. Einige Tage später gab er einem Straßenjungen etwas Geld, damit er das Haus beobachtete. Basil konnte es nicht riskieren, zu häufig in der Nachbarschaft gesehen zu werden. Er hatte jetzt nicht nur Sergei kennengelernt, er mußte auch befürchten, daß Anna ihn erkennen würde. Sein Informant unterrichtete ihn über die Aktivitäten der ganzen Familie – einschließlich der drei Kinder, von denen zwei Annas Söhne waren. Gut, daß Kinder da waren. Basil wußte zwar noch nicht, wie sie ihm nutzen konnten, doch es gab sicher viele Möglichkeiten.

31

In den vergangenen Wochen hatte Sergei viel zu wenig Zeit mit seinen Söhnen verbracht. Während des Sommers hatte er noch fünf oder sechs Studenten zu unterrichten gehabt, und um den Einkommensverlust am Ende des Semesters auszugleichen, hatte er verschiedene Gelegenheitsarbeiten angenommen. Sonntags nach der Messe unterrichtete er die Gruppe von Fabrikarbeitern – an seinem einzigen freien Tag. Wenn diese Männer ihre wenige Freizeit dem Lernen opferten, dann konnte auch er Opfer bringen, um ihnen zu helfen.

Samstag war normalerweise sein Familientag, doch in den letzten drei Wochen hatte er an dem Manuskript für einen neuen Gedichtband gearbeitet. Nun war die Arbeit endlich getan, und Sergei war entschlossen, die verlorene Zeit wiedergutzumachen.

An diesem Tag wollte er Andrei und Juri zu ihrem Aufnahmegespräch ins St.-Wladimir-Gymnasium begleiten. Anna hatte ihnen einen Korb mit Essen zusammengepackt; hinterher wollten sie in den Sommergarten oder zum Fluß, um die Schiffe zu beobachten.

Sergei mußte zugeben, daß er wegen des Gesprächs ein wenig nervös war. Vor Jahren hatte sein Vater diese Schule mit einer großzügigen Spende bedacht. Sein Vater hatte sie seiner Unterstützung für wert erachtet, vielleicht hatte Sergei sie deswegen ausgewählt. Trotz seiner Spende hätte Viktor jedoch niemals in Betracht gezogen, seinen eigenen Sohn dorthin zu schicken. Eine Schule für die Mittel- und Arbeiterschicht war weit unter ihrem Status.

Und nun befürchtete Sergei, ihr gegenwärtiger Status reiche für die Schule vielleicht nicht aus. Beide Jungen hatten ihre Aufnahmeprüfung bestanden. Juri gehörte sogar zu den zehn Besten. Das Gespräch war eine reine Formsache, doch Sergei hatte sich die ganze Nacht über Sorgen gemacht. Beim Frühstück erschien er zum Erstaunen der ganzen Familie in seinem besten Anzug und mit ordentlich geschnittenem Bart. Anna meinte, er sehe genauso aus wie ein Universitätsprofessor. Niemand schien ihn wegen dieses Anfluges von Eitelkeit zu belächeln. Er wollte seinen Söhnen nicht die Möglichkeit verderben, eine so gute Schule zu besuchen.

Sie nahmen sich eine Droschke, damit sie nicht schwitzend in der Schule ankamen. Und auf dem ganzen Weg ermahnte Sergei seine Söhne, sich angemessen zu verhalten.

Das Gespräch verlief sehr gut. Der Direktor war freundlich, und er vermittelte den Jungen das Gefühl, ernst genommen zu werden, auch wenn ihre Kleidung ein wenig zu abgetragen war. Juri wurde in die zweite Klasse, Andrei in die erste eingestuft.

„Ich denke, das müssen wir feiern", verkündete Sergei, als sie die Schule verließen. Er knöpfte seinen steifen Kragen auf und zog seine wollene Anzugjacke aus.

„Was wollen wir machen?" fragte Andrei.

„Ich hatte gedacht, wir setzen uns in die Teestube, an der wir auf dem Weg hierher vorbeigekommen sind, und genießen Tee und Kuchen. Danach können wir zum Fluß gehen und Schiffe beobachten."

Seine Söhne waren begeistert. Kuchen zu kaufen war in der Tat ein außergewöhnliches Ereignis; zum Gymnasium zu gehen mußte wirklich sehr wichtig sein, wenn die Aufnahme mit Tee und Kuchen gefeiert wurde.

Jeder von ihnen bestellte eine andere Kuchensorte, und Sergei teilte ihn in drei Stücke ein, damit jeder von ihnen von jedem probieren konnte. Sergei und Juri bestellten sich Tee, Andrei Limonade. Es war schon lange her, daß Sergei allein mit seinen Söhnen etwas unternommen hatte, und er hatte das dringende Bedürfnis, das Beste daraus zu machen. Da die Jungen nun aufs Gymnasium gingen, wußte er nicht, wann eine solche Gelegenheit wiederkommen würde – und ganz bestimmt waren sie dann nicht mehr dieselben. Die Schulerfahrung würde Juri und Andrei ganz ohne Zweifel reifen lassen. Sie verloren bereits ihr kindliches Wesen. Juri hatte sich Tee bestellt wie sein Vater; kein Getränk, das Kinder normalerweise trinken. Und auch Andrei war nicht mehr ganz so quirlig wie früher.

Sergei hätte vielleicht traurig darüber sein sollen, doch er empfand nichts als Freude. Die Zukunft stand ihnen offen, und Sergei konnte es kaum erwarten zu sehen, was sie aus ihrem Leben machen würden. Er war fest davon überzeugt, daß er stolz auf sie sein würde.

Traurig machte ihn allerdings, daß sie niemals in der Lage sein würden, ihr Erbe anzutreten. Vom Fedortschenko-Vermögen war nur noch wenig übriggeblieben, doch er wünschte, sie könnten Anteil haben an der Geschichte und dem Stolz, die einhergingen mit dem Namen, auf den sie keinen Anspruch erheben konnten. Ihre Vorfahren, sogar ihr eigener Großvater, waren einst beim Zaren ein und aus gegangen. Sie waren Kriegshelden und Berater in Friedenszeiten gewesen. Die Fedortschenkos hatten mitgeholfen, Rußland zu dem zu machen, was es war.

Sergei war überrascht, daß Juri dieses Thema anschnitt.

„Papa, hast du in der Schule das Bild unseres Großvaters gesehen?"

„Nein, habe ich nicht. Wo war es?"

„Es hing im Flur, neben einem halben Dutzend anderer."

„Warum sollte das Bild unseres Großvaters in der Schule hängen?" fragte Andrei skeptisch.

„Ich bin sicher, daß ich es gesehen habe", verteidigte sich Juri. „Ich werde es dir zeigen, wenn wir wieder dort sind."

Sergei zögerte. Nie hätte er gedacht, daß er in eine solche Situation kommen könnte, und er war nicht sicher, ob er seinen Söhnen alles erzählen sollte. Die Informationen über seine Familie hatte er immer für sich behalten. Als Viktor aufgetaucht war, hatte er sich gedrängt gefühlt, den Kindern von seiner Beziehung zu seinem Vater zu erzählen. Viktor liebte seine Enkel, und Sergei war der Meinung gewesen, es sei das Risiko wert. Die Erklärungen waren jedoch nur vage gewesen, und keiner der Jungen hatte nachgefragt. Vielleicht hatten sie gespürt, daß Vorsicht geboten war. Die Tatsache, daß ihr gesellschaftlicher Kreis sehr klein war und sie selten allein unterwegs waren, vereinfachte die Angelegenheit.

Sicherlich würde sich das alles ändern, wenn sie nun das Gymnasium besuchten. Die Fedortschenkos waren noch nicht vergessen in der Stadt, und Juri ähnelte seinem Großvater sehr stark. Sie konnten so vorsichtig sein, wie sie wollten, eines Tages würde einem aufmerksamen Beobachter diese Ähnlichkeit auffallen, und er würde seine eigenen Schlußfolgerungen ziehen. Sergei und Anna hatten einst gedacht, sie könnten Mariana ihre Identität verheimlichen. Vielleicht war es an der Zeit, aus dieser Erfahrung zu lernen. Vielleicht war es nicht nur unmöglich, sondern auch unverantwortlich, seinen Söhnen die Wahrheit nicht zu sagen.

Doch waren sie schon alt genug, um die Wahrheit zu verkraften – und sich mit der Realität einer doppelten Identität abzufinden? Würde Andrei in der Lage sein, das Familiengeheimnis für sich zu behalten? Er handelte sehr viel impulsiver als Juri und dachte erst später nach. Doch es wäre nicht gerecht, es dem einen zu erzählen und dem anderen nicht; sie standen sich zu nahe.

Sergei seufzte und blickte seine Söhne aufmerksam an. Sie schienen sich unbehaglich zu fühlen angesichts seiner Schweigsamkeit. Sie waren prächtige junge Männer – nein, sie waren wirklich keine Kinder mehr. Er fragte sich, was wohl aus ihnen geworden wäre, wenn sie im Fedortschenko-Palast mit den vielen Dienstboten und der besten Erziehung des Landes aufgewachsen wären – in einem Palast mit Wachen, Einladungen ...

Sergei rief sich ins Gedächtnis, daß er ein solches Leben verabscheut und jede Gelegenheit wahrgenommen hatte, sich gegen die Dinge aufzulehnen, die seinem Vater wichtig gewesen waren. Warum dachte er dann daran, daß seine Söhne in ein solches Leben eintreten könnten? Neigte man im Alter dazu, die Vergangenheit positiver zu sehen? Er durfte nicht vergessen, wie er selbst und auch sein Vater gelitten hatten.

Er sollte dankbar dafür sein, daß seine Söhne in einem einfachen Heim groß geworden waren, frei von dem goldenen Käfig des Adels. Es war verrückt, auch nur daran zu denken, ihnen eine solche Bürde aufzuerlegen. Sie waren frei – und sollten es auch bleiben.

Doch dann kam ihm ein vollkommen neuer Gedanke. Lag das Problem wirklich in dem Gegensatz von Reichtum und Armut, Adeligem und Bauer? Wie viele unglückliche Bauern hatte er im Laufe der Jahre kennengelernt, die ihr Elend in einer Flasche Wodka ertränkt hatten?

Er mußte lachen über seine enge Sichtweise. Ein Lächeln stahl sich auf sein Gesicht, und Andrei bemerkte es.

„Noch vor einer Minute hast du so ernst ausgesehen", meinte Andrei. „Und jetzt lächelst du. Warum?"

„Ich mußte gerade an Großvater Jewno denken. Ich weiß nicht, wie oft er mir gesagt hat, daß die Zufriedenheit eines Menschen nicht von den Kopeken abhängt, die er besitzt."

„Ich erinnere mich auch daran", meinte Juri. „Er sagte so etwas wie: ‚Der Glaube ist das Dach eines Menschen, und Gott ist sein Brot.'"

„Ausgezeichnet, Juri!“ sagte Sergei. „Aber Moment mal, ich glaube, du hast es verdreht. ‚Glaube ist das Brot eines Menschen, und Gott ist das Dach über seinem Kopf.‘ Als ich das hörte, stellte ich mir immer eine riesige verhüllte Gestalt mit einem strahlenden, liebevollen Gesicht vor, die über mir schwebt. Jewno hat es vielleicht nicht so gemeint, doch diese Vorstellung hat mir immer ein Gefühl der Sicherheit gegeben. Dabei war es egal, ob das Dach, unter dem ich mich befand, das einer Bauernizba oder eines großartigen Palastes war. Wenn Gott derjenige war, den ich zuerst sah, war das egal.“

„Hat dich das prächtige Schulgebäude auf diesen Gedanken gebracht, Papa?“ fragte Juri.

„Nein, eigentlich nicht. Es war das, was du über das Bild deines Großvaters gesagt hast. Ich mußte an die Vergangenheit denken und ... nun, an viele Dinge, über die ich gern mit euch beiden sprechen würde. Seid ihr fertig? Ich möchte euch auf dem Fluß gern etwas zeigen.“

Sie nahmen das Dampfschiff und fuhren einige Kilometer flußaufwärts, dann mietete Sergei ein kleines Ruderboot, und sie ruderten noch ein Stück weiter zu einem Ort, an dem Sergei seit Jahren nicht gewesen war. Dieser Teil des Stromes war sehr seicht, große Schiffe konnten hier nicht fahren. An den Ufern wuchsen Schilf und Bäume, und zu dieser Zeit des Jahres flogen besonders viele Vogelarten auf ihrem Weg in den Süden über ihre Köpfe hinweg. Es war sehr ruhig hier.

Als Kind war Sergei oft hier herausgerudert und hatte versucht, mit der Hand Fische zu fangen. Einmal fing er tatsächlich eine riesige Forelle, und weil er wußte, daß der Koch schimpfen würde, wenn er sie nach Hause brachte, machte er sich ein Feuer am Ufer, briet den Fisch und aß ihn auf. Er hatte ihm besser geschmeckt als all das gute Essen, das zu Hause auf den Tisch kam.

Nachdem er eine Weile gerudert war, fühlte sich Sergei erschöpft, und bevor er von einem Hustenanfall geschüttelt wurde, reichte er Juri die Ruder hinüber. Die Jungen ruderten weiter; es machte ihnen riesigen Spaß.

„Warum haben wir das nicht schon früher einmal gemacht?“ fragte Andrei. Sein Gesicht war gerötet, und Schweiß tropfte von seiner Stirn, doch seine Augen funkelten vor Vergnügen.

„Ich habe nie daran gedacht, bis eben“, antwortete Sergei.

„Ich wünschte, wir hätten ein Netz zum Fischen. Vielleicht das nächste Mal."

„Papa", sagte Juri, „ich habe über etwas nachgedacht."

Sergei lächelte seinen Sohn liebevoll an. Juri, der Stille, der nie etwas sagte, bevor er nicht gründlich darüber nachgedacht hatte. „Nur raus mit der Sprache, mein Sohn."

„Ich habe beschlossen, Arzt zu werden, wenn ich groß bin."

„Wirklich? Das hast du mir noch nie erzählt."

„Es beschäftigt mich schon lange, doch ich wollte nichts sagen, weil ich nicht damit gerechnet hatte, daß ich zur Schule gehen könnte."

„Aha, ich verstehe. Hast du einen bestimmten Grund für deinen Wunsch? Vielleicht Marianas Erfahrungen?"

„Zum ersten Mal kam mir der Gedanke vor vielen Jahren. Weißt du noch, als Andrei und ich den verwundeten Vogel gefunden haben?"

„So lange schon?" Sergei fühlte sich ein wenig schuldig, weil ihre finanzielle Situation der Grund dafür gewesen war, daß Juri seinen Wunsch so lange hatte unterdrücken müssen.

„Es war so schön zu helfen, daß dieser Vogel wieder fliegen konnte. Ich dachte, so etwas für Menschen zu tun müßte noch besser sein. Die Berichte von Marianas Arbeit an der Front haben mich in diesem Gedanken noch bestärkt. Es hat mir so leid getan, daß ihr die Schule so schwerfiel. Einige der Dinge in ihren Büchern, nun ... ich habe sie verstanden." Er errötete.

„Deswegen brauchst du dich doch nicht zu schämen, Juri."

„Und du meinst nicht, daß Mariana böse auf mich sein würde, wenn ich etwas erreiche, was sie nicht geschafft hat?"

Sergei lachte. „Doch nicht unsere Mariana! Sie würde sich riesig freuen. Aus ihren Briefen entnehme ich, daß sie sich als Schwester recht glücklich fühlt. Sie ist froh, daß sie in diesem Beruf arbeiten kann, ohne die ganzen Schularbeiten bewältigen zu müssen."

Juri nickte. Sergei wußte, daß sich der Junge mit Begeisterung den Herausforderungen der Ausbildung stellen würde.

„Was ist mit dir, Andrei?" fragte Sergei. „Hast du schon darüber nachgedacht, was du werden willst, wenn du erwachsen bist? Ihr müßt wissen, daß Mama und ich tun werden, was wir können, damit ihr die Ausbildung bekommt, die ihr haben möchtet."

„Ich möchte nichts machen, das eine Ausbildung erfordert", keuchte Andrei, während er mit ganzer Kraft ruderte.

„Eine Ausbildung ist etwas sehr Schönes, Andrei. Sie ermöglicht dir bessere Chancen im Leben."

„Du hast doch auch keine Ausbildung, oder?"

„Doch, ich habe sogar eine sehr gute – die beste, die es in Rußland gibt."

Andrei hielt inne, und beide Jungen starrten ihren Vater verwirrt an.

„Ich will euch alles erzählen, doch ich möchte zuerst mit euch zu einem bestimmten Punkt auf dem Fluß rudern."

Juri übernahm nun die Ruder, und sie fuhren langsam weiter. Die Jungen waren neugierig, und Sergei machte sich immer mehr Gedanken um das, was ihm bevorstand; doch er wollte den Nachmittag nicht dadurch verderben, daß er etwas überstürzte. Er machte sie auf einige seltene Vogelarten aufmerksam, und sie fütterten eine Entenfamilie mit einigen Brotkrumen, die von ihrem Mittagessen noch übrig waren.

Nach etwa fünfzehn Minuten machte der Fluß eine Biegung. An dieser Stelle forderte Sergei Juri auf, die Ruder niederzulegen.

Er deutete auf das rechte Ufer. „Seht ihr diesen Hügel?"

„Den mit dem riesigen Haus darauf?" fragte Andrei.

„Ja, seht es euch gut an." Er hatte sich immer gefragt, wie er es sagen sollte und ob er es überhaupt erzählen sollte. Doch nun wußte Sergei, daß es der richtige Zeitpunkt war. „Dort bin ich aufgewachsen."

„Du, Papa?" fragten beide Jungen gleichzeitig.

„Selbst mir fällt es im Augenblick schwer, das zu glauben", erwiderte Sergei amüsiert. „Was ich euch sagen möchte, ist eine sehr heikle Angelegenheit. Ich habe damit gewartet, bis ich sicher war, daß ihr bereit seid, es zu hören. Und ich denke, dieser Zeitpunkt ist nun gekommen. Doch ihr müßt verschwiegen sein – das heißt, ihr müßt ein sehr wichtiges Geheimnis für euch behalten."

„Müssen wir es auch vor Talja geheimhalten?" fragte Juri.

„Ich weiß, daß sie eure beste Freundin ist, und ein Geheimnis vor seinem besten Freund zu haben ist schwierig. Mein bester Freund Mischa weiß alles, und er hat mein Vertrauen nicht mißbraucht. Warum warten wir nicht einfach ab? Doch ganz sicher dürft ihr es niemandem sonst erzählen. Denkt ihr, daß ihr das könnt?"

„Ja", versicherte Andrei eifrig.

„Ich weiß es nicht", meinte Juri gleichzeitig.

„Ich bin sicher, daß du es kannst."

„Ich werde es versuchen."

„Mehr kann ich nicht erwarten. Wir wollen Gott vertrauen, daß er alles andere in seinen Händen hält." Sergei legte Juri die Hand auf die Schulter und drückte ihn leicht. „Ich habe vollstes Vertrauen zu euch beiden."

„Dann erzähle es uns!" drängte Andrei.

Während der folgenden Minuten erzählte Sergei seinen Söhnen alles über die Fedortschenko-Familie. Er sprach über ihre Großeltern und Urgroßeltern. Er erzählte ihnen, daß sein Vater im Krimkrieg den Andreasorden bekommen habe. Mit trauriger Stimme berichtete er auch von seiner eigenen Rolle in dieser bedeutenden russischen Familie, und warum er nun als Flüchtling lebte.

„Ich bin ganz bestimmt nicht stolz auf die Dinge, die ich getan habe, und ihr, meine Kinder, müßt darunter leiden. Eure Mutter hat sich entschieden, mir in dieses Leben zu folgen, doch ihr ... es tut mir so leid, daß ihr nie selbst habt entscheiden können."

„Willst du etwa sagen, Papa, daß wir Prinzen sind?" fragte Juri verwirrt. „Ich habe Angehörige des Adels schon in prächtigen Kutschen herumfahren sehen. Sie haben auf uns herabgeblickt. Willst du etwa sagen, daß wir auch dazugehören?"

„Ich will hoffen, daß ihr euch nicht so arrogant und stolz verhalten würdet", antwortete Sergei. „Doch wenn mein Buch nicht zensiert und ich nicht nach Sibirien verbannt worden wäre, hätte ich Gott niemals persönlich kennenlernen und euch meinen Glauben nicht weitergeben können."

„Nun, ich bin froh, daß alles so gekommen ist", erklärte Andrei. „Ich bin froh, daß wir nicht dem Adel angehören und von den Bauern gehaßt werden. Du hast recht gehabt, daß du mit all dem nichts zu tun haben wolltest. Ich will es auch nicht. Wir sind auch so immer glücklich gewesen."

„Ich bin froh, das zu hören." Sergei blickte Juri an, während er sprach. Sein ältester Sohn war sehr schweigsam. „Wir waren immer zufrieden. Wir können es auch nicht ändern. Wenn ich öffentlich meine Rechte als Sohn meines Vaters einfordern würde, könnte ich wieder verhaftet werden."

„Aber warum hast du es uns dann erzählt, Papa?" fragte Juri.

„Ich weiß es auch nicht. Ich hatte einfach das Gefühl, es sei an der Zeit. Mir hat es nie gefallen, Geheimnisse vor euch zu haben, vor allem ein Geheimnis, das euch so direkt betrifft. Ihr habt das Recht zu wissen, wer ihr seid. Außerdem werdet ihr nun in die Schule gehen und viele Leute kennenlernen. Fragen könnten aufkommen, und mir schien es das beste zu sein, daß ihr alles von mir erfahrt und nicht von einem Fremden."

„Ich wünschte ..."

„Was, Juri?"

„Nichts."

„Jungen, nichts hat sich geändert. Wir werden unser Leben genauso weiterleben wie bisher. Vermutlich müßt ihr von jetzt an nur aufpassen, was ihr sagt. Vielleicht steht ihr manchmal in der Versuchung, Leuten, die sich über euch erheben wollen, von eurer Familie zu erzählen. Das wäre sehr unklug. Doch ich glaube, daß ihr stark genug seid, um mit einer solchen Situation umzugehen."

„Außerdem sind sie sowieso nicht besser als wir", meinte Andrei. „Und nicht wegen der Fedortschenkos, sondern weil wir Russen sind und Männer – na ja, beinahe Männer. Darum können wir unseren Kopf hoch tragen, Papa."

„Ziehe ich mir da einen kleinen Revolutionär groß?" lachte Sergei.

„Das ist es, was du mir beigebracht hast, Papa."

Sergei lachte herzlich, doch dann bemerkte er, daß Juri immer noch sehr ernst war. Er lächelte nicht einmal. Irgend etwas beschäftigte den Jungen. Vielleicht wäre es gut, einmal allein mit ihm zu sprechen.

32

Fedortschenko.

Immer wieder sprach Juri in Gedanken diesen Namen aus. Er versuchte sogar, ihn laut zu sagen, doch nur geflüstert. Es klang so seltsam.

Das war *sein* Name. Juri Sergeiowitsch Fedortschenko. *Prinz* Juri Sergeiowitsch Fedortschenko.

Das alles beunruhigte ihn, wenn er auch nicht genau sagen konnte, warum. Sein Vater war der Meinung gewesen, es wäre richtig, ihm und Andrei alles zu erzählen. Später hatte sein Vater noch versucht, allein mit ihm zu sprechen, um herauszufinden, was ihn beunruhigte. Aber er wußte es einfach nicht.

Ihr Leben all diese Jahre lang war eine Lüge gewesen. Es war anders gewesen, als Juri noch nicht von der Lüge wußte, doch jetzt würde er auch lügen müssen. Nicht daß er ein solcher Heiliger war, daß er nicht hätte lügen können, obwohl seine Eltern ihm beigebracht hatten, daß das unrecht war. Er hatte öfter schon mal geschwindelt, aber das hier war eine große Lüge, eine Lüge über seine *Identität.*

Er konnte eine so unglaubliche Sache nicht einfach beiseite schieben und akzeptieren. Manchmal haßte er diesen Zug an sich. Dann wünschte er sich, mehr wie Andrei zu sein.

Juri versicherte sich, daß er ja gar kein Prinz sein und in diesem riesigen Palast auf dem Hügel über der Newa leben wollte. Er war glücklich und zufrieden, der Sohn von Sergei und Anna zu sein. Gut, es gab Zeiten, wo er frustriert war und sich wünschte, er könnte in der Welt herumreisen und die Orte besuchen, von denen seine Mutter erzählte – und eine bessere Ausbildung bekommen, als seine Mutter ihm in ihrer Wohnung geben konnte. Sein Vater sagte, er könnte sich seine Träume erfüllen, doch Juri wußte, daß ihm Grenzen gesetzt waren. Sicher, er konnte zur medizinischen Hochschule gehen, aber zu einer billigen, nicht zu der besten in Rußland.

Er erinnerte sich daran, daß er ein wenig eifersüchtig gewesen war, als Marianas Leben sich so grundlegend verändert hatte und sie auf einmal eine Gräfin war. Nicht weil er auf Reichtum und Geld aus war – wirklich nicht. Doch er machte sich etwas aus dem, was damit zusammenhing. Papa sagte, daß eine gute Ausbildung den Menschen viele Möglichkeiten eröffnete. Er sagte: „Der Glaube ist mein Brot, und Gott ist das Dach über meinem Kopf." Aber Gott liebte die Reichen genauso wie die Armen, und man konnte Gott auch lieben, wenn man reich war.

Und doch, waren nicht alle diese Gedanken sinnlos? Im Endeffekt hatte Juri ja keine Wahl. Die frühere Macht und das Ansehen des Namens Fedortschenko waren arg zusammengeschmolzen. Mehr noch, falls er seinen Platz in der Gesellschaft beanspruchte, würde das seinen Papa in Gefahr bringen – und das würde er *niemals* tun. Er würde eben mit der Lüge leben müssen. Aber das würde nicht leicht sein. Würde er sich nicht immer fragen: „Was wäre, wenn?"

*

Eine halbe Stunde später schrieb Juri gerade in sein geheimes Tagebuch, das er unter einer losen Diele unter seinem Bett versteckte, als die Tür aufflog und Andrei und Talja ins Zimmer platzten.

„Könnt ihr nicht anklopfen?" fragte Juri verärgert. Seine Gedankengänge hatten ihm die Laune verdorben.

„Oh, es tut mir leid, Juri", entschuldigte sich Talja. „Wir waren so aufgeregt."

Wer konnte schon lange ärgerlich bleiben angesichts ihrer Ernsthaftigkeit? „Macht nichts. Was ist denn los?"

„Ich habe es ihr erzählt, Juri. Nun kennt auch Talja unser Geheimnis", sagte Andrei.

Juri wußte sofort, was sein Bruder meinte, und es gefiel ihm überhaupt nicht. „Wie konntest du das tun, ohne es mir vorher zu sagen und ohne daß ich dabei war? Du hast Nerven, Andrei."

„Nun, ich dachte –"

„Du hast gar nicht gedacht, wie immer. Ich habe es so satt, immer der geduldige große Bruder zu sein. Du hattest kein Recht, irgend etwas zu erzählen – überhaupt kein Recht!" Er klappte ärgerlich sein Tagebuch zu.

Talja erwiderte: „Es tut mir so leid, Juri. Ich hätte niemals –"

„Du kannst ja nichts dafür." Juri versuchte freundlich zu sein.

„Ich hätte nicht zugehört, wenn ich gewußt hätte, daß du böse wirst."

Talja, die Diplomatin; Talja, der Felsen in der Brandung, trotz ihrer Schüchternheit. Wie eine ruhige, friedliche Insel inmitten des aufgewühlten Wassers. Sie fing die peitschenden Wellen ab; ihr gelang es, den Streit der Brüder zu schlichten – Streit, der immer häufiger entstand, je älter die beiden wurden und je mehr ihre so unterschiedlichen Persönlichkeiten zutage traten.

„Ach, vergiß es." Juri hatte jetzt Schuldgefühle wegen seiner Überreaktion. „Und, was hältst du davon, ich meine von dem, was Andrei dir erzählt hat?"

Talja und Andrei ließen sich auf das Bett fallen. Der Streit war vergessen.

„Du hast wirklich eine äußerst ungewöhnliche Familie", erwiderte sie nachdenklich. „Ich dachte, meine Familie wäre interessant, weil eine Cousine meines Vaters die Schneiderin der Großfürstin Zenia, der Schwester des Zaren, ist. Aber das ist gar nichts im Vergleich zu euch. Eure Familie gehört zur Geschichte Rußlands. Euer Name taucht in den Geschichtsbüchern auf – ich habe nachgesehen. Ich hätte mir nie träumen lassen, daß euer Großvater ein so bedeutender Mann gewesen ist. Und denkt nur, er hat bei uns gegessen und die Kascha meiner Mama gelobt."

„Ach komm schon!" warf Andrei ein. „Menschen sind Menschen. Es ist nicht von Bedeutung, wen sie kennen oder ob ihre Namen in den Geschichtsbüchern vorkommen. Mein Großvater hat dich schon immer beeindruckt."

„Ich denke schon", meinte Talja. „Ich habe immer gespürt, daß er ein bedeutender Mann ist."

„Weil er von seinem Wesen her bedeutend *ist*!" wiederholte Andrei. „Er hat kaum zwei Kopeken, die er aneinander reiben kann, doch man weiß einfach, daß er ein Mann ist, dem man zuhören muß."

„Dem kann ich nicht widersprechen. Doch das wollte ich nicht sagen."

„Was wolltest du denn sagen?"

„Jetzt weiß ich es nicht mehr. Wartet mal ..."

„Du hast gerade gesagt, wie bedeutend unsere Familie zu sein scheint", half ihr Juri. Obwohl er ein wenig erleichtert war, daß die Unterhaltung eine andere Richtung einschlug, wollte er doch wissen – *mußte* er wissen –, was Talja dachte.

„Ach ja. Aber –" Talja blickte die beiden Brüder an. „Nichts hat sich eigentlich geändert, oder? Ihr seid immer noch dieselben geblieben; ihr seid meine Freunde. Das wird sich nie ändern ... oder?"

„Vielleicht wirst du dich ändern", antwortete Juri, dem nicht klar war, daß er ihre Frage ignoriert hatte.

„Ganz bestimmt nicht." Talja blickte Juri eindringlich an, als wolle sie ihn ihrer Loyalität versichern.

Juri wendete den Blick ab. Er war auf einmal verlegen. Konnte er ihrer Erklärung keinen Glauben schenken? Oder war es nur, weil er ihr nicht dasselbe Versprechen geben konnte? Wenn er die Wahl hätte, er wüßte nicht, was er tun würde. Vielleicht würde er sich verändern. Er wußte es nicht ... er wußte es einfach nicht.

Dann ergriff Andrei das Wort und sagte fest: „Niemand und nichts wird sich ändern. Solange Papa ein entflohener Strafgefangener ist, werden wir so weiterleben wie bisher. Und darüber bin ich froh. Vielleicht gibt es auch einige gute Aristokraten, wie Großvater, doch ich möchte lieber nur mit dem einfachen Volk zu tun haben. Sie sind das Herz Rußlands, wie Papa immer sagt."

Auf einmal kam Juri ein Gedanke. „Wenn nun ..." Er zögerte, fast schien er Angst zu haben, diesen Gedanken auszusprechen.

„Was, Juri?" drängte Talja.

Er hätte es besser wissen müssen und nicht so impulsiv zu sprechen anfangen sollen. Das brachte gewöhnlich nur Ärger ein.

„Wenn Papa nun begnadigt und zum freien Mann erklärt würde – ihr wißt schon, manchmal macht der Zar doch so etwas, an seinem Geburtstag oder so."

Andrei lachte seinen Bruder aus. „Oh, Juri, einen Augenblick lang dachte ich, du hättest uns wirklich etwas Weltbewegendes zu sagen. Begnadigt? Das wird niemals geschehen. Du träumst wieder."

„Ich habe ja nicht gesagt, daß es passieren *wird*", gab Juri zurück. „Ich habe ja nur eine Frage gestellt – etwas, worüber es sich nachzudenken lohnt."

„Ach, mich langweilt dein ganzer Quatsch mit ‚wenn' und ‚ob' und was auch immer."

Andrei sprang auf. „Kommt, wir haben sicher etwas Interessanteres zu tun." Andrei ging zur Tür, dann blieb er stehen und blickte die anderen an, die sich nicht gerührt hatten. „Nun?"

„Nicht jetzt. Ich habe noch etwas zu erledigen." Juri versuchte, nicht verärgert zu klingen.

„Talja?“ fragte Andrei.

Wieder einmal blickte Talja die Brüder an. Sie konnte sich nicht zwischen ihnen aufteilen. Ihr Blick blieb an Juri hängen.

„Dann eben bis später.“ Andrei ging ungeduldig hinaus.

„Geh nur“, sagte Juri zu Talja. „Ich habe sowieso zu tun.“

Talja wollte sich gerade erheben, hielt dann aber doch inne. „Juri ... ich hoffe, daß nichts sich jemals ändert.“

„Aber verstehst du denn nicht, Talja, es *wird* sich eines Tages ändern. Papa könnte wirklich begnadigt werden; Papa könnte ... sterben.“ Er hatte das eigentlich nicht sagen wollen, er hatte es nicht einmal denken wollen, doch er konnte sich nicht dagegen wehren. „Talja, Papa wird eines Tages sterben. Was dann?“

„Kannst du denn nicht aufhören, dir darüber Gedanken zu machen, Juri? Laß den Dingen doch einfach ihren Lauf. Selbst wenn so ein Fall eintritt, wie du gesagt hast, dann hat das doch keinen Einfluß auf dich, oder?“

Er starrte sie ungläubig an. Sie verstand es einfach nicht. Manchmal brauchten sie gar nichts zu sagen und wußten trotzdem, was der andere dachte. Warum ging das jetzt nicht?

„Sieh dir nur Mariana an“, fuhr Talja fort. „Bei ihr ist es so gewesen, und sie ist im Herzen immer noch derselbe Mensch.“

„Sie hatte keine Wahl, nicht wirklich. Sie wollte es nicht; sie hat ihrem richtigen Vater nur gehorcht.“

„Welchen Unterschied macht das?“

„Talja, ich glaube ... ich glaube, ich *möchte* es.“ Juri atmete tief durch. So, nun war es heraus. Und er hatte auch gar nicht gewußt, was ihn die ganze Zeit beschäftigt hatte, bis er es ausgesprochen hatte.

„Oh, Juri ...“

„Nicht, Talja. Ist das so schlimm? Werde ich in die Hölle kommen, weil ich das haben möchte, was mir von Geburt her zusteht? Ist es so falsch, daß ich etwas gelten und Einfluß haben möchte? Man kann so etwas auch zum Guten einsetzen, weißt du.“

„Ich glaube, du weißt, was dein Vater dazu sagen würde.“

„Talja, du mußt mir schwören –“, Juri suchte auf seinem Bücherregal herum und holte seine Bibel hervor. „Schwöre auf diese Bibel, daß du niemals – niemals, hörst du! – jemandem erzählst, auch nicht meinem Vater, was ich gerade gesagt habe.“

„Ich ... ich ...“

„Schwöre!"

Zitternd legte sie die Hand auf den schwarzen Ledereinband. Ihre Stimme war sanft und vorsichtig. „Ich schwöre es, Juri."

Er legte die Bibel fort. Auf einmal fühlte er sich töricht. Er versuchte, seine Verlegenheit mit einem Lachen zu überspielen. „Du hältst mich vermutlich für einen Dummkopf."

Sie lächelte ihn an. „Das würde ich nie denken."

Ihre Augen blickten ihn so erwartungsvoll an, daß er ein sehr ungutes Gefühl hatte, weil er es ignorierte. Er wußte, daß er den Schwur zurücknehmen könnte.

Doch das tat er nicht.

Am Ende der Kräfte

33

Tödliche Lethargie schien sich über die belagerte Stadt Port Arthur gelegt zu haben; zumindest erschien es Mariana an diesem besonders kalten Novembertag so, als sie durch die Korridore des Hospitals ging.

Jeden Morgen erwachte Mariana ein wenig erstaunt, daß sie immer noch lebte. Nun, im November, war kaum eine Ecke der Stadt von der Belagerung unbeeinträchtigt geblieben. Die Bombardierung und die Entbehrungen hinterließen überall ihre Spuren. Das Hospital war mehrmals von Artilleriefeuer getroffen worden, Marianas Pension war vollkommen zerstört, so daß ihr nichts anderes übrigblieb, als im Hospital zu übernachten. Ständig hatte sie Tod und Elend vor Augen, und es war kein Wunder, daß sie sich so schlecht fühlte.

Ludmilla hatte es passend ausgedrückt: „Mir ist alles egal; wir werden sowieso alle sterben."

Mariana hatte weniger Angst vor dem Tod als vor dem *Prozeß des Sterbens*. Das Warten. Jedesmal wenn sie auf die Straße trat, konnte es passieren. Wie alle anderen ging sie nur noch selten nach draußen. Die Straßen von Port Arthur waren menschenleer. Doch die großen Löcher im Hospital waren Beweis genug, daß sie gar nicht auf die Straße zu gehen brauchte, um dem Tod zu begegnen. Er lauerte sogar in den Räumen, in denen sie arbeitete. Es gab kein Entrinnen. Oft wünschte sich Mariana nichts anderes, als all dem entfliehen zu können.

Ach, wie sehnte sie sich nach dem friedlichen Heim in Katyk oder sogar nach dem Haus ihres Vaters Dmitri, trotz der ständig nörgelnden Großmutter Eugenia.

Wie konnte man von ihr erwarten, das alles tagaus, tagein zu ertragen? Die Patienten, ihre einzige Motivation zum Weitermachen, schienen sich selbst aufgegeben zu haben. Die Verletzten hatten anscheinend nicht einmal mehr die Kraft, vor Schmerzen zu schreien. Sie lagen einfach da wie in Trance.

Die spärlichen Neuigkeiten von draußen halfen auch nicht viel. Stössel versuchte, die Stadt vor allen Informationen abzuschirmen, doch die Nachricht vom Fall Liaoyuans war Ende September doch durchgesickert. Die Russen wurden von dem winzigen Japan unehrenhaft aus der Mandschurei vertrieben. Kuropatkin war ein fähiger Kommandant, doch er hatte den Mut verloren. Daniel hatte gehört, daß Kuropatkin keine Reservetruppen zurückbehalten hatte, die Liaoyuan hätten verteidigen können. Die Armee, die sich nach Mukden zurückgezogen hatte, hätte die Kraft gehabt, die Stadt sehr viel effektiver zu verteidigen.

Dann, einen Monat später, kursierte das Gerücht, daß Kuropatkin eine riesige Streitmacht nach Süden schicke, um Port Arthur zu retten. Stössel stellte einen Heliographen auf, um mit der herannahenden Armee in Verbindung treten zu können. Doch er mußte feststellen, daß das Gerücht nicht der Wahrheit entsprach. Niemand würde Port Arthur zu Hilfe eilen.

Die Nachricht, der Zar hätte dem Hafen die baltische Flotte zu Hilfe geschickt, wurde darum nur skeptisch aufgenommen. Sie mußten fast vierundzwanzigtausend Kilometer zurücklegen, und Rußland, das keine Kolonien in Übersee besaß, würde andere Nationen um Öl bitten müssen, um die Flotte manövrierfähig zu halten.

Es schien alles sinnlos zu sein. Warum sollte man sich bemühen, wenn die Stadt sowieso fallen würde? So viele wertvolle Menschen litten und starben ... wofür? Mariana wußte schon gar nicht mehr, worum es eigentlich ging. Die tödliche Lethargie hatte sich ihrer bemächtigt. Ihr war alles egal.

Vielleicht war es auch besser, nicht mehr über das Ganze nachzudenken. Der Versuch, einen Grund oder ein Ziel in diesem Wahnsinn zu sehen, konnte einen Menschen um den Verstand bringen. Der einzige Weg zu überleben, war, sich auf seine Arbeit zu konzentrieren. Und auch dabei mußte man aufpassen – nur auf die Wunden sehen, auf die Verbände, Nähte, Klammern; man durfte nicht in die Gesichter sehen, auf den einzelnen Menschen. Es tat zu sehr weh, sich diesen armen Jungen zu öffnen, von ihren Lieben zu hören, von ihren Hoffnungen für die Zukunft. Viele würden keine Zukunft haben.

Abwesend lächelte Mariana die Männer an, säuberte ihre schmutzigen, blutverschmierten Körper. Manchmal, wenn sie ihr für ihre Freundlichkeit danken wollten, war sie erstaunt; sie hatte nicht einmal gewußt, was sie getan hatte. Sie versuchte, ihre Gefühle von ihrem Verstand zu trennen, doch die Pflege der Verwundeten laugte sie trotzdem aus.

Eines Morgens, als ihre Widerstandskraft besonders gering war, machte Mariana wie üblich ihre Runde bei ihren Patienten, blickte auf die Krankenblätter und versorgte die Verwundeten, wo etwas getan werden konnte. Die Hilfsmittel im Hospital waren erschreckend zusammengeschrumpft. Nur die schmutzigsten Verbände wurden gewechselt, weil es kaum noch saubere gab. Männer, die ihre Wunden normalerweise überlebt hätten, starben an Infektionen. Philip hatte Glück gehabt; wenn er jetzt verwundet worden wäre, wäre sein Bein niemals verschont worden. Amputationen waren an der Tagesordnung, und selbst Mariana hatte aufgehört, dagegen anzugehen.

Zwischen zwei Betten blieb sie stehen und sagte zu Ludmilla, die sie auf ihrer Runde begleitete: „Wir Schwestern sind hier nicht mehr von Nutzen." Sie fuhr sich mit der Hand über ihr strähniges, seit Wochen ungewaschenes Haar.

„Und doch hängen wir hier fest", meinte Ludmilla.

„Wenn ich wenigstens das Gefühl hätte, etwas Gutes tun zu können ..." Mariana stieß einen Seufzer aus, der unterbrochen wurde von einem Schrei.

Mariana ließ Ludmilla den Kontrollgang allein weitermachen und ging nachsehen, was los war. Sanitäter, die einen neuen Patienten hereinbrachten, waren gestolpert und hätten die Bahre beinahe fallen lassen.

„Es tut mir leid!" meinte einer der Sanitäter. „Es ist so voll hier."

„Ich verstehe", sagte der Verwundete auf der Bahre schwach.

Als Mariana heraneilte, versuchte sich der Sanitäter auch bei ihr zu entschuldigen.

„Ich weiß, daß Sie Ihr Bestes tun", meinte Mariana. „Wir wollen schnell einen Platz für ihn suchen, damit er nicht mehr so herumgeschüttelt wird."

Die Bahre wurde in eine Ecke gestellt, und Mariana wendete sich dem Patienten zu, um sicherzustellen, daß ihm nichts geschehen war. „Dann wollen wir mal sehen –"

„Er ist gerade operiert worden", erklärte der Sanitäter.

Mariana sah sich sein Krankenblatt an. Amputation des rechten Beines oberhalb des Knies, Entfernung eines Splitters aus dem Bauch und eine leichte Gehirnerschütterung. Anscheinend war der arme Bursche direkt in eine japanische Landmine getreten.

Sie hob die Decke, um nach seinen Verbänden zu sehen. Sie waren bereits blutgetränkt, und er zitterte vor Kälte und Schmerz. Auf seinem Krankenblatt war kein Vermerk, daß er kürzlich Morphium bekommen hätte. Sie wußte, daß auch daran gespart werden mußte, doch man durfte es auch nicht übertreiben.

„Ich werde Ihnen etwas gegen die Schmerzen holen –"

Erst in diesem Augenblick sah sie dem Mann ins Gesicht. Sie hätte ihn fast nicht erkannt. Sein Gesicht war schmutzverschmiert, und ein Verband bedeckte das rechte Auge. Doch irgendwie war er ihr vertraut ...

„Onkel Ilja?"

Seine Augen öffneten sich.

Mariana beugte sich über ihn. „Onkel Ilja, ich bin es, Mariana." Sie nahm seine Hand. „Erkennst du mich nicht, Onkel?"

Er brachte ein schwaches Lächeln zustande. „Gepriesen seien die Heiligen, kleine Mariana ... das ist fast so gut, wie zu Hause zu sein."

„Das Sprechen strengt dich zu sehr an, Onkel Ilja. Ich hole dir schnell etwas, um die Schmerzen zu lindern."

„Das wäre schön. Mein Bein tut so weh ... Ich werde die Ernte einbringen, wenn ich nach Hause komme."

Sie hatte nicht den Mut, ihm von dem Verlust seines Beines zu erzählen; er würde es schon noch früh genug erfahren. Armer Onkel Ilja – starker Onkel Ilja, der Großpapa Jewno so ähnelte, so voller Vitalität steckte und so freundlich war. Was würde nun aus ihm werden? Wie würden er und seine Familie überleben, wenn er sein Land nicht mehr bearbeiten konnte? Er war zu stolz, um Almosen anzunehmen. Würde er überhaupt überleben? Seine Wunden waren ernst, und Mariana hatte erlebt, wie Menschen mit weit weniger schwerwiegenden Verletzungen gestorben waren.

Was würde Tante Marfa tun? Und Großmama ... wenn sie ihren jüngsten Sohn verlor? Mariana verscheuchte diesen unangenehmen Gedanken und sprach ein schnelles Gebet für ihren

Onkel. Er lebte, und sie würde tun, was sie konnte, damit das auch so blieb.

Mariana bereitete eine Morphiuminjektion vor, und nachdem sie sie ihm gegeben hatte, setzte sie sich an sein Bett, bis die Spritze ihre Wirkung tat. Als er eingeschlafen war, erhob sie sich und gab ihm einen Kuß auf seine schmutzige Wange. Sie drehte sich um und stand vor Dr. Wlasenko.

„Schwester, hier ist keine Zeit für Drückebergerei", sagte Wlasenko. „Man sagte mir, daß Sie schon zwanzig Minuten hier sitzen."

„Ich habe nicht mehr die Geduld, mich immer wieder mit Ihnen auseinanderzusetzen, Doktor." Sie wollte an ihm vorbei, doch er packte sie am Arm.

„Eine solche Respektlosigkeit werde ich nicht dulden!"

„Es tut mir leid." Die Entschuldigung war halbherzig gesprochen, und auch nur, weil sie ihre Unfreundlichkeit bedauerte. „Das ist mein Onkel."

„Sie wissen, daß er eine Amputation hatte." Wlasenko zeigte keinerlei Gefühle, außer vielleicht einen Anflug von Schadenfreude.

„Natürlich weiß ich das", gab Mariana zurück. „Ich lese wenigstens die Krankenblätter meiner Patienten."

„Was Sie nicht sagen –"

„Was wollen Sie, Dr. Wlasenko? Ich habe zu tun."

„Daran wollte ich Sie gerade erinnern."

„In Ordnung, das haben Sie hiermit getan. Kann ich jetzt gehen?" Mariana blickte auf seine Hand, die sie immer noch festhielt.

Er ließ seine Hand sinken, und Mariana ging davon. An der Tür zur Station begegnete sie Ludmilla.

„Ich wünschte, ich könnte ihm so mutig entgegentreten", sagte Ludmilla.

„Meiner Mutter würde meine Unfreundlichkeit gar nicht gefallen. Sie hat mir etwas anderes beigebracht. Doch bei diesem Mann kann man seine guten Manieren wirklich vergessen."

„Ist dieser Patient wirklich dein Onkel?"

„Ja."

„Ich bewundere deine Stärke, Mariana."

„Meine ... Stärke?" Mariana fühlte sich überhaupt nicht stark. Sie wollte fortlaufen, schreien, weinen ...

Auf einmal wurde ihr bewußt, daß sie seit Wochen nicht mehr geweint hatte. Als sie Onkel Ilja gesehen hatte, hatte sich ihr Herz zusammengekrampft, doch es waren keine Tränen gekommen. War das Stärke? Sie mußte sich immer wieder sagen, daß es ihre Pflicht als Oberschwester war, stark zu sein. Doch das war nur Fassade, und sie wußte es. Sie wollte nicht hart sein. Sie wollte weinen. Aber sie konnte nicht.

Einige Male hatte sie gesehen, wie Ludmilla die Fassung verloren und geweint hatte. Sie hatte sie beneidet. Wie seltsam, daß Ludmilla sie um diese Schwäche beneidete – denn das war es. Mariana war einfach zu schwach, um sich selbst den Luxus von Tränen zu erlauben. Sie fürchtete, daß sie diesen grausamen Krieg nicht überleben würde, wenn sie Gefühle zuließ.

Mariana blickte ihre Freundin an und schüttelte den Kopf. „Oh, Ludmilla, wenn ich nur weinen könnte. Doch wenn ich anfange, höre ich nicht mehr auf. Ich würde zerbrechen, Millie, ich weiß es."

„Mariana!" Ludmilla nahm die Freundin in die Arme.

Mariana spürte, wie die Tränen ihrer Freundin ihre Uniform durchnäßten. Doch ihre eigenen Augen blieben trocken.

Schließlich atmete sie tief durch, brachte ein schwaches Lächeln zustande und löste sich von Ludmilla. „Wir machen uns besser wieder an die Arbeit, bevor Dr. Wlasenko zurückkommt."

Der Zustand von Marianas Onkel blieb kritisch. Als Dr. Itkinson erfuhr, was passiert war, gab er Mariana die Erlaubnis, so viel Zeit wie möglich an seinem Bett zu verbringen. Die Schwester einer anderen Station bot an, für sie einzuspringen, da Mariana und Ludmilla auf ihrer Station allein waren. Dies war eine freundliche Geste, doch Mariana konnte sich nicht gestatten, wegen eines Patienten ihre Pflichten zu vernachlässigen, auch wenn es der eigene Onkel war.

Und als Verwundete einer Schlacht vor den Toren der Stadt eingeliefert wurden, war Mariana um so mehr entschlossen, ihre Pflicht zu tun. Es war nicht in Ordnung, einen Menschen über die Bedürfnisse vieler anderer zu stellen. Sie wußte, daß es viele gab, die mit der richtigen Behandlung weit größere Überlebenschancen hatten als ihr Onkel. Ilja würde das verstehen; Großmama würde das verstehen, und auch Mama würde es verstehen.

Sie mußte ihre Pflicht tun.

Allerdings blieb sie so oft wie möglich am Bett ihres Onkels stehen. Er war in ein Koma gefallen; wahrscheinlich merkte er nicht einmal, ob sie da war oder nicht.

Der Tag zog sich dahin, und Mariana tat ihre Arbeit wie in Trance. Als sie einmal zufällig auf die große Uhr in der Station blickte, wurde ihr klar, daß sie ihren Onkel fast vergessen hatte. Vor vier Stunden war sie das letzte Mal bei ihm gewesen.

34

Mariana eilte in den Korridor, wo ihr Onkel lag – hätte liegen sollen.

Doch dort stand ein neues Feldbett mit einem anderen Patienten!

In einem Anfall von Panik hielt Mariana den ersten Pfleger an, der ihr über den Weg lief. „Wo ist der Patient, der hier vorher gelegen hat?"

„Welcher Patient? Wo?"

Sie deutete auf die Stelle. „Dort. Wo ist er?"

„Habe ihn fortgebracht, vor einer Stunde, Fräulein. Tot, Sie wissen schon."

„Das kann nicht sein! Ich bin hier verantwortlich. Warum wurde ich nicht verständigt? Sie können doch nicht einfach jemanden fortbringen, von dem Sie glauben –"

„Aber der Arzt war doch da. Er –"

„Wlasenko?"

Der Pfleger nickte. Mariana drehte sich um und rannte den Korridor entlang. Sie suchte auf einigen Stationen nach Wlasenko, und schließlich erzählte ihr jemand, er sei auf dem Weg zum Operationssaal. Mariana rannte zu der Treppe, die die Ärzte immer benutzten, um zu den Operationssälen zu kommen. Dort traf sie auf Wlasenko.

„Sie herzloses Tier!" schrie sie. „Wahrscheinlich haben Sie wie ein Geier darauf gewartet, daß er stirbt – wer weiß, ob er überhaupt schon tot war. Ich würde es Ihnen sogar zutrauen, daß Sie jemanden, der noch lebt, in die Leichenhalle bringen lassen, nur um mir wehzutun. Wie konnten Sie nur –?“ Sie stand nun ganz dicht vor Wlasenko und hämmerte mit ihren Fäusten auf seine Brust. „Ich werde dafür sorgen, daß Sie deswegen vom medizinischen Dienst suspendiert werden! Ich werde dafür sorgen, daß Sie –“

„Was ... um alles in der Welt!“ Wlasenko wußte gar nicht, wie ihm geschah.

„Nur weil er ein armer Bauer war. Sie hatten kein Recht dazu! Niemand, hören Sie –“ Mariana war völlig außer sich.

„Mariana.“ Die Stimme unterbrach sie in ihrem Wortschwall.

Sie fuhr herum. Es war Dr. Itkinson.

„Ich bin froh, daß Sie gekommen sind, Doktor“, sagte sie. „Dieser Mann muß aufgehalten werden. Er haßt mich, weil ich ihn zurückgewiesen habe, doch das gibt ihm noch lange nicht das Recht –“

„Mariana, bitte –“, begann Dr. Itkinson.

„Er hat meinen Onkel getötet“, beschuldigte ihn Mariana. „Ich weiß, wie sehr er uns haßt.“

„Sie wissen doch, daß das nicht stimmt, Mariana“, sagte Itkinson.

„Natürlich nicht!“ sagte Wlasenko gekränkt. „Von allen –“

„Lassen Sie mich das machen, Karl“, unterbrach ihn Itkinson und legte einen Arm um Mariana. „Es tut mir so leid wegen Ihres Onkels, meine Liebe. Niemand hätte noch etwas für ihn tun können. Es ist ein Wunder, daß er überhaupt so lange überlebt hat. Es ist niemandes Schuld.“

„Nein ... nein ... es ist seine Schuld ...“ Mariana deutete mit dem Finger auf Wlasenko, doch sie hatte keine Kraft mehr. Ihr Arm fiel kraftlos herunter. „*Es ist meine Schuld.*“ Ihre Stimme zitterte bei dieser schrecklichen Erkenntnis.

„Auch das stimmt nicht, meine Liebe. Kommen Sie mit, wir können uns in meinem Büro unterhalten, vielleicht eine Tasse Tee trinken.“

Allein die Vorstellung, auf die Station zurückzukehren, erfüllte sie mit Widerwillen. „Ich ... ich ... kann nicht ... Es ist zu ...“ Mit gequältem Blick schaute sie Dr. Itkinson an. „Mein Onkel ist tot.“

Dann drehte sie sich um und rannte die Treppen hinunter.

Mariana rannte drei Straßen weit, bis ihr klar wurde, daß sie gar kein Ziel hatte. In dieser vom Krieg verwüsteten Stadt gab es keinen Ort, wo man Ruhe finden konnte, keine Parks oder öffentlichen Gärten, wo sie sitzen und nachdenken konnte. Und außerdem war es dunkel, kaum die richtige Zeit, durch einen Park zu schlendern.

Wohin konnte sie gehen?

Dann fiel ihr Daniel ein und wie dringend sie jetzt einen Freund brauchte. Auch er hatte einen großen Verlust erfahren; er würde sie verstehen. Er würde für sie da sein.

35

Ein kalter Dunst vom Meer hüllte die Stadt ein. Mariana zitterte in der Nachtluft. Doch schlimmer noch als die Dunkelheit war die Stille – eine Stille, die fast so entnervend war wie die Bombardierung. Die Kampftruppen mußten sich nach der letzten Schlacht erst wieder neu formieren – nach der Schlacht, die Ilja Burenin das Leben gekostet hatte.

Die Dunkelheit verhüllte das Elend im chinesischen Viertel der Stadt, wo Daniel in einem Gasthaus wohnte. Da sich dieses Viertel am Stadtrand befand, war es größtenteils von den Schäden der Bombardierung verschont geblieben, doch selbst hier gab es tiefe Krater in den Straßen und ausgebrannte Häuser.

Mariana verlangsamte ihren Schritt. Ihre Müdigkeit überwältigte sie. Sie wollte nicht daran denken, was alles in der Dunkelheit lauern konnte. Aber Daniels Gasthaus befand sich am Ende einer Nebenstraße. Sie wußte nicht genau wo, denn er hatte ihr nur davon erzählt; sie war noch nie dort gewesen.

Es hieß „Kaiserlicher Palast". Sie konnte sich kaum vorstellen, daß in dieser heruntergekommenen Gegend irgend etwas existierte, das diesen hochtrabenden Namen auch nur im entferntesten verdient hatte.

Erfolglos suchte sie zwei Straßen ab. Nicht eine Menschenseele war auf der Straße, die sie hätte fragen können, und ihre Anspannung wuchs von Minute zu Minute. Das schrille Miauen einer Katze ließ sie zusammenfahren. Beim Klang einer menschlichen Stimme drückte sie sich fest an eine Mauer, aus Angst, gesehen zu werden, obwohl sie gerade jetzt einen Menschen brauchte, der ihr sagte, wohin sie gehen mußte. Sie hatte keinen Mantel angezogen und zitterte vor Furcht und Kälte.

Dann bog sie um eine Ecke und stieß mit einer dunklen Gestalt zusammen.

Beide schrien erschrocken auf, dann eilte der Fremde davon.

„Bitte warten Sie!" rief Mariana, als sie sich wieder gefaßt hatte.

Die Gestalt verlangsamte ihren Schritt. Vielleicht fühlte sie sich sicher, weil Mariana eine Frau war.

Mariana nahm all ihren Mut zusammen und rannte hinter dem Mann her. „Bitte, können Sie mir weiterhelfen?"

Der Mann antwortete auf Chinesisch. Mariana verstand nicht ein einziges Wort.

„Kaiserlicher Palast?" wiederholte sie einige Male in der Hoffnung, daß er sie verstehen würde.

Er antwortete mit einem weiteren Schwall unverständlicher Worte, dann versuchte er es mit Handzeichen. Doch auch das konnte Mariana nicht verstehen, und schließlich wurde dem Mann klar, daß dieses Mädchen keine Ahnung hatte, wovon er sprach. Er nahm Mariana bei der Hand und zog sie mit sich fort.

Es dauerte kaum fünf Minuten bis sie vor einem Gebäude stand, über dem ein Schild mit einem pagodenförmigen Palast hing.

Mariana hätte den Fremden am liebsten geküßt. Statt dessen gab sie ihm einen Rubel, was ihm offensichtlich auch viel lieber war.

In dem Gasthaus saßen drei Chinesen, zwei Männer und eine Frau. Mariana hoffte, daß wenigstens einer von ihnen ihre Sprache sprach. Die Frau fragte sie in gebrochenem, doch verständlichem Russisch: „Du brauchen Hilfe?"

„Ich suche Daniel Trent, den Amerikaner."

„Er nicht hier sein."

„Was?" Dies war mehr ein Ausdruck ihrer Enttäuschung als eine Frage.

„Ich sagen, er nicht –"

„Wo ist er?" Marianas Kummer und ihre Enttäuschung ließen sie ungeduldig werden.

„Woher ich das wissen? Er nicht sagen mir."

Mariana drehte sich um und verließ den Raum. Warum sie sich so beeilte, wußte sie nicht zu sagen. Sie hatte keinen anderen Ort, wo sie hingehen konnte. Vielleicht wollte sie einfach nicht, daß die Leute in dem Lokal sie in diesem Zustand sahen. Sie hatte Daniel sehen wollen – mußte ihn sehen. Wo war er zu so später Stunde? Vielleicht war er hinter einer dämlichen neuen Story her. Warum war er nicht hier, wenn sie ihn brauchte? War es ihm denn egal? Warum –

Sie taumelte ziellos die Straße entlang und hätte sich sicher selbst ausgelacht, wenn sie gekonnt hätte. Warum machte sie Daniel Vorwürfe, daß er nicht zu Hause war? Er führte sein eigenes Leben und hatte seine Arbeit – wichtige Arbeit. Sie konnte nicht von ihm erwarten, bei der kleinsten Kleinigkeit sofort zur Stelle zu sein. Seit dem Tag der Bombardierung, an dem Daniel sie gerettet hatte, wurde sie immer abhängiger von ihm.

Aber dies hier war keine Kleinigkeit. Sie war verzweifelt, verwirrt, verloren. Noch nie hatte sie sich so elend gefühlt. Sie wußte einfach nicht, was sie tun sollte.

„Warum konnte er nicht da sein, Herr?"

Manchmal ging er zu Saratow. Doch das war am anderen Ende der Stadt. Wenn sie sich nun verpaßten? Sollte sie durch die ganze Stadt hinter ihm herjagen? Wieder erkannte sie, daß sie keine andere Wahl hatte. Kurz dachte sie an Philip, aber sie verwarf den Gedanken sofort wieder. Daniel war ihr bester Freund. Er würde ihren Schmerz und ihre Verwirrung verstehen. Irgendwie hatte sie das Gefühl, daß Philip es zwar gut mit ihr meinte, sie aber nicht wirklich verstehen würde.

Sie ging den Weg zurück, den sie gekommen war, durch dieselben dunklen, zerstörten Straßen. Sie war so durcheinander, daß sie kaum darauf achtete, wo sie hinging; sie vertraute ihrem Instinkt, daß er sie zu Daniel bringen würde. Ihrem Instinkt und den Gebeten, die sie unbewußt sprach.

„Mariana, bist du das?"

Er trat aus einer Seitenstraße. Sein Gesicht konnte sie nicht erkennen, nur die vertraute Stimme sagte ihr, daß sie ausruhen konnte, daß sie in Sicherheit war. Sie rannte in seine Arme, murmelte schluchzend seinen Namen, immer und immer wieder. Als sie die Wärme und Kraft seiner Umarmung spürte, strömten die Tränen aus ihren Augen.

„Daniel ... Daniel ...!"

„Was ist denn los?“ fragte er leise und strich ihr übers Haar.

„Ich hatte Angst ... Ich konnte dich nicht finden ... Oh, Daniel, ich brauche dich!“

„Ich bin ja hier“, murmelte Daniel. Seine Gedanken überschlugen sich. Sie brauchte *ihn*! Das war einfach zu unglaublich.

Es elektrisierte ihn.

Es erschreckte ihn zu Tode.

Nie hatte er Zweifel gehabt in bezug auf seine Tüchtigkeit und seine Fähigkeiten, und doch stand er hier und zitterte bei dem Gedanken, von einer Frau wie Mariana gebraucht zu werden. Dies war etwas vollkommen Neues für Daniel; er hatte sich bisher immer seine Unabhängigkeit erhalten und war noch nie in eine solche Situation gekommen. Wichtiger noch, seit dem Tod seines Vaters waren ihm seine Unzulänglichkeiten deutlicher bewußt, als er zugeben wollte.

Was konnte er jemandem wie Mariana schon geben? Geld, ja. Aber emotionale Unterstützung? Geistliche Führung? Trost? Erwartete sie wirklich so etwas von ihm? Seiner Meinung nach war sie auf diesem Gebiet immer die Stärkere gewesen. Und nun wendete sie sich an ihn?

„Komm, wir gehen zum Gasthaus zurück. Dort können wir reden.“

Sie nickte und ließ sich von ihm zurückbringen.

Die drei Leute saßen immer noch in dem Gastraum. Daniel und Mariana setzten sich an einen Tisch in einer ruhigen Ecke. Die Besitzerin brachte ihnen heißen Tee.

„Du mußt ja vollkommen durchgefroren sein“, sagte Daniel, als er ihr Tee eingoß und ihr eine dampfende Tasse in die zitternden Hände drückte. „Halte sie nur eine Minute lang fest und wärm dich auf.“ Das hätte er ihr nicht zu sagen brauchen, das wußte er, doch er hatte noch nie zuvor für jemanden sorgen müssen, und er benahm sich ein wenig ungeschickt dabei. Es erstaunte ihn selbst, und doch begann er sich in dieser Rolle wohlzufühlen. Oder vielleicht war es auch nur so, daß er es genoß, Mariana zu umsorgen. Ihm war klar, daß sie ihn eigentlich nicht brauchte – nicht richtig.

Es dauerte einige Minuten, bis der Tee Mariana so weit aufgewärmt hatte, daß sie sprechen konnte. Sie begann von den schrecklichen Ereignissen des Tages zu erzählen.

Es tat gut, alles aussprechen zu können, Daniels ermutigende

Antworten zu hören und seinen Blick zu spüren, der ausdrückte: *Ich will dir helfen, diese Bürde zu tragen.* Die Fragen, die sie gequält hatten, waren immer noch da, doch sie verzweifelte nicht mehr ihretwegen.

„Daniel, warum bin ich nicht bei meinem Onkel geblieben? Was soll ich meiner Mama sagen? Es ist meine Schuld, daß er allein gestorben ist. Ich hätte –"

„Davon will ich jetzt nichts mehr hören, Mariana", sagte er streng wie ein wohlwollender Vater. „Glaube mir, ich weiß, wie wenig Selbstvorwürfe bewirken."

„Es tut so weh."

„Aber gleichzeitig bist du der Meinung, daß es noch nicht weh genug tut", sagte er sanft. „Du fühlst dich als Versager, und du willst dich bestrafen, indem du dir die Schuld gibst. Aber das funktioniert nicht, Mariana. Du machst es dadurch nur noch schlimmer."

Sie nickte. In ihrem Kopf war es nun klarer. Onkel Ilja war tot; sie konnte diese schreckliche Tatsache nicht ändern. Daniel hatte recht. Und während sie ihn mit tränenverhangenen Augen anblickte, wurde ihr klar, wieviel reifer er seit ihrer gemeinsamen Zeit in St. Petersburg geworden war. Er sprach keine oberflächlichen Trostworte, sondern redete aus seinem eigenen Erleben heraus.

„Ich wußte, daß du mich verstehen würdest", sagte sie.

Er schüttelte traurig den Kopf. „Das tue ich, Liebes", sagte Daniel. „Aus dem Tod meines Vaters habe ich gelernt, daß ich ihn nicht zurückbringen kann, und ich kann auch meine Fehler nicht wiedergutmachen."

Mariana schniefte und versuchte, sich die Tränen mit der Hand fortzuwischen. Daniel reichte ihr sein Taschentuch.

„Tief in meinem Innern weiß ich das wohl", sagte sie nach einer Weile. „Doch ich werde mich immer fragen, ob ich nicht vielleicht etwas hätte tun können. Vielleicht, wenn ich mehr gebetet hätte. Vielleicht hätte Gott ihn dann geheilt."

„Mariana, wenn Gott deinen Onkel hätte heilen wollen, hätte er einen Weg gefunden, dies auch ohne deine Gebete zu tun."

„Warum betet man dann überhaupt?"

Ein schwaches Lächeln umspielte Daniels Lippen. „Das fragst du mich? Ich bin sehr viel kürzer in diesem Geschäft als du."

„Papa und Mama wüßten die Antwort."

„Eines Tages werden wir sie fragen. Und wenn ich schon mal dabei bin, habe ich noch einige andere Fragen."

„Oh, Daniel!" Zum ersten Mal an diesem unglücklichen Tag erinnerte sie sich daran, daß es auch noch etwas Schönes gab. „Ich kann es kaum erwarten! Ich vermisse sie und unser friedliches Heim so sehr; das Lächeln meiner Mama und Papas Gedichte, das Schimpfen meiner Großmutter, sogar das Quengeln meiner kleinen Brüder."

„Ich wünschte, sie wären jetzt für dich da, liebe Mariana."

Mariana trocknete mit seinem Taschentuch ihre Augen. „So sehr ich mich auch nach meiner Familie sehne, Daniel", sagte sie, „so fest bin ich davon überzeugt, daß Gott mir den richtigen Menschen geschickt hat. Er wußte, was ich brauchte, und er hat dich zu mir geführt."

„Was kann Gott schon mit einem Nichtsnutz wie mir anfangen, der viel mehr Fragen hat als Antworten?"

„Wie ich schon einmal gesagt habe – er sieht dein Herz an." Sie lächelte. „Und ich bin sogar froh darüber, daß du nicht alle Antworten hast. Wie könntest du sonst wachsen?"

Sie schwiegen eine Zeitlang, tranken ihren Tee und freuten sich an der friedlichen Atmosphäre des Augenblicks. Mariana konnte kaum glauben, daß sie noch zwei Stunden zuvor das Gefühl gehabt hatte, als würde ihre Welt zusammenbrechen. Eigentlich hatte sich nichts geändert – außer sie selbst.

„Als ich heute abend hierherkam", sagte sie, „war ich so weit, daß ich am liebsten fortgelaufen wäre. Ich wollte dieses Hospital nie mehr wiedersehen. Doch ich glaube, ich bin jetzt bereit zurückzugehen."

„Ich würde einen Weg finden, dich von hier fortzubringen." Daniel ergriff ihre Hände. „Doch du könntest nicht glücklich werden, wenn du nicht zurückkehrtest. Du bist zu stark und tapfer, um davonzulaufen." Er führte ihre Hände zu seinem Mund und küßte sie. „Ich liebe dich, Mariana."

Ich liebe dich.

Diese Worte hingen eine Weile zwischen ihnen; selbst Daniel war erstaunt, daß er sie ausgesprochen hatte. Und doch wußte er, noch während er sie aussprach, daß es die Wahrheit war.

Bevor Mariana die Gelegenheit hatte, etwas darauf zu antworten, fügte er hinzu: „Du brauchst jetzt nichts zu sagen, Mariana. Es war ein ungünstiger Zeitpunkt, das weiß ich. Du trauerst nicht nur um deinen Onkel, du stehst auch unter einer so großen Anspannung. Es ist noch Zeit, darauf zu antworten, wenn das Leben wieder normal verläuft."

„Ich kann dir aber schon jetzt sagen, was ich empfinde, Daniel." Sie blickte ihn an. „Ich liebe dich auch."

Ihre Antwort ließ ihn erschaudern, doch es fiel ihm schwer, daran zu glauben.

„Und du meinst nicht, daß es nur ein Impuls ist?"

„Daniel, ich glaube, wir waren schon seit Jahren dazu bestimmt, diese Worte einmal auszusprechen."

„Trotzdem, es dauert vielleicht eine Weile, bis wir es richtig fassen können."

Daniel begleitete Mariana zum Hospital zurück. Er verließ sie nur ungern an der Tür. Er wußte, daß Mariana es ernst gemeint hatte mit dem, was sie gesagt hatte. Doch sie befanden sich im Krieg, und das Leben war unvorhersehbar, die Umstände änderten sich von Minute zu Minute. Selbst wenn es jemand ehrlich meinte, so konnten äußere Umstände die besten Absichten zunichte machen. Während er durch die kalten, dunklen Straßen zu seinem Gasthaus zurückging, wurde ihm bewußt, wie frisch und neu ihre Liebe war. War sie stark genug, um allen Widrigkeiten standzuhalten?

Enthüllung der Vergangenheit

36

Nach fünf Jahren gratulierte sich Dmitri Remisow immer noch dazu, daß er nach Rußland zurückgekehrt war. Hier gehörte er hin. Was hatte er in fremden Ländern zu suchen, warum sollte er sich von alternden Damen aushalten lassen? Rußland war seine Heimat.

Seine Kameradschaft mit den Männern basierte auf gemeinsamen Erfahrungen – Schule, Militär, Krieg. Die Frauen ... nun, es war ähnlich wie während seiner Reisen. Alternde Damen, manchmal etwas kindisch, doch es waren russische Frauen. Immer mehr entdeckte er in sich eine Vorliebe für das *Russische*. In dieser Hinsicht war er fast so wie der Zar. Seine Abstammung war ihm jetzt wichtiger als früher. Er wollte etwas zurücklassen für die Zukunft. Er zog sogar in Erwägung, sich noch einmal zu verheiraten, mit einer jüngeren Frau, die ihm noch einen Sohn gebären konnte, der seinen Namen tragen würde.

Fast mußte er lachen bei dem Gedanken an jene Zeit in Amerika, als er fürchtete, allein und in Ungnade sterben zu müssen. Er war immer noch in der Blüte seines Lebens. Und er brauchte sich keine Gedanken darum zu machen, daß seine Tochter ihn vielleicht vergaß. In dieser Hinsicht war sie einfach ein Juwel. Doch selbst wenn sie heiratete und ihn verließ, würde er seine letzten Lebensjahre nicht in Einsamkeit verbringen müssen. Es gab Scharen von Frauen, die an ihm interessiert waren.

Er betrachtete sein Spiegelbild in einer der Glastüren. Ach ja, immer noch eine passable Figur für einen Mann von siebenundvierzig. Was sagte er da? Er konnte mit Männern mithalten, die nur halb so alt waren wie er.

„Dmitri, Dmitri!“

Remisow drehte sich um und stand vor Gräfin Alice Tolgskij, mit der er verlobt gewesen war, bevor er Katrina geheiratet hatte. Auch sie hatte geheiratet und war vor einem Jahr Witwe geworden. Seither hatte sie wieder ein Auge auf Dmitri geworfen. Sie war immer noch attraktiv, und ihr Geld war noch attraktiver. Doch sie war mindestens schon fünfundvierzig Jahre alt, und kein noch so sorgfältiges Make-up konnte die Falten um ihre Augen verdecken. Falls Dmitri sich wirklich noch einmal verheiraten würde, wollte er sich eine Frau suchen, die noch Kinder bekommen konnte.

Dieser Entschluß hinderte ihn jedoch nicht daran, freundlich zu ihr zu sein. „Alice, wie schön, dich zu sehen." Er nahm einen Zug an seiner Zigarette. „Ist es nicht ein wundervolles Fest?" Sie waren bei Fürst Welemir Cerni eingeladen, der seinen siebzigsten Geburtstag feierte. „Und die Saison hat noch nicht einmal begonnen. Sicherlich wird es ein großartiger Winter werden."

„Falls der Krieg uns nicht dazwischenkommt."

„Aber wir müssen doch während dieser trüben Zeit unsere gute Laune behalten. Meine Tochter hält sich im Kriegsgebiet auf, und ich würde absolut verrückt werden, wenn ich mich nicht durch irgend etwas ablenken könnte."

Ein Dienstbote kam mit einem Tablett Champagner. Dmitri nahm sich zwei Gläser und gab eines davon Alice.

„Wir wollen auf die tapferen jungen Leute trinken, die das heilige Rußland so mutig verteidigen." Sie stießen an und nippten von dem teuren Getränk.

Eine Frau gesellte sich zu ihnen. „Ich habe Ihren Trinkspruch gehört", sagte sie. „Wenn ich ein Glas hätte, würde ich mit Ihnen anstoßen. Mein Bruder ist auch an der Front."

„Dann wollen wir Ihnen unter allen Umständen ein Glas besorgen!" Dmitri eilte davon, holte ein weiteres Glas und kehrte damit zurück. Mit strahlendem Lächeln überreichte er es ihr, gleichzeitig warf er neugierige Blicke auf sie. Er kannte sie nicht; zur St. Petersburger Gesellschaft gehörte sie sicher nicht. Sie war Ende Zwanzig und ausgesprochen hübsch.

Sie stießen an, und Dmitri bemerkte mit Genugtuung, daß Alice den Neuankömmling kritisch betrachtete.

„Ich glaube nicht, daß ich schon das Vergnügen hatte, Ihre Bekanntschaft zu machen", sagte Alice formell.

„Ich komme nicht sehr oft nach St. Petersburg – Sie wissen ja, wie die Moskowiten sind." Sie lächelte. „Ich bin Jelena Barsukow."

Dmitri verbeugte sich, nahm ihre schlanke, anmutige Hand

und küßte sie. „Es ist mir ein Vergnügen. Den Namen habe ich schon gehört, *Fürstin* Barsukow, nicht wahr?“

„Ja.“

„Eine alte Moskauer Familie. Unter anderem im Bankgeschäft. Doch irgendwie habe ich den Namen auch noch in einem anderen Zusammenhang gehört. Was war es nur ...“ Dmitri strich sich nachdenklich über den Bart.

Alice hatte nicht die Absicht, aus diesem Tête-à-tête ausgeschlossen zu werden. „Ich bin Gräfin Alice Tolgskij.“

„Ich freue mich, Sie kennenzulernen“, erwiderte die Fürstin. „Und Sie, Graf Remisow, brauchen sich nicht vorzustellen. Ich habe unseren Gastgeber nach Ihnen gefragt – wie Sie sehen, habe auch ich erst kürzlich von Ihnen gehört.“

„Tatsächlich? Ich bin beeindruckt.“

„Mein Bruder und Ihre Tochter haben sich in Port Arthur kennengelernt.“

„Ach ja, jetzt erinnere ich mich. Der letzte Brief, den ich von meiner Tochter bekommen habe – eigentlich der letzte, seit die Japaner mit der Belagerung begonnen haben. Ihr armer Bruder wurde verwundet und war ein Patient meiner Tochter. Es geht ihm doch hoffentlich wieder gut?“

„Auch ihm ist es gelungen, unserer Mutter einen Brief zu schicken. Er wollte ihre Ängste zerstreuen, falls sie von seiner Verwundung hören sollte. Es ging ihm schon wieder recht gut. Doch seit Monaten ist keine Post mehr von Port Arthur durchgekommen.“

„Das steigert unsere Besorgnis noch.“

„Als ich erfuhr, daß Sie auf Graf Cernis Fest sein würden, wollte ich Sie gern kennenlernen. Aus dem, was mein Bruder über Ihre Tochter geschrieben hat, entnahm ich, daß sie vermutlich nicht die ganze Geschichte von der Wunde meines Bruders erzählt hat.“

„Die ganze Geschichte?“

„Philips Bein sollte amputiert werden, doch Mariana hatte den Eindruck, daß die Wunde nicht so schlimm war. Sie widersetzte sich Philips Arzt und bestand darauf, daß ein weiterer Chirurg konsultiert wurde. Philips Bein wurde gerettet.“

Dmitri strahlte.

„Sie haben allen Grund, stolz zu sein“, sagte Jelena.

„Aber Dmitri“, unterbrach Alice in einem weiteren Versuch,

auf sich aufmerksam zu machen, „deine Mariana ist ja eine richtige Heldin."

„Das sieht ihr so ähnlich." Dmitri versuchte gar nicht erst, seine Zuneigung zu verbergen. „Ein Mädchen mit Prinzipien und der Kraft, auch für sie einzustehen. Nicht daß sie anmaßend oder aufdringlich wäre, ganz bestimmt nicht", fügte er schnell hinzu. „Ein lieblicheres, sanfteres Mädchen gibt es nicht."

„Sie brauchen das Lob Ihrer Mariana nicht zu singen", lächelte Jelena. „Das hat mein Bruder bereits ganz unzweideutig in seinem Brief getan. Er ist sehr angetan von ihr."

„Wirklich? Wie nett."

„Vielen Dank, daß Sie mir gestattet haben, Ihre Unterhaltung zu stören", sagte Jelena. „Ich werde Sie nun wieder allein lassen."

„Dies war die angenehmste Störung des Abends!" Dmitri schenkte Jelena sein bezauberndstes Lächeln.

„Es hat mich gefreut, Sie kennenzulernen", meinte Alice entschlossen und trat vor, um Jelena von Dmitri zu trennen.

Doch Dmitri ging um sie herum und lenkte Jelenas Aufmerksamkeit wieder auf sich. „Fürstin Jelena, wie lange werden Sie noch in St. Petersburg bleiben?"

„Noch eine Woche. Ich besuche meinen Onkel und meine Tante."

„Vielleicht werden sich unsere Wege noch einmal kreuzen in dieser Zeit. Ich danke Ihnen, daß Sie mir von Mariana erzählt haben."

„Das ist das mindeste, was ich tun kann. Ich bin Ihrer Tochter dankbarer, als ich sagen kann. Ich habe sie in meine täglichen Gebete eingeschlossen und zünde jedesmal, wenn ich die Messe besuche, eine Kerze für ihre Sicherheit an."

*

Etwas später gelang es Gräfin Eugenia Remisow, die dasselbe Fest besuchte, ihren Sohn beiseite zu nehmen.

„Ich sah dich mit Fürstin Barsukow sprechen. Worüber habt ihr euch unterhalten? Du weißt doch sicher, daß die Barsukows zu den reichsten und einflußreichsten Familien in Moskau gehören – vermutlich in ganz Rußland. Was wollte sie? Es schien eine sehr angenehme Unterhaltung zu sein."

„Oh, meine liebe Mama, das war es auch! Das war es!"

„Nun, dann erzähle mir davon."

„Wenn du Marianas Briefe lesen würdest", sagte er mit leichtem Vorwurf in der Stimme, „würdest du das vielleicht wissen."

„Mein Name steht vielleicht auf den Umschlägen, doch es ist offensichtlich, daß ihre Briefe für dich bestimmt sind. Ich stecke meine Nase nicht in Angelegenheiten, die mich nichts angehen."

„Ich finde es sehr nett, daß sie auch an dich schreibt. Du schreibst ihr niemals."

„Und würde sie gern etwas von mir hören? Doch jetzt erzähle mir von den Barsukows."

„Nun, es scheint, als hätte Mariana das Leben ihres Bruders gerettet. Fürstin Jelena ist außerordentlich dankbar, genau wie ihr Bruder. Offensichtlich ist er sehr angetan von Mariana."

„Angetan ...? Hmm, das klingt vielversprechend. Was für eine Verbindung das wäre! Selbst wenn ich Tag und Nacht tätig gewesen wäre, hätte ich keine bessere zustande bringen können. Vielleicht war ihre verrückte Idee, Krankenschwester zu werden, doch gar nicht so übel."

„Ist das alles, woran du denken kannst, Marianas Eheschließung?"

„Warum nicht? Trotz ihrer eigenwilligen Vorstellungen wird sie eines Tages heiraten müssen; und es gibt keinen Grund, warum es nicht ein Mann mit Geld aus guter Familie sein sollte. Ich darf dich daran erinnern, mein idealistischer Sohn, daß eine Barsukow-Mitgift dich für den Rest deines Lebens absichern würde."

„Es gibt doch Wichtigeres im Leben als Geld, Mama."

Eugenia lachte nur. „Vielleicht würdest du anders darüber denken, wenn du ausnahmsweise deine Rechnungen einmal selbst bezahlen müßtest."

„Außerdem", fuhr Dmitri fort, das leidige Thema geschickt umgehend, „erwähnte Mariana in ihren Briefen auch, daß sie diesen Amerikaner Trent in der Mandschurei wiedergetroffen hat. Vor vier Jahren waren sie einander recht zugetan, und mir gefiel der Mann."

„Dieser ungehobelte Reporter? Pah!"

„Nun, Mama, ich muß dir ganz offen sagen, daß ich mir für Mariana eine Liebesheirat wünsche."

Eugenia hatte entdecken müssen, daß ihr eigensüchtiger, manchmal ziemlich geckenhafter Sohn, der meist recht leicht zu manipulieren war, nicht mit sich reden ließ, wenn es um Mariana ging. Eugenia hatte den großen Fehler begangen nachzugeben, als er sich wegen des Besuchs der medizinischen Hochschule gegen sie gestellt hatte. Nun schien er zu denken, daß sie ihm in bezug auf seine unverschämte Brut freie Hand ließ.

Doch Eugenia würde nicht so leicht aufgeben. Sie sollten alle von einer guten Verbindung profitieren. „Willst du damit sagen, du würdest einer Heirat mit einem Ausländer – einem *Amerikaner* – zustimmen?"

„Nun, ich –"

„Ha! Ausgerechnet du, der du die Herrlichkeit Rußlands so in den Himmel hebst! Immer sprichst du davon, wie stolz du darauf bist, Russe zu sein. Vermutlich ist das alles nur Gerede, um dich beliebt zu machen."

„Ich meine jedes Wort!"

„Aber du würdest Mariana gestatten, einen Ausländer zu heiraten?"

„Du kennst doch Mariana; sie fragt nicht danach, was ich *gestatte*. Sie hat ihren eigenen Kopf."

„Und es ist höchste Zeit, daß du sie an die Kandare nimmst. Wenn du nicht den Mut dazu hast, dann überlaß das jemandem, der ihn hat. Du kannst nicht mit deiner dummen Sentimentalität Marianas Zukunft verderben."

„Ich werde darüber nachdenken", erwiderte Dmitri verdrossen.

*

Dmitri war erleichtert, als Eugenia sich entschuldigte, doch ihre Tirade beschäftigte ihn auch weiterhin. Er brauchte zehn Minuten, bis sich seine gute Laune wieder einstellte. Die Widerspenstigkeit seiner Mutter hatte ihm dieses Fest verdorben. Der einzige Lichtblick war eine weitere kurze Unterhaltung mit Jelena Barsukow. Sie war eine liebenswerte Frau – *junge* Frau. Und doch so reif für ihr Alter – so lebendig und nett. Und er hatte herausgefunden, sehr zu seiner Befriedigung, daß sie noch nicht gebunden war. Wie es kam, daß eine so liebenswerte Frau mit siebenundzwanzig Jahren noch nicht von einem Moskauer Aristokraten eingefangen worden war, konnte Dmitri sich allerdings nicht erklären.

Dmitri hatte die Adresse ihres Onkels und ihrer Tante erfahren, so daß er sie besuchen konnte, bevor sie die Stadt verließ. Vielleicht konnte er seine Mutter glücklich machen und einen Teil des Barsukow-Vermögens an sich bringen, ohne Mariana mit hineinzuziehen.

Aber wer konnte es schon wissen? Vielleicht interessierte sich Mariana ja auch für Philip. Wäre das nicht spaßig? Vater und Tochter heiraten Schwester und Bruder.

37

Drei Tage später versteckte sich eine einsame Gestalt in einer Seitenstraße nahe der bescheidenen Wohnung von Anna und Sergei auf der Wassili-Insel.

Es war erst halb acht Uhr abends, doch im November wurde es bereits früh dunkel. Basil Anickin machte sich die frühe Dunkelheit zunutze. Seit einer Stunde stand er bereits hier, wartete und beobachtete. Er hatte diese Wohnung und die von Dmitri Remisow unter ständiger Beobachtung – nicht jeden Tag, doch häufig genug, daß er eine Vorstellung von ihren Lebensgewohnheiten bekam. Er und Jack hatten in einem Lokal die Bekanntschaft von zwei Dienstboten der Remisows gemacht, dem Kutscher und einem Gärtner.

Geduld und Beharrlichkeit waren Basils engste Verbündete. Und wenn man an die Situation in der Mandschurei dachte, so hatte es den Anschein, als würde Basil bald mit der Rückkehr von Katrinas Tochter belohnt werden. Erst dann konnte er gegen seine Erzfeinde losschlagen.

An diesem Abend war er seiner sich selbst gestellten Aufgabe besonders überdrüssig. In der vorhergehenden Nacht hatte es geschneit, und seine Füße waren taub vor Kälte. Doch seine Wachsamkeit war belohnt worden. Er wußte zwar noch nicht genau, was er davon halten sollte, doch falls es von Bedeutung war, würde er es herausfinden.

Anna – ihr Nachname war jetzt Christinin – hatte einen sehr

seltsamen Besucher gehabt. Er war sogar immer noch im Haus, vermutlich aß er mit ihnen zusammen zu Abend. Basil hatte den Mann jahrelang nicht mehr gesehen, doch er würde Prinz Fedortschenko überall erkennen.

Was suchte der vornehme Prinz hier auf der Wassili-Insel?

Sicher, Anna hatte einst in seinem Haushalt gedient, aber soweit Basil wußte, war sie nach Katrinas Tod nie dorthin zurückgekehrt. In aller Stille hatte sie Katrinas Tochter in dem armseligen Bauerndorf Katyk großgezogen. Dann hatte sie diesen Christinin geheiratet und zwei eigene Söhne bekommen. Was wollte Fedortschenko also da? Er hielt sich nun schon eine ganze Weile dort auf. Hatte ein so ausgedehnter Besuch vielleicht einen anderen als einen geschäftlichen Grund?

Möglicherweise hatte es mit seiner Enkelin Mariana zu tun. Der alte Mann hatte vielleicht einen Brief bekommen, den er Anna vorlesen wollte. Denselben Grund vermutete Basil hinter dem Besuch von Graf Remisow einige Tage zuvor.

Mariana mußte das Verbindungsglied sein.

Doch Basil akzeptierte nicht so leicht offensichtliche Antworten. Das Leben war nicht einfach, und man verpaßte zuviel, wenn man den Dingen nicht auf den Grund ging. Weil seine Gedankengänge und Pläne so komplex waren, vermutete er dasselbe bei anderen. Und dieser Fedortschenko-Clan war sehr viel unergründlicher als die meisten Familien.

Zehn Minuten später traten Sergei und Viktor aus der Tür. Sie plauderten angeregt miteinander. Eine prächtige Kutsche kam vorgefahren, und beide Männer stiegen ein und fuhren zusammen davon.

Basil wußte, daß Sergei an diesem Abend seine Unterrichtsstunden im „Clubhaus" der Gewerkschaft gab. Später am Abend sollte eine Versammlung der Gewerkschaftsführer stattfinden, zu der auch Basil eingeladen worden war. Der alte Mann nahm Sergei vielleicht nur zu der Versammlung mit.

Diese Verbindung führte vermutlich ins Nichts. Doch Basil hatte noch Zeit, bevor die Veranstaltung begann, und er war entschlossen, sie zu nutzen.

Er ging zur nächsten Kneipe, wo er Informationen zu erhalten hoffte.

Mit einem Glas Kwaß in der Hand saß er am Tresen und plauderte freundlich mit einigen Männern neben ihm. Basil konnte freundlich sein, wenn es seinen Zwecken dienlich war – so freundlich, daß die Leute sein furchterregendes Äußeres beinahe vergaßen.

Nach wenigen Minuten fragte er beiläufig: „Hat eigentlich jemand die Kutsche gesehen, die eben da hinten vorgefahren ist? Ich dachte schon, sie gehörte vielleicht der kaiserlichen Familie."

„Ist nicht das erste Mal, daß sie hier gesehen wurde", sagte einer der Männer.

„Gibt es hier vielleicht einen verarmten Großherzog oder so etwas?" lachte Basil.

„Weiß nicht genau, wer der Bursche ist, doch ich wohne einige Türen weiter, und ich habe ihn im Laufe der Jahre schon häufiger gesehen. Scheint mit Sergei Iwanowitsch und seiner Familie befreundet zu sein."

Basil trank sein Glas leer und sagte nichts mehr. Es hatte keinen Sinn, zu neugierig zu sein und dadurch Verdacht zu erregen. Außerdem, was sollte er sonst auch noch erfahren? Fedortschenko war des öfteren hier gewesen – nicht nur in letzter Zeit, sondern auch schon vor dem Krieg. Die Fragen, die diese Information aufwarf, konnten die Männer nicht beantworten.

Was hatten die Besuche Fedortschenkos vor dem Krieg zu bedeuten, vor allem, wo die Tochter in den vergangenen fünf Jahren bei ihrem Vater gelebt hatte? Um den Kontakt mit Mariana aufrechtzuerhalten, brauchte ihr Großvater Anna nicht zu besuchen.

Das war eine Sache, über die man nachdenken mußte, die Basils Pläne aber in keiner Weise beeinflußten.

Er erhob sich, verließ die Kneipe und ging zum Gewerkschaftsclubhaus.

38

Pater Gapons Gewerkschaft besaß ein Clubhaus, wie es gern genannt wurde, im Bezirk Wyborg in St. Petersburg. Die Arbeiter waren stolz darauf, denn sie hatten das gemietete Gebäude selbst renoviert und mit Möbeln, die sie selbst entbehren konnten, eingerichtet. Sie bauten Bänke, damit auch große Gruppen Platz darin hatten, und sie besaßen sogar ein Klavier. Gapon sorgte dafür, daß Bilder der russischen Zaren an den Wänden hingen, zusammen mit einer mit Ikonen geschmückten „schönen Ecke".

Das Clubhaus war ein gemütlicher Ort geworden, wo die Arbeiter in der Woche abends und am Sonntag auch tagsüber zusammenkommen konnten. Alkohol war nicht gestattet, doch ein Samowar mit Tee stand immer bereit, und häufig stifteten die Frauen auch selbstgebackenes Gebäck und Kuchen. Außer der Gelegenheit zum zwanglosen Zusammensein gab es auch organisierte Veranstaltungen, wie zum Beispiel Diskussionsrunden, in denen die neusten Ereignisse, Zeitungsartikel und gelegentlich auch von der Regierung zensierte Literatur besprochen wurden.

Sergei war froh, mithelfen zu können, den Horizont der Arbeiter zu erweitern, indem er ihnen Lesen beibrachte. Sonst hätten sie von den Diskussionen nichts gehabt. Er hatte das Gefühl, daß sich sein Einsatz lohnte, wenn er sah, daß seine Schüler mit der Zeit tatsächlich zum Beispiel eine Zeitung lesen konnten.

Sergei war begeistert von Gapons Weiterkommen mit der Gewerkschaft, und ihm gefiel der Ton in der Gruppe sehr viel besser als der in den revolutionären Bewegungen, die er kennengelernt hatte. Gapon war kein Revolutionär. Obwohl er sehr intelligent und gebildet war, sprach er doch recht einfach und verständlich mit anderen. Er hielt wenig von theoretischen Debatten. Und Sergei war ziemlich sicher, daß Gapon so gut wie nichts Politisches gelesen hatte; noch weniger wußte er Bescheid über die revolutionäre Bewegung.

Er war sogar recht konservativ, genau wie die Arbeiter, und Organisationen wie der der Sozialdemokraten oder Sozialrevolutionäre gegenüber war er recht skeptisch eingestellt.

Sergei blickte von seiner Arbeit hoch, als Gapon das Clubhaus betrat. Der Priester versuchte im Clubhaus zu sein, wann immer es ihm möglich war. Das wurde von Tag zu Tag schwieriger, da neun neue Zweige der Gewerkschaft in der Stadt und zwei außerhalb der Stadt eröffnet worden waren.

„Aha, da kommt der Diktator", sagte der Arbeiter, den Sergei gerade unterrichtete. „Wir machen besser ein freundliches Gesicht." Der Mann sprach sehr liebevoll, und Gapon gefiel es, im Spaß Diktator genannt zu werden. Er war sogar noch einen

Schritt weiter gegangen und hatte ähnliche Titel anderen Mitgliedern der Gewerkschaftsführung gegeben, zum Beispiel „Vizekönig“ und „Innenminister“. Sergei war sein „Kultusminister“.

Gapon kam zu dem Tisch, an dem Sergei und sein Schüler saßen. „Wie ich sehe, wird gerade ein weiterer zukünftiger Leiter ausgebildet“, sagte Gapon zu Sergei. Dann klopfte er dem Arbeiter auf die Schulter und sagte: „Wann wirst du deine erste Schülergruppe unterrichten, Sandro?“

Sandro lachte. „Ich habe kaum die Grundlagen gelernt! Geben Sie mir ein Jahr oder zwei.“

„Das ist viel zu lange für so ein helles Köpfchen, wie du es bist. Ich wette, in sechs Monaten.“

„Wenn ich Geld hätte, würde ich die Wette halten“, meinte Sandro.

„Wenn ich wetten würde.“ Gapon lachte herzlich über seinen Witz. Dann fügte er hinzu. „Unsere Gruppe wird sich bald treffen; wir werden euch doch nicht beim Lernen stören, oder?“

„Wir sind fast fertig“, sagte Sergei.

„Gut. Wir brauchen euch beide.“

In diesem Augenblick betraten mehrere Männer das Gebäude, darunter auch Oleg Chawkin und die beiden Fremden, die häufige Besucher des Clubhauses waren. Bei der nächsten Mitgliederaufnahme wollte Oleg die beiden als volle Gewerkschaftsmitglieder vorschlagen. Sergei hatte sich mit den beiden Männern nie richtig anfreunden können, obwohl er nicht genau sagen konnte, warum nicht. Vielleicht war es einfach ihre unterschiedliche Persönlichkeit. Man konnte eben nicht jeden mögen.

Jack Caine begann, Fotos zu machen. Er besaß einen jener kleinen Fotoapparate, mit denen man „Schnappschüsse“ machen konnte. Sergei hatte schon davon gehört, aber noch nie einen gesehen. Es war ziemlich ungewöhnlich. Als Caine die Kamera auf ihn richtete, wurde ihm jedoch unbehaglich zumute.

Sergei hielt die Hand hoch. „Ein anderes Mal, Jack.“ Er versuchte beiläufig zu klingen. „Du wirst meinen Schüler ablenken.“

„Nur ein Foto“, meinte Caine in gebrochenem Russisch. Sergei hatte seine Kenntnisse in Englisch und anderen Sprachen immer geheimgehalten. Caine wendete sich Basil zu und sagte auf Englisch: „Rolf, erzähl diesem Burschen, daß ich einen Artikel für eine amerikanische Arbeiterzeitung schreibe. Ein Foto von russischen Arbeitern beim Lernen würde sie sicher interessieren. Ganz zu schweigen von dem Werbeeffekt."

Basil gab dies an Sergei weiter, der nur mit den Achseln zuckte. Er ließ das Foto zu, doch er sorgte dafür, daß Sandro seine Nase in seine Fibel steckte, und auch er hatte sich über seine Bücher gebeugt.

Gapon hatte nichts gegen das Fotografieren einzuwenden, vor allem da Caine ihm gesagt hatte, daß einige Amerikaner mit viel Geld sehr daran interessiert seien, die Arbeiterbewegung in Rußland zu unterstützen.

Etwa fünfzehn Minuten später begann die Veranstaltung. Fast dreißig Männer nahmen daran teil. Einer der Teilnehmer mit Verbindungen zu den Sozialdemokraten wollte über ein marxistisches Pamphlet sprechen, das er kürzlich gelesen hatte. Gapon ließ dies etwa fünf Minuten zu, doch dann lenkte er die Diskussion auf einen Artikel der Arbeiterzeitung *Russkaja Gazeta*, der die Politik des Innenministers Swyatopolk-Mirski lobte.

Der Themenwechsel war Sergei nicht entgangen. Es war schwierig für Gapon, radikale Ideen draußen zu halten. Immer mehr Arbeiter mit Verbindung zu Revolutionären schlossen sich der Gewerkschaft an. Das ließ sich gar nicht umgehen. Um den Einfluß der Gewerkschaft zu vergrößern, brauchte sie mehr Mitglieder. Fünftausend schien eine große Zahl zu sein, doch nicht, wenn man bedachte, daß es in St. Petersburg *zweihunderttausend* Arbeiter gab.

Sie sprachen noch einige Zeit über ein beunruhigendes Gerücht einige Fabrikbesitzer der Stadt betreffend. Die Fabrikbesitzer hatten die Gewerkschaftsbewegung von Anfang an mit einiger Skepsis verfolgt, und nun machte sie das Wachstum der Organisation nervös. Es hatte den Anschein, als würden sie sich etwas ausdenken, um der Gewerkschaft Schaden zuzufügen.

„Wir müssen uns immer im klaren sein über unsere Verletzlichkeit", meinte Gapon. „Unsere Mission ist zu wichtig, als daß unwichtige Angelegenheiten sie in Gefahr bringen dürften." Etwas fröhlicher fügte er hinzu: „Und jetzt müssen wir anfangen, unsere Weihnachtsaktivitäten zu planen. Oleg, würdest du uns über das Kinderfest berichten, daß du veranstalten willst?"

Man durfte sich nicht zu lange mit finsteren Themen aufhalten.

39

Cyril hatte diesen Treffpunkt sorgfältig ausgesucht. Es mußte ein Ort sein, wo sich die drei Männer treffen konnten, ohne daß sie auffielen. Gleichzeitig durfte man ihn mit diesem Treffen nicht in Verbindung bringen.

Er wählte eine Kirche aus – die St.-Nikolaus-Kathedrale, eine der ältesten Kirchen der Stadt. Niemand würde Cyril Wlasenko in einer Kirche vermuten, schon gar nicht mitten in der Woche! Sie wollten sich am Ende der Mittagsmesse treffen. Außerdem wurde in einer anderen Ecke der Kathedrale noch eine Beerdigungsmesse abgehalten. An diesem Mittwochnachmittag strömten genügend Leute in die Kirche – Betende, Trauernde und Leute, die das Gebäude einfach nur besichtigen wollten. Die geheime Unterredung der drei Männer würde nicht auffallen.

Cyril wartete in dem kleinen Park vor der Kathedrale. Von seiner Bank aus hatte er das Hauptportal der Kathedrale gut im Blick. Doch das Gebäude mit seinen wunderschönen Kuppeln und dem hohen Glockenturm interessierte ihn nicht.

Basil Anickin betrat als erster die Kirche. Dann, fünf Minuten später, folgte Cerkower. Cyril ließ weitere Minuten verstreichen, ehe er selbst sich erhob und ebenfalls in die Kirche begab.

Hier standen etwa fünfzig Menschen vor dem Altar und hörten dem Priester zu, der die Messe las. Rechts hatten sich dreißig oder vierzig Menschen um einen Sarg versammelt, während ein anderer Priester die Beerdigungsliturgie zelebrierte. Etwa ein Dutzend Leute schlenderten in der Kirche umher und betrachteten das prächtig ausgestattete Innere. Cyril war die Atmosphäre mit ihrem Weihrauchgestank, dem Schluchzen der Trauernden und dem eintönigen Singsang der Priester unerträglich.

Cerkower hatte eine Kerze gekauft und zündete sie an. Ob das nun zu seiner Tarnung gehörte oder ob er es aus echtem Glauben heraus tat, wußte Cyril nicht zu sagen. Es war auf jeden Fall sehr wirkungsvoll. Es fiel gar nicht auf, als er danach in den hinteren Teil der Kirche ging und mit gesenktem Kopf und gefalteten Händen hinter einer Säule stehenblieb.

Cyril überlegte, ob er es ihm gleichtun solle, doch er fand es recht töricht, eine Kerze anzuzünden. Langsam schlenderte er zu der Säule mit der Ikone des heiligen Nikolaus.

Mit leiser Stimme sagte Cyril: „So, nun lernen wir uns endlich kennen, Nagurski.“ Er und Cerkower waren übereingekommen, Anickin nicht zu zeigen, wieviel sie von ihm wußten. Natürlich hatten sie Andeutungen gemacht, um ihn bei der Stange zu halten, doch es war besser, den Mann im unklaren zu lassen.

Basil antwortete mit einem schnellen Kopfnicken.

„Was haben Sie zu berichten?“ fragte Cerkower.

„Ein neuer Zweig der Gewerkschaft ist eröffnet worden“, sagte Basil. „Nun sind es schon zehn –“

„Das habe ich schon aus der Zeitung erfahren“, unterbrach ihn Cyril scharf. „Für so etwas werden Sie nicht bezahlt.“

Basil ließ sich von dem Vorwurf nicht aus der Ruhe bringen, und Cyril wurde wieder einmal klar, daß er es tatsächlich mit einem zähen Burschen zu tun hatte. Er würde aufpassen müssen.

„Das ist noch nicht alles, Euer Exzellenz“, erwiderte Basil kurz, als hätte er das Recht, ungeduldig mit Cyril zu sein.

„Weiter.“

„An dem letzten Treffen haben etwa dreißig Leute teilgenommen“, fuhr Basil fort. „Davon waren nicht weniger als sechs bekannte Marxisten – Sozialdemokraten und so weiter. Es werden immer mehr. Ich habe gehört, daß einige von ihnen sogar der Führungsspitze angehören.“

„Gut ... sehr gut!“ meinte Cyril. „Das wird dem Zaren überhaupt nicht gefallen. Doch wir brauchen Beweise. Namen von Männern, die wir definitiv mit den Sozialdemokraten in Verbindung bringen können. Haben Sie so etwas?“

„Namen bedeuten bei den Revolutionären gar nichts, wie Sie sicher wissen. Sie ändern ihre Namen so häufig wie ihre Unterwäsche – und nach dem Gestank von einigen von ihnen zu urteilen, sogar noch häufiger.“

Cerkower mußte lachen, doch Cyril brachte ihn schnell zum Schweigen. „Bisher haben Sie meiner Meinung nach wenig getan, um sich das Geld zu verdienen, das Sie von uns bekommen. Vielleicht kann ich jemanden finden, der eher bereit ist, sich zwanzig Rubel pro Woche zu verdienen – zweimal so viel, wie ich meinem Kutscher bezahle. Haben Sie nun etwas Wichtiges oder nicht?“

Basil sagte mit ausdruckslosem Gesicht: „Für einen bestimmten Preis, Graf Wlasenko, habe ich genau das, was Sie brauchen."

„Wie ich schon sagte, Sie bekommen bereits einen guten Lohn", antwortete Cyril.

„Das ist für die Zeit, die ich bei langweiligen Veranstaltungen und mit diesen hohlköpfigen, bemitleidenswerten Arbeitern verbringe. Vielleicht würden Sie gern einen Abend mit mir tauschen – oh nein, das wäre keine gute Idee, oder?"

„Sie sind reichlich unverschämt, dafür, daß Sie selbst zu diesen Armen und Elenden gehören." Cyril zeigte nicht seine ganze Verachtung, weil er ein wenig Angst vor dem Mann hatte, obwohl er es nur ungern zugab.

„Wollen Sie nun das, was ich habe?" fragte Basil ruhig.

„Zu welchem Preis?"

„Zweihundert Rubel –"

Cyril schnaubte verächtlich. „Das ist ja Wucher."

„Sie wissen ja noch gar nicht, was ich habe."

„Für –"

„Fotos?"

Das hatte Cyril nicht erwartet. Wie ein altes Sprichwort sagte, war ein Bild tausend Worte wert. Doch zweihundert Rubel? Aber vielleicht konnten diese Bilder den Zaren davon überzeugen, der Gewerkschaft sein Wohlwollen zu entziehen.

Cyril wendete sich seinem Handlanger zu. „Cerkower, bewegen wir uns noch innerhalb unseres Budgets?"

„Wohl kaum, mein Herr."

Er blickte Basil an. „Ich gebe Ihnen einhundert Rubel."

„Tut mir leid. Ich muß auch an meinen Partner denken. Es war schwierig, diese Fotos zu bekommen und zu entwickeln."

„Kommen Sie schon, Nagurski, wir sind hier in Rußland, nicht in Amerika – hier wird gehandelt, wie Sie vielleicht wissen."

„Diesmal nicht. Mein Preis steht fest."

In diesem Augenblick zog Cyril in Erwägung, seine Kenntnisse über die wahre Identität Anickins in die Waagschale zu werfen und ihm mit Gefängnis zu drohen, wenn er nicht bereit war, mit ihm zusammenzuarbeiten. Doch er überlegte es sich schnell anders. Cyril hatte das Gefühl, daß Anickin eine wertvolle Waffe war, die er sicherlich eines Tages würde sinnvoll einsetzen können.

„Zeigen Sie mir zuerst eine Kostprobe von dem, was Sie verkaufen wollen", schlug Cyril vor.

Basil griff in die Tasche und holte ein Foto von drei oder vier Arbeitern heraus, das er bei der letzten Versammlung aufgenommen hatte. In der Gruppe befand sich ein bekannter Revolutionär, ein Sozialrevolutionär, der gerade erst von zwei Jahren Exil in Sibirien zurückgekommen war.

Cyril war einverstanden, die zweihundert Rubel am folgenden Tag zu bezahlen.

40

In seinem Büro beschäftigte sich Cyril genau mit jedem einzelnen Foto.

Sie waren die zweihundert Rubel wert. Wenn nötig hätte er sogar *zweitausend* dafür bezahlt. Auf einem Gruppenfoto erkannte Cyril mehrere vertraute Gesichter – Radikale, die unter Polizeiüberwachung standen. Mehrere andere Schnappschüsse von kleineren Gruppen bestätigten, daß sich diese widerlichen Typen in die polizeilich genehmigte Gewerkschaft einschleusten. Ein Foto gefiel Cyril ganz besonders. Es zeigte den so verehrten Pater Gapon in angeregter Unterhaltung mit einem Herausgeber radikaler Literatur, Prokopowitsch. Dies wäre eine gute Untermauerung der Behauptung, daß Pater Gapon bei den Revolutionären um gutes Wetter anhielt.

Ein weiteres Foto versetzte Cyril in Erstaunen. Zuerst schien es nichts zu bedeuten, und er wollte es schon als nutzlos beiseite legen. Doch dann kam ihm irgend etwas bekannt vor. Auf dem Bild waren zwei Arbeiter an einem Tisch über ihr Buch gebeugt zu sehen. Der eine Mann war ein großer, dicker Bauer mit einem breiten mongolischen Gesicht. Der andere war etwas schlanker, doch durchaus nicht klein. Dieser Mann zog Cyrils Aufmerksamkeit auf sich.

Er sah aus wie eine ziemlich seltsame Kreuzung zwischen einem Bauern und einem Professor. Der Mann trug eine zerschlissene Jacke, ein kragenloses Hemd, weite Bauernhosen und bis zu den Knien geschnürte Lapti. Es war nicht zu erkennen, ob seine Haare blond oder grau waren, doch dem Alter nach zu urteilen, waren sie eher grau.

Ja, irgend etwas an dem Burschen kam ihm bekannt vor. Cyril wußte es, er spürte es. Und er konnte das nicht einfach ignorieren.

Er nahm den Telefonhörer ab und rief einen Freund im Polizeipräsidium an. Eine halbe Stunde später saß ein Polizeizeichner in seinem Büro.

„Sehen Sie sich dieses Foto an", sagte Cyril. „Ich möchte, daß Sie ein Bild dieses Mannes zeichnen –" Er deutete auf den Bauernstudenten. „Ohne den Bart."

„Aber selbstverständlich, Euer Exzellenz! Geben Sie mir eine Minute."

Doch er brauchte zehn Minuten.

Cyril schüttelte den Kopf. „Nein, der Mann auf dem Foto ist älter. Sehen Sie das nicht?" Cyril warf die Skizze beiseite und forderte eine neue.

Die zweite gefiel ihm schon viel besser. Er gab dem Künstler fünf Rubel und schickte ihn fort.

Cyril saß in seinem großen Schreibtischstuhl und lehnte sich zurück. Er rieb sich nachdenklich das Kinn. Er vergaß niemals etwas, doch manchmal dauerte es ein wenig, bis die Erinnerung kam. Und gewöhnlich war es die Anstrengung wert ... wie in diesem Fall.

Den Mann ohne den Bart zu sehen half ihm sehr viel weiter. Cyril dachte etwa vier Jahre zurück, als ein Verrückter versucht hatte, ihn mit dem Gewehr von seinem neuerworbenen Eigentum zu verjagen. Viktor Fedortschenko hatte den Verstand verloren und versucht, Cyril daran zu hindern, sein St. Petersburger Anwesen zu übernehmen.

Ein einziger Mensch hatte es vermocht, „das wilde Tier zu zähmen". Wlasenko hatte angenommen, dieser Mann sei ein treuer Diener der Familie gewesen. Die Tatsache, daß derselbe Mann in einer Gewerkschaftsversammlung auftauchte, war eigentlich nichts Ungewöhnliches. Sein untrügliches Gedächtnis machte sich in der Regel bezahlt. Doch dies hier war eine Sackgasse.

Cyril war ein wenig enttäuscht, daß seine Bemühungen umsonst gewesen waren. Doch wenigstens war sein Gedächtnis noch so gut wie eh und je.

Er wendete seine Aufmerksamkeit wieder den anderen Fotos zu. Er mußte einen Brief an den Zaren schreiben und um eine Audienz bitten. Cyril wollte gerade seine Sekretärin hereinrufen, als er bemerkte, daß es bereits weit nach sieben und die Frau schon nach Hause gegangen war. Darum nahm Cyril selbst einen Stift zur Hand, um den Brief aufzusetzen; sie konnte ihn am folgenden Morgen abschreiben. Er begann mit der üblichen Anredeform, dann brach er ab.

„Wie soll ich es formulieren ...?" murmelte er.

Er blickte zu den Fotos hinüber, als erhoffe er sich davon eine Inspiration. Sein ruheloser Blick wanderte über die Zeichnungen – beide Zeichnungen.

Auf einmal ruckte sein Kopf hoch.

Die Zeichnung!

Er hatte diese erste Zeichnung achtlos beiseite gelegt, weil ihm der Mann viel zu jung erschienen war. Der Mann auf dem Foto, der Mann, der Viktor geholfen hatte, war um einiges älter. Doch als sein Blick nun auf dieser ersten Zeichnung hängenblieb, fiel ihm wieder diese Ähnlichkeit auf. Es war nicht nur, daß dieser jüngere Mann dem älteren glich.

Cyril *kannte* den jüngeren Mann.

Doch das war zu unglaublich, um es in Worte fassen zu können. Wie konnte das sein?

Cyril schüttelte den Kopf. Die weitaus wichtigere Frage war: Wie konnte Cyril sich diese erstaunliche Entdeckung, falls sie sich bestätigen sollte, zunutze machen?

Wieder nahm Cyril den Telefonhörer ab. Er war dankbarer denn je für diese wundervolle Erfindung, die ihm so viel Zeit sparte.

„Cerkower", sagte er nach einer Weile, „ich habe eine weitere Aufgabe für Sie. Äußerste Diskretion ist erforderlich." Sein Assistent sprach, dann antwortete er: „Für den Augenblick hat das Vorrang vor allem anderen. Vermutlich wird man einige Zeit auf die betreffenden Informationen warten müssen." Cyril hörte zu. „Keine Reise. Ein Telegramm sollte genügen – zu schade, daß es noch keine Telefonverbindung nach Sibirien gibt." Er wartete. „Ja, ich sagte Sibirien. Und nun hören Sie mir genau zu."

41

Paul Burenin hatte wenige Wünsche im Leben. Er wollte nur für die Freiheit Rußlands tätig sein.

Nach seinem Kompromiß Lenin gegenüber waren einige Tage der Euphorie gefolgt. Er wollte für sein Volk wirken, und Lenin gab ihm die Gelegenheit dazu. Doch schon nach einer Woche kam es zu weiteren Konfrontationen mit Lenin und seinen Bolschewiken. Manchmal hatte er den Eindruck, daß sie sich um ihre hervorragenden Konzepte von elementarer Freiheit nicht mehr kümmerten. Sie schienen den Blick dafür zu verlieren, worum es eigentlich ging. Und, was noch wichtiger war, viele hatten die Massen, das russische Volk, vollkommen vergessen.

Paul war so zerstreut, daß Mathilde befürchtete, er könnte vor einen Bus laufen, wie es Lenin vor einigen Wochen passiert war. Zum Glück war er nicht ernsthaft verletzt worden – einige Brüche und Schnitte und ein verletztes Auge, das er beinahe verloren hätte.

Mathilde war vor kurzem der Grund für Pauls inneren Aufruhr klargeworden, und sie hatte beschlossen, mit ihm darüber zu sprechen. Sie wollte ihn nicht noch mehr in Zwiespalt stürzen, doch sie mußte ein solches Risiko eingehen. Ihm die Wahrheit vor Augen zu führen war vielleicht der einzige Weg, ihrem verzweifelten Mann zu helfen. Sie konnte es nicht mehr ertragen zu sehen, wie er zwischen Höhen und Tiefen hin- und hergerissen wurde, vor allem da er in letzter Zeit mehr Tiefpunkte erlebte.

Sie dachte an das letzte Treffen bei Lenin. Paul hatte einige Minuten lang über das russische Volk gesprochen. Er versuchte verzweifelt, den Blick der Partei wieder auf das Wesentliche zu lenken. Danach war es zu einer hitzigen Auseinandersetzung gekommen.

„Du redest wie ein Populist“, beschuldigte ihn Stephan Kaminski.

„Ist die Revolution denn nicht für das Volk?“ fragte Paul. „Wir dürfen das nicht vergessen.“

„Das hört sich an wie sozialrevolutionäres Gewäsch. Bist du sicher, daß du der richtigen Partei angehörst?“

„Kaminski, du kommst doch selbst aus der Bauernschaft, genau wie ich. Man sollte meinen, du würdest es verstehen."

„Ich weiß nur, daß die Massen schlafen. Wenn die Revolution ihnen überlassen würde, würde es nie dazu kommen."

Paul unterdrückte den Wunsch, Lenin anzusehen. Kaminski verbreitete zwar nicht Lenins reine Lehre, doch seine Meinung wurde noch eher akzeptiert als Pauls.

„Ich fürchte, ich werde das Volk niemals aufgeben", sagte Paul.

„Das erwartet auch niemand", warf Lenin ein. „Sie sind das Herz und die Seele dessen, was wir tun."

„Es sieht aber gar nicht danach aus." Paul schien auf einmal bereit zu sein, sich mit dem Führer der Bolschewiken zu überwerfen. „Manchmal habe ich bei einigen meiner verehrten Genossen den Eindruck" – er warf einen Blick auf Kaminski –, „daß die Partei, selbst wenn das Volk einstimmig gegen eine Revolution wäre, trotzdem weitermachen würde."

„Das ist doch Blödsinn!" rief ein anderer der jungen Männer.

„So etwas wird nie passieren", meinte Kaminski.

Die Auseinandersetzung dauerte noch einige Minuten an, bis Paul es schließlich satt hatte, seine Position zu verteidigen und sich setzte.

Dieser Abend hatte Paul mehr zu schaffen gemacht, als allen außer Mathilde klar war. An diesem Abend hatte sie endgültig begriffen, was der Grund seiner Schwierigkeiten war. Sie mußte mit ihm darüber sprechen. Darum wählte sie einen ruhigen Abend aus. Sie hatten gerade ihre einfache Abendmahlzeit, bestehend aus Brot und Würstchen, beendet. Paul hatte ihnen Tee aus dem Samowar geholt, und sie saßen nun entspannt am Tisch.

„Nichts beruhigt mehr als ein Glas heißer Tee", sagte Paul, doch seine angespannten Gesichtszüge straften seine Worte Lügen. „Ich sollte mir eine Teeplantage kaufen und den Rest meines Lebens damit verbringen, etwas wirklich Sinnvolles für die Menschheit zu tun."

„Oh, Paul!" Die Bitterkeit im Tonfall ihres Mannes tat Mathilde weh und bestärkte sie in ihrer Entschlossenheit. „Ich habe nachgedacht ..."

Paul beugte sich interessiert vor. „Was ist los, meine liebe Frau?"

„Es ist nicht leicht, das zu sagen, und sicher wird es dir nicht leichtfallen, es zu hören."

„Dann werde ich mich wappnen. Aber bitte, fahre nur fort."

„Es macht mich traurig, dich so verzweifelt zu sehen", sagte sie. „Im letzten Sommer warst du so deprimiert; dann hast du mit Lenin gesprochen, und du warst wieder fröhlich – einige Tage lang; dann bist du wieder in finsteres Brüten versunken. Als wir nach London fuhren, warst du wieder einige Zeit fröhlich. Dann –"

„Bitte erinnere mich nicht daran, Mathilde." Paul seufzte. „Man hat den Eindruck, als sei ich ein hüpfender Ball."

„Es tut mir leid, aber ich muß offen sprechen."

„Ich würde es auch gar nicht anders haben wollen. Verzeih, daß ich dich unterbrochen habe."

„Paul, du schwankst schrecklich hin und her, und ich glaube, das ist zum Teil der Grund dafür, daß du so müde bist. Doch da ist noch mehr." Sie machte eine Pause, schluckte. „In den letzten sechs Jahren hast du eine Rolle gespielt – und das kann einen Menschen sehr auslaugen. Seit du Lenin kennengelernt hast, hast du versucht, dich in sein Konzept einzupassen. Du wolltest ein Marxist sein, doch es ging nicht. Du hast es mit den Sozialdemokraten versucht, und es ging auch nicht. Du hast es mit den Bolschewiken versucht, und auch das geht nicht gut. Ich habe gesehen, wie du dich bemühst, einen Artikel nach den Maßstäben der Bolschewiken zu schreiben und trotzdem deine persönliche Integrität zu wahren. So etwas zehrt an den körperlichen und geistigen Kräften eines Menschen. Ich frage mich nur, wie du das so lange hast durchhalten können. Doch, mein lieber Mann, du wirst in zu viele Richtungen gezerrt. Das muß aufhören. Ich kann nicht mehr länger zusehen, wie du zerbrichst."

Einige Zeit schwieg Paul. Mathilde fragte sich schon, ob sie vielleicht zuviel gesagt hatte. Gewöhnlich schätzte er es, wenn sie ihm ihre Meinung sagte, doch dies war vielleicht ein wenig zu offen gewesen.

Das Schweigen dauerte noch zwei oder drei Minuten an. „Ich will nicht zerbrechen, Mathilde", meinte er schließlich kläglich. „Aber was kann ich tun? Du und ich, wir beide wissen: Falls es eine Revolution in Rußland gibt, wird Lenin ihr Führer sein."

„Das klingt sehr fatalistisch."

„Ich würde mich nicht engagieren, wenn dies meine einzige Motivation wäre", meinte Paul verteidigend. „Lenin hat viel

Gutes an sich; das weißt du. Ich schätze ihn sehr als Mensch und als Leiter. Wenn nur ..."

„Und genau das ist das Problem, Paul. Wenn er nur der Demokratie mehr verbunden wäre als Marx; wenn er nur nicht so auf sein Zentralkomitee festgelegt wäre. Aber dies sind die Grundelemente der ganzen Partei. Du würdest nicht einmal bei den Menschewiken zufrieden sein. Nie hast du dich mit der marxistischen Lehre abfinden können. Manchmal rechtfertigt das Ziel eben nicht die Mittel." Sie blickte ihn eindringlich an und wog ihre nächsten Worte sorgfältig ab. „Als du noch ein Junge warst und zu den Terroristen kamst, warst du eine Zeitlang von dieser Philosophie überzeugt, bis du durch deine Studien in Sibirien einen besseren Weg entdeckt hast. Ich dachte, du wärst über solche Vorstellungen hinausgewachsen. Doch du steckst schon wieder darin. Manchmal ist das Ziel nicht halb so wichtig wie die Art und Weise, wie man dorthin gelangt."

„Und wenn ich nun meinem persönlichen Konzept folge und es zu nichts führt ...?"

„Dann bist du wenigstens zufrieden, weil du weißt, daß du dir treu geblieben bist."

Er lächelte schwach. „Wie der Jäger, der mit seinem Lieblingsgewehr auf die Jagd geht, auch wenn die Waffe alt ist und nicht mehr richtig funktioniert. Er jagt nichts, seine Familie hungert, doch wenigstens tut er, was ihm Freude macht."

„Ich werde nicht hungern; das russische Volk hungert nicht. Vermutlich sind das wichtigste deine Motive, Paul. Willst du, wie Kaminski und die anderen, die Revolution um der Revolution und der Macht willen, die du dadurch erhältst?"

„Ich hoffe, du kennst die Antwort."

„Ja. Doch ich weiß auch, daß Macht eine große Anziehungskraft besitzen kann, und es ist so leicht, über all das Gute, das ein mächtiger Mann vollbringen kann, zu philosophieren."

„Ich habe oft darüber nachgedacht – sehr oft."

„Bist du der Meinung, daß Iljitsch irgend etwas anderes als sein persönliches Konzept dulden würde?"

Paul starrte seine Frau an. Sie hatte sich kaum verändert seit jenem ersten Tag, als er sie in Sibirien kennengelernt hatte. „Wie hast du das die vergangenen sechs Jahre nur ausgehalten, Mathilde? Es war bestimmt nicht leicht für dich, einer Partei anzugehören, mit deren Konzept du nicht einverstanden bist."

„Ich war bei dir, Pawuschka." Lächelnd ergriff sie seine Hand.

„Und was soll ich jetzt tun, Frau? Sechs Jahre Arbeit hinschmeißen? Ich habe wirklich gehofft, ich könnte in der Partei etwas bewirken, einige der rauhen Ecken glätten, einige der Berge ebnen. Habe ich versagt?"

„Du hast nur versagt, wenn du aufgibst."

„Aber du hast gerade gesagt, ich soll die Partei verlassen, Lenin verlassen. Oder habe ich dich nicht richtig verstanden?"

„Ich glaube, du mußt einen Ort finden, wo du hingehörst. Und dazu scheint es mir notwendig zu sein, Lenin zu verlassen."

Paul nickte. „Ich glaube, mir geht es schon etwas besser."

Mathilde erhob sich und holte frischen Tee. Danach saßen sie eine Weile schweigend zusammen und hingen ihren Gedanken nach. Sie hatten noch nie belanglos miteinander plaudern können. Manchmal wünschte sich Mathilde, sie könnten miteinander umgehen wie andere Ehepaare, die sie beobachtet hatte. Doch sie waren ein sehr ernstes Ehepaar, nachdenklich – manchmal zu nachdenklich. Mathilde dachte hin und wieder, sie sollten einmal Urlaub machen von ihren Doktrinen, ihrer Philosophie und der alles verzehrenden Revolution. Doch sie traute sich nicht, das vorzuschlagen, weil es vielleicht unmöglich war.

Nach mehreren Minuten brach Paul das Schweigen. „Mathilde, ich weiß, wo ich hingehöre oder wo ich am besten den Platz finden kann, wo ich hingehöre. Was hältst du davon, nach Rußland zurückzukehren?"

Mathilde lächelte ihn an.

Paul lächelte zurück. „Du hast also nichts dagegen."

„Ganz bestimmt nicht! Aber kannst du mir etwas versprechen, wenn wir zurückkehren? Ich würde gern einige Zeit in Katyk bei deiner Mutter leben. Ich möchte lernen, wie man Brot backt."

„Brot?"

„Ein geheimer Wunsch von mir."

„Wir müssen natürlich vorsichtig sein, aber vielleicht ist das auch nach so langer Zeit nicht mehr nötig." Er machte eine Pause, und sie lächelte über seine Antwort. Es sah ihm so ähnlich, alles mit Vernunft anzugehen. „Frau, ich weiß nicht, ob ich dir irgend etwas versprechen kann, doch ich ziehe es in Erwägung."

42

Die Anwesenheit des Zaren schien den scheidenden Soldaten Mut zu machen. Während er auf dem Bahnsteig des Bahnhofs stand, gekleidet in seine beste Uniform, sah Nikolaus tatsächlich wie ein liebevoller, wohlwollender Vater aus. Die Truppen zogen in geordneten Reihen an ihm vorbei. Er war stolz auf sie, und er war sicher, daß sie es spürten.

Er hatte Hunderte von kleinen Ikonen des heiligen Seraphim austeilen lassen und Gottes Segen für die Soldaten erfleht, als sie in den Krieg zogen. Er fragte sich, ob dies wohl die letzte Verstärkung der Truppen an der Front sein würde. Wie lange konnte der Krieg noch dauern? Im stillen hoffte er, daß er bald zu Ende wäre; der ganze Krieg mit Japan war eine einzige Demütigung für Rußland, vor allem im Ausland. Als Zar hätte er ihn durch eine sofortige Kapitulation beenden können. Doch nachdem so viel investiert worden war, war eine Beendigung genauso schwierig wie eine Fortsetzung. Aufzugeben würde bedeuten, daß all die Soldaten umsonst gestorben waren.

Wie hatte so etwas nur passieren können? Seine Berater hatten den Mut der Japaner unterschätzt. Doch wer hätte gedacht, daß sich Japan in weniger als einer Generation von einer isolierten Feudalgesellschaft zu einer Nation entwickeln würde, die das heilige russische Weltreich herausfordern und besiegen konnte?

Die japanische Armee mit ihren sechshunderttausend Soldaten hatte sich der russischen, drei Millionen Soldaten umfassenden Armee gestellt – und sie bei fast jeder Schlacht geschlagen. Zu Beginn hatten die Japaner mit ihrer ganzen Streitmacht zugeschlagen, während die Russen eher nachlässig reagierten. Die Soldaten und der Nachschub kamen von weit her, und als die volle Streitmacht an der Front ankam, hatten die Japaner bereits die Oberhand gewonnen. Die Russen hatten sich davon nicht mehr erholen können.

Nikolaus suchte nach einem weiteren Grund für das Versagen der Armee – die falsche Organisation und die Unfähigkeit der Kommandeure. Immerhin hatte er als Zar die meisten von ihnen ernannt.

Nikolaus hatte gelernt, Haltung zu bewahren. Die vielen tausend Soldaten, die an ihm vorbeizogen, bemerkten nichts von seiner Verzweiflung und Niedergeschlagenheit. Er winkte und lächelte, wie es von einem Herrscher erwartet wurde.

Neben allem anderen hätte Rußland vor einigen Tagen beinahe einen Krieg mit Großbritannien ausgelöst. Die baltische Flotte war ausgelaufen, um Port Arthur zu Hilfe zu eilen. In der Nordsee war sie auf eine britische Fischereiflotte gestoßen und hatte tatsächlich das Feuer auf sie eröffnet. Eines der britischen Schiffe sank, und zwei oder drei Menschen kamen ums Leben. Verständlicherweise waren die Briten außer sich vor Wut. Nikolaus hatte „Onkel Bertie", Edward VII., dem König von England, sofort telegrafiert und sein tiefstes Bedauern über den Vorfall ausgedrückt.

Obwohl es kein Geheimnis war, daß die Briten die Japaner unterstützten – wenn vielleicht nicht materiell, so doch ganz sicher von ihrer Einstellung her –, hatte es den Anschein, als würde sich Großbritannien beruhigen und sich nicht auf eine Auseinandersetzung mit Rußland einlassen. Trotzdem, in den vergangenen Tagen hatte eine äußerst gespannte Atmosphäre geherrscht.

Es schien seltsam zu sein, daß sich die Briten mit Rußlands Feind verbündeten, da „Bertie" Alexandras Onkel war. Doch immerhin waren alle gekrönten Häupter Europas irgendwie miteinander verwandt; vermutlich gab es nicht einen einzigen, der nicht mit dem Zaren verwandt war. Solche Verbindungen konnten Entscheidungen manchmal ziemlich erschweren; doch das nationale Interesse hatte immer Vorrang vor Familieninteressen.

Nikolaus fuhr an diesem Tag in seinem Privatzug nach St. Petersburg zurück. Er war nicht gern so lange von seiner Familie getrennt. Und die Rolle des Führers, der die Truppen begeistern soll, erschöpfte ihn. Er wünschte fast, er könnte sich in seinem Zimmer einschließen, wie Alix es in der letzten Zeit öfter tat.

Die Unsicherheit in bezug auf den Gesundheitszustand ihres Sohnes war sehr bedrückend, doch das Leben mußte weitergehen. Vor allem wenn man der Herrscher über eine mächtige Nation war.

43

Mischa mußte zugeben, daß sein Dienst in Tsarskoe Selo, zwanzig Kilometer südlich der Hauptstadt, äußerst angenehm war. Der Zar hielt sich in letzter Zeit fast ausschließlich hier auf, außer wenn er und seine Familie auf die Krim fuhren. In den vergangenen zwei Jahren hatte Mischa wieder Dienst in der kaiserlichen Leibgarde getan.

Erst kürzlich hatte Mischa den Zaren auf seiner Inspektionsreise der Truppen begleitet. Er war froh gewesen, nach Tsarskoe Selo zurückzukehren. Vielleicht wurde er ja alt. Selbstverständlich hatte er darum gebeten, an die Front versetzt zu werden, doch sein Gesuch war abgelehnt worden. Vor zwanzig Jahren wäre er darüber vielleicht enttäuscht gewesen – jetzt nicht mehr.

Ja, es mußte wohl das Alter sein. Mischa seufzte. In der seltsamen Stimmung, in der er sich befand, dachte er sogar über die Ehe nach – etwas, das er eigentlich höchst selten tat. Hatte er etwas verpaßt dadurch, daß er nie geheiratet hatte? Er war zufrieden mit seinem Leben, und er liebte seine Arbeit. Ganz bewußt hatte er sich entschieden, nicht zu heiraten, weil er der Meinung war, das Leben eines Soldaten lasse sich nicht gut mit einer Familie vereinbaren. Und selbst als Hauptmann in der Leibwache würde es ihm schwerfallen, seine Familie angemessen zu unterhalten. Er war gern der ‚Onkel' für Sergeis und Annas Kinder – es brachte viel Spaß und keine Verantwortung. Doch gelegentlich beneidete er Sergei auch.

War das das einzige, worum er ihn beneidete? In gewisser Weise war auch die Zuneigung, die er zu Anna empfand, ein Grund für sein Junggesellendasein. Seine Gefühle waren in keiner Weise unehrenhaft. Doch er mußte zugeben, daß er sich einige Male gewünscht hatte, die Dinge stünden anders.

Vielleicht hätte er heiraten und versuchen sollen, solche Gedanken zu vertreiben, indem er sich auf eine andere Frau konzentrierte. Im Laufe der Jahre hatte es einige Frauen gegeben, die er hätte heiraten können. Selbst jetzt könnte er noch leicht eine Frau finden. Er sah tatsächlich jünger aus als der Zar, obwohl er elf Jahre älter war.

Ach was, sagte er sich, *für Reue ist es zu spät*. Und er würde nichts tun, was seine Freundschaft zu Sergei und Anna in Gefahr bringen könnte. Diese Verbindung war ihm zu wichtig, denn sie waren tatsächlich seine Familie.

*

Am folgenden Tag wollte Mischa mit Anna, Sergei und den Kindern eislaufen gehen. Endlich war der Fluß zugefroren. Sie würden sich ein Picknick mitbringen und einen ganzen Tag auf der Newa verbringen.

Mischa kam um zehn Uhr morgens. Als er die Treppe hinaufstieg und gerade die Haustür öffnen wollte, hörte er ein Geräusch. Er blieb stehen und drehte sich um, um zu sehen, ob es eines der Kinder sei. Er erhaschte gerade noch einen Blick auf eine Gestalt, die in einer Gasse auf der anderen Straßenseite verschwand. Sein Instinkt sagte ihm, daß irgend etwas nicht stimmte. Es war seltsam, daß jemand auf der Straße stand, vor allem an einem kalten Wintertag.

Mischa betrat das Gebäude, stieg die Treppe zum zweiten Stock hoch und klopfte an die Tür. Raisa hieß ihn willkommen. Im Trubel des Aufbruchs vergaß er den Mann auf der Straße. Andrei bekam den Knoten aus seinen Schnüren nicht heraus, Talja konnte einen ihrer Schlittschuhe nicht finden, und Anna versuchte Juri davon zu überzeugen, daß er seine Schlittschuhe diesen Winter noch tragen konnte.

Zehn Minuten später waren alle fertig. Sie wollten mit der Straßenbahn fahren, die einige Straßen weiter hielt. Mischa warf noch einen Blick in die Gasse. Der Mann war immer noch da, und diesmal traf sich ihr Blick. Mischa sah schnell beiseite, so als hätte er ihn nicht bemerkt. Vielleicht war er schon zu lange bei der Leibwache des Zaren, doch sein Instinkt sagte ihm, daß hier etwas nicht stimmte.

Unauffällig nahm er Sergei beiseite.

„Sergei, als ich ankam, habe ich jemanden in der Gasse da hinten bemerkt. Er ist immer noch da. Wirf unauffällig einen Blick dorthin, wenn du kannst."

Sergei blieb stehen und bückte sich, um seinen Schuh zuzubinden. Dabei sah er hinüber.

„Es ist niemand da", sagte er.

Mischa überzeugte sich selbst. Die Gasse war tatsächlich leer.

Er zuckte die Achseln und schüttelte den Kopf. „Seltsam, nicht? Daß jemand gut fünfzehn Minuten da herumhängt und in dem Augenblick verschwindet, wo er bemerkt wird."

„Vielleicht ein Straßenvagabund."

„Ja, vermutlich. Doch du solltest vorsichtig sein. Ich habe gehört, daß Diebe eine Gegend zuerst ausspionieren, bevor sie zuschlagen."

„Nun, das muß schon ein sehr armseliger Dieb sein, der hier etwas stehlen will. Die meisten Leute hier haben kaum zwei Kopeken, die sie aneinander reiben können."

„Vielleicht mache ich ja aus einer Mücke einen Elefanten."

„Komm, wir wollen die anderen einholen."

Heiratsanträge

44

Mariana hatte die Kraft gefunden, zum Hospital zurückzukehren. Die Euphorie über Daniels Liebeserklärung half ihr über die folgenden beiden Tage endloser Arbeit hinweg.

Die Beerdigung ihres Onkels war hart, auch wenn Daniel und Philip ihr beistanden. Ilja wurde auf einem Friedhof begraben, wo Hunderte gefallener Soldaten lagen, so viele Kilometer von zu Hause entfernt. Mariana versuchte, nicht an ihre Familie zu denken, vor allem nicht an ihre Großmutter, die das Grab ihres Sohnes niemals würde besuchen können.

Die Arbeit im Hospital ging trotz ihres Kummers weiter. Unablässig wurden Verwundete und Kranke eingeliefert, und der Tod war immer noch so schrecklich wie zu Beginn des Krieges. Sie hatten keinerlei Betäubungsmittel mehr, und der Vorrat an Morphium war so gering, daß es nur noch bei den schlimmsten Fällen eingesetzt werden durfte. In der Vergangenheit war Mariana entsetzt gewesen über die riesigen Mengen Wodka in der belagerten Stadt, weil viele der männlichen Pfleger die meiste Zeit betrunken waren. Nun war sie dankbar für den Alkohol, und häufig schickte sie Hilfskräfte auf den Schwarzmarkt, um „Rationen" für den Gebrauch im Hospital zu besorgen.

Auch der körperliche Zustand des medizinischen Personals verschlechterte sich zusehends. Die langen Arbeitszeiten und das schlechte Essen zehrten an ihnen. Schon Tage vor dem Tod ihres Onkels hatte Mariana bei sich Zahnfleischbluten festgestellt – ein Zeichen für Skorbut.

Ihre letzte Begegnung mit Daniel hatte Mariana tatsächlich aufgerichtet, doch das Leben war dadurch natürlich nicht besser geworden. Sie konnte nur einfach weiter überleben – und unter den gegebenen Umständen war das an sich schon ein Wunder.

Am Tag nach Iljas Beerdigung begegnete sie Dr. Itkinson auf dem Flur.

„Dr. Itkinson", sagte sie, „ich möchte Ihnen danken, daß Sie an der Beerdigung meines Onkels teilgenommen haben. Das hat mir sehr viel bedeutet."

„Das war das mindeste, was ich tun konnte, Mariana. Sind Sie sicher, daß Sie heute schon wieder arbeiten können?"

„Was soll ich sonst tun, Doktor? Das lenkt mich ab, und manchmal vergesse ich sogar, daß wir bombardiert werden."

„Ich war gerade auf der Suche nach Ihnen", sagte der Arzt nach einer kurzen Pause. „Ich habe Ihnen einen Vorschlag zu machen."

„Wirklich?"

„Die Japaner haben uns ein Zugeständnis gemacht als Dank für den Waffenstillstand vor einiger Zeit."

„Das ist doch ungewöhnlich, oder?"

„Eigentlich nicht. Wir kämpfen gegen einen ehrenhaften Feind, nehme ich an."

„Und welches ist das Zugeständnis?"

„Sie werden einem Rot-Kreuz-Schiff sichere Passage aus dem Hafen gewähren, damit wir unsere Verwundeten fortbringen können. Zu diesem Zweck hat Stössel einen deutschen Frachter aufgetrieben. Nach einigen Umbauten werden wir etwa einhundertfünfzig Verwundete unterbringen können. Ich weiß, das ist nur eine geringe Zahl angesichts der Tausende, die wir haben, und meiner Ansicht nach lohnt es kaum den Aufwand, wenn man an das Begleitpersonal denkt, das wir verlieren werden. Doch Stössel will das Angebot unbedingt akzeptieren. Ich bin gerade dabei, die Patienten herauszusuchen, die fortgebracht werden."

„Das werden doch nicht nur Offiziere sein, Dr. Itkinson?"

„Nicht wenn ich in dieser Angelegenheit etwas zu sagen habe", erwiderte Itkinson fest. „Die meisten werden einfache Soldaten sein. Sie müssen ernsthaft verwundet sein und trotzdem gute Überlebenschancen haben. Das ist keine leichte Entscheidung. Noch schwieriger ist es, das Personal für das Schiff auszusuchen. Die Wahl des Arztes war nicht schwer – Wlasenko hat sich freiwillig für diese Aufgabe zur Verfügung gestellt, und ich sah keinen Grund, ihn zurückzuweisen. Er ist der einzige, den ich entbehren kann. Bei den Schwestern war die Entscheidung schwieriger. Ihr seid unersetzbar. Und ich weiß, keine von euch würde sich freiwillig melden. Doch ich habe entschieden, daß Sie, Mariana, das Schiff begleiten werden."

„Dr. Itkinson, ich weiß, daß meine Arbeit in letzter Zeit gelitten hat –"

„Mißverstehen Sie mich nicht, Mariana", warf Itkinson schnell ein. „Ich schicke Sie nicht fort, weil ich unzufrieden mit Ihrer Arbeit bin. Sie sind die beste Schwester hier."

„Warum dann?"

„Meine Liebe, Sie haben viel durchgemacht, und Sie haben genug gegeben. Ich sehe, daß Ihre Gesundheit gelitten hat."

„Ich bin nicht die einzige."

„Trotzdem schicke ich Sie. Glauben Sie nicht, daß Sie eine Urlaubsreise unternehmen werden. Das Meer ist tückisch, und viele Gefahren werden auf Sie lauern. Und sobald Sie ihre Patienten abgeliefert haben, haben Sie Anweisung, mit dem Zug nach Mukden zurückzukehren, wo sehr wahrscheinlich die nächste große Schlacht des Krieges ausgetragen werden wird. Ich lasse Sie nur ungern ziehen, Mariana, doch ich weiß, daß Sie bald anderswo mehr gebraucht werden als hier."

Mariana zuckte die Achseln. „Wenn das meine Befehle sind, was kann ich dagegen sagen?"

Er tätschelte väterlich ihren Arm. „In dieser Hinsicht ist es wundervoll, dem Militär anzugehören. Alle wichtigen Entscheidungen werden uns abgenommen."

„Wann werden wir auslaufen?"

„Sobald das Schiff ausgestattet ist. Bestenfalls in einigen Tagen, wir wollen sichergehen, daß der Hafen nicht zufriert."

*

Mariana konnte sich im Hospital nicht freimachen, doch sie schickte Daniel eine Nachricht mit der Bitte, sie am Abend aufzusuchen.

Sie wechselte gerade den Verband eines Patienten, als sie Besuch bekam. Es war aber nicht Daniel.

„Philip, was für eine Überraschung!"

„Ich habe von Ihren Befehlen gehört. Ich wußte nicht, ob ich mich freuen oder traurig sein sollte."

„Lassen Sie mich das hier eben noch fertig machen, dann können wir uns unterhalten."

Nach fünf Minuten führte sie ihn ins Schwesternzimmer, wo sie auf zwei Stühlen Platz nahmen.

„Auch ich habe gemischte Gefühle", knüpfte Mariana an Philips letzte Bemerkung an. „Vor einigen Tagen wollte ich nichts sehnlicher, als von hier fortzukommen. Doch nun habe ich das Gefühl, als würde ich alle im Stich lassen."

„Es ist nicht Ihre Entscheidung, Mariana. Doch meine Gefühle haben eine andere Ursache. Ich bin froh, daß Sie der Gefahr und der Entbehrung hier entrinnen können. Ich habe bemerkt – obwohl Sie versucht haben, das zu unterdrücken –, daß Sie schon seit Tagen krank sind. Es ist gut, daß Sie fortgehen, bevor hier alles noch schlimmer wird. Aber –" Er seufzte tief. „Die egoistische Seite in mir möchte, daß Sie bleiben. Sie haben mir diesen Krieg erträglich gemacht, und ich weiß nicht, was ich ohne Ihr Lächeln und ohne Ihre liebe Stimme tun soll."

„Philip –"

„Bitte lassen Sie mich ausreden. Ich liebe Sie, Mariana, und ich möchte, daß Sie meine Frau werden. Ich weiß, der Krieg bringt manchmal seltsame Früchte hervor, doch ich bin sicher, daß Sie die Frau meines Lebens sind."

„Bitte, Philip, ich kann nicht zulassen, daß Sie weiterreden."

„Ich weiß, daß Sie mich nicht genauso lieben", fuhr er schnell fort, „doch das macht mir nichts aus, solange ich mit Ihnen zusammensein, für Sie sorgen und Sie beschützen kann. Ich kann an nichts anderes denken, als den Rest meines Lebens mit Ihnen zu verbringen."

„Philip, Sie sind ein so guter Mensch, und die Tiefe Ihrer Zuneigung ehrt mich sehr –"

„Und so würde es bleiben bis zum Ende unseres Lebens."

„Aber, Philip, Sie verdienen mehr. Sie verdienen eine Frau, die Sie lieben kann mit der Leidenschaft, die Sie selbst zu geben vermögen. Sie verdienen es, vorbehaltlos geliebt zu werden – und ich weiß, Sie werden eines Tages eine solche Frau finden."

„Aber Sie werden es nicht sein?"

„Nicht, wenn ich einen anderen Mann liebe."

Er schüttelte enttäuscht den Kopf. „Ach, ich verstehe. Daniel Trent."

Sie nickte nur. Und weil sie Philip nicht verletzen wollte, unterdrückte sie die Freude, Daniels Namen zu hören. Doch sie wußte, daß ihre Gefühle nur zu offensichtlich waren.

„Um ehrlich zu sein", sagte Philip, „habe ich das schon beim ersten Mal bemerkt, als ich Sie beide zusammen gesehen habe.

Doch da keiner von Ihnen auch nur eine Andeutung gemacht hat, hoffte ich, ich hätte es mir eingebildet und immer noch eine Chance bei Ihnen."

„Uns ist das selbst erst vor einigen Tagen klargeworden – obwohl es schon seit einiger Zeit unterschwellig vorhanden war. Es tut mir so leid, Philip."

Er lachte leise. „Vielen Dank. Ich denke, ich werde es überstehen."

„Wenn Sie als Kriegsheld nach Rußland zurückkehren, werden Ihnen die Frauen zu Füßen liegen. Und wenn Daniel nicht gewesen wäre, hätte ich sicher auch dazugehört."

In diesem Augenblick sah sie Daniel kommen. Philip erhob sich sofort und streckte dem etwas verwirrten Daniel die Hand entgegen.

„Sie können sich glücklich schätzen", sagte Philip und schüttelte herzlich Daniels Hand.

„Wie bitte?" Daniel blickte Philip und Mariana verständnislos an.

„Mariana hat gerade meinen Heiratsantrag zugunsten eines gewissen amerikanischen Reporters abgelehnt."

„Daniel und ich haben noch nicht über Heirat gesprochen", warf Mariana schnell ein.

„Was?" Philip wendete sich Daniel entsetzt zu. „Worauf warten Sie denn, mein Lieber? Wissen Sie denn nicht, was Sie an diesem Mädchen haben? Einen kostbaren Edelstein, einen unbezahlbaren Schatz! Lassen Sie sich diese Frau nicht durch die Lappen gehen." Er zwinkerte Mariana zu. „Sie würde nicht weit kommen."

Es kam zwar selten vor, daß Daniel nicht wußte, was er sagen sollte, doch dies war einer jener Augenblicke. Mariana lachte. Er tat ihr zwar leid, aber sein Anblick war zu köstlich. Trotzdem kam sie ihm zu Hilfe.

„Philip, Sie werden den armen Mann noch verscheuchen", sagte sie scherzend. „Sie wissen doch, wie Amerikaner sind; sie lieben ihre Unabhängigkeit. Ich wollte das Thema ganz sachte angehen."

Philip und Mariana lachten, und sogar Daniel brachte ein mühsames Lächeln zustande.

Schließlich fand er seine Sprache wieder. „Sie halten sich sehr gut, Philip."

„Mir liegt vor allem Marianas Glück am Herzen, und ich weiß jetzt, sie könnte mit mir nicht glücklich werden, wenn sie Sie liebt." Philip wurde ernst. „Ich habe eine Bitte an Sie, Daniel."

„Reden Sie nur."

„Sie müssen Mariana nach Wladiwostok begleiten –"

„Wohin?"

„Daniel, darum habe ich dich gebeten, heute abend hierherzukommen", erklärte Mariana. „Ich soll das Rot-Kreuz-Schiff nach Wladiwostok begleiten. Als Dank für die Feuerpause vor einigen Tagen haben die Japaner uns gestattet, ein Schiff mit Verwundeten aus Port Arthur zu bringen."

„Und wir dürfen sie nicht ohne Schutz fahren lassen", fuhr Philip fort.

„Natürlich werde ich sie begleiten", erwiderte Daniel sofort.

Mariana wollte schon protestieren bei der Vorstellung, daß sie Schutz brauche. Doch die Aussicht, daß Daniel sie vielleicht auf ihrer Reise begleiten könnte, war zu schön, als daß sie hätte widersprechen können.

„Und nun muß ich zu meinen Pflichten zurückkehren", meinte Philip. Bevor er ging, fragte er Daniel jedoch: „Darf ich mich auf die russische Art und Weise von Mariana verabschieden? Immerhin hat sie mein Bein gerettet, und ich werde dafür immer in ihrer Schuld stehen."

Daniel nickte zustimmend, und Philip umarmte Mariana herzlich.

Als Philip fort war, lächelte Daniel. „Stell dir nur vor, er fragt mich um Erlaubnis, dich zu umarmen. Er ist ein wenig altmodisch, nicht wahr?"

„Nur ein wenig."

„Hat er dir wirklich einen Heiratsantrag gemacht?"

„Er ist praktisch vor mir auf die Knie gefallen."

„Ich habe keine Möglichkeit, das zu überbieten."

„Das brauchst du nicht, Daniel. Und ich erwarte auch gar nicht, daß du mir jetzt einen Heiratsantrag machst.

„Aber eines Tages ...?"

„Was denkst du?"

„Ich habe es vor, Mariana."

Sie lächelte und nickte. „Doch zuerst einmal müssen wir uns an die Vorstellung gewöhnen, daß wir einander lieben. Von reiner

Freundschaft ist das ein ziemlich großer Schritt – für den Augenblick.“

Er blickte sie liebevoll an. Er schien drauf und dran zu sein, sie zu küssen, doch Mariana lenkte schnell ab.

„Ich bin froh, daß du mich begleiten willst, Daniel, auch wenn ich eigentlich keinen Schutz brauche. Aber wenn ich es recht bedenke – Karl Wlasenko wird auch auf dem Schiff sein, und vielleicht brauche ich doch Schutz.“

„Jetzt bin ich ganz sicher, daß ich mitkommen werde!“

„Daniel, du hast nichts dagegen, hier fortzugehen, um mich zu begleiten?“

„Du kennst mich doch, Mariana. Sensationen gibt es überall. Doch ich bin in erster Linie hergekommen, um bei dir zu sein, darum habe ich keinen Grund, noch länger zu bleiben, wenn du fort bist. Und wenn ich dich sicher abgeliefert habe, kann ich immer noch zurückkehren.“

„Hinterher soll ich in Mukden arbeiten.“

„Dann können wir zusammen dorthin gehen.“

45

Trotz Stössels Kampf gegen die Presse hatte Nojine einige Freunde im Oberkommando von Port Arthur. Als er von Stössels Plan hörte, mit dem Rot-Kreuz-Schiff wichtige Informationen aus Port Arthur herauszuschmuggeln, dachte er sofort an Daniel, der ihm gegenüber erwähnt hatte, daß er das Schiff begleiten würde.

Er erzählte seinem Kontaktmann, dem Assistenten Smirnoffs, von Daniel. Wer war besser geeignet für eine solche Aufgabe als ein ausländischer Korrespondent, der keine direkte Verbindung nach Rußland hatte?

Nojine kam einen Tag vor dem Auslaufen des Schiffes zu Daniel.

„Daniel, ich habe eine großartige Chance für dich.“

„Ich hoffe, du versuchst nicht, mich zum Bleiben zu überreden. Ich bin fest entschlossen.“

„Ganz und gar nicht. Wie wäre es, wenn du diese Reise für deine Zeitung nutzen würdest?"

Daniel zuckte die Achseln und staunte darüber, daß er nicht besonders interessiert war.

Nojine fuhr fort: „Stössel hat einige Informationen, die er hinausbringen möchte –"

„Einen Augenblick! Willst du etwa sagen, daß ich als Spion ausgerechnet für Stössel arbeiten soll?"

„Ich denke, das würde dir sehr zugute kommen."

„Warum machst du das dann nicht?"

„Sie möchten lieber einen Ausländer haben, um sich von all dem distanzieren zu können, für den Fall – nun, einfach als zusätzliche Sicherheit. Außerdem muß ja jemand hierbleiben, um über den Fall Port Arthurs zu berichten."

„Inwiefern würde sich das für mich bezahlt machen?"

„Du nennst deinen Preis, und Stössel wird dir als Dank für deine Dienste geben, was du verlangst."

Daniel beugte sich vor. Sein Interesse wuchs von Minute zu Minute. „Bist du sicher?"

„Du kannst selbst mit ihnen sprechen. Smirnoffs Assistent wird in einer Stunde bei Saratow auf uns warten."

Eine Stunde später saßen Daniel, Nojine und Hauptmann Zimkow an einem Tisch zusammen.

Zimkow erklärte sein Anliegen. „Wir haben einen japanischen Offizier gefangen, und bei der Befragung hat er Informationen über Truppenbewegungen preisgegeben. Die Japaner haben vor kurzem achttausend Männer gelandet. Wir müssen Kuropatkin von dieser Situation unterrichten, damit er seine Operationen danach planen kann. Ein weiteres Truppenkontingent wird noch vor Ende des Jahres landen."

„Denken Sie nicht, daß es gefährlich ist, das Rot-Kreuz-Schiff so zu mißbrauchen?"

„Sie müßten natürlich bereit sein, die ganze Verantwortung auf sich zu nehmen. Falls das Schiff wirklich durchsucht werden sollte, werden die Japaner sicherlich Ihre Geschichte glauben, daß Sie vollkommen auf sich allein gestellt gearbeitet haben. Wir würden das nicht tun, wenn wir der Meinung wären, es würde die Passagiere in Gefahr bringen. Auch Sie werden sicher sein, wenn Sie als Patient verkleidet werden. Eine Verkleidung sollte jedoch nur der letzte Ausweg sein. Unserer Meinung nach ist es besser, wenn niemand auf dem Schiff Bescheid weiß. Ihre Unwissenheit ist Ihre beste Tarnung."

„Nun, ich könnte mich vielleicht dazu bereit erklären."

„Heißt das, daß Sie mitmachen?"

„Ich erwarte eine bestimmte Entlohnung dafür."

„Natürlich. Was haben Sie sich vorgestellt?"

„Eine Garantie, daß ich mich frei unter den Truppen bewegen kann. Nach der Überfahrt werde ich nach Mukden gehen, und ich möchte über Kuropatkins Frühlingsfeldzug berichten. Außerdem möchte ich ein Exklusivinterview mit Kuropatkin."

„Die Erlaubnis, von der Front zu berichten, können wir Ihnen geben. Doch das Interview mit General Kuropatkin ... wir können nicht über seinen Kopf hinweg etwas zusagen."

„Ach, kommen Sie schon, Hauptmann. Ich gehe ein großes Risiko ein. Ganz bestimmt können Sie diese Kleinigkeit arrangieren. Denken Sie daran, daß der General sicher sehr froh sein wird, die Informationen zu erhalten, die ich ihm bringen werde."

„In Ordnung, Mr. Trent, Sie haben mein Wort."

„Dann sind wir uns einig."

„Das Schiff wird morgen mit der Flut auslaufen. Kommen Sie vorher in meinem Büro vorbei, um sich die Unterlagen zu holen."

Der Hauptmann verabschiedete sich von den beiden Korrespondenten und verließ das Lokal. Nojine verschränkte die Arme vor der Brust und grinste selbstzufrieden.

„Na, hatte ich recht? Das ist ein Ding, was?"

Mittlerweile hatte sich Daniel von Nojines Begeisterung anstecken lassen. Das Abenteuer lockte, ganz zu schweigen von der Aussicht auf interessante Artikel in der Zukunft. Er hatte mit dem Gedanken gespielt, ein Buch über seine Kriegserlebnisse in der Mandschurei zu schreiben; und nun war er sicher, daß sein Buch ein Bestseller werden würde. Seine anfänglichen Vorbehalte waren verschwunden.

„Wie kann ich dir nur danken?" fragte Daniel mit funkelnden Augen.

„Du kannst mir dein Buch widmen."

„Abgemacht, mein Freund." Daniel hatte im Augenblick ganz und gar vergessen, daß er sich vorgenommen hatte, sein Buch Mariana zu widmen.

46

Mariana atmete tief die frische Seeluft ein. Sie hatte noch nie eine Schiffsreise gemacht, und trotz ihrer leichten Übelkeit genoß sie die Reise.

„Du wirst noch einmal ein richtiger Seemann werden", sagte Daniel, der neben sie trat.

„Das hoffe ich. Wir haben keine Medikamente gegen Seekrankheit für die Schwestern übrig."

„Nur etwa die Hälfte der Patienten ist seekrank."

„Die armen Jungen. Die meisten sind Bauern, weißt du – keine Seeleute."

„Ich mache mir mehr Gedanken um dich."

„Oh, mir geht es gut, wenn ich an der frischen Luft sein kann."

Mariana blickte sich um. So etwas hatte sie noch nie gesehen. Dunkelblaues Wasser unter einem hellblauen Winterhimmel, sanfte Wellen mit gelegentlichen Schaumkronen. Eine unendliche Weite. Das Meer schien Beständigkeit und Kraft zu haben, es gab ihr das Gefühl der Sicherheit. Es war Gottes Schöpfung, und darum fühlte sie sich sicher.

Sie waren nun schon den zweiten Tag unterwegs. Port Arthur mit all seinen Schrecken und den Gefahren der Belagerung lag weit hinter ihnen. Sie fuhren an der Küste Koreas entlang, wenn sie auch nicht zu sehen war. Der Kapitän sagte, sie würden sich der Südspitze Koreas nähern und schon morgen in die Tsushima-Straße hineinfahren. Hier würden sie ganz dicht an Japan vorbeifahren. Falls es Schwierigkeiten geben sollte, dann dort, in der gut überwachten Straße.

Am folgenden Morgen hatte Mariana kaum Gelegenheit, an Deck zu kommen. Einhundertfünfzig Patienten und nur ein Arzt, eine Schwester und drei Helfer. Die Arbeit schien nicht enden zu wollen. Mariana hatte keine Gelegenheit, über ihre Übelkeit nachzudenken. Sogar Karl Wlasenko arbeitete wie ein Landsknecht, obwohl er sich ständig darüber beschwerte, „Frauenarbeit" verrichten zu müssen. Mariana ignorierte das – ebenso wie die Tatsache, daß er ständig nach Alkohol roch.

*

Am Nachmittag ihres dritten Tages auf See hatten sie die Korea-Straße passiert und erreichten das Japanische Meer. Ein weiterer Tag, und sie würden in Wladiwostok ankommen. Daniel war unter Deck gekommen, um Mariana ein wenig bei der Versorgung der Kranken zu helfen und um während der Arbeit mit ihr plaudern zu können. Sie befanden sich im Mitteldeck, das zu einer großen Station mit fünfzig Betten umgewandelt worden war. Die übrigen Patienten waren im Laderaum und in den Kabinen untergebracht. Die Mannschaft und die Passagiere drängten sich in zwei Kabinen. Mariana als einzige Frau an Bord hatte eine Kabine für sich allein, trotz Karls Murren über ungerechte Behandlung. Als ranghöchster Offizier hatte *er* erwartet, ein Quartier für sich allein zu bekommen.

Daniel half gerade dabei, einen recht stämmigen Korporal zu drehen, während Mariana das Bettlaken erneuerte. Sie waren fast fertig, als ein Pfleger seinen Kopf zur Tür hereinsteckte.

Er winkte Mariana und Daniel beiseite und flüsterte: „Gerade wurde ein japanischer Kreuzer gesichtet, etwa drei Kilometer entfernt. Er kommt mit hoher Geschwindigkeit näher."

Der Pfleger hastete davon. Daniel versuchte, seine Bestürzung vor Mariana zu verbergen, doch sie schien seine Gedanken lesen zu können.

„Wir haben eine Rot-Kreuz-Flagge gesetzt", meinte Mariana, um ihn zu beruhigen. „Sie können nichts weiter tun, als uns bitten, an Bord kommen zu dürfen und uns zu durchsuchen. Sie können nichts bei uns finden."

Daniel nickte halbherzig.

„Daniel", fuhr Mariana fort, „ich hätte angenommen, daß du begeistert sein würdest – du weißt schon, die Gelegenheit, einen japanischen Marineoffizier zu interviewen."

„Ja, natürlich." Er versuchte den Zwischenfall abzutun.

Sie kehrten zu ihrer Aufgabe zurück, doch als Mariana ihm den Rücken zukehrte, um die schmutzige Wäsche einzusammeln, holte Daniel schnell Stössels Dokumente aus seinem Hemd, wo er sie zur Sicherheit aufbewahrt hatte, und wollte sie unter die Matratze des Patienten stecken.

Unglücklicherweise drehte sich Mariana zu früh um. Sie sah die Dokumente, bevor Daniel sie verstecken konnte.

„Was ist denn das?" fragte sie mit gerunzelter Stirn.

Daniel konnte sie nicht anlügen. „Dokumente", erwiderte er einfach.

„Was hast du damit vor?"

Bevor er antwortete, bemerkte Daniel, daß der Korporal ihrem Gespräch sehr interessiert folgte. Er steckte die Dokumente in sein Hemd zurück und zog Mariana beiseite.

„Mariana, bitte sei nicht böse, ja? Aber ... na gut, du kannst es ruhig erfahren. Stössel hat mich gebeten, wichtige Informationen aus Port Arthur herauszuschaffen. Ich hätte es dir ja gesagt, doch zu deiner eigenen Sicherheit hielt man es für besser, daß niemand davon erfährt. Man versicherte mir jedoch, daß niemand auf dem Schiff in Gefahr geraten würde."

Mariana schwieg eine Weile. Sie mußte Daniels Bekenntnis erst einmal verdauen. Schließlich sagte sie: „Nun verstehe ich, warum Stössel das japanische Angebot so bereitwillig angenommen hat. Dieser selbstsüchtige Narr –"

„Mariana, ich bin ganz bestimmt kein Bewunderer von Stössel, aber du mußt bedenken, daß die Information, die ich bei mir habe, der russischen Armee sehr weiterhelfen wird, vielleicht sogar Tausende von Leben retten wird. Wenn ich durch die Beförderung das Schiff in Gefahr bringen würde, hätte ich nicht eingewilligt."

„Aber warum willst du die Dokumente dann verstecken?" fragte Mariana schneidend.

„Welche Dokumente?" fragte eine Stimme von hinten.

Karl Wlasenko war unbemerkt eingetreten und hatte den letzten Satz mitbekommen.

Daniel stöhnte innerlich. Die Situation geriet langsam außer Kontrolle. „Nichts", meinte er abwehrend. „Es ist wirklich keine große Sache, das habe ich doch gesagt."

„Ich will sofort wissen, was hier vorgeht!" forderte Wlasenko.

Mittlerweile hatten sie die Aufmerksamkeit aller Patienten auf sich gezogen.

„Wir wollen das draußen besprechen", sagte Mariana. Als die beiden Männer zögerten, wurde sie bestimmt. „Jetzt!"

Sie folgten ihr nach draußen, und sie zog die Tür hinter sich zu.

„Daniel hat geheime Informationen bei sich", erklärte sie Wlasenko.

„Ausgesprochen wichtige Informationen", fügte Daniel hinzu, als ob er seine Handlungsweise entschuldigen wollte.

„Sie benutzen dieses Schiff für Spionage?" rief Wlasenko. „Wir könnten alle erschossen werden!"

„Ach, hört doch auf, alle beide!" Daniel hatte genug von ihrer Überreaktion. „Niemand wird erschossen werden, um Himmels willen! Es besteht absolut kein Grund zur Panik." Er vergaß, daß er selbst einige Zeit zuvor aus reiner Panik heraus die Dokumente hatte verstecken wollen. „Falls – und das ist ein ganz großes ‚Falls' – meine sogenannte Spionage entdeckt werden sollte, werde ich einfach sagen, daß niemand sonst von meiner Absicht gewußt hat. Das ist die Wahrheit. Und in diesem Fall werde ich der einzige sein, der erschossen werden wird."

„Oh, Daniel!"

„Aber schlimmstenfalls werden sie mich vermutlich nur eine Weile festhalten und mich dann wieder laufenlassen." Daniel klang zuversichtlich. In Wirklichkeit sah es ganz anders in ihm aus. Vielleicht würden sie ihn wirklich erschießen. Er begann sich schon zu fragen, ob ein Gespräch mit Kuropatkin und die Erlaubnis, sich an der Front aufzuhalten, das Risiko wirklich wert waren. Vor einigen Tagen hätte er diese Frage noch mit Ja beantwortet, doch nun, da die Japaner hinter ihnen her waren, war er sich nicht mehr so sicher. Warum nur ließ er immer wieder seine Vernunft beiseite, wenn es um seine Arbeit ging?

„Ich möchte meine Patienten oder mein Personal nicht in Gefahr bringen", erklärte Wlasenko mit zitternder Stimme.

„Darum würde ich Sie auch nicht bitten", erwiderte Daniel.

„Nur damit wir uns richtig verstehen", fuhr Wlasenko fort. „Ich würde Sie sofort den Haien zum Fraß vorwerfen –"

„Ich habe verstanden", unterbrach ihn Daniel ungeduldig.

„Ich werde nach oben gehen und sehen, was passiert", sagte Wlasenko. „Ich würde Ihnen vorschlagen, Mr. Trent, daß Sie möglichst außer Sichtweite bleiben."

Als Wlasenko fort war, sagte Daniel zu Mariana: „Ich weiß, daß du mich jetzt für schrecklich verantwortungslos hältst, doch ich war wirklich davon überzeugt, daß es wichtig ist."

„Aber warum bringst du dich selbst in solche Gefahr, Daniel? Du bist nicht einmal ein Russe. Und als Korrespondent mußt du doch neutral bleiben."

„Wie kann ich neutral sein, wenn die Frau, die ich liebe, Russin ist?" Er kämpfte mit sich. Dann blickte er Mariana an und wußte, daß er ihr die Wahrheit sagen mußte. „Stössel hat mir eine Entschädigung für meine Bemühungen angeboten. Was ich tue, ist also nicht ganz uneigennützig –" Er brach ab und korrigierte sich. „Es ist überhaupt nicht uneigennützig. Ich tue das für die Erlaubnis, mich an der Front bei Kuropatkin aufzuhalten, und für ein Exklusivinterview mit dem General."

Mariana lächelte.

„Was soll das jetzt?" fragte Daniel verwirrt.

„Das, was ich an dir so liebe, macht mich manchmal auch so wütend. Ich verstehe mich selbst kaum. Doch ich schätze, ich liebe dich einfach, und ich kann von dir nicht erwarten, daß du vollkommen bist."

„Ich wäre gezwungen, dich viel zu oft zu enttäuschen, wenn das so wäre."

Sie schwiegen. Die Maschinen des Schiffes wurden gestoppt. Zweifellos hatte der japanische Kreuzer ihnen signalisiert, sich zur Inspektion bereitzuhalten.

„Was wirst du jetzt tun, Daniel?"

„Ich werde die Dokumente verstecken."

„Und wenn sie gefunden werden?"

„Dann werde ich alles eingestehen. In der Zwischenzeit gibst du mir vielleicht ein Stethoskop, damit sehe ich bestimmt so gut aus wie Wlasenko."

Sie gingen zurück in die Station, doch Daniel hielt Mariana noch zurück. „Vielen Dank, Mariana, daß du nicht böse auf mich bist. Du bist viel besser, als ich es verdient habe."

Sie gab ihm schnell einen Kuß auf die Wange. „Ich denke, das ist wahre Liebe. Ich kann dir nicht versprechen, immer so verständnisvoll und vernünftig zu sein, doch ich werde es versuchen."

47

Karl Wlasenko hatte nicht die Absicht, an Deck zu gehen. Er wollte einer Begegnung mit dem Feind so weit wie möglich aus dem Weg gehen.

Sofort nachdem er Mariana und Daniel verlassen hatte, ging Wlasenko zu seiner winzigen Kabine, die er mit Daniel und den drei Pflegern zu teilen gezwungen war. Er mußte sich wieder einmal daran erinnern, was für ein großherziger Bursche er doch war. Sein Vater wäre nicht bereit gewesen, sein Quartier mit Bauern und einem Amerikaner zu teilen.

Sein Vater – pah!

Cyril Wlasenko hätte sich gar nicht erst in eine solche Situation bringen lassen. Er hätte als Arzt und Kommandeur dieses fahrenden Hospitals ein Privatquartier für sich gefordert. Karl hatte Dr. Itkinson eine solche Vereinbarung vorgeschlagen, doch der hatte nur gelacht und ihm väterlich erklärt, sie müßten einhundertfünfzig Betten, Personal und Mannschaft auf ein Schiff quetschen, das kaum groß genug war für einen Bruchteil der Passagiere.

„Wir müssen es schaffen und uns diese Gelegenheit zunutze machen", hatte Itkinson gesagt.

Karl hatte nachgegeben, vor allem weil er Angst hatte, der Personalchef würde einen anderen Begleitarzt für das Schiff suchen, wenn er sich zu sehr beschwerte. Dieses Risiko wollte Karl nicht eingehen. Sein größter Wunsch war, aus Port Arthur fortzukommen. Warum er sich überhaupt für das Medizinische Korps gemeldet hatte, wußte er nicht mehr zu sagen. Vermutlich war er betrunken gewesen. Der Alkohol hatte ihm irgendwelche verrückten Visionen von Ruhm vorgegaukelt. Die Realität, die ihn erwartete, war ganz anders. Wenn er noch länger in dieser stinkenden Stadt hätte bleiben müssen mit dem Dröhnen der Kanonen, den blutenden Männern mit den zerschmetterten Armen, Beinen und Gesichtern, wäre Karl zusammengebrochen. Das Hospitalschiff bot ihm die Gelegenheit, einen ehrenhaften Abgang zu machen.

Und nun war es gut möglich, daß dieser Trottel Trent sie in noch größere Gefahr brachte als in Port Arthur. Karls Hand zitterte, als er die Klinke zu seiner Kabine herunterdrückte. Er schlüpfte hinein und blieb wie angewurzelt stehen. Was war das? Die Maschinen wurden langsamer. Die Japaner würden an Bord kommen! Sie würden alle verhaftet und in irgendein japanisches Gefängnislager geworfen werden. Karl hatte alles von jenen ungezieferverseuchten, menschenunwürdigen Gruben gehört.

Schnell ging Karl zu seiner Seekiste und wühlte darin herum. Schließlich holte er eine Flasche Wodka hervor.

Er brauchte etwas zur Beruhigung.

Er nahm zwei oder drei Schlucke. Oder waren es vier? Nach einer Weile hörte er auf zu zählen. Zugleich hörte seine Hand auf zu zittern, und das Brennen in seinem Magen schien ihm seine Furcht zu nehmen. Nach einigen Minuten verschloß er die Flasche wieder und legte sie in seine Kiste zurück. Bevor er den Deckel schloß, hielt er jedoch inne. Seine Aufmerksamkeit wurde auf einen bestimmten Gegenstand gelenkt: einen Revolver.

Der Smith & Wesson, den sein Vater ihm geschenkt hatte, als er ins Medizinische Korps eingetreten war. Die Worte seines Vaters würde er nie vergessen:

„Wer weiß, vielleicht tötest du ja wirklich einige Japaner, wenn du dort unten bist."

Nicht gerade das, was ein Sohn von seinem Vater zu hören wünscht, doch Karl konnte froh sein, überhaupt etwas von seinem Vater zu hören.

Karl nahm die Waffe zur Hand. Sein Blick war so verschwommen, daß er gar nicht bemerkte, wie seine Hand wieder zu zittern begann. Er hatte den Revolver noch nie benutzt – und darum gebetet, ihn nie benutzen zu müssen! Doch plötzlich ertappte sich Karl dabei, wie er den Revolver in den Gürtel steckte. Sein Vater würde nicht zulassen, daß Japaner oder arrogante Amerikaner *ihn* herumstießen. Karl hatte sich immer verzweifelt gewünscht, er könnte ein solcher Mann sein, und vielleicht war dies seine Gelegenheit. Er war nicht sicher, was er mit einem einzigen Revolver gegen einen japanischen Kreuzer ausrichten konnte, doch das Gefühl der Waffe unter seinem Arztkittel überzeugte ihn davon, daß er mutig genug war, sich allem zu stellen.

Nicht daß er die Absicht gehabt hätte, die Sicherheit seiner Kabine zu verlassen. Er mußte sich selbst schützten – zum Wohle der Patienten natürlich. Immerhin war er der einzige Arzt.

Ein Klopfen an der Tür riß ihn aus seinen Gedankengängen.

Sein Magen krampfte sich zusammen, und alle Farbe wich aus seinem Gesicht. Er zögerte kurz, bevor er sich rührte. Doch das Klopfen hielt an. Schließlich ging er zur Tür und öffnete sie.

*

Der deutsche Kapitän, sein erster Offizier und etwa ein halbes Dutzend Seeleute begrüßten Wlasenko.

„Wer ist das?" fragte der japanische Kommandant durch einen Dolmetscher.

„Unser Arzt", sagte der Kapitän. „Er ist der verantwortliche Offizier, darum dachte ich, Sie würden vielleicht gern mit ihm sprechen wollen." Dann erklärte er Karl: „Dies ist Kommandant Otami vom japanischen Kreuzer *Niitaka*. Sie glauben nicht, daß wir ein Rot-Kreuz-Schiff sind; sie sagen, die Russen würden keine Hospitalschiffe einsetzen. Ich habe ihm von den besonderen Umständen erzählt, ihm sogar unsere Papiere mit der Unterschrift von General Nogi gezeigt."

„Sie könnten gefälscht sein", warf der Kommandant ein.

„Das ist eine Unverschämtheit!" wütete Karl. „Uns wurde sichere Passage zugesichert."

„Wenn Sie das sind, was Sie zu sein behaupten, wird Ihnen nichts geschehen", versicherte Kommandant Otami. „Doch nun werden wir mit unserer Durchsuchung fortfahren. Zeigen Sie uns bitte den Weg." Er blickte Karl vielsagend an.

In den vergangenen vier Tagen hatte Karl dem deutschen Offizier unablässig gesagt, daß er als Chefarzt auf dem Schiff der ranghöchste Offizier sei. Wlasenko war nicht der Meinung, daß ein einfacher Kapitän den Oberbefehl haben sollte. Aber nun ging der Schuß nach hinten los, und der Kapitän grinste ihn an, zuckte die Achseln in scheinbarer Hilflosigkeit und trat beiseite.

Karl war etwas unsicher auf den Beinen, als er die Japaner zum Hauptdeck führte. Falls dieser mit Betten vollgestopfte Raum die Idioten nicht von der edlen Mission des Schiffes überzeugen würde, dann wußte er auch nicht weiter.

48

„Schwester, was geht hier vor?" fragte ein Patient Mariana alarmiert. „Die Maschinen sind gestoppt worden."

„Sie brauchen sich keine Sorgen zu machen, Gefreiter Karskij", erwiderte Mariana. Sie wendete sich den anderen Patienten zu. „Bleiben Sie ruhig. Eine Routineinspektion der Japaner. Unsere Papiere sind in Ordnung, es dürfte keine Probleme geben."

„Die lassen uns besser in Ruhe", warnte Karskij. „Die haben schon meinen Arm und mein Bein. Ich werde nicht zulassen, daß diese dreckigen Japaner mir oder meinen Kameraden noch mehr antun."

„Bitte beruhigen Sie sich doch, Gefreiter. Niemandem wird etwas geschehen –"

In diesem Augenblick wurde die Tür aufgerissen, und Wlasenko betrat, gefolgt von einer Gruppe deutscher und japanischer Offiziere, den Raum.

Die Japaner schoben Wlasenko beiseite und begannen den Raum zu durchsuchen.

„Vorsicht, bitte!" ermahnte Wlasenko. „Das sind kranke Männer. Sie können sich selbst davon überzeugen, daß dies ein Hospital ist."

Der japanische Kommandant ignorierte ihn und wendete sich Daniel und Mariana zu. Da Mariana mit ihrer Uniform als Schwester zu erkennen war, fragte er Daniel: „Wer sind Sie?"

„Ich bin Dr. Trent, ein amerikanischer Beobachter."

Der Kommandant sah Daniels – hastig übergezogenen – weißen Kittel und das Stethoskop um den Hals, und er war gerade dabei, sich abzuwenden, als Karl vorstürmte.

„Er ist der Mann, den Sie suchen!" schrie Karl. Er holte seinen Revolver hervor und hielt ihn Daniel unter die Nase. „Ich wollte ihn gerade unter Hausarrest stellen, als Sie kamen", berichtete er dem Kommandanten.

„Doktor Wlasenko!" schrie Mariana.

„Der Mann ist verrückt geworden", sagte Daniel und hoffte, seine Tarnung irgendwie beizubehalten. Seine Anschuldigung war durchaus glaubhaft, wenn man Wlasenkos unordentliches Äußeres und seine Alkoholfahne in Betracht zog.

„Keiner von uns wußte etwas", wütete Wlasenko weiter. „Er hat Dokumente – vermutlich irgendwelches diffamierendes Gewäsch für die amerikanische Presse. Er ist Reporter."

„Stimmt das?" fragte der Kommandant.

„Zuerst einmal möchte ich Sie bitten, daß Sie ihn dazu bringen, den Revolver herunterzunehmen", sagte Daniel. „Er könnte versuchen, ihn zu benutzen."

Einer der japanischen Seeleute hatte instinktiv seine Waffe gezogen und auf Wlasenko gerichtet, als dieser den Smith & Wesson hervorgeholt hatte. Kommandant Otami wollte Wlasenko gerade befehlen, seine Waffe abzugeben, als etwas Unerwartetes geschah.

Gefreiter Karskij hatte sich im Laufe des Gesprächs immer mehr aufgeregt. Die Japaner hatten ihn zum Krüppel gemacht. Seit seiner Verwundung und der anschließenden Amputation hatte er nur an eines gedacht – nach Hause zu kommen, noch einmal seine Frau und seine Kinder in den Arm zu nehmen und dann seinem traurigen Leben ein Ende zu setzen. Doch nun hatte es den Anschein, als würden ihm die Japaner selbst das noch zunichte machen.

Aber das würde er nicht zulassen, nicht ohne einige Japaner mitzunehmen.

Einer der feindlichen Matrosen stand in der Nähe von Karskijs Bett. Er war etwas abgelenkt durch das, was in dem Raum vorging. Karskij hatte noch einen gesunden Arm, und der war stark. Damit entriß er dem feindlichen Seemann die Waffe, bevor dieser reagieren konnte. Als sich der Seemann im nächsten Augenblick bewegte, feuerte Karskij, und der Mann fiel zu Boden.

„In Ordnung!" rief Karskij und zielte auf ein neues Opfer. „Wer will der nächste sein, der stirbt?"

Alles passierte in Sekundenschnelle. Die Seeleute hatten sich kaum von ihrem Schreck über die Wendung der Ereignisse erholt, als Karskij die Waffe schon auf Kommandant Otami richtete. Selbst der Matrose, der seine Waffe auf Wlasenko gerichtet hielt, reagierte nicht schnell genug.

Karskij war so aufgebracht, daß er schneller handelte als dachte. Ganz offensichtlich ließen ihn die Waffe des Japaners und Wlasenkos Revolver unbeeindruckt; ihm war nur noch wichtig, daß er einige Feinde mit sich in den willkommenen Tod nahm.

Doch die Zeit, die er brauchte, um seine Drohung auszustoßen, war zu lang. Mariana, die ganz in seiner Nähe stand, machte sich diesen Augenblick zunutze und sprang auf Karskij zu, um ihm die Waffe fortzunehmen. Mit ganzer Kraft warf sie sich gegen ihn und riß seinen Arm hoch. Der Schuß ging los, doch die Kugel schlug in den Deckenplanken ein.

Zuerst konnte niemand sagen, woher der zweite Schuß kam, der kurz darauf krachte. Mariana begriff auch nicht sofort den Grund für den betäubenden Schlag, der ihren Körper traf. Sie war der Meinung, jemand hätte sie gestoßen, doch mit einer solchen Wucht, daß ihr schwindelig wurde. Einen Augenblick stand sie verwirrt da, dann fiel sie zu Boden.

Daniels Blick hatte sich zuerst auf Wlasenkos Waffe gerichtet, dann auf Karskij. Er hatte nicht einmal bemerkt, daß der japanische Seemann seine Waffe gezogen hatte. Während Karskij zögerte, zielte der Seemann und feuerte in dem Augenblick, als Mariana auf Karskij zustürmte. Beim Krachen des Schusses dachte Daniel, Wlasenko hätte versucht, auf ihn zu schießen.

Daniel blickte Wlasenko an. Die Panik, die auf dem Gesicht des Arztes geschrieben stand, war Beweis genug, daß er niemals den Nerv haben würde, eine Waffe abzufeuern. Als Mariana zu Boden ging, eilte Daniel zu ihr.

„Ich ... ich bin getroffen worden." Mariana schien überrascht, so als bestünde die Möglichkeit, daß sie sich irrte.

Daniel zog den Arztkittel aus, von dem er gedacht hatte, er würde alle vor Schaden bewahren. Er rollte ihn zusammen und legte ihn liebevoll unter Marianas Kopf. Er beugte sich über sie und sah den immer größer werdenden roten Fleck an ihrer Seite. Dann schlossen sich ihre Augen, und ihr Körper wurde schlaff.

„Nein!" rief Daniel. „Mariana!"

Der Kommandant überwand nun seinen Schock. Er befahl einem seiner Männer, sich um Karskij zu kümmern. Die Waffe wurde ihm entrissen und auf seinen Kopf gerichtet, doch der Gefreite stellte keine Gefahr mehr dar. Nachdem er das tragische Ergebnis seiner Rache gesehen hatte, ließ er sich auf sein Bett zurücksinken.

Nun wendete sich Otami Wlasenko zu und nahm ihm den

Revolver ab. „Wenn Sie wirklich Arzt sind, dann kümmern Sie sich um diese Verwundeten – sofort!"

Mittlerweile hatten alle Japaner die Waffen gezogen.

Daniel bemerkte von all dem nichts. Was scherten ihn noch Schiffe, Dokumente, Interviews! Wie unbedeutend war das alles. Nichts war mehr von Bedeutung, wenn Mariana –

Dann spürte er eine leichte Bewegung der Hand. Ihre Augenlider zuckten.

„Ich ... muß wohl ohnmächtig geworden sein." Ihre Stimme war kaum hörbar.

„Gott sei Dank!" Tränen strömten aus Daniels Augen. Er hatte nicht einmal beim Tod seines Vaters geweint.

Kommandant Otami, den der Anblick der verwundeten Schwester und des fassungslosen Mannes an ihrer Seite nicht unberührt ließ, nahm die Sache nun wieder in die Hand.

„Ich werde das gesamte Schiff in Haft nehmen", befahl der Kommandant. „Sie stehen alle unter Arrest. Ich werde dieses Schiff zum nächsten japanischen Hafen begleiten –"

„Nein!" Wlasenko sprang auf. Er hatte sich um den japanischen Seemann gekümmert, der zum Glück nur eine Fleischwunde hatte. „Das können Sie mir – uns – nicht antun. Sie müssen die Rot-Kreuz-Flagge respektieren. Wir haben Papiere. Das ist unmenschlich. Es ist illegal. Es ist –" Offensichtlich fielen ihm keine weiteren Argumente mehr ein. „Das können Sie einfach nicht tun!"

„Ich habe einen Verletzten." Der Kommandant war nicht geneigt, irgend jemanden vergessen zu lassen, daß er fast einen Mann in dem unglücklichen Handgemenge verloren hätte. „Und ich habe Gründe anzunehmen, daß dieses Schiff in eine Spionageaffäre verwickelt ist. Sie können nicht erwarten, daß ich Sie einfach weiterfahren lasse."

„Aber wir sind doch morgen in Wladiwostok!" wimmerte Wlasenko.

Daniel verspürte zwar nicht den Wunsch, Wlasenko zu Hilfe zu eilen, doch da Mariana verletzt war, mußte das Schiff unbedingt sein Ziel erreichen. Die Verwundete würde in Japan zwar versorgt werden, doch das wäre zu unsicher, würde viel zu lange dauern. Shimonoseki war der nächstgelegene japanische Hafen, aber sie würden noch mindestens einen Tag länger brauchen als bis nach Wladiwostok. Selbst wenn Mariana eine solche Reise überleben würde, mußte sie vermutlich den Rest des Krieges in einem Gefangenenlager verbringen. Daniel konnte das nicht zulassen.

Er erhob sich und blickte den Kommandanten an.

„Sehen Sie, Kommandant, Sie brauchen nicht bis zum Äußersten zu gehen." Ihm wurde klar, daß er immer noch das Stethoskop um den Hals trug. Er nahm es ab und legte es beiseite. „Dr. Wlasenko hat recht. Ich bin ein Spion. Ich habe Informationen für Kuropatkin. Niemand auf diesem Schiff hatte Kenntnis von meinen Aktivitäten bis kurz vor Ihrem Eintreffen. Diese Leute sollten nicht unter meiner Dummheit leiden. Wenn Sie jemanden verhaften müssen, dann nehmen Sie mich. Selbst Gefreiter Karskij kann für sein Verhalten nicht verantwortlich gemacht werden. Sehen Sie sich ihn nur an. Er hat einen Arm und ein Bein verloren – können Sie ihm vorwerfen, daß er durchgedreht hat, als er Sie gesehen hat, Sie, seinen Feind?"

„Wie kann ich wissen, daß Sie die Wahrheit sagen?"

Dem Kommandanten war nichts daran gelegen, das deutsche Schiff nach Japan zu bringen. Und vielleicht hatte Marianas Versuch, sein Leben zu retten, ihn auch angerührt. Da die Dokumente, die Daniel bei sich hatte, nichts über die russische Strategie enthielten, sah Daniel keinen Grund, sie dem Kommandanten nicht auszuhändigen. Ihm war klar, daß er damit auch alle Zugeständnisse aufgab, die Stössel ihm zugesagt hatte, doch nach einem Blick auf Marianas am Boden liegende Gestalt war dies keine Frage für ihn.

Mit Hilfe eines Übersetzers las der Kommandant die Papiere, dann schüttelte er den Kopf. „Das ist alles? Dies hätte keinen Einfluß auf den Krieg gehabt, vielleicht nur auf einige kleinere Schlachten." Der japanische Offizier starrte Daniel an, während der Dolmetscher übersetzte. „Doch das ist wohl das Wesen des Krieges, nicht wahr? So viel für so wenig riskieren."

Die Worte des Kommandanten brannten wie Feuer in Daniels Eingeweiden. Er hatte tatsächlich viel riskiert – zu viel –, vielleicht sogar Marianas Leben aufs Spiel gesetzt. Und wofür? Für eine Story. Worte auf Papier, die schließlich in den Abfalleimern Amerikas landen würden. Wenn Mariana am Leben blieb – *oh Gott, bitte laß sie am Leben!* –, wie konnte sie ihm jemals vergeben? Wie konnte er sich selbst vergeben?

„Dieser Zwischenfall hat genug Kummer hervorgerufen",

sagte Kommandant Otami schließlich. „Das Schiff kann weiterfahren. Sie – Trent, nicht wahr? – werden mit mir kommen."

Daniel nickte. Er hatte nichts anderes erwartet. „Geben Sie mir noch eine Minute?"

Der Kommandant nickte, als ihm die Bitte übersetzt wurde.

Wlasenko hatte gehofft, sich die Gunst des Kommandanten zu sichern, wenn er den verwundeten Japaner zuerst behandelte. Nun hatte er sich Mariana zugewendet. Daniel kniete sich auf ihre andere Seite, Wlasenko gegenüber. Er versuchte, den bemitleidenswerten Arzt nicht anzublicken.

„Daniel", sagte sie schwach. Er mußte sich über sie beugen, um sie zu verstehen. „Bitte sei vorsichtig ... es tut mir leid."

„Dir braucht nichts leid zu tun, mein Liebes. Ich bin so stolz auf dich. Wenn ich nur genauso tapfer sein könnte."

„Gott sei mit dir ... und ich liebe dich so!" Sie griff nach seiner Hand, um sie zu drücken, doch sie hatte keine Kraft.

Daniel blickte Wlasenko fragend an. Er wollte so gern hören, daß Marianas Wunde nicht so schlimm war, wie es den Anschein hatte. Doch der Arzt konnte nur den Kopf schütteln. Daniel wurde plötzlich wütend, packte Karl beim Kragen und zog den Arzt zu sich heran: „Es ist besser, sie ist noch am Leben, wenn ich wiederkomme, Wlasenko – oder ich werde dafür sorgen, daß Sie wegen Mordes angeklagt werden!"

„I-i-ich?" stammelte Wlasenko. „Was habe ich denn getan?"

„Es hätte keine Schießerei gegeben, Wlasenko, wenn Sie nicht diesen verdammten Revolver gezogen hätten." Das war vielleicht nicht ganz die Wahrheit, doch Daniel lag nichts daran, Wlasenko von aller Schuld freizusprechen. „Und ich schwöre Ihnen, Sie werden mir nicht so leicht davonkommen, falls Mariana etwas zustoßen sollte."

Kommandant Otami wurde ungeduldig. Er wollte weiter. „Kommen Sie, Mr. Trent."

Von der Vergangenheit eingeholt

49

Cerkower stieg die Stufen zu Cyril Wlasenkos geräumigem Büro im Gebäude des Innenministeriums hoch. Er benutzte immer die Hintertreppe und nicht den Aufzug beim Vordereingang. Obwohl Cerkower offiziell Wlasenkos Assistent war, mußte er immer vorsichtig sein. Der verschlagene Graf Wlasenko, der unablässig Intrigen und Ränke spann, wollte es so haben.

Cerkower keuchte schwer. Mit vierzig war er kein junger Mann mehr, und die vergangenen Jahre waren nicht eben freundlich zu ihm gewesen. Er erreichte die Tür des Grafen und blieb eine Weile stehen, nicht nur, um Luft zu holen, sondern auch, um seine Umgebung zu bewundern – den breiten, mit einem Perserteppich ausgestatteten Flur, die massive Tür mit ihren Messingbeschlägen und das goldene Schild, auf dem „Graf Cyril Wlasenko, Unterstaatssekretär" zu lesen stand. Der Handlanger beneidete den Grafen um all dies, und er wünschte sich, eines Tages auch so weit zu kommen. Daß er dicht davor stand, war auch für ihn ein Wunder, denn noch vor weniger als zehn Jahren war er nichts weiter als ein kleiner Polizist in einem schmutzigen ukrainischen Dorf gewesen. Er hatte sich mit Wlasenko, dem damaligen Generalgouverneur der Provinz, bekannt gemacht, indem er ihm Informationen geliefert und seine Stiefel geleckt hatte. Er hatte entscheidend dazu beigetragen, einen kleinen Aufstand den Juden in die Schuhe zu schieben. Dieser Schachzug hatte Wlasenko die Aufmerksamkeit der kaiserlichen Regierung eingebracht, und als Wlasenko befördert wurde, vergaß er auch den Polizisten nicht, der ihm so entscheidend geholfen hatte. Darum war Cerkower dem Grafen verpflichtet, und er würde alles für den Mann tun. Er hoffte nur, daß Wlasenkos Dankbarkeit ihn immer näher an das Zentrum der Macht bringen würde. Bisher war er nicht enttäuscht worden.

Cerkower kannte seinen Mentor gut genug, um zu wissen, daß das, was er jetzt für ihn hatte, eine Sensation war. Er wußte alles über den verbitterten Rachefeldzug des Grafen gegen die Fedortschenkos. Zwar verstand er es nicht richtig – das heißt, er verstand nicht, warum er immer noch weitergeführt wurde, da der Graf der Familie doch praktisch alles fortgenommen hatte. Aus welchem Grund auch immer, Wlasenko schien sich in jedem Unglück zu sonnen, das auf die Familie fiel, und um so besser, wenn der Graf selbst die Ursache des Unglücks war.

Darum würde das, was Cerkower jetzt brachte, den Grafen begeistern und ihn in seiner Gunst steigen lassen.

Er betrat das Vorzimmer. Wlasenkos Sekretärin war damit beschäftigt, eine Akte zu suchen. Sie blickte auf, lächelte ihn kurz an und fuhr mit ihrer Arbeit fort.

„Ist er da?“ fragte Cerkower.

„Gehen Sie nur rein, aber auf eigene Gefahr“, erwiderte sie.

„Stimmt etwas nicht?“

„Er ist gerade von einer Konferenz mit dem Innenminister wiedergekommen. Danach hat er immer schlechte Laune.“

„Sagen Sie ihm, daß ich hier bin.“

„Das nenne ich Mut.“ Die Frau informierte den Grafen darüber, daß er einen Besucher habe.

Eine Minute später stand Cerkower vor Wlasenko. Der Graf trank gerade ein Glas Weinbrand und rauchte eine teure Zigarre. Keins von beidem bot er Cerkower an.

„Ich hoffe, Sie bringen gute Nachrichten“, brummte Wlasenko. „Nach einer Stunde mit diesem Schwätzer Swyatopolk-Mirski kann ich keine schlechten Nachrichten mehr verkraften.“

„Ich denke, meine Informationen werden Ihren Tag erhellen.“

„Nun, dann raus mit der Sprache.“ Wlasenko trank seinen Weinbrand in einem Schluck leer und goß sich noch einen ein.

„Sie erinnern sich noch an die Aufgabe, die Sie mir vor einigen Tagen zugeteilt haben?“ Cerkower atmete den angenehmen Geruch der Zigarre ein und schwor sich, nach diesem Gespräch auch eine zu kaufen. Er hatte Grund zum Feiern.

„Natürlich erinnere ich mich daran. Wofür halten Sie mich? Und jetzt hören Sie auf, um den heißen Brei herumzureden. Raus mit der Sprache – was ist passiert?“

„Mein erstes Telegramm an das Gefängnis in Kara war nicht vielversprechend“, begann Cerkower. Er versuchte, sich kurz zu halten, um die Geduld seines Vorgesetzten nicht noch weiter auf die Probe zu stellen. „Die Antwort lautete, der Gefangene Sergei Fedortschenko sei von 1881 bis 1896 inhaftiert gewesen, dann aber während einer Grippeepidemie verstorben."

„Sie haben diese Antwort natürlich nicht akzeptiert?" Der Weinbrand wärmte Wlasenko auf.

„Sie selbst, mein lieber Graf, haben mich gelehrt, niemals oberflächliche Hinweise zu akzeptieren. Ich hielt es für ein kleines Wunder, daß jemand fünfzehn Jahre in den Kara-Minen überleben sollte. Ich weiß auch, daß es durchaus nicht ungewöhnlich ist, tote oder entflohene Strafgefangene noch jahrelang in den Listen weiterzuführen. Die Wärter stecken das Geld, das von der Regierung für sie bereitgestellt wird, in die eigene Tasche. Vermutlich ist dieser Nebenverdienst das einzige, was ihnen ihre Arbeit erträglich macht. Nun, einer meiner Freunde ist bei einer Behörde in der Region angestellt, und zufälligerweise verdankt er mir diese Stelle. Vielleicht erinnern Sie sich noch an den Burschen, der uns einmal in einer anderen Angelegenheit geholfen –"

„Genug!" explodierte Wlasenko; nicht einmal der Weinbrand konnte seine Ungeduld besänftigen. „Sagen Sie endlich: war er es oder nicht?"

„Mein Freund ist persönlich zu den Minen gefahren und hat sich die Bücher angeschaut. Darum hat es auch so lange gedauert. 1896 übernahm ein neuer Direktor die Minen. Bevor der alte in Pension ging, fälschte er die Bücher – das heißt, er ließ einige der bereits verstorbenen oder geflohenen Gefangenen, die er seit Jahren geführt hatte, ‚sterben'. Fedortschenko gehörte angeblich zu den Dutzenden, die während einer Grippeepidemie aus dem Leben schieden."

„Aber welchen Beweis haben Sie, daß er nicht zu diesem Zeitpunkt gestorben ist, sondern zu irgendeinem anderen im Laufe dieser fünfzehn Jahre?"

„Es gab keine Grippeepidemie. Mein Freund hat dies durch Gespräche mit einigen Wachposten bestätigt gefunden."

„Schön, aber er hätte ja auch schon vorher gestorben sein können."

„Der einzige Weg, dies herauszufinden, war, den pensionierten Direktor ausfindig zu machen."

„Ihr Freund ist dorthin gereist, um ihn zu befragen?"

„Das war zu dieser Jahreszeit wegen des Wetters unmöglich.

Doch mein Freund hat mit einigen seiner Freunde Kontakt aufgenommen – Sie wissen ja, wie das läuft."

„Ja, und vermutlich wird mich das einige Kopeken kosten."

„Da ich um Ihre finanzielle Situation weiß, habe ich Beförderungen versprochen, nicht Bargeld. Glauben Sie mir, sie waren glücklich, als ich ihnen einen Posten versprach, der ihnen ermöglichen würde, den Fernen Osten zu verlassen."

„Sehr gut. Regierungsposten gibt es in Hülle und Fülle. Das sollte sie zufriedenstellen. Und was hat dieser pensionierte Direktor nun gesagt?" Wlasenko trank den Weinbrand aus.

„Sein Erinnerungsvermögen war nicht mehr das beste. Doch er erinnerte sich noch sehr gut an bestimmte Ereignisse im Sommer 1881. Immerhin war es schon etwas Besonderes, einen Prinzen als Gefangenen zu haben, der einen spektakulären Fluchtplan durchführte –"

„Flucht! Ich wußte es!" Wlasenkos Glas klirrte, als er seine Faust auf den Schreibtisch krachen ließ. „Aber das bedeutet, daß er schon mehr als dreiundzwanzig Jahre frei ist."

„Das ist noch nicht alles. Ich habe Nachforschungen über den Burschen auf dem Foto angestellt. Unter den Arbeitern ist er bekannt als Sergei Iwanowitsch Christinin. Er ist mit Anna Burenin verheiratet –"

„Nein!"

„Sie kennen den Namen also. Christinin – oder besser gesagt, Fedortschenko – und das Mädchen haben 1882 geheiratet."

„Die ganzen Jahre!" rief Wlasenko. „Direkt vor meiner Nase!" Er ließ sich zurücksinken.

„Der Mann hat Mut, das muß ich schon sagen." Cerkower war angetan von der Reaktion seines Arbeitgebers.

„Jetzt macht alles Sinn. Das Burenin-Mädchen hat jahrelang bei den Fedortschenkos gearbeitet – der junge Prinz hat vermutlich die ganze Zeit über ein Verhältnis mit ihr gehabt. Und da er ein entflohener Strafgefangener war, dachte er vermutlich, daß er nichts Besseres mehr finden würde, und hat sie geheiratet. Alle Achtung, das erfordert Nerven. Und dann alles aufs Spiel zu setzen, als er vor Jahren seinem Vater half."

„Und was nun, Graf Wlasenko?"

„Was denken Sie, Cerkower? Wie kann ich reinen Gewissens zulassen, daß ein entflohener Strafgefangener, vielleicht sogar ein Mörder, in Freiheit bleibt?"

50

Gab es etwas Schöneres als den Anblick von Frauen, die freundschaftlich miteinander plauderten, die Arme bis zu den Ellbogen mit Mehl bedeckt und Brotteig knetend? Paul nahm dieses Bild in sich auf, dachte darüber nach, wie einfach das Leben doch sein konnte. Dies war Rußland, wie er es kannte; und dies war der Grund für all seine Arbeit in den vergangenen Jahren.

Mathilde hatte recht gehabt. Sie hatte gewußt, was eine Rückkehr nach Katyk für ihn bedeuten würde.

Voller Freude beobachtete er seine Mama, Anna und Mathilde bei ihrer Arbeit. Seltsam, wie unterschiedlich die drei Frauen waren – Mama Sophias offene Einfachheit; Annas stille Kraft; Mathildes mutige Intelligenz. Und doch arbeiteten sie in solcher tiefen Kameradschaft zusammen. Mama konnte vermutlich nur die Hälfte von dem verstehen, was Mathilde sagte, doch sie hatte sie sofort wie eine wirkliche Tochter ins Herz geschlossen. Und Mathilde! Wer hätte ihr angemerkt, daß sie früher der oberen Schicht angehört hatte, mit Dienstboten aufgewachsen war und weit mehr über Bücher als über Küchenarbeit wußte? Selbst in Sibirien hatte sie ihr Brot lieber von den Bauern gekauft, als es selbst zu machen. Paul hatte sich über diese Extravaganz nie beklagt, weil das Ergebnis ihrer wenigen Versuche praktisch ungenießbar gewesen war.

Wie stolz war sie vor ein paar Tagen auf ihren ersten gelungenen Brotlaib gewesen!

Ja, die Entscheidung, nach Katyk zu kommen, war richtig gewesen. Und der Zeitpunkt mußte wirklich von Gott festgesetzt gewesen sein – Pauls Glaube an Gott wurde immer mehr gestärkt. Die Familie hatte gerade von Iljas Tod erfahren. Immer wieder sagte seine Mutter, Gott würde wirklich nichts nehmen, ohne nicht irgend etwas anderes dafür zu geben.

Trotzdem war es nicht leicht gewesen, von Iljas Tod zu erfahren – eine solche Verschwendung! Dieser gutmütige Bär von einem Mann, der Jewno so ähnlich war. Und nur weil der Zar der Welt beweisen wollte, daß die Autokratie in Rußland noch in Ordnung war. Paul wurde wütend bei diesem Gedanken, und er mußte wieder einmal denken, daß genau dies die

Wurzel für seinen revolutionären Eifer war. Das einzig Gute dieses Krieges war, daß sich die russische Krone wieder einmal als das erwies, was sie war – eine mächtige Rechtspersönlichkeit, die große Schuld auf sich geladen hatte und auf Tonfüßen stand. Paul war froh, daß sich der Krieg für Rußland so katastrophal entwickelte. Das würde die Massen sicher aufrütteln. Und darum war Iljas Tod vielleicht doch nicht ganz umsonst gewesen.

Die Frauen waren fertig. Drei Brotlaibe wurden in den Ofen geschoben.

„Und jetzt haben wir uns eine kleine Pause verdient", meinte Sophia und wischte sich das Mehl von den Händen.

Paul wurde klar, daß seine Mutter alt wurde. Ihr breites Gesicht war voller Runzeln, und ihre früher grenzenlose Energie war durch das Kneten des Brotteiges nahezu erschöpft. Daß sie überhaupt so lange gelebt hatte, war ein Wunder, wenn man bedachte, daß die meisten Bauern in Rußland höchstens fünfzig oder sechzig Jahre alt wurden. Sophia war sehr viel älter.

„Ich hole dir ein wenig Tee, Mama", sagte Anna. „Und dir auch, Mathilde. Setz dich und wärme dich ein wenig auf."

„Brotteig kneten ist eine Arbeit, bei der einem warm wird", antwortete Mathilde, „doch ich hätte trotzdem nichts gegen ein Glas Tee einzuwenden."

„Ich weiß, daß ihr Frauen erschöpft seid", sagte Paul, „doch ich habe mich gerade gefragt, ob ich eine von euch dazu bewegen kann, einen Spaziergang mit mir zu machen."

„Bei diesem Wetter, Pawuschka?" Sophia war entsetzt. Welcher Bauer ging im Winter schon nach draußen, wenn er nicht unbedingt mußte?

„Die Kälte vertreibt die Spinnweben aus meinem Gehirn, und ich muß mich bewegen, egal wie kalt es ist."

„Das kommt von deinem vielen Lesen und Schreiben –", grinste Sophia. „Doch ich bin stolz auf dich, mein Pawuschka. Dein Papa wäre stolz, wenn er all die wundervollen Dinge sehen könnte, die du geschrieben hast."

Nachdem alle ihren Tee getrunken hatten, sagte Anna: „Paul, ich begleite dich auf deinen Spaziergang, wenn du nichts dagegen hast. Das Stadtleben hat mich lufthungrig gemacht."

Anna und Paul gingen hinunter zum Fluß. Als Kinder hatten sie diesen Weg so geliebt, doch nachdem sie einige Male auf dem schmalen Pfad ausgerutscht waren, beschlossen sie, lieber den Weg über die Brücke zum Dorf zu nehmen.

Paul mußte lachen. „Es ist doch seltsam, nicht wahr? Ich fühle mich immer noch jung, obwohl sich unser Alter nicht verleugnen läßt."

„Das stimmt, Pawuschka. Hier zu sein ist gut, vielleicht sogar noch besser, als jung zu sein", erwiderte Anna. „Vielleicht vergißt man im Laufe der Zeit, wie schwierig es war, zwischen den neuen Wegen, die wir gehen wollten, und dem Wunsch, die alten Wege unserer Eltern zu respektieren, hin- und hergerissen zu sein."

„Ich erinnere mich noch zu gut an meine Verwirrung – doch auch jetzt ist es oft noch genauso schwer." Paul blieb stehen und trat nach einem heruntergefallenen Zweig. „Anna, wird das Leben immer ein Kampf sein?"

„Mathilde hat mir einiges von dem erzählt, was in Europa vorgefallen ist. Du bist ein tiefgründiger, nachdenklicher Mensch, Paul. Vielleicht liegen solche Kämpfe in deiner Natur. Sergei ist ähnlich veranlagt. In vieler Hinsicht sind wir einfachen Menschen besser dran als ihr großen Denker. Aber Paul, ich dachte, du hättest einiges verarbeitet dadurch, daß du hierhergekommen bist."

„Mir ist nur klargeworden, daß ich mich den Sozialdemokraten nicht anschließen kann. Ich weiß immer noch nicht, wie ich weitermachen soll."

Sie gingen ein wenig weiter, über die Brücke bis zum Haus ihrer Schwester Vera. Paul und Anna schwiegen eine Weile; jeder hing seinen Gedanken nach.

Schließlich wendete Paul sich Anna zu. „Jetzt hat Mama niemanden mehr, der sich um den Hof kümmert."

„Veras Ältester, Jewno, ist fast neunzehn und wird bald heiraten", erwiderte Anna. „Sie haben davon gesprochen, daß er den Hof übernimmt. Vera wird für Mama sorgen."

„Ja, das ist vernünftig. Im Frühling können Iwan und die Jungen erst einmal aussäen und sich der Dinge annehmen."

„Das scheint die beste Lösung zu sein."

„Anna, was würdest du denken, wenn ich dir sagte, daß ich für einen kurzen Augenblick darüber nachgedacht habe, wieder Bauer zu werden?"

„Das würde mich nicht überraschen. Dies ist der beste Ort,

um sich über vieles klarzuwerden. Welchen besseren Zufluchtsort vor den Kämpfen des Lebens gibt es? Ich bin aus denselben Gründen hier."

„Vielleicht würde es nicht nur eine Zuflucht, sondern eher etwas Dauerhaftes."

„Du, Paul? Ich glaube nicht, daß du das könntest. Nicht daß du nicht mit der Arbeit fertig würdest, aber du könntest nie dein Lebenswerk aufgeben – nicht bevor es nicht Frucht bringt."

„Und wenn es niemals Frucht bringt?"

Anna erwiderte nichts, und da die Dämmerung nun schnell hereinbrach, machten sie sich auf den Heimweg.

Nach einer Weile hörten sie Schritte hinter sich.

„Anna, bist du das?"

Zusammen drehten sich Anna und Paul um. Veras Mann, Iwan, kam auf sie zugerannt.

Als Iwan sie erreicht hatte, war er außer Atem. Er brauchte eine Weile, bis er sprechen konnte.

„Ist etwas nicht in Ordnung, Iwan?" fragte Paul, der merkte, daß irgend etwas geschehen sein mußte.

„Ich fürchte, ja." Iwan blickte Anna mitleidig an.

Annas Herz tat einen Sprung. In Windeseile zogen die vielen Möglichkeiten einer Katastrophe an ihr vorbei, die ihren Schwager so aus der Fassung gebracht haben konnten. War ihren Kindern oder Sergei vielleicht irgend etwas zugestoßen? Oder vielleicht Mariana an der Front? Sie blickte Iwan prüfend an, doch sie brachte es nicht über sich, Fragen zu stellen.

„Ich war in der Taverne", erklärte er, „als ein Bursche diese Nachricht brachte. Ich konnte sie nicht selbst lesen, doch der Mann sagte, es seien keine guten Nachrichten. Der Brief ist von Prinz Viktor Fedortschenko. Du liest ihn am besten selbst, Anna."

Anna zwang sich, ihre Hand auszustrecken und das Papier zu nehmen, das er ihr entgegenhielt. Mit zitternden Fingern öffnete sie den Brief und überflog die wenigen Zeilen, die Viktor hastig geschrieben hatte.

„Es handelt sich um Sergei", sagte sie dann erschüttert. „Er ist verhaftet worden."

51

„Es muß hier irgendwo sein“, sagte Anna. Die Anspannung der vergangenen Tage war ihrer Stimme anzumerken.

„Vielleicht eine kleine Straße ohne Straßenschild“, meinte Paul.

Paul blickte wieder auf das Stück Papier in seiner Hand, dann sah er Anna achselzuckend an. Keiner von ihnen kannte diesen Teil von St. Petersburg. Sie hatten die von Pferden gezogene Straßenbahn von der Wassili-Insel genommen und waren etwa zwei Kilometer den Newski Prospekt hinuntergefahren. Jetzt gingen sie zu Fuß weiter. Die Adresse, die sie suchten, sollte einige Straßen nördlich der Hauptstraße liegen, doch bisher war es ihnen noch nicht gelungen, sie ausfindig zu machen.

Sofort nach Viktors Nachricht hatten sie Katyk verlassen; es war keine Frage gewesen, daß Mathilde und Paul Anna begleiteten. Paul wußte zwar nicht, was er für seine Schwester tun konnte, doch es kam nicht in Frage, daß er über ein ruhiges Bauernleben nachdachte, während sie in Schwierigkeiten war. Bei ihrer Ankunft in der Hauptstadt war Anna gestattet worden, Sergei kurz zu sehen. Sie konnte Paul versichern – der natürlich nicht in die Nähe des Gefängnisses gehen konnte, wo Sergei gefangengehalten wurde –, daß ihr Mann in einigermaßen guter Verfassung war.

Paul erinnerte sich, wie er vor vielen Jahren dem verzweifelten Sergei auf seinem Weg nach Sibirien begegnet war. Zweifellos war Sergei ein anderer geworden, voller Hoffnung und Glauben. Doch befand er sich im Augenblick in einer schlimmen Situation. Er war ein entflohener Strafgefangener, der wegen eines schrecklichen Verbrechens angeklagt und verurteilt worden war. Es gab keinen Grund, warum die Gerichte ihn nicht nach Sibirien zurückschicken sollten, damit er seine Strafe verbüßte – lebenslange Zwangsarbeit.

Doch diejenigen, die Sergei liebten, würden das nicht kampflos zulassen. Viktor, der sich die Schuld an Sergeis erster Verhaftung gab, weil er damals nicht für ihn interveniert hatte, würde diesen Fehler nicht noch einmal machen. Obwohl sein Einfluß bei der Regierung in den vergangenen dreiundzwanzig Jahren beträchtlich zusammengeschmolzen war, hatte er doch noch immer einige Verbindungen, und er beabsichtigte, sich diese zunutze zu machen. In diesem Augenblick hatte er eine Unterredung mit dem Innenminister.

Paul hätte jemanden wie Viktor, der sich im Gesetz sehr viel besser auskannte, jetzt gern bei sich gehabt. Er und Anna hatten eine Verabredung mit einem Rechtsanwalt. Pauls Kenntnisse auf diesem Gebiet waren gering. Außerdem hatte er nur wenig Zutrauen zu Rechtsanwälten, und er wußte nichts über den Mann, mit dem sie verabredet waren, außer daß die Organisation, für die er arbeitete, den Angehörigen der armen Arbeiterklasse kostenfreien Rechtsbeistand gewährte. Einige Mitglieder der Gewerkschaft hatten Anna den Namen des Mannes gegeben.

Alexander Kerenski hatte gerade erst sein Examen abgelegt. Viktor kannte einige erfahrene Rechtsanwälte, doch sie waren nicht billig, und Sergei hatte darauf bestanden, es mit dem Mann zu versuchen, den die Gewerkschaft empfohlen hatte.

„Ich gehöre jetzt zu den Arbeitern“, meinte Sergei, „und in dieser Gesellschaft fühle ich mich wohler.“

„Wir wollen sehen, wie er arbeitet“, erwiderte Viktor skeptisch. „Wenn er gut ist, ist es in Ordnung. Wenn er nicht gut ist, suchen wir uns eben einen anderen. Über die Kosten werden wir uns später Gedanken machen.“

Viktor war bereit, notfalls das Anwesen auf der Krim zu verkaufen. Er sagte, er hätte sowieso schon darüber nachgedacht, wieder in die Stadt zu ziehen. Doch Paul machte sich weniger Sorgen um die finanzielle Situation als um Anna. Diese schreckliche Wende der Ereignisse war besonders für sie sehr hart. Ihr Leben war so ruhig verlaufen, und sie hatte gedacht, es würde immer so bleiben. Doch nun auf einmal erschien es ihr, als würde ihr alles entrissen. Und was noch schlimmer war, sie machte sich Vorwürfe, daß es ihr so schwerfiel, Sergeis Notlage zu akzeptieren.

„Ich sollte doch in der Lage sein, Gott zu vertrauen“, sagte sie weinend zu Paul. „Aber ich habe solche Angst!“

Paul wußte nicht, was er ihr sagen sollte. Er war nicht Jewno mit seiner einfachen Weisheit und seinem grenzenlosen Glauben. Er hoffte nur, daß dieser Kerenski ihnen würde helfen können.

Paul hielt einen Passanten an, doch er konnte ihnen nicht

weiterhelfen. Er fragte einen Verkäufer nach dem Weg, aber der war neu in der Gegend und kannte die Straße gar nicht. Schließlich hielt er eine alte Frau an, die schon ihr ganzes Leben hier zu wohnen schien. Sie nickte. Ja, das Straßenschild sei schon vor Jahren abgefallen und nie ersetzt worden. Sie erklärte ihnen nicht nur den Weg, sondern brachte Paul und Anna zu dem Haus, das sie suchten.

Die Straße war alt und die Häuser recht verfallen. Das Büro des Rechtsanwalts befand sich in einem ehemaligen Lebensmittelgeschäft. Die Auslagenregale waren entfernt und durch Bücherregale, Aktenschränke und einige alte Tische ersetzt worden. Kein Teppich lag auf dem Boden, und vor dem großen Fenster hing keine Gardine.

Das Ganze sah recht provisorisch aus, und Paul war etwas besorgt. Zwar hatte er kein elegantes Büro erwartet, doch das hier war schlimmer, als er gedacht hatte.

Der einzige Luxus dieses Raumes war ein Telefon auf einem der Tische, und im Augenblick sprach eine Frau, offensichtlich eine Sekretärin, hinein. Vor diesem Tisch saß ein grob gekleideter Mann, vermutlich ein Fabrikarbeiter. An dem anderen Tisch stand ein Ehepaar, ebenfalls Arbeiter, und schüttelte einem jungen Mann die Hand.

„Machen Sie sich keine Gedanken", sagte der junge Mann. „Ich werde mit Ihrem Vermieter sprechen."

Er brachte das Ehepaar zur Tür, dann kam er zu Paul und Anna. „Guten Morgen", sagte er freundlich.

„Wir haben eine Verabredung", meinte Paul.

„Dann sind Sie sicher Frau Christinin", sagte er zu Anna.

„Ja ..." Seit Sergeis Verhaftung wußte Anna nicht mehr, welchen Namen sie benutzen sollte.

„Ich bin Alexander Kerenski. Bitte nehmen Sie doch Platz."

Der Rechtsanwalt nahm hinter seinem Schreibtisch Platz. Paul und Anna setzten sich auf die beiden Stühle, die davor standen. Paul betrachtete den Burschen eingehend, in den sie ihr Vertrauen setzen wollten. Er konnte kaum älter als vierundzwanzig Jahre sein. In vieler Hinsicht war er ein ganz gewöhnlich aussehender Mann mit kurzem braunem Haar und einem ordentlichen Äußeren. Er trug einen billigen, blauen Anzug, der trotzdem vornehm wirkte. Paul mochte ihn sofort, und er spürte, daß er es ernst meinte.

„Bevor Sie mir die Details Ihres Falles erläutern", meinte Kerenski, „würde ich Ihnen gern ein wenig von mir erzählen, damit Sie wissen, mit wem Sie es zu tun haben. Erst vor wenigen Monaten habe ich die Rechtsanwaltsschule abgeschlossen, und ich bin vor Gericht noch nicht zugelassen. Es scheint, daß einige Namen, die ich als Referenz angegeben habe, den Verantwortlichen aufgrund von politischen Differenzen nicht akzeptabel erschienen. Ich erzähle das nur, damit Sie verstehen, daß ich nicht aus Unfähigkeit noch nicht zugelassen bin. Wenn ich mich wieder um die Zulassung bewerben kann, werde ich andere Referenzen angeben und dann hoffentlich mehr Erfolg haben. Wie Sie sicher wissen, ist in diesem Land alles schrecklich politisch." Er unterbrach sich und blickte Paul und Anna an. „Darum kann ich Sie nur beraten; vor Gericht kann ich Sie noch nicht vertreten. Doch häufig brauchen die Klienten nur über ihre Rechte aufgeklärt zu werden."

„Wollen Sie mir etwa sagen", meinte Paul, „daß der einfache Mann in diesem Land auch Rechte hat?"

„Nun, Herr – ach, ich glaube, ich weiß Ihren Namen noch nicht."

„Pawlikow."

„Nun, Herr Pawlikow, es gibt Gesetze in diesem Land, und manchmal kann die Regierung sogar dazu gebracht werden, sie anzuerkennen." Er blickte Paul eindringlich an und lächelte. „Wir müssen wenigstens versuchen, diese Gesetze zu achten, oder wir sind um nichts besser als die Revolutionäre, nicht wahr?"

„Das können wir sicher nicht sein", erwiderte Paul.

„Darf ich fragen, welches Interesse Sie an dem Fall haben, Herr Pawlikow? Vermutlich sind Sie ein Angehöriger?"

„Ja."

„Nach dem wenigen, was ich über diesen Fall weiß, kann ich Ihre Skepsis verstehen, doch Sie wären sicher nicht hier, wenn Sie sich nicht innerhalb der Grenzen des Gesetzes Gerechtigkeit für Ihren Verwandten versprechen würden."

„Meine Schwester und ihr Mann erhoffen sich das", meinte Paul vage.

„Ich verstehe." Kerenski machte eine Pause, dann wendete er sich Anna zu. „Würden Sie mir bitte die Einzelheiten des Falles schildern?"

Anna erzählte dem jungen Rechtsanwalt alles. Sie hielt nichts zurück. Kerenski hatte sie sehr beeindruckt. Sie war nicht sicher, ob ein so junger Mann ihnen letztlich helfen konnte, doch sie hatte das Gefühl, daß es den Versuch lohnte.

Sie berichtete über Sergeis frühere Stellung in der Gesellschaft, seinen Dienst bei der kaiserlichen Garde, das unglückliche Buch, die Strafversetzung in den Osten und den Zusammenstoß mit seinem Vorgesetzten, der schließlich zu seiner Verurteilung geführt hatte. Sie berichtete auch von seiner Flucht und seinem neuen Leben. Ganz offensichtlich war Kerenski tief beeindruckt. Er schwieg lange, bevor er das Wort ergriff.

„Der Name Fedortschenko ist mir nicht unbekannt", sagte Kerenski schließlich. „Natürlich war ich noch ein Kleinkind in Simbirsk, als sich dies alles ereignete." Er schien nachzudenken, dann berichtigte er sich. „Wenn ich es genau bedenke, war ich noch nicht einmal geboren."

„Dann sind Sie also in Simbirsk zu Hause?" fragte Paul. Lenin war auch in Simbirsk geboren, und es war gut möglich, daß er ihn kannte. Die Uljanows hatten ziemlichen Aufruhr in der Stadt verursacht, als Lenins älterer Bruder 1887 hingerichtet wurde, weil er versucht hatte, den Zaren zu ermorden.

„Es war meine Heimat", erwiderte Kerenski, „bis ich acht Jahre alt war und mein Vater auf einen Regierungsposten nach Turkestan versetzt wurde. Nicht einmal dort konnte ein so bedeutender Name wie Fedortschenko ganz vergessen werden."

„Ich fürchte", meinte Anna, „daß der Name nur noch historische Bedeutung hat."

„Ich muß gestehen, daß ich nicht sicher bin, ob ich mich dieser Aufgabe gewachsen fühle. Als ich ein Treffen mit Ihnen vereinbarte, hatte ich keine Vorstellung von dem Ausmaß der Schwierigkeiten. Ich kann Ihnen nur raten, sich den besten Strafverteidiger des Landes zu suchen."

„Aber, Herr Kerenski, vor dreiundzwanzig Jahren hatte mein Mann den besten Anwalt, und doch ist er nach Sibirien verbannt worden."

Anna bedauerte, das ausgesprochen zu haben, denn ihnen allen wurde wieder einmal die Hoffnungslosigkeit der ganzen Situation bewußt. Selbst falls Viktor das Geld aufbringen konnte, um den besten Anwalt Rußlands zu bezahlen – würde das ausreichen?

„Frau Christinin", meinte Kerenski schließlich, „wenn Sie mir zwei oder drei Tage geben, werde ich den Fall recherchieren und sehen, was ich herausfinden kann. Wenn ich dann nichts Zufriedenstellendes habe, würde ich Ihnen empfehlen, anderswo Hilfe zu suchen. Mehr kann ich im Augenblick nicht tun."

„Wir wissen Ihre Aufrichtigkeit zu schätzen, Herr Kerenski."

Alle erhoben sich gleichzeitig. Sie verabschiedeten sich, und Kerenski begleitete sie noch bis zur Tür.

„Ich werde mein Bestes tun", sagte er, bevor sie gingen.

„Natürlich", erwiderte Anna tapfer.

Draußen blickte Anna Paul an. „Ich habe das Gefühl, daß er ein sehr gutwilliger junger Mann ist", sagte sie. „Ich denke, er wird wirklich sein Bestes tun." Doch sie blickte ihren Bruder fragend an und erhoffte sich von ihm eine Bestätigung.

„Ja, da hast du recht." Was Paul nicht aussprach, war seine Vermutung, daß mehr erforderlich war als gute Absichten, um Sergei freizubekommen. Pauls Lebenswerk war auf der Ansicht gegründet, daß in der kaiserlichen Regierung keine Gerechtigkeit zu finden war. Obwohl er versuchte, Anna Mut zu machen, befürchtete er doch das Schlimmste.

52

Anna beschloß, Pauls gutgemeinte Bestätigung anzunehmen. Tief in ihrem Innern befürchtete sie, daß Sergeis Lage aussichtslos war, doch im Augenblick war sie noch nicht bereit, sich dieser Furcht zu stellen. Sergei sagte immer, wie stark sie sei. Und vor seinem Tod hatte auch ihr Vater ihr gesagt, daß sie sehr stark sei: *„In deiner Schwachheit, Anna, bist du gestärkt worden, weil du mehr als alle meine anderen Kinder zugelassen hast, daß Gott mit seiner Fülle in dir wohnt."*

Im Augenblick spürte sie nichts von dieser Stärke. Sie wußte, daß Paul ihr nur sagte, was sie hören wollte, doch etwas anderes konnte sie auch nicht ertragen. Und sie haßte diese innere Stimme, die sie immer wieder darauf hinwies, sie müsse stark sein. Hatte sie nicht das Recht, verzweifelt zu sein und Angst zu haben? Ihr geliebter Sergei saß in der Festung in einer eiskalten Gefängniszelle. Die Gefahr, wieder nach Sibirien geschickt zu werden, war nur zu real.

Doch was war mit denen, die von ihr abhängig waren? Die Kinder würden morgen aus der Schule nach Hause kommen und Fragen und Ängste haben. Sergei hatte darauf bestanden, daß sie beim Lernen nicht gestört werden sollten, darum hatte man ihnen noch nichts von seiner Verhaftung erzählt. Wie konnte sie ihnen gegenübertreten? Wie konnte sie sie trösten?

Und was war mit Viktor? Die Verhaftung seines Sohnes ließ schmerzvolle Erinnerungen an die Vergangenheit wieder hochkommen. Anna spürte, daß sich die Last wieder auf ihn gelegt hatte. Mehr als einmal in den vergangenen Tagen hatte sie diesen abwesenden Blick bei ihm bemerkt, so als würde er darüber nachdenken, sich wieder in seine Traumwelt zurückzuziehen, wo es keinen Schmerz und kein Leiden gab.

Als sie und Paul nach Hause kamen, begrüßte Raisa sie mit einem Brief, in dem sie darüber informiert wurden, daß Mariana verwundet worden sei. Sie befinde sich im Augenblick in einem Hospital in Wladiwostok, sobald sie jedoch in der Lage sei zu reisen, würde sie nach Hause kommen. Der Brief enthielt keine Angaben über die Art und den Grad ihrer Verletzung. Annas Erleichterung über die Nachricht, daß Mariana nach Hause kommen würde, wurde überschattet von der Furcht, ihre Tochter könnte ihren Verletzungen erliegen oder wäre vielleicht verkrüppelt.

Als Juri und Andrei am folgenden Tag aus der Schule kamen, war Anna nicht in der Lage, ihnen eine Stütze zu sein. Doch Paul und Viktor halfen ihr. Viktor hatte die beiden in seiner gemieteten Kutsche an der Schule abgeholt. Alle saßen nun in Annas Wohnzimmer zusammen.

Juri und Andrei fanden es ungerecht, was ihrer Familie passierte. Nach der anfänglichen Aufregung wurde Juri still und nachdenklich. Andrei dagegen begann sofort zu überlegen, wie sie ihren Vater aus dem Gefängnis holen könnten.

„Onkel Paul, ich wette, du kennst Leute, die aus der Festung geflohen sind. Es ist zu schaffen. Vielleicht kann Papa fliehen, wenn sie ihn vor Gericht stellen. Dann können wir zusammen nach London oder Genf gehen und dort leben. Du hast das getan, es kann also nicht so übel sein –"

„Nein, Andrei", sagte Viktor, „dein Vater hat lange genug als Flüchtling gelebt. Er möchte endlich frei sein, und er möchte, daß ihr frei seid."

„Glaubst du wirklich, das wird passieren? Sie werden ihn zurück nach Sibirien schicken, und wir werden ihn nie wiedersehen. Das stimmt doch, nicht wahr, Onkel Paul? Der Zar ist an unserer Familie nicht interessiert. Mariana ist in diesem Krieg verwundet worden, und es ist ihm immer noch egal –"

„Vermutlich weiß er gar nichts von Mariana", erklärte Viktor.

„Verteidigst du den Zaren, Großvater?" fragte Andrei herausfordernd, wenn auch respektvoll. „Papa hat nicht mehr verbrochen, als ein Buch zu schreiben, und ein Zar hat deswegen sein Leben zerstört. Ich werde niemals wieder an den Zaren glauben."

„Er ist vielleicht unsere einzige Hoffnung."

„Dann verabschieden wir uns besser von Papa."

Anna sagte abwesend: „Diesmal werde ich ihn begleiten."

„Mama! Was soll denn dann aus unserer Familie werden?" Andreis Stimme erstarb, und Tränen traten in seine Augen.

Paul schritt ruhig ein. „Niemand geht irgendwohin. Wir haben noch nicht alle Möglichkeiten ausgeschöpft. Was du über Mariana gesagt hast, ist eine Lösung, die wir noch nicht einmal in Betracht gezogen haben. Vielleicht ist es möglich, eine Bittschrift an den Zaren zu richten, in der wir auf Marianas Verdienste für das Land hinweisen."

„Das erscheint mir nicht richtig", sagte Anna, „wo wir nicht einmal wissen, wie es ihr geht."

„Denkst du, sie hätte etwas dagegen, wenn es ihren Papa retten könnte?"

„Bist du wirklich der Meinung, es würde helfen?"

„Wir müssen alles versuchen, wie klein die Aussichten auf Erfolg auch sein mögen", antwortete Paul ausweichend.

Viktor klammerte sich an diesen Hoffnungsschimmer. „Ich werde eine Petition an den Zaren schreiben und Mariana erwähnen. Vielleicht hilft es ja."

Nun ergriff Juri zum ersten Mal das Wort. Er hatte die Unterhaltung verfolgt, doch er hatte ein ganz anderes Anliegen. „Ich möchte Papa besuchen, bevor sie ihn fortbringen oder irgend etwas anderes passiert."

„Aber Juri", wandte Paul ein, „man wird Kinder nicht in die Festung lassen."

„Ich bin gerade fünfzehn geworden." Juris Stimme war so ernst, daß er in diesem Augenblick tatsächlich eher wie ein junger Mann wirkte und nicht wie der Junge, den sie kannten.

Anna beugte sich vor und blickte ihn eindringlich an. Trotz seines dunklen Haars und der schwarzen Augen hatte er immer Sergei geähnelt, vielleicht auch, weil ihr Wesen sich so glich. In diesem Augenblick sah er genauso aus wie Sergei früher, und Anna verspürte den Wunsch zu weinen. Juri hätte fast dieser junge Prinz sein können, der sich die Zeit genommen hatte, einer Zofe das Eislaufen beizubringen. Einfühlsam und in sich gekehrt, manchmal launisch, doch auch warmherzig und liebevoll, hatte Juri wie sein Vater niemals nach dem leichten Weg gesucht. Und Anna befürchtete, daß sein Leben, egal welche Richtung es nahm, nicht ohne größere Schwierigkeiten verlaufen würde. Vor wenigen Tagen hatte Anna Paul gesagt, daß Männer wie er und Sergei Kämpfe auszufechten hätten. So war es auch mit Juri.

Als Mutter war Anna immer versucht, für ihn einzutreten, alles zu tun, was in ihrer Macht stand, um ihn vor dem Schmerz zu bewahren, den das Leben und sein eigenes Wesen ihm zufügen würden. Doch dann dachte sie daran, was passiert war, als Viktor das bei Sergei versucht hatte – es hatte ihre Beziehung fast zerstört.

Anna studierte das Gesicht ihres Sohnes, während sie den Kampf zwischen ihrem mütterlichen Drang zu beschützen und ihrem Verstand ausfocht. Juri wendete sich seiner Mutter zu und blickte sie an. Er brauchte gar nichts zu sagen; sie wußte, daß er das Leben auf seine Weise angehen würde, und ihre Einmischung würde nicht willkommen sein. Seinen Vater im Gefängnis zu besuchen schien eine Kleinigkeit zu sein. Wenn es arrangiert werden konnte, warum sollte sie es ihm nicht gestatten? Sergei würde sich sicherlich freuen, Juri zu sehen. Doch Anna kannte diesen schrecklichen Ort, wo die Wände von Jahren des Leidens und der Schmerzen sprachen. Dieser Eindruck würde sich in Juris empfindsames Herz eingraben, vor allem die Tatsache, daß sein Vater an einem solchen Ort war.

Seufzend fragte sie Viktor: „Denken Sie, daß es möglich wäre, Prinz Viktor?“

„Bisher habe ich zwar mit meinen Verbindungen noch nichts erreichen können; aber vielleicht kann ich wenigstens das zustande bringen.“

„Vielen Dank, Großvater“, sagte Juri und wendete sich seiner Mutter zu. „Vielen Dank, Mama.“

Anna versuchte zu lächeln; es war ein kläglicher Versuch. Sie hatte Mariana gehen lassen müssen, zu einem schrecklichen Preis. Was würden die Kosten für Juris Freiheit sein?

Oh Gott, schrie sie innerlich, *gib mir die Kraft, meine Kinder in deine Hände zu legen.* Warum ihr das so schwerfiel, konnte sie nicht sagen. Sie wußte doch, daß sie Gott vertrauen konnte. Papa Jewno hatte häufig davon gesprochen, daß man kleine Vögel aus dem Nest fliegen lassen mußte. Hatte er je behauptet, daß es leicht wäre? Vermutlich nicht. Doch es gehörte zu den Dingen, die sein mußten. Eltern hatten in dieser Sache keine Wahl.

53

Juri wollte sich von dem Gefängnis, in dem sein Vater gefangengehalten wurde, nicht beeindrucken lassen. Doch als er und sein Großvater die St.-Johannes-Brücke überquerten und sich dem Eingang zur Festung näherten, war er von Ehrfurcht erfüllt. Der schwarze doppelköpfige Adler, der über dem Eingang wachte, schien ihn in eine Welt zu versetzen, die so geschichtsträchtig war, daß er den ernsten Zweck seines Besuches fast vergaß.

Seit die Festung als Gefängnis genutzt wurde, waren hier politische Gefangene eingekerkert worden – die bekanntesten wohl die Dezembristen von 1825. Ein steter Strom von sogenannten „Feinden des Zaren“ war seither durch diese Tore gezogen. Einige von ihnen waren gefoltert und exekutiert worden, einige hatten in der Einzelhaft den Verstand verloren, und andere waren an Kälte und Feuchtigkeit gestorben. Die Überlebenden wurden häufig nach Sibirien geschickt. Einige wenige kehrten zurück.

Und nun gehörte Juris Vater zu den Tausenden, die während der letzten zweihundert Jahre an diesem schrecklichen Ort gefangengehalten wurden.

Juri konnte kaum mit seinem Großvater Schritt halten, als dieser den Hof überquerte. Viktor war sehr still gewesen, als er Juri an diesem Morgen abholte. Nur kurz hatte er einige Fragen beantwortet und auch sonst wenig gesprochen. Doch nun, da sie sich dem Wachhaus näherten, blieb er stehen und wendete sich seinem Enkel zu.

„Juri, ich weiß, du bist der Meinung, du seist alt genug, einen Ort wie diesen zu besuchen, und wenn ich nicht auch dieser Meinung gewesen wäre, hätte ich mich nicht um eine Erlaubnis für diesen Besuch bemüht. Doch ich muß dich warnen; es ist vielleicht nicht so leicht, wie du denkst."

„Ich verstehe, Großvater."

„Wirklich, mein Junge?" Viktor erwartete keine Antwort, sondern blickte den Jungen nur eindringlich an. „Du mußt stark sein – für deinen Vater."

Juri nickte still. Was würde er hinter diesen Gefängnismauern vorfinden? War der Zustand seines Vaters so schlimm, daß Viktor sich gedrängt fühlte, ihn zu warnen? Nun, wie auch immer, Juri würde stark sein; er würde seinem Vater und seinem Großvater zeigen, daß er ein Mann war und ihren Respekt verdient hatte.

Ein Wachposten ließ sie ein. Im Inneren der Festung war es an diesem Wintertag kaum wärmer als draußen. Juri zitterte, als der Wächter sie durch einen grauen, feuchten Flur führte. Ihre Schritte hallten auf dem Steinboden wider. An einem Tisch blieben sie stehen. Hier war es etwas wärmer, weil in der Nähe des Schreibtischs ein Ofen brannte. Doch offensichtlich war dies die einzige Wärmequelle für den gesamten Flur. Der Wind trieb ein bißchen dieser Wärme in die Zellen.

Der Wachposten, der Viktor und Juri begleitete, sprach mit der Wache an dem Tisch. „Besucher für Fedortschenko", brummte er. Der andere nickte und erhob sich.

„Muß Sie durchsuchen", sagte er fast entschuldigend und tastete sie sorgfältig ab. „Was ist das?" fragte er und nahm das Päckchen, das Juri unter dem Arm trug.

„Ein Buch und einige Schreibutensilien für meinen Vater", erwiderte Juri, wobei er sich bemühte, gelassen zu klingen.

„Ich habe keine Anweisung bekommen, solche Dinge durchzulassen."

„Ich übernehme die Verantwortung", sagte Viktor.

„Das ist ja alles schön und gut, Euer Exzellenz, doch Regeln sind nun mal Regeln, und –"

„Ich habe ein Empfehlungsschreiben des Innenministers." Viktor richtete sich auf. Er sah jetzt sehr ehrfurchtgebietend aus. „Stellen Sie meine Autorität etwa in Frage?"

Der Wachposten dachte eine Weile nach, dann zuckte er die Achseln. „Vermutlich ist es in Ordnung, doch ich muß es zuerst inspizieren – falls Sie nichts dagegen haben." Als Viktor nickte, öffnete der Wachposten das Päckchen und fand genau das vor, was Juri gesagt hatte. „In Ordnung, folgen Sie mir."

Sie kamen an einem halben Dutzend Zellen vorüber, bevor der Wachposten ein kleines Loch in einer schweren Eisentür öffnete und die Besucher ankündigte. „Sie haben fünfzehn Minuten", meinte der Wachposten zu Viktor.

Er öffnete die Tür mit einem alten Schlüssel an einem dicken Eisenring. Ein kalter Luftzug drang heraus. Der Wachposten ließ die Besucher eintreten und schloß die Tür hinter ihnen zu.

Sergei hatte auf seiner Pritsche gesessen, dem einzigen Einrichtungsgegenstand in der winzigen Zelle. Nur ein kleiner Tisch stand sonst noch da. Als er Juri erblickte, sprang Sergei auf und umarmte ihn überschwenglich.

„Was für eine Überraschung!" rief er. „Wie hast du das zustande gebracht?"

„Großvater hat dafür gesorgt, daß ich kommen konnte", erwiderte Juri.

Sergei gab seinem Sohn einen Kuß auf die Wange, bevor er ihn losließ, dann wendete er sich Viktor zu und schüttelte ihm die Hand. „Vielen Dank, Vater."

„Juri hat darum gebeten." Mit einem leichten Lächeln fügte er hinzu: „Eigentlich hat er darauf bestanden."

„Ich wollte dich sehen, Papa", erklärte Juri. „Ich –" Er brach ab, weil er den eigentlichen Grund nicht eingestehen konnte. Er konnte seinem Vater nicht sagen, daß er Angst gehabt hatte, ihn nie mehr wiederzusehen. Bestimmt hätte er dann angefangen zu weinen, und er war entschlossen, stark zu sein, wie sein Großvater gesagt hatte. Statt dessen wechselte er das Thema. „Andrei wollte auch kommen, doch er ist zu jung. Mama hat mir ihre

Besuchszeit überlassen, damit ich kommen konnte. Ich hoffe, du hast nichts dagegen."

„Nein, natürlich nicht."

„Ich habe dir etwas mitgebracht." Juri gab ihm das Päckchen.

„Du kannst dir gar nicht vorstellen, was für ein Geschenk diese Dinge sind", meinte Sergei, nachdem er es geöffnet hatte. „Ich dachte, daß ein gutes Buch diesen Ort halbwegs erträglich machen würde. Und sogar schreiben zu können! Ich kann euch gar nicht genug danken." Er legte das Päckchen auf den Tisch und forderte seine Besucher auf, Platz zu nehmen. „Ich denke, wir werden uns alle drei auf diese alte Pritsche setzen können. Leider kann ich euch nichts Besseres anbieten."

Trotz der Fröhlichkeit in seiner Stimme bemerkte Juri, daß sein Vater nicht gut aussah. Er war heiser, eine Folge der leichten Erkältung, die er sich einige Tage zuvor zugezogen hatte. Doch schlimmer noch als alles andere war die Tatsache, daß er während des ganzen Besuches nicht einmal aufhörte zu zittern. Schließlich erhoben sie sich, damit er sich die dünne Decke um die Schultern wickeln konnte. Auch mußte er immer wieder husten.

Er versuchte, das alles mit einem Lachen abzutun. „Vermutlich wäre es kein Gefängnis, wenn alle Bequemlichkeiten von zu Hause hier zu finden wären."

„Wir werden dich bald hier herausholen", meinte Viktor, doch Juri dachte, daß seiner Stimme die Zuversicht fehlte.

Juri sagte: „Papa, Andrei hat versucht, einen Fluchtplan zu entwerfen."

Sergei lachte. „Das ist typisch für ihn. Doch ich bin zu alt für solche Sachen. Schon damals, als ich noch jung war, war es töricht, und ich hatte großes Glück, daß ich es überhaupt geschafft habe – wenn ich es recht bedenke, es war nur die Hand Gottes, die mich hindurchgebracht hat."

„Und du bist nicht der Meinung, daß Gott möchte, daß du auch dieses Mal fliehst?"

„Das weiß ich nicht genau, doch ich bin zufrieden, diesmal den etwas konventionelleren Weg zu gehen. Damals in Sibirien war ich schrecklich verzweifelt. Außerdem, Juri, ich habe es satt, als entflohener Strafgefangener zu leben. Ich bin bereit –" er brach ab und fuhr sich nachdenklich über seinen ergrauten Bart, „wieder ein Fedortschenko zu sein. Nachdem ich dir und Andrei von unserer Familie erzählt hatte, fühlte ich mich in dem Leben nicht mehr wohl, das ich geführt habe. Ich weiß, daß es notwendig war, doch jetzt ist alles anders. Ich hasse es, im Gefängnis zu sitzen, aber ein Gutes hat es wenigstens."

„Papa, bedeutet das, daß wir den Leuten jetzt erzählen sollen, wer wir sind?"

„Das bleibt dir überlassen, Sohn. Ich weiß, für dich ist das sehr schwer und verwirrend."

„Das macht nichts, Papa. Aber ich möchte tun, was richtig ist."

„Das ist keine Sache von richtig oder falsch."

„Darum ist es ja so verwirrend."

„Was möchtest du denn, Juri?"

„Andrei möchte mit dem Adel nichts zu tun haben; er ist der Meinung, die Arbeiterklasse und die Bauern würden Rußland ausmachen, und darum will er sich mit ihnen identifizieren."

„Und was denkst du?"

Juri blickte zuerst seinen Großvater, dann seinen Vater an. Er hatte eigentlich nicht über den Zwiespalt sprechen wollen, in dem er steckte, doch nun, da die Unterhaltung unerwartet diese Wendung genommen hatte, konnte er seinen Vater schlecht anlügen.

„Wir sind, was wir sind, Papa", sagte er. „Wir sind nun mal Aristokraten, nicht wahr? Es ist nichts Schlimmes passiert, als Mariana ihren Platz in der Gesellschaft eingenommen hat; sie ist immer noch derselbe gute Mensch geblieben. Ich glaube nicht, daß es etwas ausmacht, außer daß wir vielleicht etwas Gutes tun können, indem wir unseren Platz in der Gesellschaft einnehmen." Er hatte nicht alles ausgesprochen, was er empfand, aber doch so viel, daß er nicht den Eindruck hatte, er hätte seinen Vater getäuscht. Trotzdem wagte er nicht, dem Blick seines Vaters zu begegnen.

Es war jedoch Viktor, der ihm antwortete. „Deine Einstellung ist edel, Juri, und ich möchte dich nicht entmutigen. Doch ich bin immer Aristokrat gewesen, und ich habe wenig Gutes für dieses Land getan, auch wenn ich es den größten Teil meines Lebens versucht habe –" Sergei wollte protestieren, aber Viktor hob die Hand und fuhr fort. „Vielleicht bin ich etwas desillusioniert, doch es ist wichtig, daß Juri die Realität so sieht, wie sie ist, damit er später nicht enttäuscht wird. Und die Realität ist, Sohn, daß ich früher sehr reich war an Geld und Einfluß. Der

Zar hat auf mich gehört, aber nur wenig Gutes ist dabei herausgekommen. Solltest du deine Stellung in der Gesellschaft einnehmen, wirst du nur einen Namen und einen Titel haben, nichts weiter. Vielleicht wird das ausreichen, Gutes zu tun, vielleicht nicht. Doch es wäre gefährlich, aus menschenfreundlichen Gründen deinen Titel anzunehmen."

„Er hat recht, Juri", meinte Sergei. „Was immer du tust, es muß für *dich* sein. Ich weiß, das klingt selbstsüchtig, doch in diesem Fall ist es das Beste, was du tun kannst."

Der Wachposten klopfte an die Tür und rief: „Noch fünf Minuten!"

Juri war dankbar für die Unterbrechung. Er war nicht glücklich über die Richtung dieser Unterhaltung. Schnell wechselte er das Thema. „Papa, kann ich morgen wiederkommen?"

„Ich habe die Zeitrechnung beibehalten, Juri, obwohl das nicht leicht ist. Doch morgen ist Montag, und du mußt in die Schule zurückkehren. Außerdem ist nur Sonntag Besuchstag, und vermutlich wird deine Mama nächsten Sonntag kommen."

„Ich hoffe, du bist dann schon draußen."

„Ich auch, Juri."

Viktor sagte: „Wir haben uns einen Anwalt genommen. Den einen, den die Gewerkschaft empfohlen hat. Er scheint ein guter Mann zu sein."

„Gut." Sergei wendete sich an seinen Sohn. „Juri, ich möchte, daß du dich auf die Schule konzentrierst, und sage das auch Andrei. Ich möchte ehrlich mit dir sein. Ich habe zwar die Hoffnung nicht aufgegeben, doch es besteht durchaus die Möglichkeit, daß ich hier nicht mehr herauskomme. Wenn ich nicht mehr da bin, könntet ihr versucht sein, die Schule zu verlassen, um Geld zu verdienen. Aber das kann nur der letzte Ausweg sein. Mehr als alles andere wünsche ich, daß ihr die Schule beendet, damit ihr einen guten Beruf ergreifen könnt. Im Endeffekt ist das viel wichtiger als der Name, den du wählst. Es ist bestimmt nicht leicht, aber –" Er kämpfte mit seinen Gefühlen und bekam einen Hustenanfall.

Juri warf die Arme um seinen Vater. „Oh, Papa! Sag nicht so etwas! Alles wird wieder in Ordnung kommen. Es muß!" Und trotz seiner Entschlossenheit strömten ihm Tränen aus den Augen.

Das Klirren von Schlüsseln war zu hören, und im nächsten

Augenblick ging die schwere Tür auf. Ihr Besuch war vorüber. Eine letzte Umarmung zwischen Vater und Sohn, dann wurden Viktor und Juri hinausgeschoben.

54

Es war offensichtlich, daß Cyril die Sache mit Pater Gapon aus der Hand glitt. Und das war zum Teil sein Fehler, weil er sich durch seinen Rachefeldzug gegen die Fedortschenkos hatte ablenken lassen. Ja, zu sehen, wie Viktors Sohn wieder ins Gefängnis gebracht wurde, das war in der Tat befriedigend für Cyril gewesen; doch waren einige Augenblicke der Befriedigung es wert, daß seine ganze Arbeit auseinanderbrach?

Darum hatte er nur zu gern die Gelegenheit wahrgenommen, sich mit Basil Anickin zu treffen. Diesmal sollte das Treffen in einem großen Buchladen am Newski Prospekt stattfinden. Anickin hatte um dieses Treffen gebeten, und Cyril erwartete, daß Anickin mehr Geld fordern würde. Was er nicht erwartet hatte, war Anickins vielversprechender Vorschlag.

Sie taten so, als würden sie in den Büchern herumstöbern. Cyril nahm sich ein Buch vom Regal und blätterte es flüchtig durch. Dostojewski. Nun ja, wenigstens war er Russe. Er blickte sich um, um sicherzugehen, daß Cerkower in der Nähe war. Dieser Anickin war ihm unheimlich. Cyril hatte sich geweigert, ihn allein zu treffen.

„Und, was wollen Sie? Machen Sie schnell, ich bin ein vielbeschäftigter Mann." Cyril ging direkt zum Angriff über, weil er wußte, daß ein Mann wie Anickin sofort in Verteidigungsstellung gehen würde.

„Die Okhrana hat nicht viel Erfolg darin gehabt, Gapon zu stoppen", meinte Basil sachlich. „Er hat einen neuen Zweig seiner Gewerkschaft in der Stadt eröffnet, und einige weitere gedeihen außerhalb der Stadt."

„Ich hoffe, Sie haben nicht um dieses Treffen gebeten, um mich mit Dingen zu langweilen, die ich bereits weiß."

„Auch meine Zeit ist wertvoll, Graf Wlasenko, und ich mag es nicht, sie mit unbedeutendem Spionieren zu vergeuden."

„Wenn Sie zu gut für die Arbeit sind, so kann ich leicht jemanden finden, der sich gern das Geld verdient, das ich Ihnen gebe."

„Ich bin ein Mann der Tat."

„Dann wollen Sie also aufhören?"

„Sie wollen also keine Tat?"

Plötzlich begriff Cyril, daß Anickin auf etwas Bestimmtes hinauswollte, und so ungern er dem Mann nachgab, so neugierig war er doch auf seinen Vorschlag. „Wovon sprechen Sie?"

„Es gibt nur ein Mittel, um Gapon aufzuhalten."

„Ha! Wieder einmal sagen Sie das, was bereits bekannt ist, Nagurski. Als ob wir nicht versucht hätten, Gapon zu eliminieren. Doch wenn Sie Ihre Arbeit richtig tun würden, hätten Sie bereits gemerkt, daß Gapon ständig von seinen Leibwächtern umgeben ist – seinen ihn liebenden Arbeitern."

„Überlassen Sie das mir."

„Und was könnten Sie tun, was geübte Polizeikräfte nicht zustande bringen?"

Anickins Züge verzerrten sich zu einem zynischen Lächeln, das Cyril erschauern ließ. Eine dumme Frage. Dieser Basil Anickin, alias Rolf Nagurski, hatte bestimmt schon einige Menschen getötet. Wenn man Cerkower Glauben schenken durfte, war dies Anickins Haupttätigkeit in den Vereinigten Staaten gewesen.

„In Ordnung", meinte Cyril, der sich nicht die Mühe machte, auf eine Antwort zu warten. „Was haben Sie vor, und wieviel wird es mich kosten?"

„Sie brauchen meinen Plan nicht zu kennen. Der Erfolg hängt immer von der Geheimhaltung ab. Was die Kosten betrifft – zwanzigtausend Rubel, im voraus."

„Wenn Sie glauben, ich würde auch nur eine Kopeke bezahlen, bevor die Arbeit erledigt ist, dann sind Sie verrückt."

„Das sagte man mir schon einmal." Basils Stimme war kalt wie Stahl.

Cyril schluckte. Der Mann war wirklich beunruhigend. „Die Hälfte im voraus, die andere, wenn die Arbeit getan ist."

Basil nickte. „Außerdem einen Paß und Ausweispapiere auf einen anderen Namen, damit ich das Land verlassen kann."

„Welcher Name würde Ihnen denn zusagen? Wie wär's mit Basil Anickin?" Cyril konnte nicht anders. Er haßte die Art, wie Anickin immer die Oberhand gewann.

Wieder zeigte sich ein Grinsen auf Basils Gesicht. „Ein schöner Name, doch ich würde einen echt russischen Namen bevorzugen, Iwan Soundso zum Beispiel."

„Wie Sie wünschen, Euer Hoheit", schnaubte Cyril.

„Ich brauche auch einige Dinge, die ich selbst nicht beschaffen kann. TNT, Sprengkapseln, Zündschnüre – hier ist eine Liste."

Cyril starrte auf das Papier in Basils Hand, als wäre es eine giftige Schlange. „Ich will nichts Schriftliches."

„Einige dieser Begriffe sind zu technisch, als daß Sie sich alles merken könnten."

„In Ordnung, legen Sie das Blatt in dieses Buch; mein Assistent wird es mitnehmen."

Basil zuckte die Achseln und tat, was man ihm gesagt hatte. „Wann bekomme ich meine zehntausend Rubel?"

„Treffen Sie meinen Assistenten in einer Woche gegen Mittag am Gostinni-Dwor-Markt. Er wird Ihnen das Geld und Instruktionen für die Übernahme der gewünschten Dinge geben."

„Es ist mir ein Vergnügen, mit Ihnen Geschäfte zu machen, Graf." Basil stellte das Buch auf seinen Platz zurück und verließ den Buchladen.

Cyril blickte Anickin nach. Sein einziger Trost war der: Wer immer Anickin sein mochte, er war der Beste für diesen Job. Gapon würde keine Chance gegen diesen Verrückten haben. Cyril versuchte zu lächeln, doch er war immer noch zu aufgebracht von dem Treffen.

Mehr denn je war er davon überzeugt, daß er sich Anickins würde entledigen müssen, sobald Gapon beseitigt war. Es lag einfach im Interesse der Öffentlichkeit, daß ein so gefährlicher Verrückter aus der Gesellschaft entfernt wurde.

55

Trotz allem, was Viktor im Laufe der Jahre durchgemacht hatte, fiel es ihm immer noch schwer, andere um Hilfe zu bitten. Fürst Swyatopolk-Mirski, der Innenminister, hatte bei ihrer Unterredung zwei Wochen zuvor Mitleid gezeigt, ihm jedoch keine Hoffnung gemacht. Als Viktor sah, wie sich Sergeis Gesundheitszustand im Gefängnis drastisch verschlechterte, war er entschlossen, einen weiteren Versuch zu wagen. Wieder zeigte der Minister sehr viel Mitgefühl, doch immer noch konnte er ihm keine Hoffnung machen.

„Der Zar kann im Augenblick mit solchen Dingen nicht belastet werden", sagte er zu Viktor. „Um offen zu sein, dies ist nicht gerade die beste Zeit, ihn um Vergünstigungen zu bitten. Vielleicht, wenn der Krieg eine Wendung zum Besseren nimmt ..."

Dieser letzte Satz war mit wenig Überzeugung gesprochen. Zwar stand der Frühlingsfeldzug bevor, doch niemand glaubte mehr, daß er eine Wende bringen könnte.

„Er hört doch immer noch Bittschriften an, oder?" fragte Viktor mit einem letzten Hoffnungsschimmer.

„Kaum noch. Seit der Geburt des Thronfolgers hat sich die Familie nach Tsarskoe Selo zurückgezogen. Obwohl die Angelegenheit Ihres Sohnes in der Tat schwerwiegend ist, habe ich nicht die Freiheit, sie dem Zaren vorzutragen. Außerdem war das Vergehen Ihres Sohnes gegen den Großvater des Zaren gerichtet, auf den er große Stücke hält. Darum bezweifle ich, daß er Ihrem Anliegen wohlgesonnen sein wird. Ihre einzige Hoffnung ist eine neue Gerichtsverhandlung –"

„Natürlich bemühen wir uns auch darum", erwiderte Viktor ein wenig ungeduldig. Trotz allem war er nicht auf eine so negative Antwort vorbereitet gewesen. „Doch ein Prozeß könnte Monate dauern, vielleicht sogar Jahre, und die Gesundheit meines Sohnes ist nicht gut. Jeder Tag, den er in der Festung verbringt, setzt ihm sehr zu."

„Ich kann Ihnen nichts versprechen, Prinz Fedortschenko, doch ich werde diese Angelegenheit erwägen. Wenn sich die Gelegenheit ergibt, werde ich tun, was ich kann."

„Mehr kann ich vermutlich nicht verlangen."

„Ich kann Ihnen die Berichte über die Verhaftung und andere Dokumente die Vergangenheit betreffend überlassen. Ihr Rechtsanwalt wird diese Papiere sehen wollen, da bin ich sicher." Der Innenminister kritzelte eine Notiz auf einen Zettel und gab ihn Viktor. „Legen Sie dies im Büro von Cyril Wlasenko vor; seine Sekretärin wird Ihnen eine Kopie des Berichtes ausfertigen. Ich werde meine Sekretärin veranlassen, die anderen Unterlagen zu beschaffen – das kann jedoch etwas länger dauern, da sie mittlerweile im Archiv vergraben sind."

„Welche Rolle spielt Wlasenko in dieser Angelegenheit?" Dies war das erste Mal, daß Viktor Cyrils Namen in Verbindung mit der Verhaftung hörte.

„Ich weiß nur, daß er vor einigen Tagen darum bat, den Bericht zu sehen, und meines Wissens hat er ihn immer noch. Er erwähnte mir gegenüber, daß er irgendwie mit Ihrem Sohn verwandt sei."

„Ein entfernter Cousin."

„Das wird der Grund sein."

Viktor nickte und verdrehte die Augen. „Seine Besorgnis ist rührend."

Nachdem er Swyatopolk-Mirskis Büro verlassen hatte, fragte sich Viktor, welche Rolle Cyril wirklich in dieser Angelegenheit gespielt hatte. Vor vier Jahren hatte Viktor vermutet, daß Wlasenko mit seinem plötzlichen finanziellen Ruin zu tun hatte, der zu der Beschlagnahmung seines St. Petersburger Anwesens geführt hatte. Doch er hatte es nicht beweisen können – und er hatte auch nicht mehr die Möglichkeiten, der Sache auf den Grund zu gehen. Nun stand Cyrils Name in Verbindung mit einem weiteren Unglück, das die Fedortschenkos getroffen hatte.

Viktor konnte nicht glauben, daß dies ein Zufall war.

Er war versucht, augenblicklich zu Cyrils Büro zu gehen; es befand sich am anderen Ende des Flures. Doch was könnte es bewirken, wenn er seinen Verdächtigungen und seiner Wut Ausdruck verlieh? Cyril war ein so einflußreicher Mann, daß eine Konfrontation sich schlecht auf Sergeis Sache auswirken konnte. Warum der Mann so rachsüchtig war, konnte Viktor nicht begreifen. Doch Cyril war ein Mann mit unersättlichen Wünschen. Seine Gier war grenzenlos. Solche Dinge trieben ihn voran – tatsächlich hätte es Viktor nicht erstaunt zu hören, daß Cyril Wlasenko sich am Unglück anderer weidete.

Eines Tages würde Wlasenko vielleicht für sein übles Handeln büßen müssen. Doch Viktor würde sich auf diesen Tag nicht freuen – dann wäre er ja nicht besser als Cyril. Er hatte Wichtigeres zu tun.

Viktor bog um eine Ecke und sah Sergei Witte auf sich zukommen.

„Ah, Viktor Fedortschenko!" strahlte er und schüttelte Viktor die Hand.

„Graf Witte, wie schön, Sie zu sehen."

„Sagen Sie mir nicht, Sie hätten meinen Rat angenommen und wären in die Dienste der Regierung zurückgekehrt."

Dies zauberte ein schwaches Lächeln auf Viktors Gesicht. „Wohl kaum. Ich fürchte, ich bin in einer unangenehmen Mission hier." Er erklärte ihm kurz, was Sergei zugestoßen war.

„Das ist eine Schande. Sie haben mein tiefstes Mitgefühl. Kann ich Ihnen irgendwie helfen?"

„Nur wenn Sie mir eine Audienz beim Zaren verschaffen können."

„Ich fürchte, ich habe ihn selbst seit einiger Zeit nicht mehr gesehen. Er war absolut nicht angetan von meiner Einschätzung des Krieges. Doch seit die Dinge so schlecht stehen, ist meine Situation gar nicht mehr so übel. Graf Plehwes ‚kleiner glorreicher Krieg' verwandelt sich in einen Alptraum. Man hört das Gerücht, daß der Zar – wie soll ich es sagen? – sein Ohr wieder mehr der Vernunft zuneigt. Mein Name wurde genannt im Zusammenhang mit Friedensverhandlungen."

„Dann steht der Krieg also kurz vor seinem Ende?"

„Das können wir nur hoffen." Sie waren zusammen weitergegangen, doch nun blieb Witte stehen. „Warum kommen Sie nicht auf einen Weinbrand in mein Büro?"

Viktor stimmte zu. Er war zwar nicht in der Stimmung zu plaudern, doch er sah sehr wohl, wie wichtig es war, einem Mann wie Witte freundschaftlich verbunden zu sein. Das Büro lag im entgegengesetzten Flügel, und als sie es betraten, entschuldigte sich Witte.

„Seine Majestät will mich nicht vollkommen absondern, darum hält er mich in einer Ecke versteckt, um mich rufen zu können, wenn er mich wieder braucht. Und natürlich werde ich diesen Ruf nicht zurückweisen. Ich könnte dieses Land retten, wenn er mich lassen würde, aber –" Er machte eine Pause und schüttelte den Kopf. „Genug von mir. Sprechen wir über Ihren Sohn. Doch zuerst einen Weinbrand."

Er goß zwei Gläser ein, und sie setzten sich in die Ledersessel. Witte stellte Fragen, und Viktor erzählte ihm die Geschichte. Viktor versuchte, sich keine Hoffnungen zu machen. Wenn schon der Innenminister nicht helfen konnte, was sollte Witte dann tun? Vielleicht hatte er in der Vergangenheit große politische Macht besessen, doch im Augenblick war er ziemlich einflußlos. Trotzdem, Witte war ein kluger Mann und sehr gerissen in politischen Angelegenheiten. Vielleicht hatte er eine Idee.

„Nun", meinte Witte schließlich, „wenn die Revolutionäre Ihre Geschichte hören würden, könnten sie sehen, daß es nicht die Massen sind, die Unrecht von der Regierung erleiden."

„Und die Ironie des Ganzen ist, daß ich ganz bestimmt nicht zu den Revolutionären gehöre. Ich habe den größten Teil meines Lebens dem Dienst für den Zaren gewidmet, und obwohl ich die Fehler sah, die die Monarchie gemacht hat und noch macht, würde ich sie keinesfalls abschaffen wollen. Sie ist unser stolzes Erbe. Wir brauchen nicht das ganze Gebäude niederzubrennen, um eine faule Stelle loszuwerden."

„Es ist mehr als nur eine faule Stelle, fürchte ich. Ihre eigene Situation macht das nur zu deutlich. Wenn ein Mann Ihrer Stellung von der Regierung so schlecht behandelt wird, dann liegt wirklich einiges im argen."

„Da kann ich Ihnen nicht widersprechen. Und doch war ich immer der Meinung, daß der Ausweg eine konstitutionelle Monarchie wäre."

„Aber unser erhabener Führer verliert vielleicht alles, wenn er sich weiterhin weigert nachzugeben. Vermutlich habe ich mich deswegen noch nicht ganz zurückgezogen – ich möchte sehen, daß unsere Welt wiederhergestellt wird, und ich bin der Meinung, wenn Nikolaus nur auf mich hören würde, könnte alles noch ins Lot kommen."

„Sie haben meine Unterstützung, wenn sie Ihnen dieser Tage auch nicht mehr viel nützt."

Sie schwiegen eine Weile. Witte strich sich nachdenklich über seinen Bart. Er trank seinen Weinbrand aus, dann sagte er: „Ich wünschte, ich könnte etwas für Sie tun, Viktor. Für Ihren Sohn und dafür, daß Sie Ihre Stellung in der Regierung zurückbekommen. Ich weiß, daß Sie von Rechts wegen Ihre Pensionierung verdient haben. Doch für einen Mann von – fünfundsechzig?"

„Neunundsechzig, um genau zu sein – fast siebzig."

„Nun, Sie erscheinen mir erstaunlich frisch für Ihr Alter. Wenn ich wieder an die Macht komme, werde ich dafür sorgen, daß Sie ein Amt bekommen."

Viktor fiel auf, daß Witte das Wort *wenn* benutzt hatte, nicht *falls*. Niemand konnte Witte übertriebene Bescheidenheit oder mangelndes Selbstbewußtsein vorwerfen. Er war wahrscheinlich der brillanteste Mann in der Regierung, und das wußte er genau.

„Doch nun", fuhr Witte fort, „habe ich einen Vorschlag zu machen in bezug auf Ihren Sohn. Ich bin sicher, Sie wissen, daß sich der Zar, selbst wenn er Ihrer Sache wohlgesonnen wäre, in einer schwierigen politischen Situation befindet. Dieser Krieg hat seinem Ansehen auch bei den Massen sehr geschadet. Im Augenblick muß er alles tun, was er kann, um sein Ansehen zu verbessern, und die Begnadigung eines Adligen würde ihm dabci nicht sehr helfen. Doch Sie erwähnten, daß Ihr Sohn in der vergangenen Zeit als Bauer und Arbeiter gelebt hat. Ich vermute, er war bei ihnen gut angesehen?"

„Sehr sogar."

„Und seit einiger Zeit hat er die Männer der Arbeiterklasse unterrichtet?"

„Ja, und ich habe mit einigen dieser Männer gesprochen. Sie sind tief betrübt über seine Notsituation."

„Er hat sich in der Gewerkschaft engagiert?"

„Bis zu einem gewissen Grad. Mehr am Rande, glaube ich."

„So hören Sie meinen Vorschlag. Eine Bittschrift an den Zaren sollte nicht von Ihnen kommen, mein lieber Prinz, sondern von diesen Arbeitern. Sie verstehen sicher den kleinen Unterschied."

Viktor grinste. Zum ersten Mal seit Sergeis Verhaftung sah er einen Hoffnungsschimmer.

56

Die Hoffnungslosigkeit war Daniels größtes Problem während der Wochen seiner Inhaftierung. Lange nachdem er die Furcht überwunden hatte, wegen Spionage hingerichtet zu werden, wurde er immer noch von Verzweiflung gequält. Warum sollte er weiterleben, wenn Mariana für ihn verloren war?

Er verstand nun, daß zwei Leben so miteinander verflochten sein konnten, daß der eine sich ohne den anderen unvollkommen fühlte. Es war nicht leicht für ihn, so etwas zuzugeben – er, der sich immer mit seiner Unabhängigkeit gebrüstet hatte. Doch in den Wochen nach seiner Gefangennahme hatte er Zeit gehabt, seine Wertvorstellungen einer gründlichen Überprüfung zu unterziehen. Zuerst war er so verzweifelt gewesen, daß das Ergebnis seiner Selbstprüfung überhaupt nicht angenehm ausfiel.

Daniel Trent war nichts als ein selbstsüchtiger, auf seinen eigenen Nutzen bedachter Taugenichts, der es verdient hatte, in einem japanischen Gefangenenlager zu verrotten. Er konnte keinen Grund sehen, warum Mariana ihn liebte. Selbst zum Schluß –

Oh, lieber Gott, bitte laß diesen Augenblick auf dem Schiff nicht das Ende gewesen sein!

Sie hatte ihn nie verurteilt oder ihm seine Torheit vorgehalten. Er dachte an ihre letzten Worte:

„Gott sei mit dir ... und ich liebe dich so!“

Er hatte eine solche Liebe nicht verdient; er hatte sie nicht verdient.

Während der ersten beiden Wochen seiner Inhaftierung in einem schmutzigen Gefangenenlager im südlichen Japan hatte er an wenig anderes gedacht als daran, wie nutzlos sein Leben war und daß er ein solches Leben verdient hatte. Selbst wenn Mariana noch am Leben sein sollte, war er entschlossen, ihr einen großen Gefallen zu tun und sie nie wiederzusehen.

Außerdem belastete ihn die Tatsache, daß er wieder einmal in Not war und Gott brauchte. Doch eigensinnig weigerte er sich, zu beten oder auch nur an Gott zu denken. Er hatte gedacht, er hätte diese Art von Stolz überwunden, doch immer noch verachtete er sich dafür, Gott nur in Notsituationen anzurufen. Er hatte gehofft, er würde seine neuen geistlichen Einsichten unter normalen Umständen ausprobieren können; anscheinend sollte das jedoch nicht sein. Trotzdem wanderten seine Gedanken häufig zu Dingen, die er in der Bibel gelesen oder zu etwas, das Mariana gesagt hatte. Solche Gedanken versuchte er sofort zu verdrängen.

Mariana hatte gesagt: „Welche bessere Zeit gibt es, sich an Gott zu wenden, als wenn du in Schwierigkeiten bist?"

Immer noch konnte er das Gefühl nicht loswerden, daß es falsch war, zumindest heuchlerisch. Doch je mehr er versuchte, geistliche Dinge aus seinen Gedanken zu verbannen, desto mehr wanderten sie in eine solche Richtung. Das war einfach verrückt.

Schon bald war er fast besessen von diesem Kampf. Eines Nachmittags brach er auf seiner Pritsche zusammen, so erschöpft, als hätte er den ganzen Tag körperlich gearbeitet. Er schlief ein und begann zu träumen – seltsame, unsinnige Träume, Bruchstücke aus seinem Leben, doch in einem surrealistischen Umfeld. Einige Stunden später wachte er in Schweiß gebadet auf.

Er konnte sich nur noch an weniges erinnern – an etwas sehr Seltsames. Er befand sich in einer Wüste, umgeben von Zelten, und saß auf einem dicken Stück Zelttuch, das er versuchte zusammenzunähen. Die „Nadel", mit der er nähte, war ein dickes Ding, das aussah wie ein Tierknochen. Er versuchte, es durch den Stoff zu stechen, doch es ging nicht, weil die Spitze so stumpf war. Er versuchte es immer wieder und stöhnte und schwitzte vor Anstrengung, aber seine Versuche blieben erfolglos. Dann erschien auf einmal Mariana, gekleidet wie eine arabische Prinzessin, und tanzte um ihn herum. Anscheinend bemerkte sie seinen Kampf nicht. Sie sang mit ihrer süßen Stimme:

„Es wird dir schwerfallen, wider den Stachel zu löcken, Daniel. Es wird dir schwerfallen …"

Unablässig wiederholte sie diese Worte. Schließlich begann er, sie anzuschreien, doch da war der Traum auf einmal zu Ende, und er wachte zitternd und schwitzend auf. Vermutlich hatte er wirklich geschrien.

Marianas Worte kamen ihm immer wieder in den Sinn. Sie klangen vertraut, obwohl er sicher war, daß er Mariana sie noch nie hatte sagen hören. Warum waren sie ihm nur so vertraut?

Und warum mußte er immer wieder darüber nachdenken? Warum konnte er es nicht einfach vergessen wie alles andere?

Als er am folgenden Tag im Hof des Lagers Freigang hatte, begann er ein Gespräch mit einigen anderen Insassen des Gefangenenlagers. Sie alle erzählten, daß sie seit ihrer Inhaftierung schlecht geschlafen und Alpträume gehabt hätten.

Ein Bursche meinte: „Es ist das stinkende japanische Essen. Ich glaube, der Fisch, den wir bekommen haben, war roh!"

Ein Mann war etwas ernster. „Mein Vater war der Meinung, Träume kämen von Gott. Er ist der Dorfpfarrer, er sollte es wissen."

„Alle Träume?" fragte Daniel.

„Hmm, ich habe neulich von meinem Mädchen geträumt", sagte ein anderer.

„Na, vielleicht nicht alle", erwiderte der Sohn des Pfarrers.

„Was halten Sie von diesem?" Und Daniel erzählte ihm seinen Traum.

„Oh ja, dieser ist ganz gewiß geistlicher Natur, weil eine Bibelstelle darin vorkommt."

„Eine Bibelstelle?"

„Ein Mann, der Zelte näht, und der Vers: ‚Es wird dir schwer sein, wider den Stachel zu löcken'. Der Apostel Paulus war Zeltmacher, wissen Sie, und als er sich zum Christentum bekehrte –"

„Ach ja!" rief Daniel. „Jetzt erinnere ich mich wieder, wo ich das gehört habe. Das ist auf der Straße nach Damaskus passiert." Daniel schüttelte ungläubig den Kopf. „Sie meinen doch nicht etwa ..." Doch er konnte seine Gedanken nicht in Worte fassen.

Andere Männer begannen nun von den seltsamen Träumen zu erzählen, die sie gehabt hatten, und bedrängten den Pfarrerssohn, sie ihnen auszulegen. Er meinte, er fühle sich wie Joseph in Ägypten, aber trotzdem bemühte er sich darum, sich mit jedem Traum zu beschäftigen.

In seine eigenen Gedanken versunken kehrte Daniel in seine Baracke zurück. Es war zu kalt, um lange draußen zu bleiben. Er legte sich auf seine Pritsche und versuchte, das, was der Sohn des Pfarrers gesagt hatte, zu verdauen. Ein Traum von Gott? Das war unglaublich! Doch er konnte nicht leugnen, daß sein Traum einen ganz eindeutigen Bezug zur Bibel hatte. Und noch seltsamer war die Tatsache, daß er im Zusammenhang stand mit seinen inneren Kämpfen.

Nachdem er beschlossen hatte, den Traum als das anzunehmen, was er war, mußte er sich mit der Botschaft auseinandersetzen. Was wollte Gott ihm sagen? Er brauchte nicht lange nachzudenken, um die Antwort zu finden. Sie war fast so klar wie das blendende Licht, das der Apostel Paulus auf seinem Weg nach Damaskus gesehen hatte. Je mehr er sich gegen Gott wehrte, desto elender fühlte er sich. Daniel erkannte, daß er in der Zeit kurz nach dem Tod seines Vaters am ruhigsten und zufriedensten gewesen war, als er Gott gesucht und sich nicht gegen ihn gewehrt hatte. Mariana hatte recht gehabt, als sie ihm sagte, daß Gott ihm seine menschlichen Schwächen nicht vorhalten würde.

Der unglaublichste Aspekt seines Traumes war, daß Gott ihn nie aufgegeben hatte, ihn sogar in seinem Schlaf verfolgte! Ein solcher Gott würde sicher sein Versagen nicht so hoch bewerten wie seine Erfolge. Er erwartete von Daniel nicht, daß er vollkommen war.

An diesem Tag hörte Daniel auf, sich zu wehren.

Manchmal ertappte er sich dabei, daß er zu beten und über Gott nachzudenken vergaß. Doch meistens tat er es. Manchmal hatte er noch mit sich zu kämpfen; manchmal auch nicht mehr. Doch er nahm seine Fehler und Schwächen an, wie Gott es getan hatte, und er fand Frieden.

Während jener Tage des inneren Friedens befragte Daniel mehrere seiner Mitgefangenen – es hatte doch keinen Sinn, seine Erfahrungen im Gefangenenlager nicht auch zu nutzen. Er war der Überzeugung, daß in jedem Aspekt des Lebens eine Story steckte. Vielleicht würde er ja eines Tages sogar für den religiösen Teil der Zeitung schreiben, aber im Augenblick fühlte er sich noch nicht kompetent dazu.

Drei Tage später wurde er nach Tokio verlegt. Niemand hatte ihm den Grund dafür genannt, und drei weitere Tage saß er in einem Tokioter Gefängnis ein, bis man ihn endlich holen ließ. Er wurde aus dem Gefängnis geführt und in einen Wagen gebracht, der ihn zu einem Gebäude etwa zwei Kilometer entfernt fuhr – eine Militärbehörde, wie es schien, da so viele Männer in Uniformen ein und aus gingen. Sie stiegen eine Treppe hoch und betraten ein nett eingerichtetes Büro, wo ein uniformierter Mann Anfang Vierzig Daniel in abgehacktem Englisch begrüßte.

„Setzen Sie sich, Mr. Trent. Ich bin Oberst Shiamura."

„Vielen Dank, Herr Oberst." Daniel nahm auf einem hochlehnigen Stuhl vor Shiamuras Schreibtisch Platz.

Der Oberst lächelte. „Sie fragen sich sicher, was die japanische Regierung mit Ihnen vorhat."

„Neugier gehört zu meinen größten Fehlern, fürchte ich", erwiderte Daniel freundlich. Was ging hier nur vor?

„Wir haben es versäumt, Sie auf dem laufenden zu halten, aber ... äh ..." Shiamura räusperte sich. „Ihre Inhaftierung in einem Kriegsgefangenenlager wurde uns erst vor wenigen Tagen mitgeteilt. Und seither ... äh, wissen wir nicht so recht, was wir mit Ihnen tun sollen."

„Ich glaube, ich verstehe nicht ganz."

„Nach Kommandant Otamis Bericht sind Sie – sagen wir – bei der Spionage ertappt worden."

„Das habe ich bereits zugegeben. Ich hatte mich bereit erklärt, einige Informationen mitzunehmen, um einen Zeitungsartikel schreiben zu können. In der Rückschau äußerst töricht. Vermutlich habe ich es verdient, als Spion erschossen zu werden."

„Unter normalen Umständen hätten wir das Recht ..."

„Aber ...?" warf Daniel sofort ein.

„Ihre Gefangennahme, Mr. Trent, hat uns in eine diplomatisch unmögliche Situation gebracht."

„Wirklich?"

„Sie haben keine Vorstellung davon, welche Aufregung Sie verursacht haben. Otami war der Meinung, er würde einen amerikanischen Korrespondenten verhaften – stellen Sie sich seinen Kummer vor, als er feststellen mußte, daß er den Besitzer eines der größten Stahlwerke in Amerika verhaftet hatte. Tatsächlich verdankt die japanische Marine einen großen Teil ihrer Schlagkraft der *Union Steel*. Nun verstehen Sie vielleicht, in welcher Situation sich die japanische Regierung befindet."

Daniel unterdrückte ein Grinsen. Er konnte ihr Dilemma verstehen, obwohl ihm dies zum ersten Mal bewußt wurde. Die Japaner konnten schlecht den Mann töten, der ihre Kriegsflotte in Gang hielt. Allerdings war Daniel ein wenig betrübt darüber, daß seine Firma mit Marianas Feinden Geschäfte machte. Er mußte natürlich neutral sein, doch wie er Mariana schon gesagt hatte, das war nicht leicht angesichts seiner tiefen Bindungen an

Rußland. Trotzdem hielt er es für unklug, seine Gedanken vor Shiamura auszusprechen.

Daniel antwortete so einfach wie möglich. „Natürlich."

„Auf Bitte Präsident Roosevelts hin hat der amerikanische Botschafter mit unserem Premierminister gesprochen."

Daniel zog die Augenbrauen hoch. Er hatte ganz vergessen – besser, ihm war nie richtig klar gewesen –, welchen Einfluß der Name Trent besaß.

„Und was nun?" fragte Daniel.

„Ich wurde angewiesen, Ihnen eine scharfe Rüge zu erteilen und Sie dann in die Obhut des Botschaftsassistenten zu entlassen. Man sagte mir, daß ich mich für meine Regierung nicht zu entschuldigen brauche."

„Das erwarte ich auch gar nicht. Was ich getan habe, war falsch."

„Ich glaube, unsere Unterredung ist hiermit beendet. Betrachten Sie sich als gerügt, Mr. Trent. Nun wird ein Wachposten Sie nach unten begleiten, wo eine Abordnung der Botschaft auf Sie warten wird."

Daniel erhob sich. Er schüttelte dem Oberst die Hand, dann verbeugte er sich nach fernöstlicher Sitte. „Vielen Dank."

Der Oberst begleitete ihn noch zur Tür, dort blieb Daniel stehen. „Vermutlich ist es nicht möglich, mit dem Premierminister zu sprechen?" Er konnte einfach nicht anders; der Reporter in ihm mußte fragen.

Und er war fast ein wenig schockiert, als Shiamura antwortete: „Ich denke, das kann arrangiert werden."

VERPFLICHTUNGEN

57

Nikolaus nahm wieder das Blatt mit Swyatopolk-Mirskis Vorschlag zur Hand. Die Staatsangelegenheiten mußten trotz eines katastrophalen Krieges und eines kranken Kindes weitergehen.

Er wünschte, er hätte dem Innenminister niemals seine Zustimmung für den Zemstrow-Kongreß erteilt, der im vergangenen Monat abgehalten worden war. Er hatte gedacht, daß wieder nur unwichtige Dinge auf der Tagesordnung stehen würden. Statt dessen hatten sie den Antrag gestellt, Vertreter in die Regierung entsenden zu dürfen. Zuerst hatte Nikolaus zugestimmt – vielleicht in einem Augenblick der Schwäche, aus reiner Verzweiflung über den Krieg.

Dann hatte er eingehender darüber nachgedacht. Er hatte seinen Onkel Sergei aus Moskau geholt, damit er ihm zur Seite stehen sollte, und sich sogar mit Witte beraten. Beide waren gegen diesen Vorschlag. Sergeis reaktionäre Tendenzen waren natürlich bekannt, doch wer hätte gedacht, daß auch Witte dagegen sein könnte, wo er dem Zaren doch ständig mit einer Verfassung in den Ohren gelegen hatte? Vielleicht konnte der arrogante Witte einfach nichts Gutes an einem Vorschlag finden, der nicht von ihm stammte. Trotzdem, nach dem Gespräch mit den beiden Männern, die Nikolaus respektierte, überdachte er seinen Standpunkt noch einmal neu.

Nikolaus tauchte die Feder in ein Tintenfaß und schrieb einige Bemerkungen an den Rand und auf einem neuen Bogen einen Brief an Swyatopolk-Mirski, in dem er ihn über seine Entscheidung informierte. Danach rief er Fürst Orlow, seinen Privatsekretär, zu sich herein.

„Würden Sie bitte dafür sorgen, daß der Innenminister dieses Schreiben erhält?" Er gab ihm die Seiten. „Morgen ist früh genug."

„Natürlich, Euer Majestät." Orlow trat vor und nahm die Papiere in Empfang. Er war so dick geworden, daß es ihm unmöglich war, seine Zehenspitzen zu sehen. Kaum zu glauben, daß einer seiner Vorfahren der Geliebte von Katharina der Großen gewesen war.

„Und nun muß ich mich für den Empfang heute abend fertigmachen", sagte Nikolaus und schob seinen Stuhl zurück. Der französische Präsident Loubet besuchte St. Petersburg. Zwar nahmen er und Alix im Augenblick nur ungern an gesellschaftlichen Ereignissen teil, doch es war unklug, die Franzosen zu verärgern. Die Allianz mit dieser Nation war immer noch ein wichtiger Bestandteil seiner Auslandspolitik.

„Wie Sie wünschen, Euer Majestät. Diese andere Angelegenheit kann warten."

„Welche andere Angelegenheit?"

„Nichts Wichtiges, das versichere ich Ihnen. Eine Petition einer Gruppe von Arbeitern."

„Nun, wenn man die augenblickliche Lage bedenkt, sollte ich mir vielleicht die Zeit nehmen, wenigstens einen Blick auf diese Petition zu werfen."

Orlow gab sie ihm, und Nikolaus las sie interessiert durch. Fast zweihundert Unterschriften waren daruntergesetzt – manchmal einfach nur irgendwelche Zeichen oder unleserliches Gekritzel. Die Arbeiter baten darin den Zaren, den Fall von Sergei Viktorowitsch Fedortschenko noch einmal zu überdenken und den Mann zu begnadigen. Natürlich kannte der Zar den Namen Fedortschenko, wenn er auch in den vergangenen zwanzig Jahren in der Gesellschaft nicht oft gefallen war. Die Bittschrift ließ keinen Zweifel daran, daß der erwähnte Sergei Viktorowitsch ein Nachkomme dieser bekannten Familie war. Sie beschrieb das Vergehen des Mannes, besang aber gleichzeitig seine Verdienste.

Dieser Mann hat seine Anonymität aufs Spiel gesetzt und ist aus seinem Privatleben herausgetreten, um den Arbeitern in ihrer Not zu helfen. Er hat sich selbstlos eingesetzt und zahllose Stunden damit zugebracht, die Arbeiter zu unterrichten. Er hätte in der Masse untertauchen und von den Behörden unentdeckt bleiben können. Wir können sein Vergehen von damals natürlich nicht ungeschehen machen, doch wir alle können bezeugen, daß Sergei Viktorowitsch immer ein guter und aufrichtiger Mann gewesen ist. Wir sind der festen Überzeugung, daß Euer Majestät bei einer Neubewertung des Falles feststellen werden, daß er ein Opfer der

Umstände wurde. Selbst das Verbrechen, dessen er beschuldigt wurde, entsprang nur den besten Motiven. Und es zeigt, daß er ein Aristokrat ist, dem das Wohl anderer am Herzen liegt und der ihr Wohlergehen über sein eigenes stellt.

Wir, die Unterzeichneten, bitten Eure höchst erhabene Kaiserliche Hoheit, daß Sie den Fall noch einmal überdenken, in der festen Zuversicht, daß Euer Majestät zu der Überzeugung kommen werden, daß Sergei Viktorowitsch genug für seine Indiskretionen der Jugend bezahlt hat.

Orlow lächelte zynisch, als Nikolaus aufblickte. „Als nächstes werden sie wollen, daß der Mann heiliggesprochen wird."

„Sie haben ein wenig übertrieben, nicht wahr?" Nikolaus fuhr sich nachdenklich über den Bart. Er hatte Prinz Sergei Viktorowitsch, der mehr als zehn Jahre älter war als der Zar, nie kennengelernt. Vor dreiundzwanzig Jahren hatten sie sich zwar in denselben gesellschaftlichen Kreisen bewegt, doch aufgrund des Altersunterschiedes wenig miteinander zu tun gehabt. Nikolaus wußte, daß Viktor Fedortschenko früher seinem Großvater sehr nahe gestanden hatte. Nikolaus war dreizehn gewesen, als Alexander II. ermordet wurde, und er erinnerte sich noch sehr gut an jene schreckliche Zeit. Erst vor wenigen Jahren hatte er ein prächtige Kapelle bauen lassen an der Stelle, wo Alexander getötet worden war. Er erinnerte sich noch an Viktor Fedortschenkos tiefe Trauer bei der Beerdigung. Nicht lange nach Alexanders Tod hatte sich der Prinz zurückgezogen.

Er fragte sich, warum Viktor sich nicht selbst an den Zaren gewandt hatte. Es hatte Gerüchte gegeben, daß Fedortschenko nach dem Tod seiner Frau und Tochter und der Verbannung des Sohnes den Verstand verloren habe. Gab es nur noch Bauern und Arbeiter, die für Viktors Sohn eintraten?

„Wissen Sie etwas darüber, Orlow?"

„Ich habe mir die Freiheit genommen, mir die Akte über Prinz Fedortschenko kommen zu lassen und sie durchzugehen."

„Es ist seltsam, daß der junge Fedortschenko nach seiner Flucht aus Sibirien nach Rußland zurückgekehrt ist, wo er doch gut auch im Ausland hätte bleiben können. Nun, ich würde die Akte gern selbst lesen. Das ist sicher eine interessante Ablenkung."

„Es gibt viel dringendere Dinge –"

„Ich habe Viktor Fedortschenko immer gemocht."

„Zu einem solchen Zeitpunkt nach Sympathien zu urteilen wäre nicht ratsam, Euer Majestät."

„Dann schlagen Sie also vor, daß ich die Petition dieser Arbeiter ignoriere?"

„Sie bringt Sie in eine prekäre Situation."

„Dieser Prinz Sergei hat einige gerissene Befürworter." Nikolaus nahm die Petition nachdenklich zur Hand. „Sagen Sie mir Ihre Meinung, Orlow."

„Die Fedortschenkos gehörten nie zu meinen engsten Freunden, Euer Hoheit."

Nikolaus lächelte. Das war vermutlich eine ziemliche Untertreibung. Die Fedortschenkos, vor allem Viktor, hatten politisch immer zu den Gemäßigten gehört; die Orlows repräsentierten eher die reaktionäre Seite.

„Sind Sie der Meinung, sie seien Revolutionäre?"

„Es gibt keinen Hinweis, der eine solche Schlußfolgerung zulassen würde. Ich habe politisch nie mit Fedortschenko übereingestimmt, doch er war immer ein überzeugter Monarchist. Ich habe einige Nachforschungen angestellt; Viktor Fedortschenko ist nach St. Petersburg zurückgekehrt und scheint sich von seiner ... äh ... Krankheit vollkommen erholt zu haben. Heute morgen habe ich mit Witte gesprochen, und auch er ist der Meinung, daß Fedortschenko der Krone treu ergeben ist. Tatsächlich möchte Witte ihm einen Regierungsposten geben."

„Aber was ist mit dem Sohn?" Nikolaus war nicht überrascht, daß Orlow sich so gründlich mit der Angelegenheit beschäftigt hatte. Es war seine Aufgabe, informiert zu sein und den Zaren zu informieren.

„Die meiste Zeit nach seiner Flucht hat er als Bauer in einem Dorf auf dem Land gelebt. Keinerlei politische Aktivitäten. Er ist nach St. Petersburg gezogen, um in der Nähe seiner Nichte zu sein, die er in dem Dorf großgezogen hat. Sie zog zu ihrem richtigen Vater."

„Und was ist mit seinem Engagement in der Arbeitergewerkschaft?"

„Es sieht so aus, als sei es genau so, wie in dem Brief geschrieben steht – reine Menschenfreundlichkeit. Ich bin sicher, er hat liberale Ansichten, sonst hätte er das Buch nicht geschrieben, das ihm die Schwierigkeiten mit Ihrem Großvater einbrachte. Doch ein Revolutionär? Das bezweifle ich. Zum einen hält sich Gapon, der Gewerkschaftsführer, sehr zurück mit Revolutionären in seiner Organisation. Man sagte mir, Gapon selbst sei loyaler Monarchist. Ich bezweifle, daß er einem Revolutionär seine Unterstützung zukommen lassen würde. Ihnen ist das vielleicht nicht aufgefallen, aber auch seine Unterschrift ist unter der Petition zu finden."

„Ich werde mir diese Angelegenheit gründlich überlegen, Orlow."

„Jawohl, Euer Majestät."

„Aber morgen. Jetzt muß ich mich um die Franzosen kümmern. Und Alix wartet auf mich."

58

Alexandra Fedorowna trug ein aufgesetztes Lächeln auf dem Gesicht, als sie die vielen hundert schmeichlerischen Untertanen empfing. Sie wußte, daß keiner von ihnen sie mochte, und ihre Schmeichelei war genauso heuchlerisch wie ihr Lächeln. Doch sie mußte ihre Pflicht tun, wie man es von ihr erwartete. Wenigstens haßten die Franzosen sie nicht so sehr wie die Russen, und von ihnen waren einige Dutzend da, um sie zu zerstreuen.

Sie war jedenfalls froh, als das Essen endlich vorüber war und die Gesellschaft in den Ballsaal hinüberging, um zu tanzen. Dort konnte sie auf ihrem Thron sitzen und den Saal überblicken und war doch fern von allen. Die Musik war wunderschön, und Niki saß an ihrer Seite. Alle waren mit Tanzen beschäftigt und ließen sie in Ruhe. Darum war sie etwas mißmutig, als Fürstin Barsukow auf sie zukam. Trotzdem lächelte sie. Jelena Barsukow gehörte zu den wenigen Aufrichtigen des Adels.

„Eure Majestäten!" Jelena verbeugte sich tief. „Darf ich Sie einen Augenblick stören?"

„Natürlich, Fürstin." Nikolaus gab ein Zeichen, daß ein Stuhl für die Fürstin gebracht würde.

„Nehmen Sie doch bitte Platz", forderte Alexandra sie auf.

„Sie sind überaus freundlich." Jelena setzte sich auf den Stuhl. Selbst für eine Frau wie sie, die sich in den höchsten Kreisen bewegte, war es eine Ehre, neben dem Zaren und der Zariza zu sitzen.

„Was haben Sie auf dem Herzen, Fürstin?"

„Ich würde Ihnen gern eine Geschichte erzählen, Eure Majestäten. Ich behellige Sie nur ungern damit, doch ich bin der Meinung, daß solche Geschichten in Kriegszeiten genauso wichtig sind wie Gewehre und Munition."

„Fahren Sie nur fort", ermutigte sie Alexandra.

„Ich möchte Ihnen von einer jungen Frau erzählen, die Anerkennung verdient, eine Frau, die sich selbstlos für ihr Land aufgeopfert hat. Sie hat meinem Bruder das Bein gerettet, als er an der Front verwundet worden ist."

„Wir kennen Ihren Bruder", sagte Nikolaus. „Ein tapferer Mann. Ich war stolz, ihm den Andreasorden zu überreichen. Aber was ist mit dieser jungen Frau?"

„Mein Bruder Philip hat mir einiges von dieser jungen Krankenschwester erzählt, Euer Majestät. Sie hat innerhalb der feindlichen Linien gearbeitet, die Verwundeten versorgt, und sie diente in einem Hospital in Port Arthur, hat die Entbehrungen und Granaten der Belagerung erduldet. Manchmal arbeitete sie achtzehn bis zwanzig Stunden ohne Pause. Mir ist klar, daß auch viele andere Opfer bringen und gebracht haben, doch diese Frau hätte nicht in den Krieg zu ziehen brauchen. Sie hätte bequem zu Hause bleiben, Feste feiern und all die anderen Dinge tun können, die Angehörige des Adels so tun.

Und dann, vor einiger Zeit", fuhr Jelena fort, „wurde sie ernsthaft verwundet, als sie Verletzte auf ihrem Transport nach Wladiwostok begleitete. Diese Frau erwartet keinen Dank für ihre Taten – tatsächlich wurde mir gesagt, daß sie solche Aufmerksamkeiten überhaupt nicht schätzt. Ich nehme jedoch an, Eure Majestäten, daß Sie in diesen schwierigen Zeiten von den heldenhaften Taten Ihrer Untertanen erfahren wollen. Ich hoffe, daß dieser Bericht Sie ermutigt und Ihnen eine dunkle Stunde erhellt."

„Das ist tatsächlich so." Alexandras Lächeln war diesmal echt. „Wer ist dieses Mädchen?"

„Ihr Name ist Gräfin Mariana Dmitriewna Remisow."

„Ich kenne den Namen nicht", sagte die Zariza. „Doch ich

bin sicher, es wird wohltuend sein, wie Sie sagen, eine solche junge Frau kennenzulernen."

„Sie sagten, sie wurde verwundet?" fragte Nikolaus.

„Ja, Euer Majestät. Doch sie ist wieder zu Hause in St. Petersburg."

„Niki", meinte Alexandra, „ich würde sie gern in den Palast einladen."

*

Sobald Jelena den Zaren und die Zariza verlassen hatte, kam eine andere Frau. Es war die Großherzogin Militsa, eine der Fürstinnen Montenegrin, die mit einem von Nikolaus' Cousins verheiratet war. Sie und ihre Schwester Anastasia gehörten zu den wenigen Leuten, die Alexandra wirklich Freundinnen nennen konnte.

„Eure Hoheit", sagte Militsa, „ich habe heute abend einen Gast mitgebracht, von dem ich dachte, Sie müßten ihn kennenlernen."

„Wirklich?" Alexandra war neugierig. Immerhin hatte Militsa sie dem französischen Arzt Philippe und anderen wandernden Mönchen, Heilern und Wundertätern vorgestellt. Selbst Alexandra mußte zugeben, daß einige von ihnen Scharlatane gewesen waren, doch sie war dem Mystischen so verfallen, daß sie auch weiterhin hoffte, ein wirklicher Heiliger würde eines Tages seinen Weg in den Palast finden.

„Er ist ein *Starets*, ein heiliger Mann aus Sibirien. Sein religiöser Lehrer ist niemand anders als Pater Johannes aus Kronstadt." Dies war tatsächlich eine gute Empfehlung, denn Pater Johannes war der Beichtvater Alexanders III. gewesen. „Soll ich ihn Ihnen vorstellen?"

„Auf jeden Fall, Millie, vor allem wenn er von so weit her gekommen ist."

Die Großherzogin eilte davon und kam kurze Zeit später mit einem sehr auffallenden Mann zurück.

Er war groß und schlank, Anfang Dreißig und gekleidet wie ein Bauer. Vermutlich hätte er sehr schnell die Aufmerksamkeit des kaiserlichen Paares auf sich gezogen, auch wenn ihn Militsa nicht vorgestellt hätte. Doch bemerkenswert war vor allem die Haltung des Mannes.

„Eure Majestäten“, sagte Militsa erwartungsvoll, „ich möchte Ihnen Pater Grigori Rasputin vorstellen.“

Der Priester verbeugte sich tief. „Eure Majestäten, dies ist eine einzigartige Ehre.“

„Pater Rasputin“, sagte Alexandra. Ihre Blicke trafen sich kurz, und sie vergaß, was sie hatte sagen wollen – tatsächlich war sie einen Augenblick sprachlos. Rasputins Augen waren schwarz wie ein Obsidian, wie eine mondlose Nacht, wie die Tiefen einer Höhle mit vielen Geheimnissen. Alexandra spürte einen Schwindel.

Niki an ihrer Seite ergriff nun das Wort. „Pater Rasputin, wir fühlen uns geehrt, einen Mann Gottes kennenzulernen. Was führt Sie von Sibirien nach St. Petersburg?“

„Ach, Euer Hoheit, die Antwort auf diese Frage ist kompliziert und würde Sie sicher nur langweilen. Ich bin ein Wanderer, der immer nach geistlicher Bereicherung sucht.“

„Genau wie wir“, meinte Alexandra, die endlich ihre Fassung wiedergewonnen hatte.

„Das überrascht mich nicht, Euer Hoheit.“

„Ich würde mich gern ausführlicher mit Ihnen unterhalten.“

„Ich stehe Ihnen zu Diensten.“

Der Rest des Abends verlief sehr viel angenehmer für Alexandra als erwartet. Sie sprach einige Minuten lang mit dem Priester, und sie war überzeugt, einen wirklich außergewöhnlichen Menschen kennengelernt zu haben. Nachdem der Priester gegangen war, dachte sie noch weiter über ihn nach und fragte sich, was ein solcher Mann für sie und ihren Mann tun konnte. Er war ein einfacher Priester, kein Politiker, doch tief in ihrem Innern war Alexandra der Meinung, daß die Regierung sehr viel besser dran wäre, wenn es weniger Politiker gäbe. Der kleine Alexei kam ihr in den Sinn. Doch dem Kind ging es in letzter Zeit sehr viel besser. Möglicherweise hatte sie sich umsonst Sorgen gemacht. Die Krankeit hatte sich vielleicht ausgewachsen. Gott sei Dank würde er keine Wunderheiler brauchen.

59

Den ganzen Morgen über hatte es geschneit. Ein wundervoller Anblick. Friedlich, sauber, wie ein Versprechen, daß etwas Gutes kommen würde.

Mariana brauchte im Augenblick ein solches Versprechen. Die Reise von Wladiwostok war sehr anstrengend gewesen und hatte an ihren Kräften gezehrt. Vor einer Woche war sie zu Hause angekommen. Sie hatte sich so gefreut, daß sie Weihnachten zu Hause würde verbringen können. Doch sie war mitten in eine Familienkrise hineingekommen, und die Feiertage verliefen traurig, da Sergei im Gefängnis war. Die Familie war in düsteres Schweigen versunken. Anna hatte versucht, Sergeis Schwierigkeiten Mariana gegenüber herunterzuspielen, doch die Anspannung in ihrem Gesicht war offensichtlich gewesen. Sie versuchte, fröhlich zu sein, doch ihre Stimme war dünn, so als ob sie kurz davorstand, in Tränen auszubrechen.

Wenn Mariana im Hospital in Wladiwostok an ihre Heimkehr gedacht hatte, hatte sie sich vorgestellt, wie Anna sie tröstend in ihre Arme nahm und ihr versicherte, daß alles wieder in Ordnung kommen würde, daß Daniel zurückkommen würde und daß sie die Hoffnung nicht aufgeben solle. Statt dessen hatte Mariana Trostworte finden und Anna in bezug auf *ihre* Zukunft beruhigen müssen. Sie war nicht ärgerlich über diesen unerwarteten Rollentausch, aber ... ach, warum konnte das Leben nicht zur Abwechslung einmal glatt verlaufen?

Den Schnee vom Fenster ihres Schlafzimmers aus zu beobachten war Balsam für Marianas Seele gewesen. Eine kurze Ruhepause. Er änderte nichts, doch sie freute sich über diese kleine Erinnerung daran, daß es noch Frieden gab.

Diese Ruhepause dauerte jedoch nicht lange. Ihre Tür wurde plötzlich aufgerissen, und Eugenia Remisow platzte herein.

Mariana wäre gern bei Anna geblieben, um sich zu erholen. Doch ihr Vater Dmitri war so überglücklich über ihre Heimkehr gewesen, daß sie ihn nicht verletzen wollte. Außerdem hatte Anna genug zu tun, ohne auch noch Mariana pflegen zu müssen. Sie erholte sich gut. Sie konnte allein zur Toilette gehen und hatte auch schon kurze Ausflüge in den Korridor unternommen, doch jeder Spaziergang hatte sie sehr erschöpft. Der Arzt hatte ihr gesagt, sie hätte viel Blut verloren und es würde eine Weile dauern, bis sie wieder zu Kräften käme. Nein, Anna konnte im Augenblick keine Patientin brauchen.

Doch das bedeutete auch, daß Mariana sich mit ihrer herrischen Großmutter begnügen mußte. Warum setzte diese Frau ihre ständigen Drohungen nicht in die Tat um und kehrte endlich nach Moskau zurück?

„Mariana!" Eugenia platzte ins Zimmer. Ausnahmsweise sah sie einmal fröhlich aus. „Heute ist bestimmt der schönste Tag deines Lebens!" Sie wedelte mit einem Brief vor Marianas Gesicht herum.

Mariana dachte sofort, sie hätte die Nachricht erhalten, daß Daniel auf dem Heimweg sei.

„Was ist es, Großmutter?" Mariana hatte sich schließlich überwunden, Eugenia Großmutter zu nennen, doch das fiel ihr immer noch sehr schwer. Oft wünschte sie, sie hätte Prinzessin Natalja gekannt – die, wie man ihr erzählt hatte, eine sehr liebenswerte, sanfte Dame gewesen sei.

„Ein Brief für dich, meine Liebe."

„Ich nehme an, du hast ihn bereits gelesen?" Mariana ließ durchblicken, daß sie ärgerlich war über diese Verletzung ihrer Privatsphäre.

„Nur in deinem Interesse", verteidigte sich Eugenia. „Bei deinem Gesundheitszustand müssen wir aufpassen, Mariana. Das ist meine Pflicht."

„Nun, dann zeige mir den Brief – oder ist das nicht erlaubt?"

„Ich werde mir durch deine Unverschämtheit diesen großartigen Tag nicht verderben lassen." Eugenia war entschlossen, Mariana die gute Nachricht selbst mitzuteilen. „Du, meine Liebe, hast eine Einladung von Seiner Majestät, dem Zaren, bekommen!" Triumphierend ließ sie den Brief auf Marianas Bettdecke fallen.

„Oh", mehr brachte Mariana nicht heraus. Sie hätte wissen sollen, daß Eugenia sich über einen Brief von Daniel nicht gefreut hätte.

„Ist das alles, was du dazu zu sagen hast? Du undankbares Kind! Dies ist ein großer Tag in deinem Leben. Endlich hat sich das Schicksal unserer Familie gewendet. Ich werde die beste Heirat in Rußland für dich arrangieren können –"

„Das wird nicht nötig sein, Großmutter! Ich habe bereits den besten Mann der Welt!"

„Diesen Amerikaner? Pah! Wir können nur hoffen, daß er niemals aus diesem japanischen Gefangenenlager herauskommt."

„Gräfin Eugenia! Wie können Sie so etwas sagen? Wie können Sie –"

„Ach, komm, mein Kind. Vielleicht war es wirklich eine unfreundliche Bemerkung." Selbst Eugenia wußte, wann sie zu weit gegangen war. „Doch es macht mich traurig, zusehen zu müssen, wie du dein Leben vergeudest. Ich kann immer noch nicht glauben, daß du Fürst Philip Barsukow abgewiesen hast. Die reichste Familie in Moskau, und der ältere Prinz ist vermutlich der einflußreichste Mann in Rußland. Was hast du dir dabei nur gedacht? Du kannst froh sein, daß du noch einmal eine neue Chance bekommen hast. Eine Audienz beim Zaren wird deine gesellschaftlichen Chancen sehr verbessern."

Mariana seufzte, dann legte sie eine Hand auf die Stirn. „Großmutter, ich glaube, ich werde ohnmächtig." Sie schloß die Augen und ließ ihren Kopf zur Seite sinken.

„Mariana?"

Mit schwacher Stimme flüsterte Mariana: „Vielleicht kann mir eine Tasse Tee helfen."

Eugenia schnalzte mit der Zunge und schüttelte enttäuscht den Kopf. „Du siehst besser zu, daß du wieder zu Kräften kommst." Das war ein Befehl, keine besorgte Bitte. „Du darfst die Audienz im Palast nicht versäumen."

Eugenia verließ den Raum. Mariana öffnete vorsichtig ein Auge, um sicherzugehen, daß ihre Großmutter auch wirklich fort war, dann öffnete sie auch das andere und seufzte erleichtert auf. Sie hatte genug von Eugenia – eine Minute länger, und sie wäre vermutlich wirklich ohnmächtig geworden.

Zerstreut nahm sie den Brief auf. Als sie auf das feine Papier und das goldene kaiserliche Siegel blickte, mußte sie zugeben, daß es wirklich unglaublich war. Sie holte den Brief aus dem Umschlag. Eine persönliche Notiz des Zaren. Eine eingehendere Betrachtung ließ sie jedoch zu dem Schluß kommen, daß der Brief vermutlich von einer der Sekretärinnen geschrieben worden war – aber mit der Hand, nicht mit der Schreibmaschine.

An Gräfin Mariana Dmitriewna Remisow, von Ihren Majestäten, dem Zaren und der Zarin aller Reußen, Nikolaus II. und Alexandra Fedorowna: Wir möchten Sie wissen lassen, daß Sie hiermit gebeten werden, zu einer Audienz mit Ihren Kaiserlichen Majestäten in den Palast zu kommen. Ihre Majestäten wünschen eine Heldin des Krieges kennenzulernen, in den unser geliebtes Vaterland im Augenblick verwikkelt ist. In Anbetracht Ihrer Krankheit erwarten Ihre Hoheiten Ihren Terminvorschlag. Bitte antworten Sie, sobald es Ihnen möglich ist.

Mariana lächelte. Der Zar fragte danach, wann es *ihr* „möglich" sei? Unglaublich. Und „Heldin"? Mit wem hatte er gesprochen? Vermutlich mit Philip oder der Schwester. Die Barsukows waren die einzigen, die etwas von ihrer Zeit in der Mandschurei wußten und die gleichzeitig dem Zaren nahestanden.

Doch was hatte man dem Zaren erzählt? Vielleicht hatte man ihm etwas Falsches berichtet. Und was würde er sagen, wenn er hörte, daß sie einem japanischen Kommandanten das Leben gerettet hatte? Vielleicht war dieser Teil ausgelassen worden. Vielleicht war es das beste, die kaiserliche Einladung abzulehnen.

Eugenia würde einen Herzanfall bekommen!

Aber vielleicht sollte sie die Einladung doch annehmen. Man bekam nicht jeden Tag die Gelegenheit, den Zaren kennenzulernen. Es würde eine denkwürdige Erfahrung werden. Sie könnte Daniel alles erzählen, und er würde dann vielleicht darüber schreiben –

Der Gedanke an Daniel machte ihre wachsende Freude zunichte. Würde sie ihn überhaupt wiedersehen? Wo war er? Wie ging es ihm? Es mußte ihm einfach gutgehen. Und wenn das der Fall war, würde er sich Sorgen um sie machen? Wie sollte er im Gefängnis erfahren, daß sie am Leben war?

Dann dachte sie daran zu beten. Sie bekreuzigte sich und murmelte einfach: „Lieber Herr, wo immer Daniel ist, beschütze ihn und hilf ihm zu spüren, daß du da bist. Und bitte, bringe ihn zu mir zurück."

60

Eugenia sorgte dafür, daß eine Tasse mit heißem Tee zu Mariana hinaufgebracht wurde. Ihr schien es, als sei der Ohnmachtsanfall ihrer Enkelin sehr passend gekommen.

Aber dies war nicht die richtige Zeit, um die Geduld zu verlieren. Sie hatte Mariana so lange ertragen, und nun, wo eine Audienz beim Zaren anstand, würde sie das auch weiter tun.

Was würde sie aber tun, wenn dieses törichte Kind tatsächlich den Amerikaner heiraten wollte? Eugenia hatte gedacht, sie hätte der Beziehung vor einigen Jahren ein Ende gesetzt, als sie seine Briefe verschwinden ließ, bevor Mariana sie in die Hände bekam. Offensichtlich war er sehr beharrlich.

Diese Frage quälte Eugenia während der kommenden Tage. Kein Wunder, daß sie Kopfschmerzen bekam. Am Nachmittag des zweiten Tages zog sie sich in ihr Boudoir zurück. Sie legte sich mit einem kühlenden Tuch auf der Stirn auf ihr Bett. Immer wieder mußte sie darüber nachdenken, was werden sollte, falls sie nicht in der Lage sein sollte, ihrer Enkelin ihren Willen aufzuzwingen. Ihr Waschlappen von einem Sohn war entschlossen, dem Mädchen alles zu geben, was es wollte.

Wenn ihr nur irgend etwas einfiele, dem sich sogar Dmitri würde beugen müssen ... eine Linie, die er nicht einmal um seiner Tochter willen überschreiten konnte. Etwas gesellschaftlich so Abstoßendes –

Eugenia lächelte. Das war die Lösung. Es war wirklich einfach. Tatsächlich würde sogar Mariana dies als ein unüberwindliches Hindernis anerkennen müssen, das ihrer Heirat mit diesem lästigen Amerikaner im Wege stand.

Eine Stunde später kam Dmitri herein, um sich nach dem Ergehen seiner Mutter zu erkundigen. Sie hatte ihn seit dem Tag, an dem die Einladung gekommen war, nicht gesehen. Vermutlich hatte er wieder einmal die Nächte am Spieltisch verbracht. Doch Eugenia machte ihm diesmal keine Vorwürfe.

„Dmitri, hast du die guten Neuigkeiten schon gehört?“

„Die Audienz beim Zaren? Es ist unglaublich, nicht wahr? Ich hätte nicht gedacht, daß Jelena wirklich mit dem Zaren sprechen würde.“

„Was soll das heißen?"

„Nun, ich muß gestehen, daß ich sie auf diese Idee gebracht habe. Wir sprachen über die entmutigende Entwicklung dieses Krieges und darüber, wie bekümmert der Zar ist. Ich erwähnte, daß er sich vielleicht besser fühlen würde, wenn er von einigen Helden des Krieges hören würde. Ich sagte, ich würde mich jeden Tag über Marianas Mut freuen und daß sie sich für ihr Land hat verwunden lassen. Da kam Jelena auf die Idee, sie dem Zaren gegenüber zu erwähnen."

„Wirklich, Dmitri, ich bin beeindruckt. So etwas hätte ich dir gar nicht zugetraut."

„Ich hätte mir nie träumen lassen, daß es tatsächlich funktionieren würde!"

„Nun, es hat funktioniert, und deine Tochter wird bald der kaiserlichen Familie vorgestellt werden."

„Ich frage mich, ob der Zar von mir erwartet, daß ich sie begleite."

„Du bist doch ihr Vater, nicht wahr?"

„Mein Name wurde nicht erwähnt."

„Das sollte unsere kleinste Sorge sein, mein lieber Sohn."

„Sorge? Irgendwie dachte ich, das würde allen meinen Sorgen ein Ende setzen. Vor fünfzehn Minuten habe ich Alexsie Kozen gesprochen, du weißt schon, den Bankier. Er sitzt auf seinem Geld. Vor einigen Wochen hatte ich versucht, mir Geld zu leihen, doch er hat abgelehnt. Er sagte, das Haus sei bis zum äußersten verschuldet und er könne mir nichts mehr geben. Heute habe ich nebenbei von dem Glück meiner Tochter gesprochen, einfach nur, um zu sehen, was passiert. Natürlich hatte er das schon gehört. In St. Petersburg spricht sich so etwas schnell herum. Und weißt du, was passiert ist? Er wird mir einen Kreditrahmen von fünftausend Rubel einräumen. Das sollte mir – ich meine natürlich uns – eine Weile weiterhelfen."

Eugenia war nicht sehr beeindruckt. Es gab Wichtigeres zu bedenken. „Geld ist nicht alles, Dmitri. Eines Tages wird Kozen – und wer sonst noch – von dir erwarten, daß du alles zurückzahlst. Und was dann? Ich mache mir Gedanken um die Zukunft. Wenn Fürstin Jelena nun beschließt, dich nicht zu heiraten? Du bist alt genug, um ihr Vater zu sein, wie du weißt. Wenn ich es recht bedenke, ist ihr Vater sogar ein Jahr jünger als du.

Denkst du wirklich, du könntest dir ein solches Mädchen angeln?"

„Ich habe sie mir bereits geangelt, meine liebe Mama!" Dmitri grinste sie an.

„Was!"

„Die liebliche Jelena hat nur zu gern eingewilligt, mich zu heiraten."

„Aber?"

„Sie möchte mit einer *offiziellen* Verlobung warten, bis ihr Bruder aus dem Krieg zurückkehrt. Sie stehen sich sehr nahe –"

„Ihr Vater ist einverstanden?"

„Vor zwei Jahren wurde Jelenas Verlobter bei einem Segelunfall getötet. Sie haben sich sehr geliebt, und sie hat sehr um ihn getrauert. Beinahe wäre sie ins Kloster eingetreten. Ihr Vater ist so glücklich, daß sie ihre Meinung geändert hat, daß er uns nicht im Wege stehen will."

„Es macht ihm also nichts aus, daß du sie gar nicht liebst und nur ihres Geldes wegen heiratest?"

„Mutter! Ich bin entsetzt! Ich liebe sie so sehr, wie ich noch keine Frau seit Katrina geliebt habe."

„Tatsächlich?"

„Nun ja ... fast so sehr. Männer meines Alters verlieben sich nicht mehr so schnell. Doch ich mag sie sehr, wirklich. Ich möchte alles für sie tun."

„Und sie finanziert dir dafür deinen aufwendigen Lebensstil."

„Ich hätte nicht gedacht, daß du so hart sein könntest, Mutter."

„Ich beklage mich ja nicht, wahrhaftig nicht. Es wäre schön, wenn endlich einmal eine andere Frau für dich bezahlt. Doch mir gefällt nicht, was getratscht wird."

„Ach, vergiß doch das Geschwätz! Sie werden es sich schon verkneifen weiterzutratschen, nun, da wir beim Zaren empfangen werden."

Eugenia lächelte. Das Gespräch war nun genau da, wo sie es haben wollte. Ihr Sohn sollte mit seinem Leben doch tun, was er wollte; es war zu spät, ihm zu helfen. Doch bei Mariana war es etwas anderes.

„Mariana weiß nicht einmal genau, ob sie die Einladung überhaupt annehmen soll", meinte Eugenia.

„Das sind nur die Nerven; sie wird das schon überwinden."

„Wie ich hoffe, daß sie auch ihre törichte Zuneigung zu diesem Amerikaner überwinden wird."

„Fang doch nicht schon wieder damit an, Mutter."

„Macht es dir gar nichts aus, wenn sie ihr Leben ruiniert?"

„Ich habe es schon einmal gesagt, und ich wiederhole es – ich mag den Burschen. Und ich kann nicht sehen, wieso sie durch eine Heirat mit ihm ihr Leben ruinieren würde. Abgesehen von der Tatsache, daß sie sich lieben, würde Mariana keine finanziellen Sorgen mehr haben. Die Trents sind sehr reich, Mama."

„Geld, Geld, Geld! Kannst du an nichts anderes denken?"

„An was denn?"

„Hast du je an die ewige Seligkeit deiner Tochter gedacht? Bist du dir darüber im klaren, daß der Amerikaner nicht dem orthodoxen Glauben angehört? Würdest du wollen, daß deine Tochter außerhalb der Kirche heiratet?"

Dmitris Begeisterung ließ sichtlich nach. Tatsächlich hatte er noch nie darüber nachgedacht. Geistliche Dinge beschäftigten ihn nur selten. Jelena waren solche Sachen wichtig; er war dafür zu pragmatisch. Aber die *Kirche*, das war etwas anderes. Er ging nie hin, außer zu Ostern und Weihnachten, doch keinesfalls würde er die äußeren Formen der Religion mißachten. Er würde Jelena in der Kirche heiraten; falls sie Kinder haben sollten, würden sie getauft werden; wenn er starb, würde er die Letzte Ölung und eine angemessene orthodoxe Beerdigung bekommen. Irgend etwas anderes zu tun kam ihm einfach nicht in den Sinn. Der Gedanke, daß die Ehe seiner Tochter von der Kirche vielleicht nicht anerkannt werden könnte, würde bedeuten, daß sie in Sünde lebte – nun, das war wirklich nicht angenehm.

Seine Sprachlosigkeit zeigte Eugenia, daß sie ins Schwarze getroffen hatte. Sie unterdrückte ein triumphierendes Grinsen.

„Was wirst du dagegen unternehmen, Dmitri?"

„Müssen wir denn schon irgend etwas unternehmen?" fragte Dmitri lahm. „Ich meine, das letzte, was Mariana vom jungen Trent gehört hat, war doch, daß er als Spion verhaftet wurde. Du weißt, was mit Spionen passiert, Mama. Ich sage es zwar nur ungern, aber unser junger Mann ist vielleicht gar nicht mehr am Leben."

„Und wenn doch?"

„Ach, darum wollen wir uns jetzt keine Gedanken machen. Ich will mir diesen wundervollen Tag nicht verderben. Wer weiß? Nach dieser Audienz werden Mariana viele ausgesuchte Heiratskandidaten vorgestellt werden. Vielleicht ändert sie ja selbst ihre Meinung."

Eugenia zuckte die Achseln. Auf Dmitri konnte sie einfach nicht zählen. Er vergaß, daß schon viele gutaussehende Männer Mariana umworben hatten, und sie hatte sie alle zurückgewiesen. Aber Eugenia sagte nichts mehr. Sie hatte die Saat ausgesät. Sie würde das Thema Religion weiterführen, und wenn die Zeit kam, würde sie in einer starken Position sein, eine Eheschließung zu verhindern, die einer Familie ihres Standes im russischen Adel nicht angemessen war.

Doch mit einem hatte Dmitri recht – vielleicht würde dieser schreckliche Amerikaner nie zurückkehren. Dann wären alle ihre Probleme tatsächlich gelöst.

61

Mariana beschloß, die Einladung des Zaren anzunehmen, aber nur, weil Viktor gemeint hatte, sie könnte ihrem Papa Sergei vielleicht behilflich sein. Nur widerstrebend ließ sie sich von der Begeisterung ihres Vaters anstecken; es wäre nicht angemessen, niedergedrückt und deprimiert vor dem Zarenpaar zu erscheinen. Es richtete sie ein wenig auf, als Dmitri ihr sagte, es sei unwahrscheinlich, daß die Japaner einen amerikanischen Staatsbürger hinrichteten.

„Und er ist ein Trent, weißt du", versicherte ihr Dmitri. „Falls ihm etwas passiert, wäre dies ein internationaler Zwischenfall. Die Japaner können sich keinen Krieg mit Amerika leisten."

Mariana hatte nie viel über die Bedeutung von Daniels Familie nachgedacht. Er sprach nur selten darüber. Sie fragte sich, ob ihr Vater nicht vielleicht ein wenig übertrieb. Doch das war wenigstens etwas, an das sie sich klammern konnte.

Die Vorbereitungen für diesen großen Tag lenkten sie von

ihrem Kummer ab. Das wunderschöne neue Kleid heiterte sie auf. Wieder einmal übertraf Eugenia sich selbst und bewies ihren unfehlbaren Geschmack. Und Mariana war vernünftig genug, sich in dieser Hinsicht ihrer Großmutter zu beugen. Eugenia wußte, daß Weiß im Augenblick in Mode war, vor allem als Nachmittagskleidung. Darum wählte sie ein cremefarbenes Kleid mit einem Faltenrock, ellbogenlangen Ärmeln und einem Spitzenoberteil. Die blaue Schärpe um die Taille war mit Seidenrosen verziert. Marianas Haar wurde aufgesteckt, und sie trug einen breitkrempigen Hut mit Straußenfedern und Chiffon.

Nach den vielen Monaten in ihrer Schwesternuniform, die meistens noch befleckt und zerknittert war, tat es gut, sich wieder einmal schick anzuziehen. Doch gleichzeitig war es auch ein seltsames Gefühl. Sie dachte an ihre Freunde an der Front und an all die Soldaten, die immer noch in Gefahr schwebten und unter Entbehrung litten.

Um halb drei Uhr nachmittags kam die gemietete Kutsche und holte Mariana und ihren Vater ab. Auch er hatte sich für diese Gelegenheit neu eingekleidet. Ein neuer, grauer Kaschmiranzug, grauer Hut und schwarzer Mantel mit einem Pelzkragen. Er sah fast so gut aus wie seine Tochter. Dies war auch sein großer Augenblick, denn er war noch nie einem Zaren vorgestellt worden. Und obwohl er nur Marianas Begleitung war, wußte er, daß dies ebenso seine große gesellschaftliche Chance war wie Marianas.

Sie waren für halb vier verabredet. Bis Tsarskoe Selo würden sie etwa eine Stunde brauchen. Dort wurden sie im Alexanderpalast erwartet. Mariana trug einen Kaninchenfellmantel, und Dmitri bestand darauf, sie noch in mehrere dicke Felle und Dekken zu wickeln.

Bevor der Schlitten die Palasttore erreichte, fuhren sie durch die Stadt, die um die Residenz des Zaren herumgebaut worden war. Überall standen große Häuser der Adligen, deren ganze Existenz von der kaiserlichen Familie und dem Leben am Hof bestimmt war. Dmitri lachte befriedigt, als sie hindurchfuhren.

„Ich wette, wir sind heute Stadtgespräch, Mariana", sagte er.

„Aber warum, Père?"

„Dem Hofklatsch entgeht nichts Außergewöhnliches, meine Liebe. Wenn also so ein Niemand wie wir dem Zaren und der

Zariza vorgestellt wird, dann kannst du sicher sein, daß es Gerede gibt. Vermutlich wird unser Briefkasten vor Einladungen überquellen – alle sterben vor Neugier. Unser Ansehen in der Gesellschaft wird steigen."

„Ich dachte, das wäre vor einigen Jahren so gewesen, als du und Großmutter ein großes Fest für mich gegeben habt."

„Das war doch nichts im Vergleich zu diesem Tag. Von nun an werden wir in den erlesensten Kreisen verkehren."

Mariana schwieg. Warum sollte sie ihrem Vater die Freude verderben? Sie verspürte nicht den Wunsch, in die Gesellschaft zurückzukehren, schon gar nicht in die erlesensten Kreise. Die Zeit in der Mandschurei war vielleicht schwierig und anstrengend gewesen, doch sie hatte sich nie lebendiger gefühlt. Sie verstand, warum Daniel seine Arbeit so liebte – sie füllte ihn aus, gab seinem Leben einen Sinn. Niemals würde sie in die Welt des aristokratischen Nichtstuns zurückkehren. Zwar wußte sie noch nicht genau, was sie tun würde, doch ihr war klar, daß ihre Erfahrungen an der Front ihr Leben für immer verändert hatten.

Wenige Minuten später fuhr der Schlitten durch die Palasttore. In dem achthundert Morgen großen kaiserlichen Park standen zwei Paläste. Der Katharinenpalast war größer und prächtiger als der Alexanderpalast. Er war von Elisabeth, der Tochter Peters des Großen, erbaut worden. Seine blaue Fassade mit den eleganten weißen Säulen und der vergoldeten Verzierung stand Versailles in nichts nach.

Daneben stand der Alexanderpalast, von Katharina der Großen für ihren geliebten Enkel Alexander erbaut, der schließlich als Alexander II. den Thron bestieg. Er war etwas einfacher gehalten als der Katharinenpalast, mit „nur" einhundert Räumen. Doch er war nicht minder prächtig ausgestattet. Hier residierten Nikolaus und Alexandra.

Von einem Dienstboten wurden Mariana und Dmitri in einen der Salons gebracht, wo sie die Ankunft des kaiserlichen Paares erwarten sollten. Die goldenen Brokatvorhänge waren zugezogen, da es draußen schon fast dunkel war.

Mariana und Dmitri warteten schweigend. Nach etwa zehn Minuten öffnete sich die Tür, und ein Schwarzer in einer goldbestickten Jacke, roten Hose, einem weißen Turban und Schuhen mit hochgebogenen Spitzen erschien. Sein Eintreten kündigte das Erscheinen Ihrer Majestäten an.

Vater und Tochter erhoben sich sofort. Mariana warf einen Seitenblick auf ihren Vater. Er war etwas blasser als sonst, und sie meinte ein leichtes Zittern seiner Unterlippe entdeckt zu haben. Auch sie war sehr nervös, und sie fragte sich, ob sie wohl noch den Hofknicks richtig konnte. Es beruhigte sie ein wenig, wenn sie an Annas Erzählungen von ihrer ersten Begegnung mit dem Zaren, Nikolaus' Großvater, dachte. Sie war auf dem Flur des Winterpalastes fast buchstäblich in ihn hineingelaufen, und wenn Onkel Mischa sie nicht daran erinnert hätte, hätte sie sogar vergessen, sich zu verbeugen. Doch Alexander hatte die verängstigte Zofe an diesem Tag nur freundlich angelacht. Mariana hoffte, daß Nikolaus genauso wohlwollend war.

Und dann kamen sie.

Nikolaus trat beiseite, um seiner Frau den Vortritt zu lassen. Sie war groß, schlank und schön, so elegant wie feines Porzellan. Ihre feinen Gesichtszüge wurden von blondem Haar umrahmt. Sie trug ein einfaches Kleid aus heller Spitze. Mehrere Perlenketten hingen um ihren Hals, und ihr Haar war zu einem Knoten aufgesteckt. Es war fast so, als ob diese Audienz zu ihrer täglichen Routine gehörte. Mariana fühlte sich schon besser und entspannte sich ein wenig. Sie machte einen Hofknicks, und Dmitri verbeugte sich tief.

„Es ist mir eine Ehre, eine so mutige junge Frau kennenzulernen", sagte Alexandra. „Als mein Gatte und ich von Ihnen hörten, hatte ich das Gefühl, Sie müßten uns besuchen, damit wir Sie für Ihre Dienste ein wenig entschädigen können. Ich weiß, es gibt so viele andere wie Sie, die unsere Anerkennung verdienen, doch indem wir Sie eingeladen haben, fühlen wir uns auch all den anderen verbunden."

„Euer Hoheit, Ihre Worte erleichtern es mir, diese Auszeichnung anzunehmen. Was ich getan habe, ist so wenig im Vergleich zu dem, was andere erlitten haben und noch erleiden."

„Sagen Sie mir, Gräfin Remisow", fragte der Zar, „wie ist die Stimmung unter den Männern?"

„Vermutlich kann ich das nicht richtig beurteilen, da ich die Soldaten nur gesehen habe, nachdem sie verwundet worden waren. Um ehrlich zu sein, einige von ihnen sind verbittert und aufgebracht, doch ihre Feindschaft ist in erster Linie gegen die Japaner gerichtet. Viele der Verwundeten sind stolz, Rußland gedient zu haben. Sie lieben ihr Land, Euer Hoheit."

„Und wie stehen sie zu ihrem Zaren?“ Schnell fügte er entschuldigend lächelnd hinzu: „Es tut mir leid – Sie brauchen darauf nicht zu antworten.“

Alexandra ergriff nun wieder das Wort. „Hat Ihnen Ihre Arbeit als Schwester gefallen, Mariana Dmitriewna?“

„Oh ja, Euer Hoheit, sehr sogar. Ich fühlte mich nützlich. Als mein Onkel starb, hätte ich allerdings beinahe aufgegeben.“

„Bei welchem Regiment diente Ihr Onkel als Offizier?“ fragte Nikolaus.

„Er war Gefreiter in der Neunten Infanterie.“

„Ein Gefreiter?“ Nikolaus zog neugierig die Augenbraue hoch.

Aus den Augenwinkeln beobachtete Mariana, daß ihr Vater nervös hin- und herrutschte. Vermutlich wäre es ihm lieber gewesen, wenn sie ihre Verwandtschaft mit der Bauernschaft verschwiegen hätte. Doch Mariana war stolz auf diesen Teil ihres Lebens.

Alexandra meinte: „Das ist höchst interessant. Erzählen Sie uns davon. Ah, ich glaube, der Tee ist da.“

Während sie Tee tranken, erzählte Mariana ihre Familiengeschichte. Dmitris Rolle in dem Drama hielt sie vage, sie erwähnte nur, daß er durch bestimmte Umstände gezwungen gewesen sei, das Land zu verlassen. Nikolaus war sowieso mehr an Sergei und Anna interessiert.

„Dieser Sergei Viktorowitsch hätte seine Stellung für die Frau, die er liebte, geopfert. Ein wirklicher Ehrenmann“, sagte Nikolaus.

„Oh ja, das ist er, Euer Hoheit.“

„Und ich denke, dasselbe gilt auch für Ihren Großvater. Wie geht es ihm?“

„Es geht ihm gut, Euer Hoheit. Doch er ist sehr bekümmert, wie wir alle, wegen der Schwierigkeiten meines Onkels Sergei.“

„Es tut mir leid, das zu hören.“

„Das ist nicht Ihre Schuld, Euer Hoheit.“

„Vielen Dank, daß Sie das sagen, doch ich bin daran beteiligt, weil das Vergehen gegen meinen Großvater gerichtet war. Und auch weil ich in der Lage bin, seine Situation zu ändern.“

„Euer Hoheit, ich danke Ihnen für Ihr Interesse, vor allem da Sie so viele andere Sorgen haben, den Krieg und die politische Situation.“

„Ich möchte Ihrem Onkel gern helfen. Ich werde ihn begnadigen und ihm seine rechtmäßige Stellung in der Gesellschaft zurückgeben."

„Das ... das würden Sie tun?"

„Sie haben es verdient. Sie und Ihre Familie haben der Krone gedient, auch wenn Sie nicht immer mit ihr einer Meinung waren. Ich denke, Sie alle haben genug bezahlt für vergangene Indiskretionen."

Auf einmal traten Mariana Tränen in die Augen, und die Zarin erhob sich tatsächlich und legte ihr tröstend die Hand auf die Schulter. „Meine Liebe, ich würde mich gern später noch einmal mit Ihnen unterhalten."

„Vielen Dank, Euer Majestät", erwiderte Mariana unter Tränen, und einer plötzlichen Eingebung folgend küßte sie Alexandras Hand.

Auf dem Heimweg platzte Dmitri buchstäblich vor Stolz. Obwohl er während des Gesprächs praktisch ignoriert worden war, war er offensichtlich stolz darauf, daß seine Tochter sich so gut gehalten hatte. Mariana stellte amüsiert fest, daß seine Rolle in dem Ereignis immer größer wurde, je öfter er davon sprach. Doch sie hatte nichts einzuwenden gegen seine Übertreibung. Sie wußte, daß Dmitri mit seinem Monolog fortfahren würde, ob sie nun reagierte oder nicht. Darum kehrte sie zu ihren eigenen Gedanken zurück.

Sie hatte den Zar und die Zarin von Rußland kennengelernt – und sie hatte sich nicht lächerlich gemacht! Tatsächlich schienen sie sie gemocht zu haben und wollten sie wiedersehen. Das allein war schon mehr, als man fassen konnte. Doch als Krönung des Tages hatte man ihr versprochen, daß Sergei aus dem Gefängnis entlassen werden würde! Und er konnte wieder Prinz Sergei Fedortschenko sein. Mariana wußte, daß Sergei seit der Wiederherstellung seines Vaters mehr denn je bedauerte, nicht seinen richtigen Namen tragen zu können.

Sie war so glücklich. Würde ihre Mama nun ihren richtigen Titel annehmen? Prinzessin Anna Fedortschenko. Er würde gut zu ihr passen, denn Anna war der edelste Mensch, den Mariana je kennengelernt hatte.

Nur Marianas Ungewißheit über Daniels Wohlergehen trübte das Glück dieses Tages – nicht nur, weil sie sich Sorgen um ihn machte, sondern auch, weil er ihr bester Freund war und sie ihm nicht von diesem außergewöhnlichen Tag berichten konnte. Wie immer hatte ihm ihr erster Gedanke am Morgen gegolten, und an ihn dachte sie auch, als der Schlitten vor der Wohnung vorfuhr, in der Anna wohnte. Mariana hatte Dmitri gebeten, hier vorbeizufahren, damit sie Anna die gute Neuigkeit überbringen konnte. Sie wünschte nun, sie hätte den Zaren gefragt, wann mit Sergeis Entlassung zu rechnen sei, doch vielleicht war es auch besser, daß sie es nicht getan hatte. Man durfte es auch nicht übertreiben.

Anna öffnete die Tür, und Mariana war erstaunt, daß sie lächelte; Anna war in letzter Zeit so bekümmert gewesen wegen Sergei. Warum lächelte sie an diesem Tag? Hatte sie die gute Nachricht vielleicht schon gehört?

„Mariana, du hast es bestimmt schon gehört", sagte Anna.

„Das mit Papa, meinst du?"

„Nein ... ich dachte, du wärst hergekommen, weil du schon zu Hause warst –" Anna brach abrupt ab. Alle Farbe wich aus ihrem Gesicht. „Was ist mit Papa?" Ihre Stimme war angsterfüllt.

„Alles in Ordnung, Mama! Keine Angst – ich habe gute Neuigkeiten." Mariana warf ihre Arme um Anna. „Der Zar wird Papa begnadigen!"

„Oh, du meine –!" Was sie sagen wollte, ging unter in den Tränen, die plötzlich aus ihren Augen strömten.

Dmitri kam herauf und tätschelte Annas Schulter. „Ich freue mich so für dich, Anna", sagte er.

„Und ich auch", ertönte eine bekannte männliche Stimme aus der Wohnzimmertür.

Marianas Kopf ruckte hoch.

„Daniel!"

Sie ließ ihre Mama los und rannte weinend und lachend in seine offenen Arme. Daniel fing sie auf und wirbelte sie herum.

62

Wie sie sich so viele Wochen zuvor versprochen hatten, machten Mariana und Daniel am folgenden Tag einen Spaziergang im Sommergarten. Es war Winter, und die Blumen schliefen unter einer Schneedecke; der Teich war zugefroren, und die Schwäne waren in wärmere Länder gezogen. Alle Statuen waren schneebedeckt, doch die beiden Liebenden kümmerten sich nicht darum.

Sie hielten sich an den Händen und wanderten die gefrorenen Wege entlang, als wenn es Frühling wäre. Beim Kanal, der den Park von der Hauptstraße trennte, blieben sie stehen und sprachen über ihre Erlebnisse seit jenem schrecklichen Tag auf dem Schiff, als sie befürchten mußten, den anderen für immer verloren zu haben.

Daniel war tief beeindruckt, daß Mariana tatsächlich bei Nikolaus und Alexandra gewesen war. Er lachte, als sie andeutete, daß dieses Erlebnis vielleicht Stoff für eine Story sei.

„Mariana, ich hatte nicht gedacht, daß solche Dinge dir wichtig sind."

„Ich glaube, ich war manchmal zu kritisch, so daß ich die wirkliche Bedeutung dessen, was du tust, nicht richtig eingeschätzt habe. Ich werde dich in Zukunft mehr unterstützen."

„Das bedeutet mir sehr viel. Aber, Mariana, es ist seltsam, weil alles, was ich erlebt habe, dazu beigetragen hat, meine Perspektive in bezug auf viele Dinge, einschließlich meiner Arbeit, zu ändern."

„Willst du mir davon erzählen?"

„Das wollte ich schon gestern. Doch da gab es Wichtigeres. Außerdem ist der Zeitpunkt jetzt viel besser. Ist dir auch warm genug? Es kann eine Weile dauern."

Sie hakte sich bei ihm unter und kuschelte sich an ihn. „Jetzt ist mir warm. Erzähle nur."

Er erzählte ihr von der Zeit, die er in dem japanischen Gefängnis verbracht hatte, von seiner Entmutigung und schließlich von dem Traum und wie beharrlich Gott gewesen war.

„Wie ein gewisser Reporter, den ich kenne", kicherte Mariana.

„Das erinnert mich an einen weiteren Kampf, den ich auszufechten hatte. Eine Zeitlang befürchtete ich, meine Arbeit als Reporter ließe sich nicht vereinbaren mit dem Dienst für Gott. Manchmal muß ich ganz schön aggressiv sein, um die Wahrheit herauszufinden. Doch mir ist klargeworden, daß Gott mehr als jeder andere an der Wahrheit interessiert ist. Mein Job steht nur in bezug auf meine Sichtweise, meine Vorgehensweise und meine Prioritäten im Konflikt zu Gottes Willen. Ich glaube nicht, daß ich mich über Nacht ändern kann, doch ich werde Gott vertrauen, daß er auch weiterhin beharrlich ist und mich nicht losläßt."

„Als ich dich gestern sah, spürte ich, daß du anders warst, Daniel. Du bist jetzt zuversichtlich, nicht nur selbstbewußt, aber ... es ist schwer zu erklären. Vorher hast du dich so sehr auf dich selbst verlassen, daß es dich nervös gemacht hat. Und je nervöser du warst, desto arroganter bist du geworden."

„Und nun bin ich aus dem Schneider!" meinte Daniel fröhlich. „Ich brauche mich nicht mehr selbst zu schützen. Es tut gut, sich auf Gott verlassen zu können. Aber – und das ist das wirklich Seltsame – ich fühle mich stärker als je zuvor."

„Mein Papa sagte, daß mit Gott oft alles ganz anders ist, als man es erwartet hat. Er liebt den Vers: ‚Meine Kraft ist in den Schwachen mächtig.'"

„Der gefällt mir. Ich werde ihn auswendig lernen. Übrigens kann ich es kaum erwarten, mit deinem Papa Sergei zu sprechen. Ich habe so viele Fragen."

„Der Zar hat uns versichert, daß er bald nach Hause kommen wird."

„Du meinst nicht, sie würden ihn sofort entlassen, wenn der Zar es sagt?"

„Russische Bürokratie, weißt du. Aber wir drängen besser nicht; sonst könnte noch etwas schiefgehen."

„Ich denke, so lange kann ich noch warten", meinte Daniel lachend. „Aber ich möchte ihn noch wegen etwas anderem sprechen – und vielleicht sollte ich auch mit Dmitri sprechen."

„Oh ... weswegen?"

„Wirst du mir verzeihen, wenn ich mich nicht in den Schnee knie – ach, macht nichts. Du bist es mir wert –" Er ließ sich auf ein Knie in den Schnee sinken und nahm Marianas Hand.

„Mariana, wenn du einen – wie nennt mich Gräfin Eugenia so gern? – lästigen Amerikaner haben willst, würde ich dich gern zu meiner Frau machen. Mariana, willst du mich heiraten?"

„Meine Großmutter hat keine Ahnung, Daniel. Sie weigert sich, deinen richtigen Namen zu sagen, und sie wird niemals glauben, daß du der wundervollste, aufregendste und liebste Mann bist, den ich je kennengelernt habe. Auf diese Frage habe ich schon seit Jahren gewartet."

„Wirklich?"

„Die meiste Zeit war mir das gar nicht bewußt. Aber wenn du eine barbarische Russin zur Frau haben willst, würde ich mich geehrt fühlen, einen lästigen Amerikaner zu nehmen. Meine Antwort lautet Ja. Ja!"

Daniel sprang auf, nahm sie in die Arme und küßte sie.

Nachdem sich ihr Überschwang ein wenig abgekühlt hatte, sagte Daniel: „Weißt du, Mariana, ich glaube nicht, daß Amerikaner und Russen wirklich so verschieden voneinander sind. Sicher, da gibt es äußerliche Unterschiede, doch tief im Innern gibt es auch eine Menge Ähnlichkeiten. Ich würde mich nicht wundern, wenn unsere beiden Länder eines Tages Seite an Seite als Weltmächte nebeneinander stünden."

„Oder gegeneinander", neckte Mariana.

„Aber wir beide werden nie gegeneinander stehen."

Mariana lächelte. „Oh, es würde mich nicht wundern, wenn auch das gelegentlich vorkommen würde. Differenzen machen eine Ehe nur interessanter."

„Ich weiß nur eines, Mariana: daß ich dich liebe!"

Und wieder lagen sie sich in den Armen.

Nach einer Weile gingen sie weiter. Kurze Zeit später hatten sie den Sommergarten verlassen und spazierten am Fluß entlang. Die meiste Zeit schwiegen sie, nur hin und wieder machten sie eine nebensächliche Bemerkung.

Doch schließlich wurde die körperliche Anstrengung des Spazierganges zuviel für Mariana. Kurz bevor sie am Winterpalast ankamen, war sie zu erschöpft, um weiterzugehen. Daniel rief eine Droschke. Nachdem sie eine Weile ausgeruht hatte, konnte Mariana wieder eine ernstere Unterhaltung führen.

„Daniel, ich bin so glücklich, ich kann es kaum ausdrücken. Doch zwei Dinge machen mir noch zu schaffen."

„Nur zwei?" Er blinzelte und kicherte. „Der Weg wahrer Liebe ist niemals ganz eben, weißt du."

„Ich meine es ernst."

„Es tut mir leid, ich wollte dich nicht verulken. Bitte sag mir, was dich bedrückt."

„Nun, ich komme mir selbst töricht vor wegen des ersten Problems – ich möchte aber trotzdem mit dir darüber sprechen." Sie rutschte nervös hin und her. „Es ist folgendes, Daniel. Hast du einmal darüber nachgedacht, wie sich eine Ehe mit deiner Arbeit vereinbaren läßt?"

Erleichtert grinste Daniel sie an. Er hatte keine Probleme, ihr diese Frage zu beantworten. „Ich habe viel darüber nachgedacht. Zuerst hat mich der Gedanke zu Tode erschreckt. Ich dachte, ich müßte alles für eine Ehe aufgeben. Ich wollte dich, doch ich war nicht bereit, auf meine Arbeit zu verzichten. Aber ich meinte, was ich vorhin sagte. Meine Prioritäten haben sich verschoben."

„Ich möchte nicht, daß du für mich deine Arbeit aufgibst. Ich glaube nicht, daß ich, nachdem wir verheiratet sind, sehr viel reisen möchte, aber hin und wieder kann ich dich sicher begleiten."

„Natürlich! Das wäre wundervoll. Doch da wir einmal beim Thema sind, was ist mit *deiner* Arbeit? Ich gehöre nicht zu den Männern, die von einer Frau verlangen, daß sie sich ihnen vollkommen unterordnet."

„Mir macht es Spaß, Krankenschwester zu sein, aber ich kann auch ohne diese Arbeit auskommen. Ich weiß nur, daß ich etwas Sinnvolles mit meinem Leben machen möchte. Das braucht nicht die Krankenpflege zu sein." Sie blickte ihn verlegen an. „Vielleicht ist es sinnvoller, Kinder großzuziehen, Daniel."

Er wurde merklich blaß. „*Unsere* Kinder?"

„Gefällt dir diese Vorstellung?"

„Es ist aufregend und doch ein wenig beängstigend. Aber ich werde mich bestimmt daran gewöhnen. Nur – wo werden wir diese Kinder großziehen, in Amerika oder in Rußland?"

„Ich denke, unsere Kinder werden Weltbürger sein, Daniel, und sie sollten ihre beiden Heimatländer kennen."

„Bestimmt werden wir es uns leisten können, zwei Häuser zu unterhalten. Das ist dir doch klar, Mariana, oder?" Er machte eine Pause und fuhr fast entschuldigend fort. „Die Trents besitzen ein wenig Geld."

„Das ist eine ehrfurchtgebietende Vorstellung, aber ich werde versuchen, mich daran zu gewöhnen." Sie seufzte.

Sie lachten zusammen, doch Mariana wurde wieder ernst. „Daniel, ich muß dir noch etwas sagen. Wenn du mit meinen Eltern sprichst, solltest du auf eines vorbereitet sein. Gräfin Eugenia hat es bereits angedeutet, und ich fürchte, daß Dmitri ähnlich empfinden wird. Wie Papa Sergei denkt, weiß ich nicht genau. Es geht um unseren unterschiedlichen Glauben."

„Wir sind doch beide Christen."

„Aber in der orthodoxen Kirche reicht das nicht aus. In unserer Kirche gibt es strenge Tabus in bezug auf eine Eheschließung mit einem Mann, der dieser Kirche nicht angehört."

„Ja, ich wußte es schon, ich wollte es nur nicht wahrhaben."

„Ich würde gern wissen, wie du darüber denkst, doch ich möchte dir zuerst meine Meinung sagen. Die orthodoxe Kirche in Rußland ist, wie du weißt, den Menschen sehr wichtig. Meine Eltern haben nichts anderes kennengelernt. Und in dieser Kirche wird gelehrt, daß andere sogenannte ‚Sekten', sogar christliche wie der Protestantismus, vom Teufel persönlich sind. Sie sind in der Vergangenheit sogar verfolgt worden. Ich weiß, daß Anna und Sergei nicht so denken. Sie haben mich gelehrt, daß alle Christen Brüder und Schwestern sind – die Kirche, die sie besuchen, ist ihnen nicht so wichtig wie ihr Glaube an Christus. Aber ich bezweifle, daß sogar Mama und Papa jemals darüber nachgedacht haben, zu einer anderen Kirche überzutreten. *Mir* macht es nichts aus, welcher Kirche wir angehören, Daniel. Ich weiß, daß wir eins in Christus sind. Doch vielleicht erwarten sie von dir, daß du übertrittst. Das ist ein ernster Schritt, und ich möchte dich nicht bitten –"

„Mariana, sag nichts mehr. Wenn ich das tun muß, dann tue ich es eben. Doch ich würde gern zuerst darüber nachdenken, bevor ich – oder wir – eine übereilte Entscheidung treffen. Ich habe mich noch gar nicht damit beschäftigt, und ich möchte das Richtige tun. Ganz sicher wird dies kein Hinderungsgrund für uns sein."

„Es beunruhigt mich ein wenig." Mariana runzelte die Stirn, und ihr Glück war ein wenig gedämpft. „Du kennst meine Großmutter Eugenia nicht. Sie kann nicht einmal die Tatsache akzeptieren, daß du ein Amerikaner bist, und noch viel weniger, daß du ein Protestant bist."

„Gott sei Dank brauchen wir sie ja nicht zu fragen!"

Mariana grinste. „Daran hatte ich gar nicht gedacht. Wenigstens einmal ist uns die männliche Dominanz willkommen."

„Oh, meine kleine Frauenrechtlerin!" lachte Daniel. „Auf was habe ich mich da eingelassen!"

„Du hast doch nicht geglaubt, daß eine Ehe leicht wäre, oder, Daniel?"

„Nein. Darum bin ich ihr auch so lange aus dem Weg gegangen. Doch ein kompliziertes Leben mit dir, meine Liebe, wird viel besser sein als die einsame Unkompliziertheit der Vergangenheit."

Sie fuhren schweigend weiter, bis sich die Droschke der Straße näherte, in der Raisas Wohnung lag. „Daniel", fragte Mariana, „wann wirst du mit meinem Vater und meinem Onkel sprechen?"

„Sobald Sergei aus dem Gefängnis entlassen wird. In der Zwischenzeit kann ich über die Frage der Kirchenzugehörigkeit nachdenken."

„Meine Mama hat bereits gesagt, daß wir ein großes Familienfest veranstalten, um Papas Heimkehr zu feiern."

„Bis dahin kann ich all meinen Mut zusammennehmen. Die meisten angehenden Ehemänner brauchen bloß einen Vater zu fragen – ich muß zwei fragen!"

Daniel begleitete Mariana noch zur Tür, und als Anna öffnete, bestand sie darauf, daß die beiden zum Abendessen blieben. Sie waren sofort damit einverstanden; sie wollten nicht, daß dieser besondere Tag endete – der schönste Tag ihres Lebens. Schon bald würden sie sich den praktischen Realitäten stellen müssen, doch im Augenblick wollten sie sich an ihrem Glück freuen.

63

Sogar Juri und Andrei, die zum Wochenende nach Hause gekommen waren, spürten die besondere Atmosphäre am Abendbrottisch. Juri beobachtete Daniel und Mariana sehr interessiert, doch Andrei war gelassener – für ihn war Liebe mehr eine schwierige Angelegenheit als ein Segen.

Bald nachdem Daniel und Mariana gegangen waren, zog sich der Rest der Familie zurück. Die Lichter waren gelöscht und das Haus dunkel, doch Andreis Magen knurrte – seit dem Abendessen waren immerhin schon drei Stunden vergangen! Ihm gingen immer die leckeren Brötchen im Kopf herum, die Daniel mitgebracht hatte. Es waren einige übriggeblieben, und als Daniel sich verabschiedete, hatte er augenzwinkernd zu Andrei gesagt: „Ich wette, sie werden nicht verkommen, wenn ich sie hierlasse."

Andrei stieg vorsichtig aus seinem Bett und versuchte, die Tür leise zu öffnen, doch er vergaß, daß sie knarrte. Sein Bruder rührte sich.

„Wo gehst du hin?" fragte Juri schläfrig.

„Ich habe Hunger."

„Mach nicht so einen Krach." Juri drehte sich um.

Doch einige Minuten später, als Andrei sich in der Küche gerade einige Scheiben Käse für das Brötchen abschnitt, erschien auch Juri.

„Konnte nicht wieder einschlafen. Dann machte sich mein Magen bemerkbar. Was hast du da?"

„Nur ein Brötchen. Willst du eins?"

„Sicher."

Andrei warf seinem Bruder ein Brötchen zu, und Juri fing es geschickt auf, bevor es auf dem Boden landete.

„Dieser Käse sieht auch gut aus, aber wirf ihn mir bitte nicht zu, ja?"

Andrei schnitt einige Scheiben Käse ab. Er schnitt noch mehr Käse, als sich die Küchentür wieder öffnete. Es war Talja.

„Ich dachte, ich hätte ein Geräusch gehört", meinte sie.

„Du bist sehr mutig", sagte Juri. „Wenn wir nun Einbrecher gewesen wären?"

„Was sollten Einbrecher hier schon stehlen können? Mama

sagt immer, daß das ein Segen der Armut ist – die Räuber belästigen uns nicht." Sie blickte Andrei an. „Tee wäre jetzt auch nicht schlecht – und einige Teller."

„Zu viel Aufwand."

„Dann wenigstens Tee. Der Samowar ist noch heiß. Nur eine Minute."

Fünf Minuten später saßen die drei im Schein einer einzigen Öllampe am Tisch. Jeder hatte ein Brötchen, Käse und Tee vor sich.

„Es ist schon lange her, seit wir das letzte Mal so zusammengesessen und uns unterhalten haben", meinte Talja. „Wenn ihr heimkommt, habt ihr immer so viel zu tun."

„Wir müssen hart arbeiten", erklärte Juri. „Das wirst du schon noch merken, wenn du in die Schule gehst."

„Ich glaube nicht, daß ich gehen werde", erwiderte sie.

„Was?" Juri war erstaunt und auch ein wenig beleidigt. „Hat meine Mama die ganze Zeit damit zugebracht, dich zu unterrichten, damit du mit deiner Ausbildung aufhörst, ehe du überhaupt angefangen hast? Nur um zu heiraten und Kinder zu bekommen? Ich dachte, du würdest mehr aus deinem Leben machen wollen."

„Was ist denn falsch daran, Hausfrau und Mutter zu sein, Juri? Ich meine später, eines Tages." Talja war vielleicht ein wenig zu romantisch veranlagt. Es hatte sie fasziniert, an diesem Abend die zwei Jungverliebten zu beobachten.

„Ja, Juri" warf Andrei ein, „das ist das beste für Mädchen."

Juri stöhnte. „Wo hast du nur diese veralteten Vorstellungen her, Andrei? Sicher nicht von zu Hause. Wir leben im zwanzigsten Jarhundert, und aufgeklärte Leute wissen, daß das Leben Frauen mehr zu bieten hat als nur das."

„Das stimmt", meinte Talja, die aufgeklärt sein wollte, wenn Juri so viel daran lag. „Doch ich bin auch der Meinung, daß eine Ehe etwas Wunderbares ist. Sieh doch nur, wie glücklich Mariana und Daniel sind."

„Sie sind doch gar nicht verheiratet", sagte Andrei.

„Aber sie werden heiraten."

„Woher willst du das wissen?"

„Hast du das nicht bemerkt? Sie sind so verliebt. Es ist wundervoll."

„Wundervoll?" schnaubte Andrei. „Ich würde sterben, wenn

mich jemand so anblicken würde wie Mariana Daniel." Andrei schüttelte angewidert den Kopf. „Ich kenne Daniel noch von früher. Er war immer ein vernünftiger Bursche. Ich mochte ihn. Doch seit er zurück ist, erinnert er mich an ein klebriges Bonbon. Immer starrt er Mariana mit diesem dummen Gesichtsausdruck an. ‚Oh, Mariana, kann ich dir helfen?' ‚Mariana, du sagst immer so kluge Dinge.' ‚Hast du den Kuchen gebacken, Mariana? Oh, er ist einfach himmlisch.'"

Juri und Talja lachten, als Andrei den verliebten Daniel nachmachte.

„Ich denke trotzdem, daß es schön ist", sagte Talja. „Willst du dich nicht eines Tages verlieben?"

„Puh!" erwiderte Andrei nur.

Juri dachte eine Weile nach, bevor er antwortete. „Vermutlich werden wir uns alle eines Tages verlieben. Aber wißt ihr auch, was das bedeutet?"

Andrei nickte. Er wußte sehr gut, was es bedeutete, und ihm gefiel das gar nicht.

Talja schüttelte den Kopf. „Was, Juri?"

„Wir werden vielleicht unsere eigenen Wege gehen müssen. Natürlich werden Andrei und ich immer Brüder sein. Aber, Talja, dein Mann möchte vielleicht nicht, daß deine besten Freunde Jungen sind – und unsere Frauen denken vielleicht dasselbe von dir."

„Das ist doch lächerlich!" erwiderte Talja aufgeregt. „Wir werden immer Freunde sein. Ich würde niemanden heiraten, der so engstirnig ist."

„Man kann nie wissen, in wen du dich verliebst", meinte Juri.

„Nein, das weiß man wirklich nicht", erwiderte Talja verträumt.

„Talja, du hörst dich an wie Daniel und Mariana", sagte Andrei. „Und wenn ihr weiter so dumm daherredet, werde ich noch meinen Appetit verlieren."

„Ha! Den Tag will ich erleben", konterte Juri.

„Juri", sagte Talja, „erinnerst du dich noch an den vergangenen Sommer, als du von der adeligen Herkunft deines Vaters erfahren hast und wir beschlossen haben, daß wir immer Freunde sein wollten?"

„Ja." Juri würde diesen Tag niemals vergessen. Und er würde nie das Geheimnis vergessen, das er mit Talja geteilt hatte.

„Das gilt immer noch – was auch passiert“, meinte Talja mit einfacher Zuversicht.

Andrei wurde ernst. „Wir sollten unsere Freundschaft besiegeln, irgendwie. Ich habe gehört, daß Freunde Blutsbrüder werden, indem sie sich in den Finger schneiden und ihr Blut mischen.“

„Das gefällt mir nicht“, meinte Juri.

„Hast du etwa Angst davor? Und ich dachte, du wolltest Arzt werden.“

„Das ist es nicht ... Es ist nur ... nun, es wäre einfach nicht richtig, Talja zu verletzen.“

„Warum nicht?“ fragte Talja.

„Du bist so zart. Ich –“

„Ich kann es tun“, sagte sie entschlossen. „Doch zuerst muß ich euch beiden etwas sagen. Ich habe euch ein wenig von meinem Papa erzählt, daß er aus einer guten Familie kommt – natürlich nicht halb so gut wie eure, doch sein Vater hatte ein wenig Geld aus einer Teilhaberschaft an einer Textilfabrik, ein Landgut. Er enterbte meinen Vater, als er meine Mutter heiratete – sie war die Tochter eines Bauern. Ihr erinnert euch vielleicht, daß vor etwa einem Jahr mein Großvater gestorben ist. Er hat alles dem Bruder meines Vaters hinterlassen, ich bin also nicht plötzlich eine Erbin geworden. Ich kenne die Verwandten meines Vaters kaum, weil mein Großvater ihnen verboten hat, nach seiner Hochzeit noch mit meinem Vater zu verkehren. Nun, ich habe euch also von der Verwandten erzählt, die die Schneiderin der Großherzogin Zenia ist. Ich habe sie vor kurzem kennengelernt. Sie ist sehr nett. Ihr hat nie gefallen, was mein Großvater getan hat, doch aus Respekt vor ihm hat sie sich seinen Wünschen gebeugt. Nun, da er tot ist, möchte sie seine Ungerechtigkeit wiedergutmachen. Sie möchte mich unter ihre Fittiche nehmen, mir ein besseres Leben ermöglichen –“ Talja brach ab und lachte leise. „Sie konnte nicht verstehen, daß ich zufrieden bin mit meinem Leben. Aber mir gefällt, was sie tun möchte – Mama sagte, ich könne selbst entscheiden. Sie möchte mich in einer Ballettschule unterbringen! Sie denkt, ich hätte Talent zum Tanzen, obwohl Mädchen gewöhnlich sehr viel früher damit anfangen. Ich werde es aber auf jeden Fall versuchen. Was meint ihr?“

„Ich denke, wir beeilen uns besser mit unserer Blutsbrüderschaft", sagte Andrei, „bevor du eine Primadonna wirst und uns vergißt."

„Das ist schön, Talja", fügte Juri hinzu. „Du wirst wundervoll tanzen."

Talja errötete. „In Ordnung, wie machen wir das nun mit der Blutsbrüderschaft?"

Andrei sprang auf, holte ein scharfes Küchenmesser und ein Küchentuch, dann kehrte er zum Tisch zurück. Ohne zu zögern schnitt er sich mit dem Messer in den Finger.

„Wer ist der nächste?" fragte er und biß sich auf die Lippe, um den Schmerz zu unterdrücken.

Juri nahm das Messer und tat dasselbe. Er zögerte nur leicht, als er es an Talja weiterreichte. Sie versuchte, genauso tapfer zu sein wie Andrei, doch bei ihrem ersten Schnitt kam kein Blut. Sie wurde ganz blaß.

„Wir brauchen das nicht zu tun", sagte Juri.

„Beeil dich, unser Blut trocknet bereits", meinte Andrei.

Talja schnitt sich noch fester in den Finger und zuckte unter dem Schmerz zusammen. Tränen traten in ihre Augen, doch gleichzeitig lächelte sie auch, als die Wunde zu bluten anfing.

„Jetzt!" sagte Andrei.

Sie drückten feierlich ihre Finger aneinander. Lange Zeit wagte keiner etwas zu sagen. Seit Jahren schon waren sie Freunde, doch nun gab es einen Abend, an den sie sich stets erinnern würden, was immer das Leben ihnen bringen würde. Sie wußten, das Band zwischen ihnen war stark und fest.

„Jemand sollte etwas sagen", schlug Talja vor.

Es herrschte einen Augenblick Stille, während alle versuchten, sich etwas auszudenken, das ihrer Stimmung entsprach.

Schließlich meinte Juri: „Ein dreifaches Band kann nicht so leicht gebrochen werden."

Alle wiederholten feierlich diesen Satz. Es war wie eine Hoffnung, ein Wunsch und ein Gebet gleichzeitig.

Versammlungen

64

Epiphanias war ein großer Feiertag. Einige waren der Meinung, dieser Tag sei sogar noch wichtiger als Weihnachten, weil die Offenbarung der göttlichen Macht durch drei wichtige biblische Ereignisse gefeiert wurde: das Erscheinen der drei Weisen bei Christi Geburt, Christi Taufe und das Wunder der Verwandlung von Wasser in Wein. In Rußland wurden solche Tage angemessen gefeiert.

Neben den üblichen Gottesdiensten wurde an diesem Tag traditionsgemäß das Wasser gesegnet. In St. Petersburg würde die Newa gesegnet werden, und der Zar und seine Familie würden anwesend sein.

Die Menge, die sich am Flußufer in der Nähe des Winterpalastes versammelte, war nicht ungewöhnlich groß, und sie wurde von Kosaken in Schach gehalten. Auch andere militärische Regimenter waren anwesend, so daß die Sicherheit gewährleistet schien. Mischa hielt seine Augen trotzdem offen.

Der Zar, die Zariza und ihre vier Töchter standen ganz vorne, umgeben von ihren Leibwachen, so daß man sie kaum erkennen konnte. Der Zar schien sich besonders wohlzufühlen; offensichtlich bemerkte er nichts von der wachsenden Unruhe in der Stadt. In Tsarskoe Selo war er weit ab von den Problemen in St. Petersburg.

Die Schwierigkeiten hatten Ende Dezember mit dem Fall Port Arthurs begonnen. Die Leute hatten Gerüchte gehört, Stössel hätte die Stadt gegen den Wunsch seiner Offiziere den Japanern einfach übergeben. Die Offiziere waren der Meinung gewesen, die Stadt hätte noch Lebensmittel und Munition genug, um einige Zeit durchzuhalten.

Es war mehr als wahrscheinlich, daß der Streik in den St. Petersburger Putilow-Werken nicht direkt etwas mit der nationalen Demütigung durch den Fall der Stadt zu tun hatte. Seine direkte Ursache war die ungerechte Behandlung einiger Gewerkschaftsmitglieder. Das Putilow-Stahlwerk war die größte Fabrik in der Stadt, und der Streik von zwölftausend Arbeitern war keine Kleinigkeit. Innerhalb weniger Tage schlossen sich andere Arbeiter in der Stadt dem Streik an, um die Putilow-Arbeiter zu unterstützen. Bald befanden sich zweiundachtzigtausend St. Petersburger Arbeiter im Streik. Die Stadt war wie gelähmt.

Angesichts des Streiks war die Ruhe an diesem Feiertag ein wenig unheimlich. Gerüchten zufolge planten die Arbeiter eine Kundgebung. Vielleicht warteten sie auch nur den rechten Augenblick ab, um sich an den Zaren zu wenden. Doch Mischa machte sich weniger Gedanken um die Kundgebungen der Arbeiter als um einen einzelnen Attentäter, der sich vielleicht mit einer Bombe unter dem Arm in eine solche Versammlung einschleichen konnte.

Der Patriarch spritzte das Weihwasser auf den Fluß und segnete die Newa. Ein eindrucksvolles, aus Eis geschnittenes Kreuz wurde hochgehoben, und die Menge und die kaiserliche Familie applaudierten. Die Zeremonie schloß mit Salutschüssen von der Festung Peter und Paul.

Dann auf einmal wurden statt des zeremoniellen Kanonenfeuers richtige Kanonenkugeln abgeschossen. Schreie wurden laut, die Menge geriet in Panik, und die Fenster des Winterpalastes zersplitterten. Die vernünftigen Leute legten sich flach auf den Boden, doch andere rannten in alle Richtungen. Mischa und einige andere Kosaken stürzten zur kaiserlichen Familie, die sich bereits auf den Boden gelegt hatte.

*

Daniel hatte keinen Mangel an Stoff für neue Artikel, seit er nach St. Petersburg zurückgekehrt war. Tatsächlich war der Krieg schon fast uninteressant im Vergleich zu der Spannung, die in der Stadt herrschte. Niemand, am wenigsten Mariana, erwartete von ihm, daß er seinen Arbeitseifer unterdrückte, vor allem wo die Ereignisse sich zu einer nationalen Krise auszuweiten schienen. George Cranston im Büro des *Register* bat ihn händeringend, zu bleiben und über die Situation zu berichten.

Er und Mariana hatten an der Epiphanias-Zeremonie teilgenommen. Gott sei Dank war sie nicht zur Tragödie geworden –

lediglich ein Polizist war durch herumfliegende Splitter verwundet worden. Einige Fenster des Palastes würden ersetzt werden müssen, doch der kaiserlichen Familie war nichts geschehen. Trotzdem war ganz St. Petersburg in Aufruhr wegen dieses Zwischenfalls. Die Okhrana machte sich sofort an die Ermittlungen und bestätigte, daß die Salutböller mit den richtigen Kanonenkugeln verwechselt worden seien. Daniel hoffte, daß dies stimmte, doch er bezweifelte es.

Sofort nach dem Zwischenfall brachte er Mariana nach Hause und begab sich zu seinem Büro, um einen Artikel darüber zu schreiben. Er hatte gerade eine halbe Stunde gearbeitet, als sich die Tür öffnete und Sergei erschien.

Er sah besser aus als bei seiner Entlassung zwei Tage zuvor, doch immer noch wirkte er erschöpft und ausgelaugt. Sergei hatte sich keine Zeit gegönnt, um sich zu erholen, sondern sich sofort wieder seiner Aufgabe zugewandt. Die Arbeiter und Pater Gapon waren maßgeblich an seiner Begnadigung beteiligt gewesen, und er wollte sie nicht im Stich lassen.

Daniel hatte Sergei kurz am Tag seiner Entlassung gesehen, hoffte aber, ihn noch vor dem Familienfest, das für den morgigen Tag geplant war, zu sprechen. Es war ihm schwergefallen, seine und Marianas Pläne geheimzuhalten. Doch er wollte, daß auch Dmitri dabei war, wenn er das Thema Heirat aufbrachte.

„Guten Tag, Prinz –“

„Bitte, bitte!“ unterbrach ihn Sergei. „Nicht diese Anrede.“ Sergei hatte nicht die Absicht, sein Leben nach seiner Begnadigung zu ändern. Prinzessin Gudosnikow hatte ihn und Anna zwar zum Abendessen eingeladen, um sie willkommen zu heißen. Doch Sergei paßte nicht mehr in diese gesellschaftlichen Kreise, und er wollte es auch gar nicht. Und trotz Marianas Audienz beim Zaren würden viele seiner ehemaligen adeligen Bekannten auch nichts mehr mit ihm zu tun haben wollen, selbst wenn ihm daran gelegen gewesen wäre.

Sergei fuhr fort: „Nennen Sie mich Sergei. Vielleicht erscheine ich Ihnen zu alt für eine solche Anrede, doch ‚Herr‘ oder gar ‚Prinz Fedortschenko‘ klingt so formell zwischen Freunden – und Mariana hält so viel von Ihnen, Daniel, daß ich Sie gern zum Freund haben möchte.“

„Ich würde mich sehr darüber freuen“, erwiderte Daniel, „und zwar aus demselben Grund. Mariana hat mir so viel von

Ihnen erzählt; ich würde mich geehrt fühlen, Sie als meinen Freund betrachten zu können."

„Ausgezeichnet!" Sergei schlug Daniel freundschaftlich auf den Rücken. „Ich weiß, daß Sie immer auf der Suche nach Neuigkeiten sind, und ich glaube, ich habe etwas für Sie."

Daniel zog die Augenbrauen hoch. „Nur weiter."

„Pater Gapon plant für Sonntag einen Marsch zum Winterpalast. Er möchte dem Zaren persönlich eine Petition übergeben."

Daniel hatte sich schon Gedanken gemacht über Pater Gapon, und dies konnte die beste Gelegenheit sein, seine wahren Motive herauszufinden. „Sind Sie der Meinung, daß Gapon diese Streiks organisiert hat? Ich kann niemanden finden, der mir dies bestätigt."

„Ich glaube es nicht. Ich denke, es war eine spontane Reaktion der Arbeiter. Doch ich zweifle nicht daran, daß Gapon die Absicht hat, sich die Situation zunutze zu machen. Der Streik wird seiner Petition die richtige Würze verleihen."

„Was für ein Marsch wird das sein?"

„Ein friedlicher", betonte Sergei. „Gapon möchte dem Zaren nur die Petition der Arbeiter übergeben."

„Und er ist wirklich der Meinung, daß der Zar ihn empfangen wird?"

„Er setzt großes Vertrauen in den Zaren, Daniel. Für heute abend ist eine Gewerkschaftsversammlung geplant; kommen Sie doch mit und überzeugen Sie sich selbst. Vielleicht können Sie sich sogar persönlich mit Pater Gapon unterhalten."

*

Daniel begleitete Sergei zur Gewerkschaftsversammlung. Mehr als zweihundert Männer waren in der Halle versammelt, die früher ein Café gewesen war. Draußen war es eiskalt, im Innern des Gebäudes jedoch heiß und stickig. Aber niemand beklagte sich; es herrschte eine Atmosphäre der Spannung und Vorfreude.

Daniel hatte Gapon noch nie gesehen, und er war erstaunt, als ein junger Mann Anfang Dreißig auf das Podium stieg. Seine dunklen Augen blickten eindringlich in die Menge. Und doch sprach er mit spürbarer Wärme und sehr einfach, so daß die Arbeiter ihn gut verstehen konnten.

„Am Sonntag werden wir den Anbruch eines neuen Lebens erleben – eine Wiederauferstehung! Unser lieber Kleiner Vater wird zu uns kommen, unsere Hand fassen und uns schließlich zum Frieden und zu der Sicherheit führen, die alle Menschen verdient haben. Der große Tag steht vor der Tür, an dem wir uns aus unserem Grab erheben – an dem die Arbeiter, das Lebensblut des Landes, ihr Recht bekommen."

Als Gapon eine Pause machte, rief die Menge: „Unser Recht bekommen ... unser Recht bekommen!"

„Und wenn der Zar uns nicht treffen will, dann gibt es keinen Zaren!" rief Gapon. „Doch wir werden immer zusammenstehen und, falls es notwendig sein sollte, auch zusammen sterben!"

„Dann gibt es keinen Zaren!" wiederholte die Menge.

„Wir werden zusammen sterben!"

Als die Rede zu Ende war, scharten sich die Leute um Gapon, schüttelten ihm die Hand oder ließen ihn ihre Kinder segnen. Daniel und Sergei brauchten einige Zeit, um sich bis zu ihm durchzukämpfen.

„Ach, Sergei", meinte Gapon überschwenglich. „Schön, daß Sie da sind. Sie sehen gut aus, dafür, daß Sie so Schlimmes erlebt haben."

„Es ist schön, wieder frei zu sein", erwiderte Sergei. „Ich habe gehört, daß ich Ihnen danken muß."

„Viele haben mitgewirkt, und um ihretwillen nehme ich den Dank an. Gott segne Sie."

Sergei stellte Daniel vor.

„Noch ein amerikanischer Reporter. All dies muß für Ihr Volk von sehr großem Interesse sein."

„Amerika will wissen, was in der Welt passiert", entgegnete Daniel. „Darf ich Ihnen einige Fragen stellen?"

„Aber bitte nur wenige; es gibt so viel zu tun vor dem großen Tag."

Die Menge drängte sich auch weiter um ihn, und die Menschen plauderten aufgeregt miteinander. Daniel mußte fast schreien, um sich verständlich zu machen.

„Pater Gapon, um was werden die Arbeiter den Zar bitten?"

„Nur darum, daß er ihren Kindern hilft, ihr Los erleichtert. Daß sie wie menschliche Wesen behandelt werden, nicht wie Vieh."

Daniel machte sich eifrig Notizen. „Einige bestimmte Forderungen?“

„Nur das, was alle Menschen verdienen. Angemessene Arbeitsbedingungen, einen Achtstundentag, gerechte Entlohnung, Sicherheit. Rede- und Versammlungsfreiheit.“

„Und wenn der Zar sich weigert, Sie zu empfangen? Haben Sie gewalttätige Absichten?“

„Ganz bestimmt nicht! Dies wird eine friedliche Veranstaltung werden. Wir wollen nur angehört werden. Wir sind bereit, dem Zaren eine kleinere Abordnung zu schicken, wenn er das wünscht, doch sie muß aus Männern bestehen, die ich persönlich aussuche. Ich habe dem Zaren in einem Brief versichert, daß er keine Angst vor uns zu haben braucht. Wir lieben ihn und glauben an ihn. Er kann uns ohne Vorbehalte gegenübertreten.“

Daniel konnte die letzte Frage nicht mehr stellen, die ihn beschäftigte: Wenn der Zar nun die Arbeiter ignorierte? Dies war eine Möglichkeit, die niemand in Betracht ziehen wollte.

65

Basil betrachtete die Dinge, die auf dem Tisch lagen – Drähte, Zünder, Dosen, Uhren. Cyril Wlasenko hatte seinen Teil des Abkommens erfüllt. Er hatte brav die notwendigen Utensilien und die Hälfte des Geldes geliefert. Doch Basil hatte nicht vor, genauso brav seinen Teil zu erfüllen. Er kümmerte sich nicht mehr um Pater Gapon als um eine Ameise auf der Straße. Die Zeit, wo Basil für die Revolution, für Anarchie und Mord gelebt hatte, war vorbei. Er hatte nicht die Absicht, Gapon zu töten – nicht weil die Sache des Mannes ihm etwas bedeutet hätte, sondern weil Basil etwas ganz anderes vorhatte.

Und endlich war der Zeitpunkt gekommen, wo er sich seinen Traum erfüllen konnte. Grinsend nahm er einen der kostbaren Zünder. Er hatte erfahren, daß die kleine Schlampe Mariana Remisow endlich wieder nach Hause gekommen war, wenn auch verwundet. Ach, wie dankbar war Basil, daß die Japaner ihn nicht seines Vergnügens beraubt und sie getötet hatten. Und sobald er die restlichen Teile bekam und seine Bomben fertiggestellt hatte, war er bereit. Dann brauchte er nur noch eine Gelegenheit abzuwarten. Das kleine Familienfest nach Weihnachten hatte er verpaßt, weil er noch nicht alles zusammengehabt hatte, doch das hatte ihn auf die Idee gebracht, die ganze Familie zusammen zu erwischen. Das würde noch besser sein, als den trauernden Dmitri zu beobachten. Warum sollte man eine kostbare Bombe an nur eine einzelne Person verschwenden?

Vorsichtig legte er den Zünder auf den Tisch zurück. Seine Verabredung wartete. Er nahm seinen Mantel und verließ seinen Unterschlupf in der Grafski-Straße. Mit der Straßenbahn fuhr er ein Stück in die Stadt hinein, dann ging er zu Fuß weiter. Er brauchte eine halbe Stunde, um seinen Treffpunkt zu erreichen. Als er dort ankam, war er vollkommen durchgefroren, doch in seinen Augen brannte das Feuer der Leidenschaft. All das Zeug auf dem Tisch in seinem Zimmer würde gar nichts nützen, wenn diese Lieferung nicht klappte. Basil erwartete das wichtigste Teil.

Cerkower wartete auf ihn, genau wie verabredet, am Fuß der Nikolausbrücke auf der Südseite des Flusses. Zu dieser Stunde am Nachmittag herrschte reger Verkehr. Es war schon fast dunkel, denn die Sonne ging in diesen nördlichen Breitengraden früh unter. Niemand beachtete die beiden Männer, die stehenblieben und miteinander sprachen; allem Anschein nach fragte der besser gekleidete Herr den anderen nach dem Weg. Cerkower stellte den Koffer ab, den er bei sich hatte, und nahm einen Stift und einen Block aus seiner Tasche, um sich etwas aufzuschreiben. Basil deutete in eine bestimmte Richtung und erklärte lebhaft etwas.

Während Cerkower zu schreiben vorgab, sagte er: „Das ist eine Menge Dynamit, die Sie gefordert haben."

„Haben Sie alles?" fragte Basil besorgt. Alles hing von dem Sprengstoff ab.

„Ja, aber es hat mir durchaus keinen Spaß gemacht, das durch die ganze Stadt zu tragen."

„Das ist ungefährlicher, als Sie glauben."

„Und Sie brauchen so viel für eine Bombe?"

„Sie denken doch nicht etwa, daß ich mich auf eine einzige Bombe verlasse, oder? Es könnte jede Menge Komplikationen geben. Ich muß mich absichern."

„Das war nicht leicht zu beschaffen. Es gibt besser keine ‚Komplikationen'."

„Keine Sorge. Ich schaffe es. Keiner wird entkommen."

„Wir hoffen, daß nicht zu viel passiert, Nagurski. Natürlich werden auch unschuldige Schaulustige betroffen sein, aber wir wollen, daß es so sauber wie möglich verläuft. Versuchen Sie ihn allein zu erwischen."

„Das versuche ich immer."

„Wann können wir mit dem Unternehmen rechnen?" fragte Cerkower.

„Es hätte schon längst passieren können, wenn Sie schneller geliefert hätten."

„Wie ich schon sagte, es war nicht leicht, so viel Material zu beschaffen, ohne Verdacht zu erregen. Wir haben gehört, daß Gapon eine große Demonstration plant. Wir würden es gern sehen, wenn es vorher passiert."

„Das kann ich nicht garantieren. Aber Sie brauchen den exakten Zeitpunkt sowieso nicht zu wissen."

„Vertrauen Sie uns nicht?" fragte Cerkower beleidigt.

„Ich traue den Leuten nicht, für die Sie arbeiten."

„Warum, denken Sie, haben wir uns solche Mühe gegeben, unsere Treffen geheimzuhalten?" fragte Cerkower. „Niemand außer Wlasenko, Ihnen und mir weiß von dieser Operation."

„Und was ist mit der Geheimpolizei, die Sie mir auf die Fersen gehetzt haben?"

„Niemand ist hinter Ihnen her – wenigstens niemand von unseren Leuten. Ich sage Ihnen, Wlasenko und ich sind die einzigen, die von Ihnen und Ihrer Aufgabe wissen."

„Das wollte ich hören." Anickin war erleichtert. „Ich möchte nicht, daß die halbe Okhrana hinter mir her ist, wenn die Sache erledigt ist."

„Das wollen wir auch nicht. Sie werden keine Probleme haben zu entkommen, solange Sie Ihren Job erledigen und wir nicht eine ganze Reihe von unschuldigen Toten haben."

„Nur die, die es verdient haben, werden sterben", versicherte Basil.

Cerkower konnte gar nicht schnell genug fortkommen. Da es nichts mehr zu sagen gab, steckte er seinen Stift und seinen Block wieder ein und eilte davon.

Niemand bemerkte, daß er seinen Koffer stehengelassen hatte.

Es schien ganz natürlich zu sein, daß Basil sich bückte und ihn aufnahm, denn er war alt und abgestoßen und paßte zu dem Mann, der ihn in der Hand hielt.

Basil blickte Cerkower noch eine Weile nach. *Ja*, dachte er, *es werden nur die sterben, die es verdient haben!* Auch die heuchlerischen Lakaien der Regierung und ihre aufgeblasenen Chefs.

Cerkower hatte gesagt, er wolle eine saubere Arbeit. Das wollte Basil auch. Doch Basil hatte etwas andere Vorstellungen davon. Wenn er fertig mit ihnen war, würde niemand ihn mit dieser Tat in Verbindung bringen können. Zwei Bomben würden für Mariana Remisow und ihren Vater bestimmt sein, für den Fall, daß er sie nicht zusammen erwischen konnte. Die dritte Bombe war für Graf Cyril Wlasenko. Für die Eliminierung von Cerkower hatte er andere Pläne. Zu viele Bomben wären einfach zu auffällig gewesen.

Basil hatte gerade herausgefunden, was er die ganze Zeit schon vermutet hatte: daß nämlich Wlasenko Basils Mitarbeit verschwiegen hatte. Natürlich war dem Grafen nicht daran gelegen, daß irgend jemand, schon gar nicht seine Kollegen von der Okhrana, erfuhr, daß er sich mit jemandem wie Anickin einließ. Und Basil war sicher, daß Wlasenko und Cerkower über seine wahre Identität informiert waren. Wenn sie tot waren, konnte niemand ihn mit den Bombenanschlägen in Verbindung bringen, oder falls das doch der Fall sein sollte, würde er längst fort sein. Seine letzte Rate und die Reiseunterlagen würde er natürlich niemals erhalten, doch Basils persönliche Befriedigung würde Entschädigung genug sein.

Mit dem schweren Koffer in der Hand machte er sich auf den Weg über die Brücke. Er fragte sich, was die Passanten wohl denken würden, wenn sie wüßten, daß er genügend Macht in der Hand hielt, um viele Träume sowohl zu zerstören als auch zu erfüllen.

66

Die Wohnung war erfüllt mit guten Gerüchen. Das Weihnachtsfest war traurig verlaufen, weil sie nicht wußten, was aus Sergei werden würde; doch nun würden sie feiern. Anna und Raisa bereiteten mit Marianas und Taljas Hilfe alle traditionellen Weihnachtsgerichte zu. Daniel hatte einen riesigen Schinken gestiftet, dazu eine große Schachtel mit Süßigkeiten und ausgezeichneten importierten Kaffee.

Sechzehn Leute würden am Tisch sitzen – Anna, Sergei, Raisa und die drei Kinder natürlich; aber auch Viktor, Sarah, Mariana, Daniel, Paul und Mathilde, Dmitri, George Cranston und Mischa. Sogar Eugenia hatte sich herabgelassen, die Gruppe mit ihrer Anwesenheit zu beehren – immerhin lag es in ihrem Interesse, Mariana bei Laune zu halten, nun da ihre gesellschaftlichen Chancen sich so verbessert hatten.

Eine halbe Stunde bevor die Gäste erwartet wurden, kam Sergei in die Küche.

„Ich wollte nur sehen, ob ich irgendwie helfen kann", sagte er, als er bemerkte, daß er im Weg stand.

„Davon wollen wir nichts hören!" meinte Raisa fest. „Außerdem bist du der Ehrengast. Und nun hinaus mit dir!" Sie fuchtelte mit den Händen vor seinem Gesicht herum. „Geh und ruh dich ein wenig aus."

„Ich habe mich den ganzen Tag ausgeruht", beklagte sich Sergei. „Ich bin der ausgeruhteste Mann in Rußland – und der mit der größten Langeweile."

„Ein wenig Langeweile dann und wann kann nicht schaden", meinte Anna.

Sergei zuckte die Achseln; er war nicht überzeugt.

„Kannst du mich einen Augenblick entbehren?" fragte Anna Raisa. „Ich denke, ich versuche meinen Mann ein wenig zu unterhalten."

Sofort machte sich ein Grinsen auf Sergeis Gesicht breit. Er nahm Annas Hand und zog sie mit sich. „Das war es, was ich wirklich wollte", sagte er. „Ein wenig Zeit allein mit dir."

„Wir können noch unser Leben lang miteinander allein sein, Sergei."

Sergeis Fröhlichkeit verschwand, und er schwieg eine Weile. „Wenn mir im Gefängnis eines klargeworden ist, Anna, dann, daß das Leben nicht vorhersehbar ist. Wir müssen jeden Augenblick genießen und dürfen nicht eine einzige Minute als selbstverständlich hinnehmen."

Er führte Anna in ihr kleines Schlafzimmer.

„Sergei!" sagte Anna verlegen.

Er lächelte wieder. „Das ist der einzige Ort, wo ich mit dir allein sein kann."

„Und warum willst du mit mir allein sein?"

„Ich bin ein Mann, meine liebe Frau. Und nachdem ich wochenlang von dir fort gewesen bin, habe ich eine Menge Nachholbedarf. Und wie ich schon sagte, das Leben ist zu kurz, als daß man Gelegenheiten ungenutzt verstreichen lassen dürfte, die sich einem bieten."

Er nahm sie in die Arme und küßte sie leidenschaftlich.

„Oh!" meinte Anna schließlich atemlos. „Du gibst mir das Gefühl, wieder ein junges Mädchen zu sein."

„Und ich fühle mich wieder wie ein junger Mann. Vielleicht bin ich zuviel mit Mariana und Daniel zusammengewesen. Diese junge Liebe färbt ab."

„Junge Liebe ..." Anna seufzte zufrieden. „Ich habe den Eindruck, es ist noch gar nicht so lange her, daß wir so waren."

„Waren? Oh, Anna ..." Er strich ihr zärtlich mit dem Finger über die Wange. „Ich fühle mich noch genauso wie früher. Ich weiß noch ganz genau, wann mir klarwurde, daß ich dich liebe. Ich hatte dich von dem Ball im Winterpalast entführt –"

„Ich war wohl kaum *auf* dem Ball", korrigierte ihn Anna.

„Nein, du warst zu gut dafür. Du warst das hübscheste Mädchen dort. Wir gingen zusammen im Palasthof spazieren."

„Und haben über Gedichte gesprochen."

„Ich hätte dir am liebsten gesagt, daß ich dich liebe, und dich in die Arme genommen."

„Ich wäre vor Schreck bestimmt ohnmächtig geworden."

Er lächelte. „Ja, das wärst du wohl. Nur darum habe ich gewartet."

„Oh, Sergei ... da sitzen wir alten Leute nun und warten darauf, daß unsere Tochter ihre Verlobung ankündigt. Das ist unglaublich."

„Dann meinst du also, daß die große Ankündigung bald passieren wird?“

„Mariana hat mir anvertraut, daß Daniel nur darauf wartet, mit dir und Dmitri zu sprechen. Sei also nicht überrascht, wenn er euch beide heute abend beiseite nimmt.“

„Gut! Es wird Zeit, daß die beiden zusammenkommen. Ich habe Gelegenheit gehabt, mich ein wenig mit Daniel zu unterhalten. Er stellt viele Fragen.“

„Hat er dich für seine Zeitung interviewt?“

„Nun, einige seiner Fragen dienten bestimmt diesem Zweck, doch glaube es oder nicht, die meisten drehten sich um geistliche Dinge. Noch nie habe ich jemanden erlebt, der so ausgehungert danach war, seit ...“ Er lächelte bei der Erinnerung. „Seit ein anderer junger Mann einen schottischen Missionar in China kennengelernt hat. Ich denke, unsere Mariana hätte keinen besseren Mann finden können. Ich bin froh, daß sie Eugenias Druck nicht nachgegeben hat.“

„Mariana hat ihre eigenen Vorstellungen.“

„Wie ihre Mutter.“

„Ich freue mich für sie, Sergei“, fuhr Anna fort. „Doch Daniel ist in Amerika zu Hause – es ist schwer zu akzeptieren, daß Mariana vielleicht so weit von uns fortgeht.“

„Vielleicht bleiben sie ja auch hier. Daniel scheint sich in Rußland wohlzufühlen.“

„Ich nehme an, wir müssen akzeptieren, daß unsere Kinder ihr eigenes Leben führen. Ich möchte keine Mutter sein, die sie an sich bindet.“

„Du wirst deine Kinder nie verlieren, Anna. Denk an das alte Sprichwort: ‚Laß deine Kinder ihren eigenen Weg wählen, und er wird sie immer wieder zu dir zurückführen.‘ Du hast das getan, und du wirst die Früchte ernten.“

„*Wir* haben das getan, Sergei. Und *wir* werden die Früchte ernten.“

„Ja, natürlich ...“ Sergeis Stimme verklang, und er wurde sehr nachdenklich. „Anna, falls ich irgendwann einmal nicht mehr da sein sollte –“

„Sergei, was sagst du da?“ schimpfte Anna. „So etwas will ich nicht hören. Ich habe dich doch gerade erst zurückbekommen – um dich für eine sehr lange Zeit zu behalten.“

„Im Gefängnis habe ich sehr viel über die Zukunft nachgedacht. Mir wurde bewußt, daß ich nicht unsterblich bin. Gott schenkt uns nicht immer, was wir haben wollen oder was wir meinen, unbedingt zu brauchen. Ich habe einfach das Gefühl, es ist das beste, vorbereitet zu sein auf ... nun, auf das, was Gott uns zugedacht hat. Das ist alles."

„Was würdest du denken, Sergei, wenn ich so etwas zu dir sagen würde?" meinte Anna leicht verstimmt. „Wenn ich dir sagen würde, daß ich nicht immer bei dir sein kann?"

„Ich würde denken, daß du alle Möglichkeiten in Betracht ziehst."

„Pah! Du wärst am Boden zerstört."

Ein schelmisches Grinsen legte sich auf Sergeis Gesicht. „Du kennst mich zu gut, Anna."

„Hat dies alles mit deiner Zeit im Gefängnis zu tun, Sergei, oder willst du mir irgend etwas sagen?"

Er zuckte mit den Achseln und bemühte sich zu sehr, gleichgültig zu erscheinen. Es war zu auffällig. „Vermutlich bin ich nur etwas mit meinen Nerven am Ende, wie alle hier in der Stadt."

„Wegen der Demonstration von Pater Gapon?"

„Wir haben keine Garantie dafür, daß alles so läuft wie geplant."

„Dann geh nicht hin, Sergei!" meinte Anna aufgeregt.

„Du weißt, daß das nicht geht. Es wird ein wichtiger Tag in unserer Geschichte werden. Ich muß dabei sein."

Anna nickte und versuchte, ihre Erschütterung über das Gespräch mit einem Lächeln zu verscheuchen. „In Ordnung. Aber ich möchte nichts mehr hören über eine unsichere Zukunft, schon gar nicht an diesem großen Tag. Wir feiern heute deine Heimkehr, mein lieber Mann. Und nur daran möchte ich denken – wie glücklich ich bin, daß ich dich wiederhabe."

Anna legte die Arme um Sergei und drückte ihn an sich.

67

Daniel beschloß, noch vor dem Abendessen mit seinen beiden zukünftigen Schwiegervätern zu sprechen. Sonst hätte er das Essen nicht genießen können. Sein Hauptproblem war die Frage, wo er in der überfüllten Wohnung mit ihnen allein sein konnte. Ein großer Tisch war im Wohnzimmer aufgebaut worden, und Sarah, Mariana und Talja deckten ihn im Augenblick. Die Küche stand natürlich außer Frage. Es blieben nur noch die Schlafzimmer übrig.

Einen günstigen Augenblick sah Daniel gekommen, als Viktor und George angeregt miteinander plauderten und Mischa mit Juri und Andrei Holz holen gegangen war. Dmitri zog neugierig die Augenbrauen hoch, als Daniel fragte, ob er ihn und Sergei allein sprechen könne. Sergei zwinkerte mit den Augen.

Sie gingen in Sergeis und Annas Schlafzimmer, da sie dort nicht gestört werden würden. Als Sergei die Tür hinter ihnen schloß, wurde Daniel auf einmal sehr nervös. Er ging zu dem kleinen Fenster und hoffte, er würde sich beruhigen können. Er räusperte sich und wendete sich den Männern zu. Dmitri saß auf dem Schreibtischstuhl, Sergei auf der Bettkante. Die beiden alten Freunde lächelten sich schelmisch an.

„Vielen Dank, daß Sie mir ein wenig Zeit widmen", begann Daniel. „Ich ... möchte ... Sie beide etwas fragen."

Weder Dmitri noch Sergei wirkten sehr erstaunt. Sie wußten, was kam.

„Ich dachte, ich würde am besten mit Ihnen beiden sprechen, weil Sie beide Mariana so wichtig sind. Ich hoffe, daß niemand etwas dagegen hat", sagte Daniel.

Dmitri sprach als erster, denn er hätte sich durch Daniels Vorgehensweise am ehesten beleidigt fühlen können. „Es sind wirklich seltsame Umstände, und ich bin der erste, der zugeben muß, daß Sergei hier in bezug auf meine Tochter genauso viele Rechte wie ich hat. Fahren Sie nur fort, Daniel."

„Nun, Graf Remisow – Prinz Fedortschenko", begann er sehr formell, „ich möchte Sie um die Hand Ihrer Tochter bitten!"

Beide Männer grinsten, und Dmitri wendete sich Sergei zu.

„Was meinst du, Sergei? Ich bin sehr an deiner Meinung interessiert."

„Dies kommt nicht überraschend", meinte Sergei. „Und wenn es nach mir ginge, ich würde meinen Segen ohne Vorbehalte geben. Ich habe nur eine Frage: Wo wollt ihr wohnen? In Amerika? Wir stehen Mariana sehr nahe und könnten uns nur schwer an den Gedanken gewöhnen, sie so weit fort zu wissen. Aber natürlich sind Sie dort zu Hause, Daniel."

„Mariana und ich haben darüber gesprochen, und wir denken, daß wir sowohl hier wie auch in Amerika leben könnten. Ich werde sowieso sehr viel für meine Zeitung unterwegs sein und über Rußland berichten, darum werden wir sicherlich viel Zeit auch hier verbringen."

„Das freut mich zu hören – und Anna ganz besonders", erwiderte Sergei.

„Sie haben auch meinen Segen, junger Mann", begann Dmitri. „Aber –"

Daniels Hoffnungen stiegen, wurden jedoch von dem ‚aber' wieder zunichte gemacht. „Ja, Graf Remisow?" fragte er ahnungsvoll.

„Wir dürfen Ihre unterschiedliche Glaubensangehörigkeit nicht außer acht lassen, Daniel."

„Mariana und ich haben darüber gesprochen, und ich habe sehr viel darüber nachgedacht." Warum nur krampfte sich sein Magen so zusammen? Er hatte alles geplant und war zuversichtlich, daß er eine Lösung gefunden hatte, die alle glücklich machte. Doch seine Zuversicht war auf einmal verschwunden.

„Dürfen wir Ihre Meinung hören?" fragte Sergei.

„In der Vergangenheit war ich nie sehr religiös." Daniel versuchte, mit fester Stimme zu sprechen. „Mein Vater gehörte der presbyterianischen Kirche an, und obwohl er nicht regelmäßig in den Gottesdienst ging, war er doch sehr viel religiöser als ich. Bestenfalls ging ich zweimal im Jahr in die Kirche – Sie wissen schon, zu Weihnachten und zu Ostern. Als mein Vater vor vier Jahren starb, erfuhr ich – wie soll ich sagen – eine geistliche Erweckung. Während jener Zeit habe ich Höhen und Tiefen erlebt, und ich bin weit davon entfernt, ein reifer Christ zu sein. Doch mein Glaube an Gott ist mir sehr wichtig geworden. Weil ich so viel in der Welt herumgereist bin, auch in den vergangenen vier Jahren, habe ich mich nie einer bestimmten Kirche angeschlossen. Zu Hause habe ich die presbyterianische Kirche besucht, der mein Vater angehörte. Mir gefiel diese Kirche, und ich hatte den Eindruck, daß Gott dort real und lebendig war. Ich habe auch Gemeinden anderer Denominationen besucht – einige gute, einige schlechte. Ich habe an einigen presbyterianischen Gottesdiensten teilgenommen, die mir überhaupt nicht gefielen. Darum bin ich zu dem Schluß gekommen, daß es nicht wichtig ist, welcher Kirche man angehört, sondern nur, ob Gott dort zu finden ist oder nicht."

Daniel unterbrach sich und blickte die beiden Männer an, als versuchte er einzuschätzen, wie sie wohl auf seine nächste Bemerkung reagieren würden. „Ich habe auch einige orthodoxe Kirchen hier in Rußland besucht", fuhr er fort, „und ich muß zugeben, daß ich mich in diesen Gottesdiensten nicht sehr wohl gefühlt habe. Selbst als sich meine Sprachkenntnisse verbesserten, bekam ich wenig geistliche Nahrung dort. Vielleicht war mir einfach nur die starke Betonung der äußerlichen Form und der Liturgie fremd. Allerdings habe ich bisher erst an zwei oder drei Gottesdiensten teilgenommen. Vielleicht habe ich nur noch nicht die richtige orthodoxe Kirche gefunden –"

Sergei hob die Hand. „Bevor Sie fortfahren, Daniel, möchte ich sagen, daß unsere Kirche wirklich sehr stark das Äußerliche betont. Ihr ist wichtig, wie ein Mensch sich *verhält* – wichtiger, glaube ich, als was in seinem Herzen ist. Sie werden viele Leute finden, die sich mit Äußerlichkeiten aufhalten und hoffen, sich ihr Heil auf diese Weise verdienen zu können. Christus widmen sie kaum einen Gedanken."

„Dieselben Leute gibt es auch in der protestantischen Kirche."

„Ich will Ihnen etwas anvertrauen", sagte Sergei. „Ich habe mehrmals eine protestantische Kirche hier in St. Petersburg besucht, und ich habe es sehr genossen. Ihr Protestanten habt eher die Freiheit, euch direkt an euren Herrn zu wenden. Das gefällt mir. Doch mein ganzes Leben lang gehöre ich der orthodoxen Kirche an, und in meinem Alter ist ein Wechsel schwierig."

„Sie meinen, Sie haben in Betracht gezogen, die Konfession zu wechseln?" fragte Daniel ungläubig. Auch Dmitri zog scharf die Luft ein.

„Wie Sie, Daniel, möchte ich mehr als alles andere Gott näherkommen. Ich möchte offen sein für die Wege, wie Gott dies vollbringen will. Ich kann auch in der orthodoxen Kirche in meinem Glauben wachsen, weil mein Herz suchend ist. Andere besuchen die Gottesdienste und verändern sich nicht ein bißchen, weil sie nur das Gesetz erfüllen wollen.“

„Nun“, meinte Daniel, der jetzt etwas lockerer war, „das ist auch meine Meinung. Zuerst dachte ich, daß es vielleicht heuchlerisch wäre, überzutreten, um Mariana heiraten zu können. Doch ich sehe es so, daß ich mir das Beste aus zwei Welten heraushole. In vieler Hinsicht ist Ihre Kirche sehr gut; es gibt aber auch an meiner viel Gutes. Mit der richtigen inneren Einstellung, denke ich, kann mich beides weiterbringen.“

„Zu einem Übertritt gehört mehr als nur die Teilnahme am Gottesdienst“, meinte Sergei.

„Ist es verboten, andere Gemeinden zu besuchen?“

„Es wird nicht gern gesehen. Andere Kirchen haben nach Meinung der Orthodoxen nicht den richtigen Glauben.“

„Ich dachte, wir könnten einfach beide Kirchen besuchen.“

„Wäre das in der presbyterianischen Kirche gestattet?“ fragte Dmitri.

„Ich könnte natürlich nicht beiden Konfessionen angehören, doch ich könnte die Gottesdienste besuchen.“

„Nicht in unserer Kirche“, sagte Sergei. „Wenn Sie täten, was Sie vorschlagen, müßten Sie es heimlich tun. In Amerika ist es natürlich leichter, einen solchen ... –“

„Betrug?“ warf Daniel ein. Ihm wurde auf einmal klar, daß seine Schlußfolgerungen nicht richtig gewesen waren, und ein Gefühl der Beunruhigung beschlich ihn.

„Es hört sich fast danach an, nicht wahr?“ meinte Sergei.

„Ich fühle mich ein wenig töricht“, seufzte Daniel. „Ich dachte, ich hätte die Lösung gefunden.“ Wieder blickte er aus dem Fenster. Es hatte aufgehört zu schneien. Er hätte nie gedacht, daß dieses Gespräch so verlaufen würde. Er hatte sich vorgestellt, daß Dmitri und Sergei ihm bereitwillig ihren Segen geben würden, damit er und Mariana in Frieden heiraten konnten.

Auf einmal wurde alles so kompliziert.

„Werden Sie übertreten?“ fragte Dmitri.

Wieder seufzte Daniel. Als er über diese Dinge nachgedacht hatte, hatte er versucht, die Tatsache zu ignorieren, daß die orthodoxe Kirche anderen christlichen Glaubensgemeinschaften gegenüber unbeugsam war. Er hatte gehofft, dies würde nicht thematisiert werden. Doch es wurde – es war sogar ein sehr wichtiges Thema. Und er wußte instinktiv, wo er in dieser Angelegenheit stand.

Zögernd, doch gleichzeitig fest entschlossen, sagte er: „Ich ... ich glaube nicht, daß ich einer Kirche beitreten könnte, die andere Christen nicht akzeptiert, nur weil sie einer anderen Glaubensgemeinschaft angehören. Ich gebe nicht vor, ein Experte zu sein, doch das erinnert mich an die Auseinandersetzung des Apostels Paulus mit den jüdischen Christen, die die Heiden nicht als gleichwertig akzeptieren wollten. Ich glaube nicht, daß Christus die Menschen nach ihrer Religionszugehörigkeit beurteilt."

Daniel bemerkte das zustimmende Funkeln in Sergeis Augen nicht, weil Dmitri sofort das Wort ergriff. „Das muß hart für Sie sein, Daniel", sagte er. „Aber ich respektiere Sie um so mehr, daß Ihnen Ihre Prinzipien so viel bedeuten, daß Sie Mariana dafür aufgeben –"

„Was?" keuchte Daniel. „Ich werde Mariana nicht aufgeben."

„Aber sie kann nicht außerhalb der Kirche heiraten."

Daniel blickte ihn fassungslos an.

„Dmitri", meinte Sergei ruhig, „sei nicht so voreilig."

„Du würdest so etwas erlauben?" rief Dmitri. „Gott sei Dank bin ich ihr leiblicher Vater, und die letzte Entscheidung liegt bei mir."

„Dmitri, Mariana ist volljährig", sagte Sergei.

„Sie würde sich mir nicht widersetzen!"

„Bringe sie nicht in eine solche Situation", bat Sergei. „Du wirst sie dir entfremden. Sie liebt Daniel, und ich glaube, schon sehr lange. Wir haben das kommen sehen. Warum hast du dich dem nicht von Anfang an widersetzt?"

„Weil ich ... ich –"

„Du wolltest Marianas Glück", beendete Sergei seinen Satz.

„Ich hatte nicht an die Konsequenzen gedacht."

„Das ist doch keine so große Sache. Mariana wird ganz sicher nicht in der Hölle verbrennen, nur weil sie außerhalb der Kirche heiratet, obwohl man uns das glauben machen will. Nur gesellschaftlich –"

„*Nur gesellschaftlich?* Sergei, was sonst ist wichtig?"

„Ich erinnere mich an eine Zeit, wo dir ganz egal war, was die Leute dachten. Du hast die aufgeblasenen Herren und die verwöhnten Damen mit ihren sinnlosen Regeln verachtet. Erinnerst du dich noch, Dmitri?"

„Wenn man älter wird, ändert sich das. Ich muß an das denken, was die Leute sagen."

„Unsere Familien haben mit viel schlimmeren Regelübertretungen leben müssen, und sie haben überlebt. Was zählt ist, daß die Familie zusammenhält. Mariana hat sich einen gottesfürchtigen Mann ausgesucht, einen Ehrenmann und einen Mann von Prinzipien."

Dmitri äußerte seine schlimmsten Befürchtungen. „Und was ist mit meiner Mutter?"

„Sicher wirst du doch mit Gräfin Eugenia fertig", erwiderte Sergei im Brustton der Überzeugung.

„Ich werde mit ihr fertig? Äh ... nun ... natürlich werde ich mit ihr fertig! Ich bin schließlich das Oberhaupt der Familie."

„Das stimmt."

Daniel hatte still zugehört. Er war erstaunt, wie geschickt Sergei mit Dmitri umging. Dmitri schien sich umstimmen zu lassen.

Dmitri blickte Daniel an und war gerührt von der Ernsthaftigkeit des jungen Mannes. Obwohl Dmitri der Unterhaltung zwischen Sergei und Daniel nicht so ganz hatte folgen können, war er geneigt, ihnen seinen Segen zu geben. Immerhin mochte er Daniel. Hatte *er* ihn nicht in Amerika kennengelernt und mit Mariana bekannt gemacht? Für ihn war er von Anfang an vielversprechend gewesen. Und die Trents besaßen Millionen! Wer kümmerte sich schon darum, welcher Kirche sie angehörten? Außerdem würden sie sich die meiste Zeit in Amerika aufhalten, wer würde also davon erfahren?

Doch die Tradition hielt ihn gefangen. Eine Heirat außerhalb der Kirche? Welchen Einfluß würde das auf sein gegenwärtiges Ansehen beim Zaren haben? Nikolaus und Alexandra waren äußerst religiöse Menschen. Dmitri hatte gedacht, Sergei würde Einwände erheben, doch das war nicht der Fall gewesen. Vielleicht waren der Zar und die Zarin aber auch gar nicht so eigen in bezug auf die Religion.

„Es ist nur so ungewöhnlich ...", murmelte Dmitri. Ihm war kaum bewußt, daß er laut sprach.

In diesem Augenblick riß Mariana die Tür auf.

„Père, du kannst uns deinen Segen nicht verweigern!" Sie kniete sich zu seinen Füßen und ergriff seine Hände. „Bitte, steh unserem Glück nicht im Wege!"

„Mariana", meinte Dmitri ebenfalls flehend, „es gibt so vieles zu bedenken."

„Aber Père, hast du das Wichtigste bedacht?" Mariana sprang auf und ging zu Daniel. „Was ist mit der Tatsache, daß wir uns lieben?"

Dmitri blickte seine Tochter an, dann Daniel – seinen zukünftigen Schwiegersohn? –, der Marianas liebevollen Blick zurückgab.

Sieh sie dir nur an, dachte Dmitri. *Wie oft kommt es vor, daß zwei Menschen sich so lieben? Sie sind wirklich füreinander bestimmt. Was würde ich darum geben, wenn ich jemanden hätte, der mich so liebte wie sie ihn. Und welcher Vater würde nicht alles dafür geben zu wissen, daß seine einzige Tochter so geliebt wird, wie Daniel meine Mariana liebt? Dies ist eine Verbindung, die im Himmel geschlossen wurde. Es muß richtig sein.*

Dmitri stand auf, ging zu Mariana und Daniel und legte seine Hand auf ihre Hände.

„Ach, mein Liebes", sagte er nachdenklich. „Wenn man selbst schon älter ist, dann vergißt man so etwas so leicht. Meine lieben Kinder, ihr habt auch meinen Segen!"

BLUTIGER SONNTAG

68

Cyril Wlasenkos Geduld war langsam erschöpft. Es lief nicht gut.

Die Entlassung und Begnadigung Sergei Fedortschenkos war schon schlimm genug. Diese Schurken schafften es doch immer wieder, ihn zu überlisten! Wie hatten sie das nun wieder zustande gebracht? Hatten sie vielleicht eine Art Schutzengel, der über ihnen wachte?

Außerdem mußte er sich der entmutigenden Tatsache stellen, daß Basil Anickin Gapon vielleicht nicht vor dem großen Marsch am Sonntag erledigen würde. Morgen war Sonntag!

Verflucht sei Anickin! Doch Cyril Wlasenko wußte, daß man Anickin nicht allein für die Tatsache verantwortlich machen konnte, daß Gapon immer noch am Leben war. Der Priester ließ sich in letzter Zeit sehr selten in der Öffentlichkeit sehen, und wenn, dann war er besser bewacht als der Zar. Ständig war er von seinen Leibwächtern umgeben.

Gapon wußte, daß er in Gefahr schwebte.

Man hatte Anträge gestellt, diesen Mann zu verhaften, doch sie waren abgelehnt worden, weil die Verhaftung eines Priesters die Situation nur verschlimmern würde. Außerdem kam niemand so nahe an den Mann heran, daß man ihn hätte verhaften können.

Dieser Anickin sollte besser bald etwas unternehmen. Wenn die Arbeiter nicht gestoppt wurden, dann würde er selbst zum Sündenbock für das gemacht werden, was bei dem Marsch passierte.

Warum brauchte Anickin nur so lange? Sicher, er hatte erst vor kurzem seinen Sprengstoff erhalten, aber er wußte, wie wichtig die Sache war. Cyril begann sich zu fragen, ob man dem Burschen trauen konnte. Er wußte, daß Anickin nicht ganz zurechnungsfähig war, er hatte jedoch den Eindruck gehabt, es lohne sich, dieses Risiko einzugehen. Der Verrückte würde den Priester vermutlich am ehesten eliminieren können. Wenn Cyril sich täuschte ... Daran durfte er gar nicht denken. Er hatte gerade einem Verrückten genügend Sprengstoff besorgt, um den ganzen Winterpalast in die Luft zu sprengen. Es war Anickin nur zu raten, bald zu handeln, sonst würde Cyril ihn verhaften lassen. Seine Nerven waren zum Zerreißen gespannt.

Cyril mußte sich mit der Tatsache abfinden, daß weder er noch irgend jemand sonst Gapons geplanten Marsch würde aufhalten können. Fullon, der Bürgermeister von St. Petersburg, hatte Gapon angerufen, um ihm die Sache auszureden, doch der Priester weigerte sich, mit ihm zu sprechen. Cyril konnte nur hoffen, daß der Marsch ohne Zwischenfall verlaufen und Gapon infolgedessen gezwungen sein würde, sich zurückzuziehen, weil er nichts erreicht hatte.

Da es den Ministern nicht gelungen war, den Marsch zu verhindern, trafen sie sich am Nachmittag zu einer Notstandssitzung, um einen Plan zu entwerfen, wie sie mit der Situation umgehen sollten. Cyril war bei der Sitzung anwesend. Alle waren da, außer Witte. Cyril fragte sich, ob Witte absichtlich nicht eingeladen worden war, aus Angst, er könnte sich auf die Seite der Arbeiter stellen. Aber wahrscheinlicher war, daß der angeberische Idiot sich bewußt fernhielt, für den Fall, daß etwas schiefgehen sollte.

Die Minister sprachen darüber, Truppen in der Stadt aufmarschieren zu lassen. Die Demonstranten mußten unbedingt vom Winterpalast ferngehalten werden. Tausende von Truppen, sogar aus Pskow, waren in die Hauptstadt beordert worden. Der Zar würde sich natürlich nicht im Palast aufhalten; er war sofort nach dem Epiphanias-Gottesdienst nach Tsarskoe Selo zurückgekehrt.

Jegliches Wohlwollen der Minister den Arbeitern gegenüber schwand, als der Innenminister einen Brief vorlas, den Gapon an den Zaren geschrieben hatte:

Lassen Sie sich von Ihren Ministern nicht täuschen. Sie verheimlichen Ihnen, wie die Dinge in Rußland wirklich stehen. Sie wollen nicht, daß sich das Volk aus den Tiefen der Armut erhebt. Doch das Volk weiß, daß Eure Majestät ihm helfen würden, wenn Sie die Wahrheit wüßten. Wir haben Vertrauen zu Ihnen! Darum haben wir beschlossen, morgen um zwei Uhr zum Winterpalast zu kommen. Haben Sie keine Angst, sich Ihrem Volk zu stellen und unsere Bitten anzuhören. Ihnen wird nichts geschehen.

Der Mann hatte Nerven! Gapon war in der Tat über sich hinausgewachsen. Gott sei Dank würde der Zar den Brief niemals zu Gesicht bekommen.

Der letzte Punkt auf der Tagesordnung der Minister war die Frage, wann man die Arbeiter darüber informieren solle, daß der Zar sich nicht in der Stadt aufhielt. Darüber wurde keine Entscheidung getroffen. Vermutlich war es sowieso schon zu spät.

*

In der Nacht war ein eiskalter Wind von der Ostsee her aufgekommen. Schnee wirbelte durch die Straßen der Stadt. Es war kein Abend, an dem man sich draußen aufhalten sollte, doch ein Soldat hatte keine Wahl. Mischa war wegen der Demonstration von seinem Dienst in Tsarskoe Selo in die Stadt befohlen worden. Noch vor wenigen Tagen waren dreitausend Kompanien in St. Petersburg anwesend gewesen, jetzt war ihre Zahl verdreifacht worden. Mehr als zehntausend Kompanien, einschließlich der Kosaken, zusammen mit allen Polizisten der Stadt, um bei einem *friedlichen* Marsch der Arbeiter Ordnung zu halten!

Mischa wärmte sich die Hände über einem Lagerfeuer. Er lehnte den Wodka ab, der freigiebig unter den Soldaten herumgegeben wurde. Ihnen war kalt, sie langweilten sich, und sie rechneten damit, daß sie am morgigen Tag einfach nur anwesend sein mußten. Die Soldaten betranken sich; einige tanzten und sangen. Doch Mischa konnte sich an der Feier nicht beteiligen. Ihm gefiel überhaupt nicht, was er sah. Es erinnerte ihn so sehr an einen Vorfall in der Vergangenheit.

Khodinka.

Alles hatte als friedliche Versammlung des Volkes begonnen – und in einem Desaster geendet. Warum konnten die Herrscher daraus nicht lernen? Vermutlich gab es keinen Zusammenhang zwischen diesen beiden Ereignissen, doch Mischa konnte Khodinka nicht aus seinen Gedanken verbannen. Sein Magen krampfte sich zusammen.

Mischa behauptete nicht, Pater Gapons Pläne zu kennen oder zu verstehen, doch Sergei glaubte an den Mann. Was immer er mit diesem Sonntagsmarsch bezweckte und ungeachtet der friedlichen Absichten, die er hegte – es hatte den Anschein, als wenn es Ärger geben würde.

*

Gapon rauchte einige Zigaretten und trank ein Glas Tee, doch essen konnte er nichts. Von all den Reden, die er in der vergangenen Zeit gehalten hatte, war er heiser geworden. Selbst hier, in der Wohnung eines seiner Arbeiter, weit weg von den Massen, konnte er sich nicht entspannen. An diesem Abend hatte es eine weitere Versammlung gegeben; er war erst spät heimgekommen und fühlte sich erschöpft. Doch es mußten noch einige Vorbereitungen getroffen werden.

Die Führer der verschiedenen Kontingente wollten einen letzten Segen vom Priester. Sechs Kolonnen von Arbeitern würden aus verschiedenen Teilen der Stadt kommen. Sie würden zu unterschiedlichen Zeiten losgehen, je nach Entfernung vom Stadtzentrum. Die Abmarschtermine waren so berechnet worden, daß sie sich zur selben Zeit vor dem Palast treffen würden. Gapon hatte der Polizei die verschiedenen Routen mitgeteilt. Er war entschlossen, diese Demonstration im Rahmen des Gesetzes zu halten. Die Demonstranten rechneten nicht mit Ärger, aber sie waren trotzdem nervös. Die Truppenverstärkungen waren niemandem entgangen.

In letzter Minute wies Gapon die Kolonnenführer an, dafür zu sorgen, daß Frauen und Kinder sich nicht an dem Marsch beteiligten. Zwar wollte er gern daran glauben, daß der morgige Marsch friedlich verlaufen würde, doch die Zweifel nagten an ihm.

Lange nach Mitternacht legte sich Gapon schließlich zu Bett. Es dauerte eine Weile, bis er in einen unruhigen Schlaf fiel.

*

Sergei kehrte gegen elf Uhr nach Hause zurück. Daniel hatte ihn zu dem Treffen mit Gapon begleitet, und hinterher fuhren beide noch zu Daniels Pension. Die Wohnung war still und dunkel, als er schließlich heimkam. Alle waren schlafen gegangen.

Sergei schlich sich durch den Flur, als er ein Geräusch hinter sich hörte.

„Papa“, flüsterte eine Stimme.

Sergei drehte sich um. Andrei stand hinter ihm, und trotz der Dunkelheit bemerkte Sergei, daß sein Sohn sehr ernst war.

„Du bist noch auf, Andrei? Es ist schon spät."

„Ich wollte dich nicht verpassen."

„Möchtest du mit mir reden?" Als Andrei nickte, meinte Sergei: „Gehen wir in die Küche, damit wir niemanden stören."

Sie setzten sich an den Tisch, und Andrei kam sofort zur Sache. „Ich möchte dich morgen auf dem Marsch begleiten, Papa", sagte der Junge ernst.

„Ich glaube nicht, daß Kinder dabeisein sollten, Andrei."

„Papa, werdet ihr mich immer für ein Kind halten, nur weil ich der Jüngste bin?"

„Sohn, dies ist eine ernste Angelegenheit." Irgendwie spürte Sergei, daß er das Andrei eigentlich nicht zu sagen brauchte, doch er suchte nach einem Argument, um seinen Sohn von seinem Vorhaben abzubringen. Alle glaubten fest daran, daß dies ein friedliches Ereignis sein würde, aber die Anwesenheit der Truppen war trotzdem beängstigend.

„Das weiß ich, Papa. Ist dir noch nicht aufgefallen, daß ich fest an die Freiheit glaube? Ich habe den Studenten an der Universität zugehört, und ich habe auch vieles gelesen. Manchmal lacht ihr mich aus, wenn ich etwas Politisches sage, doch ich denke, ich bin ein Revolutionär, Papa, genau wie Onkel Paul. Und um so mehr, seit man dir so viel Unrecht angetan hat."

„Sohn, es tut mir leid, wenn ich mich über die Dinge, die dir wichtig sind, lustig gemacht habe. Vermutlich habe ich nie gesehen, wie ernst es dir damit ist. Ich werde versuchen, in Zukunft etwas respektvoller zu sein. Doch Andrei – das, was du gesagt hast, beunruhigt mich. Ich möchte nicht, daß du aus Rache den Weg eines Rebellen einschlägst. Natürlich ist Unrecht geschehen, aber denke daran, daß der Zar mich begnadigt hat."

„Das werde ich. Ein Zar hat dich fortgeschickt, und ein Zar hat dich begnadigt – das gleicht sich also wieder aus."

„Trotzdem ist er unser Herrscher, und darum geht es bei dem morgigen Marsch. Pater Gapon ist dem Zaren treu ergeben."

„Ich hasse den Zaren nicht, Papa. Das hast du mich gelehrt. Darum bitte ich dich ja auch, daß ich morgen mitgehen darf. Wenn ich erwachsen bin, möchte ich sagen können, daß ich bei den Männern mitmarschiert bin, die Rußland die Freiheit gebracht haben. Bitte, Papa! Laß mich mitgehen."

„In Ordnung, Andrei, du kannst mitkommen. Doch du mußt die ganze Zeit bei mir bleiben."

Andrei lächelte seinen Vater dankbar an, und Sergeis Magen krampfte sich zusammen. Das war sein Kleiner, sein Kind. Ja, er war schon fast so groß wie Juri und sicher etwas stämmiger, doch es war nicht leicht, ihn erwachsen werden zu lassen. Vielleicht unausweichlich, aber keinesfalls leicht.

69

Der Schneesturm hatte sich am Sonntagmorgen gelegt. Als die Sonne an diesem Wintertag um halb neun aufging, war der Himmel klar.

Sergei erhob sich bei Tagesanbruch, zog seine besten Sachen an und frühstückte mit der Familie. Die Frauen wollten lieber zu Hause bleiben. Anna haßte große Menschenansammlungen. Eine Weile wußte Juri nicht so genau, was er tun sollte. Da Andrei mitgehen durfte, würde man es ihm auch gestatten. Doch er teilte Andreis Begeisterung nicht. Letztlich wollte der Junge seinen Vater nicht enttäuschen, indem er an einem so wichtigen Tag zu Hause blieb, darum entschloß er sich zum Mitkommen.

Die Kolonne, die von der Wassili-Insel aus losmarschieren wollte, hatte sich bereits versammelt. Oleg Chawkin und einige der Arbeiter, die Sergei unterrichtet hatte, hatten Sergei gebeten, sich Gapons Gruppe anzuschließen, die vom Newski-Prospekt losmarschieren würde.

Um zum Treffpunkt mit Gapon zu kommen, brauchte man fünfundvierzig Minuten, und Sergei nutzte die Zeit mit seinen Söhnen, um ihnen zu erklären, was genau passieren würde. Sergei war erstaunt, wieviel Andrei von der revolutionären Bewegung wußte und – außergewöhnlich für einen Jungen, der Schularbeiten haßte – wieviel er schon über politische Philosophie gelesen hatte.

Auf dem Weg begegnete ihnen ein freundlicher Polizist, der ihnen, nachdem er gehört hatte, wohin sie gingen, alles Gute wünschte und ihnen versicherte, es würde keinen Ärger geben. Die vielen Kosaken und Soldaten straften die Worte des Mannes jedoch Lügen. Sergei fragte sich, ob Mischa wohl in der Stadt war. Er meinte, einige Soldaten aus Mischas Regiment erkannt zu haben.

Etwa fünfzigtausend Menschen hatten sich schon am Newski-Prospekt versammelt. Sie machten sich gegen elf Uhr auf den Weg, Gapon an der Spitze, umgeben von seinen Leibwächtern. Ein großes Porträt von Nikolaus wurde vorneweg getragen, und auch viele kleinere Bilder des Zaren und der Zariza wurden hochgehalten. Viele Leute hatten Ikonen und Kreuze dabei, und einige Männer hielten ein riesiges Banner hoch, auf dem stand:

Soldaten! Schießt nicht auf das Volk!

Die Demonstranten marschierten ungehindert die breite Straße entlang. Es war eine feierliche Gruppe, die mehr die Atmosphäre einer religiösen Zeremonie ausstrahlte als die einer Demonstration. Viele hatten am vergangenen Abend Angst bekommen, als sie die vielen Soldaten erblickt hatten. Sie schrieben Abschiedsbriefe an ihre Familien. Eine Konfrontation schien unausweichlich; einige erklärten, sie seien bereit zu sterben. Doch als der Marsch begann, hatten sie diese Ängste überwunden. Statt dessen wurden sie von dem Gefühl beherrscht, daß dieser Marsch in einer wundervollen Zusammenkunft des Volkes mit seinem „Kleinen Vater" enden würde. Die Polizei bahnte ihnen sogar den Weg. Und als die Arbeiter begannen, Hymnen zu singen, nahmen viele Polizisten respektvoll ihre Mützen ab.

„Rette uns, oh Herr, uns, dein Volk!" ertönten Zehntausende Stimmen.

Es grenzte an ein Wunder, daß Sergei Daniel in dieser riesigen Menge entdeckte.

„Ich wußte, daß ich Sie finden würde, wenn ich mich nur an der Spitze halten würde", sagte Daniel. „Ist Ihnen klar, daß sich an die zweihunderttausend Menschen am Palast treffen werden? Das ist absolut unglaublich. Ich bezweifle, daß meine Leser mir das abnehmen werden, wenn sie davon lesen." Er hielt seine Kamera hoch. „Ich habe auch schon einige gute Fotos geschossen."

Sergei lachte. „Fast beginne ich zu glauben, daß wir diesmal wirklich etwas erreichen werden."

„Ich hoffe es." Daniel senkte seine Stimme. „Ich habe gehört, daß der Zar nicht einmal in der Stadt ist."

„Ich bete zu Gott, daß das nicht stimmt, Daniel." Sergei blickte sich in der Menge um. Wie leicht konnte es zu einem Aufstand kommen!

„Auf jeden Fall bin ich froh, daß Mariana und Anna nicht mitgekommen sind."

Sergei bemühte sich, nicht zu seinen Söhnen zu blicken. War es klug gewesen, sie mitzunehmen? Er hatte befürchtet, daß Andrei einen Weg gefunden hätte, trotzdem mitzugehen, auch wenn Sergei es ihm verboten hätte. An diesem Tag wurde Geschichte gemacht, egal was passierte. Es schien richtig, daß seine Söhne das miterlebten.

Die Menge passierte die Kazan-Kathedrale und näherte sich dem Alexandergarten in der Nähe des Palastes. Auf dem Platz vor sich sah Sergei eine große Statue von Alexander I. Hielt sich Zar Nikolaus im Winterpalast auf? Blickte er im Augenblick aus einem der Fenster, bereit, auf den Balkon zu treten, um sein Volk zu empfangen? Das schien so wenig verlangt. Dies war sein Volk, das wirklich nicht viel verlangte – nur ein friedliches Leben und die Freiheit, mit diesem Leben zu tun, was es konnte.

Mit einem einzigen Wort konnte der Zar die tiefsten Wünsche seiner Untertanen erfüllen. Es würde ihn nur wenig kosten, und als Gegengabe würde er ihre ungeteilte Zuneigung bekommen.

*

Cyril Wlasenko wischte sich den Schweiß von der Stirn, als er aus dem Fenster seines Büros starrte.

Bei allen Heiligen! Was für eine Menschenmenge!

Er war schuld daran, daß dies passierte, obwohl er das niemandem außer sich selbst gegenüber eingestehen würde. Doch nicht einmal er hatte ahnen können, daß dieser Priester so viele Menschen zusammenbringen konnte.

Er überlegte, ob man ihn für die Ereignisse da draußen verantwortlich machen konnte. Es konnte ja durchaus sein, daß Anickin beschlossen hatte, während des Marsches zuzuschlagen, obwohl dies höchst unwahrscheinlich war. Trotzdem, das Geld, das er Anickin gegeben hatte, war verschwendet gewesen. Nur Cerkower wußte von seiner Beteiligung. Anickin und sein amerikanischer Kollege – wie hieß er noch? – waren die anderen Verbindungsleute. Anickin hatte bestimmt sonst niemanden eingeweiht; er hatte ja nicht einmal Wlasenko von seinen Plänen erzählen wollen.

Eines hatte Wlasenko jedoch nicht bedacht: Wenn der Marsch nun erfolgreich verlief? Wenn der Zar die Arbeiter doch irgendwie empfing? Aber das war unmöglich. Der Zar hielt sich ja in Tsarskoe Selo auf.

Es würde ein Massaker geben. Wie konnte es abgewendet werden?

*

Die Soldaten hatten strikte Anweisung, die Demonstranten nicht in die Nähe des Palastes zu lassen.

Der einzige Grund dafür konnte Mischas Ansicht nach nur sein, daß der Zar nicht die Absicht hatte, die Arbeiter zu empfangen. Dachten die Verantwortlichen vielleicht, die Menge würde sich einfach zerstreuen, wenn ihr der Weg versperrt wurde?

Man brauchte sie sich doch nur anzusehen – sie hatten eine heilige Mission zu erfüllen!

Konnte das Wort eines Soldaten sie davon abbringen? Mischa betete, daß es so sein würde. Doch er wußte es besser. Und er hatte bereits entschieden, wie er sich verhalten würde. Er würde keine Gewalt anwenden, und er würde seinen Leuten dasselbe befehlen. Doch seine Einheit war nur ein Bruchteil der hier anwesenden Soldaten. Glaubte er wirklich, er könnte etwas bewirken? Oder war dies nur ein Weg, sein Gewissen zu beruhigen?

Die berittene Garde bezog als erste Stellung und bildete eine Absperrung über die Straße.

Hinter ihnen war die Infanterie aufmarschiert. Sie hielt die Waffen fest in der Hand. Hatten diese Männer etwa vor, von ihren Waffen Gebrauch zu machen? Sicher *wollte* es keiner.

Ein Trompetensignal ertönte, und die Menge blieb stehen. Als keiner wirklich versuchte, die Leute aufzuhalten, marschierten sie weiter. Die Polizei schien sie sogar noch zu ermutigen.

Mischa rief seiner Einheit zu: „Nicht schießen!"

Einige der Soldaten schossen in die Luft, als das Volk weitermarschierte.

Einige Leute riefen: „Wir wollen den Zaren sehen!"

Dann passierte es.

Die Kavallerie drängte das Volk zurück. Doch die Leute faßten sich an den Händen und versuchten sich, immer noch singend, dagegen zu wehren. Die Reihen der Kavallerie wurden durchbrochen, aber noch lief alles in geordneten Bahnen. Zuerst dachte Mischa, sie würden den Weg schließlich freigeben; dann entdeckte er mit Entsetzen, daß sie nur Platz machten für die Infanterie. Sie würden die Infanterie die Schmutzarbeit erledigen lassen.

Die Fußsoldaten brachen durch die Lücke, die ihnen die Kavallerie geschaffen hatte, und eröffneten das Feuer – diesmal nicht in die Luft, sondern direkt in die Menge hinein!

Der erste, der fiel, war ein alter Mann, der ein Kreuz trug; er wurde von den in Panik geratenen Demonstranten niedergetrampelt.

„Was tut ihr da?“ schrie ein Arbeiter.

„Wir schützen den Zaren“, antwortete ein Soldat.

„Aber wir lieben den Zaren. Wir würden ihm nie etwas tun wollen.“

Doch niemand hörte ihm zu.

70

Daniel beobachtete entsetzt, wie die Infanterie auf die Menge schoß. Das konnte doch einfach nicht wahr sein.

Direkt vor ihm fiel ein Mann zu Boden, und er wäre über den Körper gestolpert, wenn Sergei ihn nicht am Arm gepackt hätte.

Von der Admiralität kam ein weiteres Regiment zur Verstärkung, während andere Truppen von hinten angriffen. Daniel hatte schon viele Schlachten erlebt und hatte häufig in Gefahr geschwebt. Doch das hier war anders – die Opfer waren unbewaffnet. Sie sangen fromme Lieder, um Himmels willen!

„Sergei?“ flehte Daniel. Er wußte weiter nichts zu sagen, er mußte sich einfach an jemanden klammern; er mußte jemanden anfassen, der noch normal war.

Sergei schüttelte nur den Kopf. Sein Gesicht war leichenblaß, und er preßte Andrei und Juri an sich, als wolle er sie vor dem schrecklichen Anblick beschützen. Doch das gelang ihm nicht. Die Jungen sahen, wie Männer und Frauen sterbend zu Boden fielen. Blaß und verängstigt klammerten sie sich an ihren Vater.

Immer noch wich die Menge nicht zurück. Sie waren gekommen, um ihren „Kleinen Vater" zu sehen. Er würde sie retten, wenn er sah, was hier passierte.

Eine Frau stolperte, und Daniel blieb stehen, um ihr zu helfen. „Wo ist der Zar?" fragte sie tränenüberströmt.

Kein Wort kam über Daniels Lippen. Er konnte sie nur schweigend anstarren. Sie wendete sich an einen einfach gekleideten Arbeiter und wiederholte ihre Frage.

Und dann hörte Daniel, wie der Mann Worte äußerte, die er von einem gewöhnlichen Russen nie erwartet hätte:

„Es gibt keinen Zaren!"

„Oh Gott im Himmel! Hilf uns!" jammerte die Frau.

Panik ergriff Daniel, als er merkte, daß er Sergei aus den Augen verloren hatte. Er wollte dies nicht allein durchstehen. Er hatte gehört, wie Anna von Khodinka erzählte hatte, und nun wußte er genau, was sie damals empfunden hatte. Wild blickte sich Daniel um und murmelte ein Gebet.

Er drängte sich durch die Menge. Immer noch ertönten Schüsse. Gerade als er Sergei entdeckte, hörte er einen Schrei.

„Der Priester ist erschossen worden!"

Das mußte Gapon sein. Daniel hatte Sergei jetzt fast erreicht. Die Jungen klammerten sich immer noch an ihren Vater, doch Sergei, der den Schrei gehört hatte, drängte nun nach vorne. Daniel wußte, daß Gapon Sergei viel bedeutete, doch wollte Sergei sich und die Jungen wirklich einer solchen Gefahr aussetzen?

Als ob Sergei Daniels Gedanken gehört hätte, blieb er stehen und drehte sich um. Da entdeckte er Daniel.

„Wir müssen fort von hier", sagte Sergei und drängte sich zu Daniel durch.

„Wo sollen wir denn hin?"

Sie mußten es versuchen. Sergei versuchte, sie zum Straßenrand zu führen. Weil sie sich in der Nähe des Platzes befanden, gab es nur wenige Gebäude, wo sie Schutz suchen konnten, doch sie konnten wenigstens der Menge entkommen.

In dem Lärm und Gedränge war Andreis Schrei kaum zu hören. Daniel bemerkte nichts, bis er sah, daß Andrei auf die Knie fiel und sich an die blutige Schulter faßte.

Als Andrei fiel, drehte sich Sergei um und warf sich über seine beiden Söhne, um sie zu schützen. Furcht, Wut und Panik waren auf seinem Gesicht zu lesen.

Daniel sah, wie ein Soldat mit seinem Gewehr immer noch auf Sergei und seine Söhne zielte. Er rief dem Soldaten etwas zu, doch der Mann war zu weit entfernt. Und Daniel selbst wurde von einigen Arbeitern zu Boden gerissen.

Der Soldat feuerte wieder, bevor Daniel etwas unternehmen konnte.

Als Daniel wieder auf die Füße kam, war es zu spät. Obwohl der ganze Platz von Schreien widerhallte, schien einer sie alle zu übertönen. Er war nicht lauter als die anderen, doch die Stimme war Daniel bekannt.

Als Daniel wieder zu Sergei hinblickte, sah er, daß Sergei immer noch über Andrei lag. Ein häßlicher roter Fleck machte sich auf seiner Sonntagsjacke breit.

Daniels Beine drohten nachzugeben, als er sich zu seinen Freunden durchdrängte.

Juri weinte. „Papa! Papa!" schluchzte er.

In Andreis Augen standen keine Tränen, obwohl er sich auf die Lippen biß. Er saß einfach nur da und starrte auf den Körper seines Vaters.

Daniel kniete sich neben sie und versuchte, Sergei aufzuheben, doch er war schwer. Sergei war bestimmt nur bewußtlos. Vielleicht konnte er ihn wieder zu sich bringen.

„Sergei, können Sie mich hören?" Daniel legte eine Hand auf Sergeis Schulter und schüttelte ihn leicht. Doch es kam keine Reaktion.

„Ist er ...?" begann Andrei, konnte jedoch den schrecklichen Gedanken nicht zu Ende führen.

Daniel wußte nur, daß sie hier nicht bleiben konnten. Die in Panik geratene, verwirrte Menge drängte zurück, und die Soldaten feuerten immer noch. Er mußte Sergei, Andrei und Juri in Sicherheit bringen. Doch er wußte auch, daß er Sergei nicht tragen konnte. Er schickte ein stummes Stoßgebet um Hilfe zum Himmel, dann blickte er wild um sich, als ob Gottes Antwort aus der Menge kommen würde.

Und sie kam.

Ein riesiger Arbeiter mit Namen Iwan, den Sergei unterrichtet hatte, kam auf sie zugestolpert. „Sergei Iwanowitsch?"

„Ja“, erwiderte Daniel. „Er ist verwundet. Wir müssen ihn hier fortschaffen.“

Der Mann bückte sich und nahm Sergei auf seine muskulösen Arme.

Iwan blickte Daniel an. „Ich glaube, er ist ... tot.“

„Nein!“ schrie Juri fast flehend. „Er ist verwundet. Er braucht einen Arzt.“

„Kommt“, sagte der Arbeiter. Es hatte keinen Sinn, sich mit dem armen Kind auseinanderzusetzen.

Daniel versuchte, Andrei aufzuhelfen, doch der Junge stand kaum auf den Füßen, als er ohnmächtig wieder zusammensank. Daniel nahm ihn hoch, drängte Juri vorwärts und folgte Iwan.

*

Erst lange nach Mitternacht kehrte Ruhe in der Stadt ein. Nachdem die Mehrheit der Arbeiter sich zerstreut hatte und nach Hause gegangen war, zogen andere noch plündernd und randalierend durch die Straßen. Auf der Wassili-Insel errichteten die Arbeiter eine Barrikade und versuchten, die Soldaten mit Gewehren, die sie aus einem Geschäft gestohlen hatten, zu beschießen. Doch schließlich senkte sich eine tödliche Stille auf die Stadt. Die edle Absicht der Arbeiter war fehlgeschlagen. Was sie am meisten gefürchtet und was die Revolutionäre ihnen immer wieder gesagt hatten, war schließlich eingetroffen.

Der Kleine Vater kümmerte sich nicht um sie. Es gab keinen Zaren.

*

Anna, Raisa und Talja waren den ganzen Tag im Haus geblieben. Sie hatten Geschrei und Aufruhr draußen gehört. Und die Schüsse. Es war beängstigend gewesen, nicht zu wissen, was passierte.

Als Anna vor der Wohnungstür ein Geräusch hörte, betete sie, daß es Sergei und die Jungen sein möchten. Sie würde keine Ruhe finden, bis sie nicht zu Hause waren. Schnell eilte sie zur Tür und riß sie auf. Daniel stand dort, mit leichenblassem Gesicht. Er hielt den bewußtlosen Andrei in den Armen.

„Anna, es tut mir so leid –“ begann Daniel.

Zuerst war ihr Blick nur auf Andrei geheftet. Als sich der Junge bewegte, wußte sie, daß er noch am Leben war. Doch sie hatte keine Zeit, erleichtert zu sein, denn Juri flüchtete sich schluchzend in ihre Arme.

„Mama! Es ist Papa ... er ist ..."

Bevor Juri noch zu Ende sprechen konnte, erblickte Anna hinter Daniel einen großen Mann.

Und den leblosen Sergei in seinen Armen.

71

„Heroischer Heldentod, bitterer Abschied am Totenbett", solche Wörter gibt es eher in erfundenen Geschichten als in der Realität, schrieb Daniel. Er hämmerte auf die Tasten seiner Schreibmaschine ein, als könne er damit den Schmerz vertreiben, den er empfand. *Am Sonntag, dem 9. Januar, als Sergei Fedortschenko seine Frau zum Abschied küßte und seine Wohnung in St. Petersburg verließ, hatte er keinen Grund anzunehmen, daß er an diesem Abend nicht zu ihr zurückkehren würde. Sie wußte nicht, daß sie ihn zum letzten Mal lebendig sah.*

Fedortschenko wurde an diesem Tag von einem unerwarteten Tod ereilt, genau wie zweihundert russische Arbeiter. Eine Kugel setzte seinem Leben ein Ende. Keine Gelegenheit für Abschiedsworte, nicht einmal für die Letzte Ölung. Keine Gelegenheit mehr, seiner Frau zu sagen, wie sehr er sie liebte, oder seine Söhne zu umarmen und ihnen ein letztes Wort mit auf den Weg zu geben.

Daniel zog die Seite aus der Schreibmaschine, las sie durch und warf sie angewidert in den Papierkorb. Irgendwie mußte er einen Artikel über die Ereignisse des vergangenen Tages schreiben, doch er war zu erschüttert. Er konnte die Szene einfach nicht aus seinem Gedächtnis verbannen, die er an diesem Abend in Raisas Wohnzimmer miterlebt hatte – die schockierten Gesichter, die leeren, verwirrten Blicke. Es war einfach unmöglich, sich mit der Tatsache abzufinden, daß Sergei tot war.

Mariana hatte Andreis Wunde versorgt, so gut sie konnte. Er würde sich erholen, zumindest von seiner körperlichen Wunde.

Während der folgenden zwei Stunden saßen sie zusammen und warteten darauf, daß das Beerdigungsunternehmen Sergeis Leichnam abholte. Anna wandte keinen Blick von der Tür, doch sie wartete nicht auf den Beerdigungsunternehmer, sondern darauf, daß Sergei eintrat. Er war der einzige, der bei diesem Familientreffen fehlte – seine warme Stimme, sein sanfter Humor, seine Klugheit. Er war bestimmt nur kurz fort; es konnte nicht für immer sein.

Daniels Erfahrung mit dem Tod hätte ihm eigentlich helfen sollen, den anderen Trost zu spenden. Doch das war nicht so. Er wußte besser als jeder andere, wie schlimm es war, wenn man einen Menschen verlor. Nichts konnte den Schmerz lindern.

Aus reiner Gewohnheit bereitete Raisa eine Mahlzeit zu; doch niemand rührte das Essen an. Nach dem „Abendessen" kam Mischa.

Es dauerte eine Weile, bis er sich von seinem Schock erholte, als er vom Tod seines Freundes hörte. Er war gekommen, um mit Sergei über die Ereignisse des Tages zu sprechen; er sehnte sich nach der Weisheit und dem Überblick des Freundes, um die tragischen Ereignisse zu verstehen.

Daniel sah, daß der Kosak Mühe hatte, seiner Gefühle Herr zu werden.

Daniel versuchte, Mischa in eine Unterhaltung zu verwickeln. Alles war besser als diese nagende Leere, die sie empfanden.

„Wie schlimm war es?" fragte Daniel.

„Mehrere tausend Verwundete", sagte Mischa. „Die ... Todesrate wechselt. Das letzte, was ich hörte, waren zweihundert."

„Was war passiert? Warum wurde das Feuer eröffnet?"

„Die Truppen sahen keinen anderen Weg, ihren Befehlen zu folgen."

„Und wie lauteten diese Befehle?" fragte Daniel auf einmal sehr hart. Er vergaß für einen Augenblick, daß Mischa Sergeis Freund gewesen war. „Es tut mir leid", entschuldigte er sich. „Ich habe mich vergessen, und ich vergaß, wer Sie sind."

„Wie gewöhnlich bin ich der Feind", erwiderte Mischa gepreßt. Er biß sich auf die Lippe und fuhr fort: „Das bin ich! Meine Aufgabe ist es, den Teufel zu schützen. Ich mache meine Arbeit sehr gut ... wirklich sehr gut. Es gibt niemanden, der loyaler ist als ich. Die Tatsache, daß ich an diesem Tag nicht einen einzigen Schuß abgegeben habe, spricht mich nicht von meiner Schuld frei. Ich stand bei den Schurken. Ich –"

Zum ersten Mal an diesem Abend rührte sich Anna. Sie sprang auf und lief zu Mischa.

„Hör auf! Davon will ich nichts mehr hören." Anna legte ihm die Hand auf die Schulter. „Du bist unser Freund, Mischa. Du warst Sergeis bester Freund. Er liebte dich wie einen Bruder."

„Aber warum stehe ich dann immer auf der falschen Seite? Ich wollte zusammen mit ihm kämpfen, wie damals auf dem Balkan. Warum muß ich nun unter seine Mörder gezählt werden?" Auf einmal konnte er sich nicht mehr beherrschen und ließ seinen Tränen freien Lauf.

Anna nahm ihn in die Arme und tröstete ihn. Und irgendwie schien Anna das Kraft zu geben.

„Er ist tot!" weinte Mischa.

„Ich weiß ..." Anna sagte das, als würde es ihr nun zum ersten Mal selbst richtig klarwerden. Und dann ließ auch Anna ihren Tränen freien Lauf.

*

Daniel stürzte sich sofort in seine Arbeit. Mariana würde bei Anna bleiben; Daniel hatte sich zu hilflos gefühlt, um noch länger bleiben zu können. Er wollte sich in seine Arbeit flüchten. Vielleicht konnte er so ein wenig nützlich sein. Er würde die Wahrheit schreiben, die Regierenden als die herzlosen Tiere entlarven, die sie waren. Dann würde er in Sergeis Tod vielleicht einen Sinn sehen – und im Tod all der anderen.

Seine Finger flogen über die Tasten. Diesmal beschrieb er nur die kalten, harten Tatsachen. Sie waren grausam genug.

Es war schon nach zehn und Daniel war gerade dabei, seinen Artikel zu überarbeiten, als es an der Tür klopfte. Durch das Glas erkannte er ein vertrautes Gesicht.

Er öffnete sofort die Tür.

„Paul Jewnowitsch, kommen Sie doch herein."

Daniel schüttelte Paul die Hand. Paul stellte seinen Begleiter vor: „Das ist Alexander Kerenski."

Daniel begrüßte ihn. „Warum habe ich nur das Gefühl, daß wir uns schon einmal begegnet sind?"

„Ich habe dasselbe Gefühl, doch auch ich weiß nicht mehr, wo", erwiderte Kerenski.

„Kommen Sie doch herein und nehmen Sie Platz."

Daniel führte die Männer in sein Büro und zog zwei Stühle heran.

„Ich komme gerade von meiner Schwester", sagte Paul.

„Dann wissen Sie es also?"

Paul nickte. „Es ist so tragisch, so sinnlos."

„Ich bin froh, Sie zu sehen, doch ich bin neugierig, warum Sie hergekommen sind."

„Alexander und ich haben auch an dem Marsch teilgenommen, als Zuschauer. Ich glaube, der Grund, warum wir Sie aufgesucht haben, ist einfach, daß wir mit jemandem über unsere Erfahrungen sprechen müssen, mit jemandem, der etwas daraus machen kann. In Annas Wohnung fiel Ihr Name, und ich dachte, daß Sie vielleicht der richtige Mann dafür sind. Ich kenne die Macht der Presse, und ich bin der Meinung, der revolutionären Sache in diesem Land könnte sehr geholfen werden, wenn –"

„Einen Augenblick", unterbrach ihn Daniel. „Die Presse hat nur Macht, wenn sie objektiv bleibt."

„Sie verstehen mich falsch. Ich habe nicht die Absicht, die Presse zu manipulieren – ich möchte nur die Fakten aus meiner Perspektive weitergeben. Sie können den Standpunkt der Regierung auch wiedergeben, wenn Sie müssen – das wäre bestimmt interessant."

Kerenski fügte hinzu: „Ich bin hier, um Ihnen eine ganz andere Perspektive zu bieten."

„Darf ich Sie fragen, was Ihre Perspektive ist, Herr Kerenski?" fragte Daniel.

„Ich bin ein starker Befürworter der populistischen Bewegung", sagte Kerenski. „Ich war nicht gerade ein Anhänger von Pater Gapon, doch ich fühle mich dem einfachen Mann verbunden und der Demokratie –"

„Jetzt erinnere ich mich wieder!" sagte Daniel. „Entschuldigen Sie, daß ich Sie unterbrochen habe, doch ich weiß jetzt, woher ich Sie kenne. Vor etwa vier Jahren haben wir zusammen im Gefängnis gesessen."

„Ach ja, das stimmt. Wie konnte ich das nur vergessen? Es kommt nicht oft vor, daß ein Russe mit einem Amerikaner eine Zelle teilt."

„Bitte fahren Sie doch fort. Doch zuvor noch eine Frage. Gibt es Neuigkeiten über Gapon? Ich hörte, er sei erschossen worden."

„Das habe ich auch gehört, doch später versicherte mir ein Arbeiter, daß er unverletzt entkommen ist. Vermutlich wird er Rußland so schnell wie möglich verlassen."

„Ich bin sicher, Lenin würde gern seine Bekanntschaft machen", meinte Paul.

Die drei unterhielten sich über eine Stunde lang – ein Amerikaner, ein russischer Liberaler und ein ehemaliger Marxist. Seltsamerweise empfanden sie sofort Sympathie füreinander, so als seien sie schon seit Jahren enge Freunde. Und irgendwie half das Gespräch ihnen, den Schmerz zu lindern.

Als die beiden Besucher gingen, kehrte Daniel zu seiner Schreibmaschine zurück. Er arbeitete die ganze Nacht durch, und als der Morgen anbrach, lag vor ihm ein ansehnlicher Stapel Blätter. Es war keine Nachrichtenstory – auch die würde an den *Register* gesandt werden. Dies war vielmehr eine Huldigung all jener, die an diesem Tag ihr Leben gelassen hatten. In Rußland würde so etwas nie veröffentlicht werden können; Daniel mußte viel riskieren, um diesen Artikel aus Rußland herauszuschmuggeln.

Er schob ein letztes Blatt in die Schreibmaschine und tippte die Worte: „Für Sergei Fedortschenko, dessen Opfer der Liebe entsprang."

Daniel dachte an den Mann, der, wenn diese unselige Kugel nicht gewesen wäre, sein Schwiegervater geworden wäre. Er dachte an all die Fragen, die er diesem Mann Gottes noch hatte stellen wollen. Diesem Mann, den er zu mögen und zu bewundern gelernt hatte. Wut stieg in Daniel hoch bei dem Gedanken, daß er und die anderen eines so bemerkenswerten Mannes so sinnlos beraubt worden waren.

Er und alle, die Sergei liebten, hatten Gott bereits die Frage gestellt: *Warum hast du ihn uns genommen? Wir brauchen ihn, Gott. Er hatte so viel zu geben.*

Doch Daniel wußte, Sergei hätte nicht gewollt, daß sein Tod irgendeinen Menschen von dem Gott trennte, den er so geliebt hatte. Eine solche Reaktion hätte das Leben des Mannes verhöhnt. Irgendwie mußten sie sich durch Sergeis Tod näher zu Gott ziehen lassen. Das hätte Sergei gewollt.

Helden

72

Basil mußte nun rasch handeln. Da er vor dem Marsch der Arbeiter nicht gegen Mariana Remisow hatte losschlagen können, mußte er seinen Plan jetzt ausführen, bevor Wlasenko sich von der Aufregung in der Stadt wieder erholte.

Basil blickte auf seinen Arbeitstisch. Mit einer Pinzette wickelte er einen Draht um den Zeiger der Uhr, die er als Zeitzünder benutzte. Dann zwickte er den Draht mit einer Drahtschere ab. Nun brauchte er nur noch das Dynamit anzubringen. Doch das würde er erst tun, kurz bevor er die Bomben einsetzte. Schließlich wollte er nicht riskieren, sich selbst in die Luft zu jagen.

Es würde kein Warten mehr geben, keine verpaßten Gelegenheiten. Er hatte seinen Plan schon bei dem Familientreffen nicht ausführen können, da er den Sprengstoff zu spät bekommen hatte. Es hätte ihm viel Freude gemacht, Tod und Vernichtung auf ein so freudiges Familienfest regnen zu lassen.

Nun mußte er sich mit der Beerdigung begnügen.

Wie umsichtig von Sergei Fedortschenko, zu sterben und Basil auf diese Weise eine neue, wunderbare Gelegenheit zu verschaffen, seine Pläne durchzuführen. Und diesmal würde Basil bereit sein. Seine Bomben waren vorbereitet, und er kannte den genauen Zeitpunkt und den Ort. Nach der Beerdigung würde es natürlich ein weiteres Familientreffen geben. Alle würden dabeisein.

Morgen.

Er konnte es kaum erwarten. Er hatte eine solche Vorfreude nicht mehr empfunden, seit – nun, vielleicht noch nie. Endlich war der Zeitpunkt gekommen. Er würde seine Genugtuung bekommen.

Doch zuerst hatte er noch eine andere kleine Aufgabe zu erledigen. Er verließ seine Wohnung. Es war schon recht spät und stockdunkel – ideal für das, was er im Sinn hatte. Er traf sich mit Jack Caine in einer Taverne.

„Hast du die Botschaft überbracht, Jack?“

„Ja“, erwiderte Caine. „Er wird dich vor dem Marinski-Theater erwarten.“

„Gut. Natürlich wird er dort niemals eintreffen.“

„Dafür werden wir sorgen.“

„Dann also los.“

*

Würde es niemals aufhören?

Anna hatte das Gefühl, daß sie den Schmerz nicht mehr aushalten konnte. Jedesmal, wenn sie ein Geräusch hörte, hoffte sie, Sergei würde vor ihr stehen. Mariana hatte Anna einmal von den Phantomschmerzen erzählt, die Amputierte hatten. Sie empfand genauso. Ein wichtiger Teil von ihr war ihr entrissen worden, und doch hatte sie das Gefühl, als sei Sergei immer noch da. Sie konnte seine Anwesenheit in der Wohnung spüren, sie roch seinen Duft auf seinem Kissen, sein Kamm lag immer noch auf ihrer Kommode. Das Buch, das er gelesen hatte, lag aufgeschlagen auf seinem Nachttisch. Er würde es nie zu Ende lesen.

Wieder einmal konnte Anna die Tränen nicht zurückhalten. Ihre Gefühlsausbrüche verwunderten sie nicht mehr. Sie war ständig den Tränen nahe, und jede Kleinigkeit konnte einen Zusammenbruch auslösen.

Mariana hatte versucht, sich mit einem Buch abzulenken. Sie wohnte jetzt hier, um in Momenten wie diesem für Anna da zu sein. Sie blickte auf und legte ihr Buch beiseite.

„Mama?“ Sie legte den Arm um sie.

Anna versuchte, die Tränenflut zu stoppen. „Es tut mir leid, Mariana, ich kann einfach nicht aufhören, an ihn zu denken ... und mich nach ihm zu sehnen.“

„Das ist doch in Ordnung, Mama. Weine nur so viel, wie du willst.“ Auch sie konnte nun ihre Tränen nicht mehr zurückhalten.

„Ich weiß nicht, wie ich den morgigen Tag überstehen soll.“

„Wir werden es irgendwie schaffen. Ich habe dafür gebetet.“

„Dein Papa wäre ...“ Doch Anna konnte den Satz nicht zu Ende sprechen. Sie brauchte eine Weile, um sich wieder zu fassen. „Ich bin so froh, daß ich dich habe, mein liebes Kind, und auch Raisa. Ohne euch würde ich es nicht schaffen.“

„Doch, das würdest du, Mama. Du bist –“

„Sprich es nicht aus, Mariana. Sag mir nicht, wie stark ich bin. Ich war nur stark durch Sergei. Doch ohne ihn fühle ich mich wieder ... wie ein armes, verängstigtes Dienstbotenmädchen. Ich kann es nicht ertragen, Mariana.“

„Mama, ich liebe dich so. Ich werde versuchen, dir zu helfen.“

Anna versuchte zu lächeln, doch es gelang ihr nicht. Ihre Lippen hörten einfach nicht auf zu zittern. Mariana rückte näher an Anna heran und legte ihren Kopf auf ihre Schulter. Sie wußten nicht, wer wen tröstete.

Nach einer Weile sagte Anna: „Sergei hat mir kurz vor seinem Tod gesagt, daß die Zeit im Gefängnis ihn gelehrt habe, das Leben auszukosten, nichts als selbstverständlich hinzunehmen. Ich wünschte, ich hätte mir das mehr zu Herzen genommen. Ich wünschte, ich hätte –“ Sie schluckte die Tränen hinunter, die ihr wieder in die Augen traten. „Ich weiß nicht, warum ich mir das antue. Wenn ich nur aufhören könnte, von ihm zu sprechen, über ihn *nachzudenken*. Doch ich kann es einfach nicht.“

Sie schwieg eine Weile, dann fuhr sie fort. „Vielleicht hat er versucht, mir an diesem Tag etwas mitzuteilen. Vielleicht versuchte er mich vorzubereiten – vielleicht versuchte Gott, mich vorzubereiten – auf diesen Tag.“ Sie stieß ein kurzes, bitteres Lachen aus. „War das nicht nett von Gott?“ Mariana hatte noch nie gehört, daß ihre Mama so von Gott sprach.

„Mama, du darfst nicht –“

„Nein, ich *muß* aussprechen, was ich empfinde. Ich habe das Recht dazu, Mariana. Ich habe Gott mein Leben lang gedient; ich verdiene es nicht, daß er so grausam zu mir ist. Behandelt Gott so die Menschen, die ihn lieben?“

„Du hast mir oft gesagt, Mama, daß das Leben nicht immer glatt verläuft, daß wir nicht wachsen könnten, wenn immer alles gutginge.“

„Ich bin genug gewachsen!“ Annas Stimme wurde hart.

Mariana starrte sie entsetzt an.

Der verängstigte Ausdruck auf dem Gesicht ihrer Tochter brachte Anna wieder zu sich.

„Vergib mir, Mariana. Ich habe das nicht so gemeint. Ich habe Gott nicht aufgegeben. Ich werde darüber hinwegkommen. Es wird nur einige Zeit dauern.“ Anna fragte sich, ob ihre Tochter wohl bemerkte, daß sie nur das sagte, was von ihr erwartet wurde.

„Mama, niemand würde es dir übelnehmen, wenn du morgen nicht hingehen würdest."

„Was? Ich sollte nicht zur Beerdigung meines Mannes gehen?" Sie schüttelte den Kopf. „Nein, ich muß gehen – schon um meiner selbst willen. Ich muß sehen, daß das alles wirklich geschehen ist."

„Dann können wir die Trauerfeier hinterher absagen. Jeder wird das verstehen."

„Raisa steckt schon den ganzen Tag in Vorbereitungen. Ich glaube, das ist ihre Art, mit ... allem fertig zu werden. Und es wird besser für uns sein, hinterher zusammenzusein – wir werden einander brauchen. Ich bin nicht die einzige, die trauert."

Während sie sprach, dachte sie an ihre Söhne, vor allem an Andrei. Natürlich mußte er sich von seiner Wunde erholen, die doch recht ernst war. Gestern erst war die Kugel entfernt worden. Das schreckliche Erlebnis, zusammen mit dem Blutverlust, hatte ihn ans Bett gefesselt. Er wollte an der Beerdigung teilnehmen, und Anna konnte es ihm nicht ausreden. Mischa hatte sich angeboten, den Jungen zu tragen; diese Aufgabe war jedoch einem der Arbeiter übertragen worden. Mischa, Daniel, Oleg, Dmitri und zwei der Arbeiter würden den Sarg tragen. Viktor war zu alt dafür.

Doch Anna machte sich mehr Gedanken um Andreis ungewohnte Schweigsamkeit. Seit dem blutigen Sonntag hatte er kaum mehr als ein paar Worte geredet.

Auch Juri trauerte. Er weinte viel, obwohl er sich bemühte, das zu verbergen. Auch zog er sich von den anderen zurück. Tatsächlich benahm er sich ähnlich wie sein jüngerer Bruder, doch es entsprach seinem Wesen.

Bisher hatten Annas Söhne in ihrem Leben noch keinen wirklichen Verlust erlitten. Und dies war vermutlich der schwerste Verlust, den sie je erfahren würden. Sergei war ein fast unglaublich guter Vater gewesen. Sie hatten den Menschen verloren, der ihnen am wichtigsten in ihrem Leben gewesen war.

Anna hoffte, daß die Beerdigung ihnen und ihr selbst helfen würde, sich mit der Tatsache abzufinden, daß Sergei tot war. Sie wünschte, sie könnte ihnen eine größere Hilfe sein, doch sie kam kaum mit sich selbst klar.

Natürlich wußte sie, daß Gott da war, doch seit Sergeis Tod hatte sie nicht mehr beten können. Die Worte blieben ihr im Halse stecken.

Sie haßte Gott nicht für das, was passiert war. Gott gehörte zu sehr zu ihrem Leben dazu – es wäre, als wenn sie sich selbst haßte. Und doch gab sie Gott die Schuld – vielleicht gab sie auch gleichzeitig sich selbst die Schuld für das, was passiert war.

Es war vollkommen unlogisch. Sie hätte nichts tun können, um Sergei zu retten. Und was Gott betraf ... nun, sie mußte die Tatsache akzeptieren, daß Gott einen Plan hatte für ihr Leben. Das sagte sie sich immer und immer wieder.

Wann werde ich das endlich glauben können? fragte sie sich. *Wann*?

Das Leben würde weitergehen. Sie würden die Dinge tun, die sie tun mußten. Sie würden weiterleben. Doch Anna hatte das Gefühl, daß das Weiterleben eher eine Strafe war als ein Segen.

73

Basil erwachte sehr früh. Obwohl es draußen immer noch dunkel war und er bis tief in die Nacht hinein gearbeitet hatte, war er sofort hellwach. Er hatte gut geschlafen. Die Arbeit der vergangenen Nacht hatte ihm nichts ausgemacht; im Gegenteil, sie hatte ihm Freude bereitet. Die Beseitigung dieses Regierungslakaien Cerkower war nur ein Schritt zur Erfüllung von Basils langersehntem Traum gewesen. Und genau wie Cerkower es gewollt hatte, war es eine saubere Arbeit gewesen – niemand würde die Spur zu Basil zurückverfolgen können. Es handelte sich um einen Raubmord.

Nun mußte Basil noch den zweiten Schritt in seinem Plan tun. Dies war schon schwieriger. An Cyril Wlasenko konnte man nicht so leicht herankommen wie an seinen Assistenten. Doch Cyril gehörte zu den Zielobjekten der Revolutionäre – es war ein Wunder, daß der Mann so lange überlebt hatte! Niemand würde vermuten, daß der Bombenanschlag etwas anderes war als ein weiterer Akt des politischen Terrorismus. Sicherlich würden einige Sozialrevolutionäre gern die Schuld auf sich nehmen, auch wenn sie gar nicht verantwortlich dafür waren.

Basil blickte auf seinen Arbeitstisch, wo seine Projekte warteten. Er mußte zugeben, er hatte gute Arbeit geleistet. Vielleicht sah das Gewirr von Drähten und Zündern nicht danach aus, doch er hatte Erfahrung und wußte, daß er zwei prächtige Werkzeuge der Vernichtung geschaffen hatte. Die größere Bombe enthielt genügend TNT, um ein ganzes Haus in die Luft zu sprengen. Basil nahm sie und strich liebevoll darüber. Dann legte er sie in einen großen Korb. Er bedeckte sie mit Tüchern, die er gebraucht gekauft hatte. Er wollte nicht, daß sie zu neu aussahen.

Die zweite Bombe war kleiner; sie brauchte nur einen Wagen zu zerstören. Basil legte diese Bombe, die für Wlasenko bestimmt war, in einen Koffer – den Koffer, in dem Cerkower seinen Sprengstoff transportiert hatte. Basil freute sich an der Tatsache, daß Wlasenko durch seinen eigenen Sprengstoff getötet werden würde.

Eilig schlang er sein Frühstück hinunter, dann zog er seinen Mantel an, setzte seinen Hut auf und nahm die Handschuhe. Er holte den Koffer und verließ sein Zimmer gegen sieben Uhr morgens. Bis halb neun hatte er Zeit, um seine Arbeit zu tun. Wlasenko machte sich jeden Morgen um Punkt halb neun auf den Weg zu seinem Büro.

Es war noch dunkel, als Basil das ehemalige Fedortschenko-Anwesen erreichte. Festen Schrittes ging Basil zur Kutscherremise, und – da stand er! Der Schlitten, mit dem Wlasenko jeden Tag zur Arbeit fuhr. Er wartete nur darauf, daß die Pferde angespannt wurden. Die Stallknechte waren nicht zu sehen.

Basil blickte sich um, bevor er auf den Schlitten zuging. Im Innern des Gebäudes hörte er leise Stimmen. Er würde schnell handeln müssen.

Seine Gedanken wanderten zurück zu den vielen Malen, die er dieses Anwesen betreten hatte, um die wunderschöne Prinzessin Katrina zu beobachten. Zuerst war er als bewundernder Verehrer gekommen und hatte von dem Tag geträumt, an dem sie verheiratet sein würden. Wie dicht hatte er vor der Erfüllung dieses Traumes gestanden - doch dann ...

Diese treulose Hure!

Sie dachte, sie könnte ihn abweisen und damit davonkommen. Nun, sie hatte dafür bezahlt. Doch noch nicht teuer genug!

Basils Atem ging schneller. Seine Hände zitterten, als er den Koffer öffnete.

„Beruhige dich“, ermahnte er sich. Wie schnell ihn die Erinnerung an die Vergangenheit doch aufregte!

Er faßte sich jedoch rasch wieder. Diese Sache mit Wlasenko war lästig, aber sie mußte getan werden. Denn Basil hatte vor, nach seiner Tat zu überleben. Er konnte es kaum erwarten, zum Hauptteil seines dreiteiligen Planes zu kommen – dem großen Finale. Darum kroch er schnell unter den Schlitten. Ein paar Schrauben in die dafür vorgesehenen Löcher, und die Bombe war unter der rechten Achse befestigt.

Auf einmal näherten sich Schritte. Er hielt erschrocken inne. Sollten die Pferde etwa schon angespannt werden?

Dann erklang eine Stimme: „Du Idiot! Du hast das falsche Geschirr genommen. Wir haben doch ein neues.“

Die Schritte eilten davon. Basil atmete durch und vergeudete keine Zeit mehr. Er stellte den Zeitzünder auf 8.35 Uhr ein. Dann kroch er unter dem Schlitten hervor, nahm seinen Koffer und machte sich davon.

Es tat ihm leid, daß er nicht bleiben konnte, um das Ergebnis seiner Arbeit zu beobachten, doch andere wichtige Angelegenheiten warteten auf ihn.

*

Wlasenko hatte sich aus den Ereignissen des Sonntags herausgehalten.

Als Konsequenz des blutigen Sonntags hatte der Zar Swyatopolk-Mirski von seinem Amt als Innenminister entbunden, und wieder hatte Cyril gute Aussichten, diesen Posten zu bekommen. Diesmal würde es keinen Rivalen geben. Nikolaus hatte mit ihm gesprochen und ihm versichert, es seien nur noch einige Formalitäten zu erledigen. Er könne damit rechnen, gegen Ende der Woche in sein neues Büro einzuziehen.

Cyril war natürlich begeistert.

Doch er konnte sich nicht lange über sein Glück freuen. Zum einen hatte er nichts mehr von Basil Anickin gehört. Da Gapon das Land bereits verlassen hatte, wurde der Verrückte nicht mehr gebraucht. Cyril gefiel die Vorstellung überhaupt nicht, daß der Mann mit so viel Sprengstoff auf freiem Fuß war. Er mochte gar nicht daran denken, wieviel Unheil Anickin mit diesem ganzen TNT in der Stadt anrichten konnte.

Da er nun für das Amt des Innenministers in Betracht kam, wollte Cyril nicht, daß Anickin unbeobachtet herumlief. Er konnte nur hoffen, daß Cerkower sich der Sache annahm.

Cyrils Sorgen verdarben ihm jedoch nicht den Appetit. Er aß zwei große Teller voll Rührei und zehn Würstchen dazu. Er rülpste noch einmal laut, dann holte er seine Taschenuhr hervor.

Es war Zeit zu gehen.

Ihm graute davor, ins Büro zu kommen. Welche nationale Katastrophe würde ihn wohl an diesem Tag wieder erwarten? Doch er weigerte sich, seinen Ängsten nachzugeben. Fast wünschte er, er hätte sich entschlossen, an Sergei Fedortschenkos Beerdigung teilzunehmen. Doch sogar er besaß so viel Anstand, dem Ereignis fernzubleiben.

„Denk daran, Cyril", erinnerte Poznia ihn, „daß wir Karten für das Ballett heute abend haben."

„Wie könnte ich das vergessen?" Er haßte Ballett, doch da es eine nationale Leidenschaft war, gab er vor, es zu mögen.

Er ging nach draußen. Der Himmel war wolkenverhangen, und ein kalter Wind deutete darauf hin, daß ein Schneesturm bevorstand. Wie gewöhnlich wartete der Schlitten bereits vor dem Eingang. Der Kutscher hatte gerade seine Hand ausgestreckt, um Wlasenko beim Einsteigen behilflich zu sein, als ein Dienstbote aus dem Haus eilte.

„Euer Exzellenz, ein Telefonanruf für Sie."

„Ich muß ins Büro. Man soll mich dort anrufen", erwiderte Cyril.

„Es ist die Polizei. Sie sagt, es sei dringend."

Seufzend kehrte Cyril ins Haus zurück und nahm den Telefonhörer ab.

„Ja?"

„Ich dachte, Sie würden vielleicht gern erfahren, Graf Wlasenko", sagte der Mann am anderen Ende, „daß Ihr Assistent Cerkower vor einigen Stunden aufgefunden wurde – tot."

„Was? Sind Sie sicher?"

„Ja, er ist eindeutig identifiziert worden."

„Wie ...?“

„Ein Raubmord, Euer Exzellenz. Niedergestochen und ausgeraubt. Es tut mir leid, Ihnen das mitteilen zu müssen.“

Cyril war wie betäubt. Er hatte Cerkower irgendwie gemocht, und loyale Assistenten waren schwer zu finden.

Der Polizeiinspektor berichtete Cyril noch einige Einzelheiten, dann sagte Cyril: „Ich würde mir die Leiche gern selbst ansehen. Ebenso Ihren Bericht. Ich werde in einer Stunde vorbeikommen.“

„Wir werden Sie erwarten.“

Cyril verließ sein Haus erneut. Er konnte einfach nicht glauben, was passiert war. Was hatte Cerkower dort gemacht? Cyril rieb sich ungläubig das Kinn und schüttelte den Kopf, als er sich seinem Schlitten näherte.

Er nahm wieder seine Uhr heraus. Um neun hatte er eine Verabredung mit dem ehemaligen Innenminister, doch bis dahin hatte er noch genug –

Die plötzliche Explosion schleuderte Wlasenko einige Meter durch die Luft. Er schlug hart auf der gepflasterten Zufahrt auf. Seine Taschenuhr zersplitterte von der Wucht des Aufpralls.

74

Zweihundert Menschen hatten an der Trauerfeier in der St.-Andreas-Kirche teilgenommen. Die meisten waren Arbeiter, doch auch viele Studenten waren dort. Sogar einige Aristokraten waren gekommen.

Oleg sagte, es wären gern noch mehr Arbeiter gekommen, doch sie hätten Angst vor der Reaktion der Behörden auf eine so große Ansammlung gehabt – und das mit gutem Grund, nach der Tragödie vom Sonntag. Mehrere Beerdigungen hatten bereits stattgefunden, darunter auch zwei Massenbegräbnisse von jeweils fünfzig Opfern, bisher ohne Zwischenfälle. Trotzdem waren einige Polizisten um die Kirche aufgestellt worden.

Es war ein bewegender Gottesdienst gewesen. Ein Arbeiter,

den Sergei unterrichtet hatte, verlas eine Rede, die er für diese Gelegenheit verfaßt hatte. Darin nannte er Sergei den „Arbeiterprinzen", ein Name, der Sergei sicherlich noch lange anhaften würde. Für die Arbeiter war Sergei ein Held, weil er sich unermüdlich für sie eingesetzt hatte.

Anna hatte gehofft, die Beerdigung würde ihr helfen, ihrem geliebten Mann Lebewohl sagen zu können. Doch sie konnte es nicht einmal ertragen, seinen Sarg anzublicken.

Andrei ging still am Sarg vorbei, und er blickte seinen Vater an, sehr lange. Tränen strömten aus seinen Augen, doch sie waren das einzige Zeichen für das, was er empfand.

Juri weinte, er schluchzte sogar von Zeit zu Zeit. Vielleicht war er besser dran als seine Mutter und sein Bruder, weil er seinen Schmerz so ausdrücken konnte. Er legte sein Lieblingsbuch neben seinen Vater in den Sarg, dann küßte er den Toten impulsiv auf die Wange.

Danach verließen die Familie und die engsten Freunde – dieselbe Gruppe, die sich eine Woche zuvor getroffen hatte, um Sergei nach seiner Freilassung willkommen zu heißen – die Kirche und begaben sich in Raisas Wohnung.

*

Basil sah die Trauernden ankommen. Endlich waren sie alle beisammen – nur das zählte. Er brauchte nur wenige Minuten, um die nächste Phase seines Planes auszuführen. Die Straßen waren menschenleer. Vernünftige Leute hielten sich zu dieser Stunde im Haus auf. Obwohl erst vier Uhr nachmittags, war es doch schon dunkel draußen.

Aber Basil brauchte jemanden –

Da! Einfach perfekt. Ein Junge von vierzehn oder fünfzehn Jahren eilte die Straße entlang. Man konnte nicht sagen, was er draußen tat, doch vermutlich würde er die Gelegenheit, einen Rubel zu verdienen, gern wahrnehmen.

Basil trat aus der Gasse und rief: „He, Junge!" Als der Junge seinen Schritt beschleunigte, rief Basil: „Ich will dir nichts tun! Ich habe eine kleine Aufgabe für dich."

Der Junge wurde langsamer, drehte sich aber nicht um. „Du hast doch sicher nichts dagegen, dir einen Rubel zu verdienen, oder?" Jetzt drehte der Junge sich um. Basil grinste ihn an.

Er gab dem Jungen den Korb und wies ihn an, vorsichtig zu sein mit dem, was er tat und sagte. Er gab ihm auch das Geld.

*

Die Wohnung sah beinahe so aus wie bei dem Fest eine Woche zuvor. Derselbe Tisch war im Wohnzimmer aufgestellt. Er war auch wieder mit Essen beladen – vorwiegend Geschenke von Nachbarn, obwohl auch Raisa sehr fleißig gewesen war. Wie Anna gesagt hatte, war dies ihre Art, mit dem Verlust eines lieben Freundes fertig zu werden.

Die Leute standen in einzelnen Gruppen zusammen und unterhielten sich leise. Die Stimmung war sehr gedrückt, ganz anders, als sie an dem Tag eine Woche zuvor gewesen war, vor allem, nachdem die Verlobung von Mariana und Daniel bekanntgegeben worden war.

Raisa trug gerade eine große Platte mit Hühnchen aus der Küche ins Wohnzimmer, als an der Wohnungstür geklopft wurde.

Da sie keine Hand frei hatte, blickte sie hilflos zur Tür. Doch dann ging sie weiter ins Wohnzimmer und bat den Nächststehenden um Hilfe. Es war Mischa.

„Würden Sie bitte die Tür öffnen, Mischa?“

Mischa kannte den Jungen mit dem Korb nicht, doch er war nicht so oft hier, daß er die Nachbarn hätte kennen können.

„Ich soll das Anna Fedortschenko bringen“, sagte der Junge.

„Und was ist das?“

„Ein Geschenk.“

„Von wem?“

Der Junge zuckte die Achseln. „Man sagte mir, ich solle das überbringen. Der Mann wollte kondolieren, dieses Familientreffen jedoch nicht stören.“

„Das war sehr umsichtig von ihm.“

„Sind Sie der Hausherr?“

„Nein, aber ich werde dafür sorgen, daß Anna Fedortschenko es bekommt.“

„Dann ist es gut.“

Mischa lächelte. „Ich versichere dir, daß ich vertrauenswürdig bin.“

„In Ordnung. Guten Abend.“

Mischa trug den schweren Korb ins Wohnzimmer. Zuerst dachte er, er würde sich das seltsame Geräusch nur einbilden.

Anna kam zu ihm, als er den Korb auf den Tisch zu den anderen Nahrungsmitteln stellte. „So viele Leute denken an uns. Ich wußte gar nicht, daß wir so viele der Nachbarn kennen."

„Ich denke, wir sollten das Essen nicht verkommen lassen."

„Du hast recht." Anna wendete sich der Gruppe zu. „Wir wollen nun das Essen genießen, das unsere Freunde uns geschickt haben."

Anna griff nach dem Korb, um das Leinentuch hochzuheben.

Tick ... tick ...

„Anna!" rief Mischa scharf. „Nicht!"

„Was?"

„Geh zurück! Geht alle zurück!"

Alle gehorchten dem Befehl des Kosaken – immerhin war er Hauptmann der kaiserlichen Garde.

Ganz langsam hob Mischa das Leinentuch an.

*

Basil hätte verschwinden können in dem Augenblick, als die Bombe überbracht worden war. Es war dumm, noch länger hierzubleiben. Aber was hatte er schon zu befürchten? Wenn die Bombe explodierte, würde er sich einfach unter die Schaulustigen mischen. Das war das Risiko wert. Dreiundzwanzig Jahre hatte er auf diesen Augenblick gewartet. Nichts konnte ihn daran hindern, diesen wundervollen, schrecklichen Höhepunkt mitzuerleben. Seine Glieder waren eiskalt, doch er stand reglos auf der Straße und hielt seinen Blick fest auf das Gebäude auf der anderen Straßenseite gerichtet.

Nein, er konnte es nicht verpassen. *Endlich wirst du für deine Herzlosigkeit bezahlen, Katrina. Alle werden für das Leid bezahlen, das sie mir zugefügt haben.*

*

Erstaunlicherweise wurden die Anwesenden nicht von Panik gepackt, als sie begriffen, was los war. Den Frauen standen Tränen in den Augen, und die Männer bekamen weiche Knie, doch sie behielten trotzdem die Fassung. Sie blickten Mischa an, der die meiste Erfahrung mit solchen Sachen hatte.

„Was sollen wir tun?“ fragte Anna.

„Dies ist eine Zeitbombe. Ich weiß nicht, wann sie explodieren wird, doch wir müssen davon ausgehen, daß es bald sein wird.“

„Werfen Sie sie raus“, schlug Dmitri vor.

„Das könnte unschuldige Passanten in Gefahr bringen.“ Mischa blickte die Bombe an. „Ich möchte, daß ihr alle nach draußen geht. Sagt den anderen Leuten im Haus Bescheid, vor allem denen in unmittelbarer Nähe dieser Wohnung. Ich werde versuchen, sie zu entschärfen.“

„Mischa –“

„Beeilt euch!“ Nicht einmal seine erfahrensten Rekruten hätten ihm widersprochen.

Innerhalb weniger Sekunden war die Wohnung leer. Mischa sagte Anna, sie solle dafür sorgen, daß die Frauen nach draußen gingen, während die Männer durch das Haus liefen und die Bewohner informierten. Das Gebäude hatte nur drei Stockwerke und ungefähr einhundert Bewohner. Zum Glück war es noch früh am Abend.

Dmitri klopfte nur an wenige Türen. Er versuchte, überrascht zu wirken, als er Sekunden vor Anna und den Frauen die Haustür erreichte. Es war das beste, sagte er sich, zu retten, was zu retten war. Wer konnte schon sagen, ob dieser Kosak wirklich wußte, was er tat?

Doch Dmitri hatte auch seinen Stolz, und zu sehen, daß sich nur Frauen unten vor der Haustür befanden, war ihm unangenehm. Er fühlte sich wie ein Feigling.

Vor seinem Tod, als Sergei und er mit Daniel gesprochen hatten, hatte Sergei Dmitri daran erinnert, wie wagemutig er früher gewesen war. Was war nur mit ihm passiert? War er so tief gesunken, daß er seiner Furcht nachgab und sich unter Frauen und Kinder mischte? Er war doch immer noch ein Mann, oder nicht? Noch war er nicht so alt, daß er seinen Mut verloren hatte, oder etwa doch? Er wollte eine wunderschöne junge Frau heiraten. Konnte er ihr als ein solcher Feigling gegenübertreten?

Irgendwie brachte diese innere Auseinandersetzung einen Sinneswandel. Er würde ins Haus zurückgehen – er mußte, wenn er jemals wieder Achtung vor sich empfinden wollte.

Anna hatte die Tür aufgerissen, und bevor Dmitri sich umdrehte, warf er einen Blick über die Köpfe der Frauen. Er sah einen Mann in der Gasse auf der gegenüberliegenden Straßenseite stehen. An sich war dies nichts Ungewöhnliches – doch der Blick dieses Mannes war direkt auf die Wohnung der Fedortschenkos gerichtet.

Das war kein Zufall.

Niemand konnte wissen, was darin vorging. Nur der Mann, der die Bombe geschickt hatte, würde reglos in einer Gasse stehen und sein Ziel interessiert anstarren.

Dmitri eilte zur Tür und blockierte den Frauen den Weg.

„Anna“, sagte Dmitri drängend, „bleibt noch eine Weile hier drinnen.“

„Warum?“

„Ich glaube, der Mann, der die Bombe geschickt hat, steht dort drüben auf der Straße. Ich will versuchen, ihn zu kriegen, bevor er merkt, daß wir alles entdeckt haben. Dreißig Sekunden darf keiner das Haus verlassen.“

Er betete, daß diese Zeit ausreichen möge.

*

Basil blickte auf seine Taschenuhr. Jetzt war es bald soweit. Das war immer der schwierigste Teil einer Operation wie dieser. Man stellte den Zeitzünder auf eine bestimmte Uhrzeit ein, damit die Bombe zur richtigen Zeit hochging, doch es durfte auch nicht zuviel Zeit übrigbleiben, damit sie nicht entdeckt wurde. Für den Fall einer Entdeckung hatte Basil Vorsorge getroffen. Es war nahezu unmöglich, die Bombe zu entschärfen. Ein Experte hätte vielleicht eine Chance, aber auch das war zweifelhaft.

Nervös warf er noch einen Blick auf seine Uhr. Es konnte nur noch wenige Minuten dauern, aber er wußte es nicht ganz genau. Seine Uhr schien aufgrund der Kälte langsamer zu laufen. Er hoffte nur, daß der Zeitzünder davon unbeeinträchtigt geblieben war!

Noch drei Minuten –

Auf einmal sah er Leute aus dem Gebäude kommen. Nur Bewohner, die an diesem Abend noch fortgingen? Nein! Das waren entschieden zu viele.

Er versuchte sich zu beruhigen. Er sollte sehen, daß er fortkam, doch er konnte nicht gehen, ohne zu wissen, ob er erfolgreich gewesen war.

*

Schweißtropfen standen auf Mischas Stirn. Er betete, daß er die Bombe entschärfen konnte. Nach dem Bombenattentat vor vierundzwanzig Jahren und der Ermordung von Alexander II. hatte Mischa sich genaustens über Bomben und Sprengstoff informiert. Er wußte genug, um eine Bombe zu bauen – und auch, wie er hoffte, um eine auseinanderzunehmen. Mit seinem Taschenmesser hatte er die äußere Hülle vorsichtig abgeschraubt und hochgehoben, damit er sehen konnte, wie sie funktionierte.

Ein Schweißtropfen fiel ihm ins Auge. Er versuchte, ihn fortzublinzeln, doch er trübte sein Sehvermögen. Mit dem Ärmel fuhr er sich über die Stirn und richtete seinen Blick wieder auf die Bombe. Mit jedem Ticken des Zeitzünders ging ihm mehr Zeit verloren.

Er mußte das Gehäuse hochheben, um an den Zeitzünder zu gelangen. Seine Hände waren ungewöhnlich ruhig. Gott sei Dank!

Da war die Uhr! Wer immer dieses Ding gebaut hatte, er hatte gewußt, was er tat. Die Uhr war versteckt und nicht zu erreichen, ohne die Bombe zu bewegen – ein riskantes Unternehmen, wenn man bedachte, wie empfindlich Sprengstoff war. Bisher war Gott mit ihm gewesen. Doch die Uhr zeigte ihm, daß er eine ganze Weile brauchen würde, um diese Bombe zu entschärfen; ein himmlisches Wunder wäre nötig, um zu verhindern, daß wieder einmal Dutzende von Menschen ihr Leben ließen.

Die Drähte waren verdreht und verknotet – ein kalkuliertes Durcheinander! Mischa sah sich das Ding eine Weile ganz genau an. Es war schwer, sich zu konzentrieren, denn er wußte, daß seine Zeit immer mehr zusammenschmolz. Doch voreiliges Handeln konnte den Tod bedeuten. Er atmete tief durch.

Mit geübtem Auge folgte er den Drähten und erkannte die beiden Hauptdrähte. Er wußte, daß er, wenn er am falschen Draht zog, den Zeitzünder vorzeitig auslösen würde.

Noch einmal fuhr er sich über die Stirn, holte tief Luft und zog an einem der Drähte.

75

Basil schlug mit der Hand auf seine Uhr. Verfluchtes Ding!

Jetzt kamen noch mehr Leute aus dem Gebäude. Es waren bereits fünfzig auf der Straße, und immer noch kamen mehr hinzu.

Er knirschte wütend mit den Zähnen. Da war sie! Katrinas Tochter. In Sicherheit, wie der Rest ihrer elenden Familie.

Basil mußte zusehen, daß er wegkam. Er wollte frei sein, damit er einen weiteren Versuch wagen konnte. Er konnte nicht resignieren. Er hatte zuviel Haß investiert, um jetzt so einfach aufzugeben. Er drehte sich um und ging los.

*

Dmitri überquerte die Straße und schlich sich an dem Gebäude entlang, bis er nur noch wenige Zentimeter von dem Mann in der Gasse entfernt war. Dann warf er sich auf den Attentäter. Dmitri war längst nicht mehr so kräftig wie zu der Zeit, als er noch in der kaiserlichen Garde diente, doch er hatte den Vorteil des Überraschungsangriffs.

Und er wußte seinen Vorteil zu nutzen. Als sein Gegner versuchte, wieder auf die Beine zu kommen, warf er sich erneut auf ihn. Dmitri versetzte ihm einen Schlag nach dem anderen.

Doch seine Hände waren weich, da er sein halbes Leben lang Karten gespielt und Frauen umworben hatte. Nach einem halben Dutzend Schläge schmerzten sie und bluteten. Dmitris Kraft ließ nach.

In dem Augenblick, wo er aus reiner Erschöpfung aufhörte, sprang der Mann auf. Seine Faust krachte in Dmitris Gesicht. Er taumelte gegen die Mauer. Der Blick des Fremden weitete sich, als er seinen Angreifer erkannte.

„Dmitri Remisow!“ rief er.

Dmitri konnte den Mann in der Gasse immer noch nicht gut sehen, doch er verschwendete keine Zeit damit, herauszufinden, wer er war. Er sprang vor und schlug ihm mit voller Wucht in den Bauch, und als der Mann taumelte, trat er ihm ins Gesicht.

Der Schurke stolperte auf die Straße.

Dmitris Adrenalinspiegel stieg. Er fühlte sich wieder jung und in der Lage, es mit einer ganzen Horde von Schurken aufzunehmen. Er sprang vor, bereit, ihm den letzten Schlag zu versetzen.

Der Attentäter sprang zur Seite, doch Dmitri reagierte schnell und versetzte ihm eine Reihe von Schlägen ins Gesicht. Der Mann fiel gegen den Fuß einer Straßenlaterne. Auf einmal erkannte Dmitri, daß er es mit einem alten Gegner zu tun hatte. Basil Anickin! Er war von den Toten auferstanden! Die Bombe war sein Werk. Er war immer noch auf Rache aus.

Dmitri schlug wieder zu, doch der Schock beim Anblick Anickins hatte ihn irritiert. Basil versetzte ihm einen harten rechten Haken. Nun hagelten die Schläge auf ihn nieder, und Dmitri legte schützend die Hände vors Gesicht und wich zurück. Darum sah er die Faust, die in seinen Magen krachte, nicht kommen. Vor Schmerzen gekrümmt hörte er, wie Basil eilig davonrannte.

Einen Augenblick war Dmitri erleichtert. Er versuchte, sich davon zu überzeugen, daß er sein Bestes getan hatte. Er hatte es versucht und versagt – wieder einmal. Doch er war ein alter Mann. Was konnte er schon tun?

Er sah dem Schurken nach. Der Kampf mit Basil vor vielen Jahren war ihm immer noch in Erinnerung. Er wußte, es war der Wendepunkt seines Lebens gewesen – der Augenblick, in dem er seine Männlichkeit verloren hatte. Er hatte versucht, das durch seinen oberflächlichen, frivolen Lebensstil zu überdecken, sogar vor sich selbst. Doch er hatte es nicht ignorieren können, und nun, da sich die Situation fast genauso zu wiederholen schien, stand ihm sein Versagen in schrecklicher Weise wieder vor Augen.

Was konnte er tun?

Er wußte jetzt, daß Basils Rachedurst niemals gestillt werden würde. Nach dreiundzwanzig Jahren war er zurückgekommen, und er würde immer wieder zurückkommen, bis sie alle tot waren – alle, die in Verbindung standen zu Katrina.

Dmitri hatte zwei Möglichkeiten: es zuzulassen oder bei dem Versuch zu sterben, es zu verhindern. Er dachte an Sergeis heroischen Tod. Sie waren die besten Freunde gewesen, ebenbürtig an Tapferkeit, wenn auch nicht an Charakterstärke. Der Gedanke an seinen Freund gab ihm neuen Mut. Dmitri war früher einmal ein wahrer Mann gewesen; es war noch nicht zu spät, wieder einer zu werden.

Unter größter Willensanstrengung kam er wieder auf die Beine. Basil war schon ein ganzes Stück die Straße hinuntergelaufen, und Dmitri war nicht gerade in Bestform. Doch er zwang sich zum Laufen. Basil mußte sich in Sicherheit gewiegt haben, denn er wurde langsamer, und Dmitri verringerte stetig den Abstand zwischen ihnen.

Offensichtlich hörte Anickin die Schritte, die sich ihm näherte, denn er drehte sich um.

„Geben Sie auf, Remisow!" höhnte Basil. „Ich brauche keine Entschuldigung, Sie heute abend zu töten. Doch ich würde Sie lieber alle zusammen bekommen."

„Das werde ich nicht zulassen, Anickin!" keuchte Dmitri. Verdammt, wie er es haßte, alt zu sein!

Er warf sich auf Basil, der wieder zu laufen begann. Er erwischte ihn an seinem Mantel; nur eine Handvoll der schweren Wolle, die er nicht lange würde halten können. Er zog daran und brachte Basil aus dem Gleichgewicht.

Dmitri legte seine Hände um Basils Hals und zog ihn zu Boden. Etwa eine Minute wälzten sie sich auf der gefrorenen Straße, bis es Basil gelang, sein Knie anzuziehen und Dmitri von sich zu stoßen.

Während Dmitri sich auf einen weiteren Angriff vorbereitete, erschien auf einmal ein Messer in Basils Hand. Alles passierte so schnell, daß Dmitri nicht einmal die Bewegung gesehen hatte. Basil stach mit dem Messer auf ihn ein, und Dmitri versuchte, seine Hand zu packen. Aber er verfehlte sie.

Wieder stach Basil zu. Diesmal traf er. Dmitris linker Arm wurde unterhalb des Ellbogens aufgeschlitzt. Schmerzgepeinigt ließ sich Dmitri zurücksinken und packte seinen blutenden Arm.

Basil machte sich wieder davon. Dmitri ignorierte den Schmerz, der in seinem linken Arm wütete, und lief ihm nach. Einige Minuten lang rannten sie durch die Straßen. Dmitri gelang es kaum, Basil im Blick zu behalten. Sie näherten sich jetzt dem Fluß. Wie sollte er Anickin je einholen? Und warum griff die Polizei nicht ein in ihre Verfolgungsjagd? Sein Alter machte sich nun endgültig bemerkbar. Seine Brust schmerzte, und die Muskeln in seinen Beinen verkrampften sich.

Gerade als Dmitri meinte, nun endgültig nicht mehr weitermachen zu können, rutschte Basil auf dem Eis aus. Dmitri beobachtete, wie er zu Boden ging und hart auf der Straße aufschlug.

Sein Messer fiel ihm aus der Hand und landete einige Meter von ihm entfernt im Schnee.

Dmitri sprang auf das Messer zu, packte es und wendete sich Basil zu.

Der Sturz hatte Basil den Atem verschlagen, doch er war zu haßerfüllt, als daß er schon aufgegeben hätte. Als Dmitri das Messer ergriff, sprang er wieder auf.

„Los, Remisow, benutzen Sie das Messer, wenn Sie können."

„Es ist der einzige Weg, Sie aufzuhalten."

„Dann tun Sie es doch!" höhnte Basil.

Dmitri zögerte. Er hatte seinen mörderischen Instinkt verloren, den Instinkt des Soldaten, den er noch in seiner Jugend gehabt hatte. Seine Schultern sackten zusammen, und die Hand, die das Messer hielt, entspannte sich.

Basil lachte.

„Ich wußte es, Sie wimmernder Feigling. Sie konnten Ihre Frau nicht retten, und Sie werden auch nicht in der Lage sein, Ihre Tochter zu retten. Sie ist tot, Remisow! Hören Sie mich? Tot!"

Basils Worte schienen Dmitri wieder zu sich kommen zu lassen. Marianas Leben hing von ihm ab! Ihr Leben und ihre Zukunft hingen ab von der leeren Hülle des Weichlings, der er geworden war.

Doch jetzt war nicht die Zeit für Selbstvorwürfe. Anickin drehte sich bereits um. Er würde wieder davonlaufen, und Dmitri war klar, daß er keine Kraft mehr für eine weitere Verfolgungsjagd hatte.

Mit voller Wucht stieß er Basil das Messer in den Körper. Es dauerte eine Weile, bis ihm klarwurde, daß er nur seine Schulter getroffen hatte. Anickin stieß einen Schrei aus und drehte sich zu Dmitri um.

Das Messer fiel zu Boden, doch Dmitri hatte keine Zeit, sich darum zu kümmern. Wieder einmal mußte er sich vor Anickins Schlägen schützen.

Er hörte den Wagen nicht herankommen. Die Polizisten schrien sie an, noch bevor Dmitri erkannte, daß endlich Hilfe gekommen war.

„Was geht hier vor?" rief ein Polizist.

Vor dreiundzwanzig Jahren war Dmitri im Gefängnis gelandet, nicht Basil. Das konnte wieder passieren.

„Dieser Mann ist verantwortlich für einen Bombenanschlag“, sagte Dmitri.

„Beim Haus der Wlasenkos?“

„Wie bitte?“ fragte Dmitri verwirrt. „Nein, ein Bombenanschlag nur wenige Straßen von hier entfernt.“

„Es hat keinen –“

Basil machte sich die augenblickliche Verwirrung zunutze und rannte wieder davon.

„Er entkommt!“ rief Dmitri. Und zu seinem eigenen Erstaunen ignorierte er die Polizei und rannte Basil nach.

Basil hatte die Brücke erreicht. Sie war dick vereist, und man konnte sie nur langsam überqueren. Beide rutschten mehrmals aus.

Dmitri sah die Droschke kommen, doch Basil blickte über die Schulter zurück, um zu sehen, wie dicht Dmitri ihm auf den Fersen war. Als er sich umdrehte, war es zu spät.

Der Kutscher zog an den Zügeln. Basil versuchte, stehenzubleiben, doch er rutschte wieder auf dem Eis aus. Nur Zentimeter vor den herannahenden Pferden fiel er zu Boden. Die Tiere, die über den plötzlichen Ruck an den Zügeln wie auch durch die unerwartete Bewegung vor ihren Augen erschraken, bäumten sich auf.

Dmitri beobachtete die Szene. Und er hörte, wie Basil noch einen letzten Schrei ausstieß, ehe die schwere Kutsche ihn überrollte.

76

Alle klatschten Beifall, als Mischa aus dem Wohnhaus herauskam, die Hände siegesgewiß erhoben und mit einem breiten Grinsen auf dem Gesicht.

Die Gefahr war vorüber.

Sie umringten Mischa, schlugen ihm auf den Rücken und schüttelten ihm die Hand. Mischa vergaß, daß seine Knie butterweich gewesen waren, als er den Draht herausgezogen hatte. Er vergaß, daß sein Leben an ihm vorübergezogen war – seine Sünden, seine Fehler, alles. Er vergaß sogar seinen letzten Gedanken – daß er niemals Annas süßes Gesicht wiedersehen würde.

Es war vorbei. Wie durch ein Wunder Gottes waren die, die er liebte, am Leben geblieben. Doch er hatte nicht das Gefühl, das Lob verdient zu haben. Er hatte seine Pflicht getan. Den blutigen Sonntag oder das, was Sergei zugestoßen war, würde er nie wiedergutmachen können.

„Gott sei gedankt, daß du da warst, Mischa!" ertönten einige Stimmen auf einmal.

„Bitte, das ist genug. Jeder von euch hätte dasselbe getan, wenn er sich mit Bomben ausgekannt hätte." Mischa wendete sich den versammelten Bewohnern zu. „Das Haus ist jetzt wieder sicher." An Daniel gewandt, fragte er: „Hat jemand die Polizei verständigt?"

„Ja", sagte ein alter Mann in der Menge. „War das richtig?"

Daniel und Mischa blickten sich finster an und nickten. Sie wußten, daß noch nicht alles vorüber war. Jemand hatte diese Bombe geschickt, und je eher sie wußten, wer das gewesen war, desto besser.

Anna kam heran. „Mischa, Daniel, ihr solltet vielleicht wissen, daß Dmitri vor einigen Minuten fortgegangen ist. Er sagte, er habe jemanden auf der Straße entdeckt, der verdächtig wirke. Ich sah sie miteinander kämpfen, doch dann wurde ich abgelenkt. Als ich wieder hinsah, waren sie fort."

„Dmitri? Bist du sicher?" fragte Mischa.

„Ja. Und falls das wirklich der Schuldige gewesen ist –"

Doch sie wurde von Marianas Stimme unterbrochen.

„Père!"

Mariana löste sich aus der Gruppe und rannte auf ihren Vater zu, der gerade aus einem Polizeiwagen ausstieg. Noch nie hatte Mariana ihren Vater so gesehen. Seine Kleidung war zerrissen und verschmutzt, und unter dem schwachen Licht der Straßenlaterne konnte sie sein zerschundenes Gesicht erkennen. Dann fiel ihr Blick auf seinen blutenden Arm.

Es dauerte nicht lange, bis Dmitri vor der Polizei entlastet wurde. Diesmal würde er nicht ins Gefängnis kommen. Mischa führte die Polizei in die Wohnung und zeigte ihr die Bombe. Und sehr zu Mischas Erleichterung wendete sich die Aufmerksamkeit nun Dmitri zu.

Basil zu verfolgen war die erste wirklich heroische Tat gewesen, die Dmitri seit Jahren vollbracht hatte. Niemand nahm ihm übel, daß er die Geschichte immer wieder erzählte, während Mariana seine Wunden versorgte.

Im Gegensatz zu Mischa freute sich Dmitri an der Aufmerksamkeit, die ihm zuteil wurde. Er konnte es kaum erwarten, bis Jelena die Geschichte hörte – vorzugsweise nicht von ihm, sondern von jemand anderes, damit er bescheiden abwinken konnte. Doch der eigentliche glorreiche Moment für Dmitri kam, als er sich am Abend verabschiedete.

„Was Sie heute abend getan haben, Graf Remisow, hat wirklich Mut erfordert", sagte Anna zu ihm. „Wenn Sie Basil nicht aufgehalten hätten, hätte er es zweifellos wieder versucht. Sie haben uns gerettet; Sie haben Mariana gerettet. Katrina wäre stolz auf Sie gewesen."

„Ich bin froh, daß es endlich vorbei ist."

„Wir stehen alle in Ihrer Schuld."

„Um Himmels willen!" Dmitri lachte trocken. „Sagen Sie so etwas nicht, Anna. Sie wissen doch, wie das bei mir mit Schulden ist."

Anna lachte; Tränen standen ihr in den Augen – Tränen der Zuneigung, nicht des Kummers. Zum ersten Mal umarmte sie Dmitri wirklich als ihren Freund, nicht als jemanden, der über ihr stand. Und dies bedeutete Dmitri sehr viel mehr als all das Lob, das er an diesem Abend erhalten hatte.

77

Als die ganze Aufregung vorüber war, die Gäste fort und Raisa, Mariana und die Kinder im Bett waren, blieb Anna noch allein im Wohnzimmer sitzen. Es fiel ihr immer noch schwer, ihr Schlafzimmer zu betreten. Dort wurde sie so schmerzlich an Sergei erinnert. Sie hatte es noch nicht über sich gebracht, seine persönlichen Sachen fortzunehmen. Vielleicht würde sie das nie schaffen. Viktors Frau, Prinzessin Sarah, hatte ihren ersten Mann viele Jahre zuvor verloren. Sie hatte ihr gesagt, es sei richtig und gut, sich eine Weile daran zu klammern. Sie hatte Leute gekannt, die die Sachen ihres verstorbenen Partners fortgeräumt hatten, um den Schmerz zu verringern. Doch das funktionierte nicht. Denn die Erinnerungen und die Sachen eines Verstorbenen boten auch viel Trost.

Sarah sagte, Anna würde wissen, wann sie bereit sei, Sergeis Sachen fortzuräumen und die schönsten Erinnerungen an ihn in ihrem Herzen aufzubewahren.

Einige Tage zuvor hätte Anna Sarah nie geglaubt. Sie hatte sich in einem dunklen Tunnel befunden, ohne Aussicht auf das Ende. Wie noch nie zuvor in ihrem Leben hatte sie sich danach gesehnt, auch sterben zu können. Daß sie weiterleben mußte, ein leeres, hoffnungsloses Leben ohne ihren Sergei führen, das schien ihr unvorstellbar grausam zu sein.

Doch in den vergangenen Stunden war etwas mit Anna geschehen. Ein kleiner Lichtschimmer war am Ende des Tunnels erschienen, ein kleiner Hinweis darauf, daß ihre Verzweiflung nicht endlos andauern würde. Seltsam, daß ihr gerade in dieser Situation diese Erkenntnis gekommen war. Beim Anblick von Basil Anickins Bombe war sie von Furcht ergriffen worden – einer schrecklichen Furcht, die nur jemand empfinden kann, der Angst hat zu sterben. Jemand, der leben *möchte*.

Als Mischa strahlend aus dem Haus gekommen war, hatte Anna genauso laut wie alle anderen geklatscht.

Zuerst hatte sie das erschreckt. Dann hatte sie sich schuldig gefühlt. Wie konnte sie leben wollen, wo ihr doch der wichtigste Teil ihres Leben genommen worden war?

Und doch war es so – sie wollte leben!

Sie hatte im Augenblick keine Vorstellung, wie es weitergehen sollte, doch sie würde überleben, Tag für Tag. Die meiste Zeit würde es ihr unmöglich erscheinen, doch sie würde es schaffen.

Vielleicht war das die Kraft, von der alle immer sprachen. Manchmal war es auch eine Last, immer stark sein zu müssen. Doch wie gewöhnlich würde sie auch irgendwann einmal wieder in der Lage sein, Gott dafür zu danken.

*

„Mama?"

„Mariana, komm herein."

„Wenn du allein sein möchtest ...?"

„Nein, komm herein und setz dich zu mir."

„Ich bin aufgewacht, und du warst nicht da." Mariana schlief in Annas Bett, zum Teil, weil in der kleinen Wohnung sonst kein Platz für sie war, zum Teil aber auch, damit Anna nicht allein war.

„Mach dir um mich keine Gedanken, Mariana", sagte Anna leise, als ihre Adoptivtochter sich neben sie auf die zerschlissene Couch setzte.

„Ich kann aber nicht anders."

„Ich komme schon in Ordnung."

Mariana blickte ihre Mama an. Wie ausgezehrt sie aussah! Der Kummer hatte tiefe Falten in ihre feinen Gesichtszüge gegraben. Doch zum ersten Mal seit Tagen schien die stumpfe Leere in ihrem Blick gewichen zu sein.

„Wirklich?"

Anna nickte. „Ja. Es gibt so vieles, für das sich zu leben lohnt. Nun beginne ich zu verstehen, was Sergei damit meinte, als er sagte, man müsse das Leben auskosten. Ich weiß jetzt, was ich tun muß – für ihn, für mich und für die, die ich liebe. Ich möchte an deiner Zukunft teilhaben, Mariana – an deiner und an Daniels. Ich möchte sehen, wie meine Söhne zu wunderbaren Männern werden. Und wenn ich Glück habe, werde ich auch noch meine Enkel auf dem Schoß halten."

„Das würde Papa für dich gewollt haben, Mama."

Anna nickte. „Aber, Mariana, ich möchte es auch, und das allein zählt."

Die Rußland-Saga bei Schulte & Gerth:

Band 1-4:

Michael Phillips und Judith Pella
Anna und Katrina
Zwei Frauen zwischen Liebe und Krieg, Adel und Armut ...
Paperback, 432 Seiten
Bestell-Nr. 815 192

Michael Phillips und Judith Pella
Unruhe der Herzen
Auf der Suche nach Liebe in stürmischen Zeiten
Paperback, 350 Seiten
Bestell-Nr. 815 222

Michael Phillips und Judith Pella
Triumph der Hoffnung
Was hat Bestand im Angesicht von Aufruhr und Gefahr?
Paperback, 400 Seiten
Bestell-Nr. 815 261

Judith Pella
Katrinas Vermächtnis
Das Exil ist beendet – beginnt nun die Freiheit?
Paperback, 400 Seiten
Bestell-Nr. 815 294